Danos Extrapatrimoniais
Decorrentes das Relações de Trabalho

Carolina Tupinambá

Pós-doutora no Programa de Pós-Doutoramento em Democracia e Direitos Humanos – Direito, Política, História e Comunicação da Faculdade de Direito da Universidade de Coimbra. Doutora em Direito do Trabalho e Seguridade Social pela Universidade de São Paulo e em Direito Processual pela Universidade do Estado do Rio de Janeiro. Mestre em Direito Processual pela Universidade do Estado do Rio de Janeiro. Professora Adjunta de Processo do Trabalho e Prática Trabalhista da Universidade do Estado do Rio de Janeiro. Professora Assistente de Direito do Trabalho da Universidade Federal do Estado do Rio de Janeiro. Membra Titular da Cadeira 47 da Academia Brasileira de Direito do Trabalho.

Danos Extrapatrimoniais Decorrentes das Relações de Trabalho

EDITORA LTDA.
© Todos os direitos reservados

Rua Jaguaribe, 571
CEP 01224-003
São Paulo, SP – Brasil
Fone: (11) 2167-1101
www.ltr.com.br
Agosto, 2018

Projeto Gráfico e Editoração Eletrônica: Peter Fritz Strotbek – The Best Page
Projeto de Capa: Fabio Giglio
Impressão: BOK2

Versão impressa: LTr 6074.1 – ISBN 978-85-361-9686-2
Versão digital: LTr 9434.2 – ISBN 978-85-361-9796-8

Dados Internacionais de Catalogação na Publicação (CIP)
(Câmara Brasileira do Livro, SP, Brasil)

Tupinambá, Carolina

Danos extrapatrimoniais decorrentes das relações de trabalho / Carolina Tupinambá — São Paulo : LTr, 2018.

Bibliografia

1. Dano moral 2. Direito do trabalho 3. Empregadores — Responsabilidade civil 4. Relações de trabalho I. Título.

18-15844   CDU-347.426.4:331

Índices para catálogo sistemático:

1. Danos extrapatrimoniais : Direito do trabalho
347.426.4:331

Maria Alice Ferreira – Bibliotecária – CRB-8/7964

Sumário

Prefácio 9

Introdução 11
Sobre a realidade que motiva o trabalho 11
Sobre como o trabalho será desenvolvido 12
Sobre o objetivo da contribuição acadêmica 13

Parte I — A Responsabilidade Civil nas Relações de Trabalho

Capítulo 1 — A Teoria Geral da Responsabilidade Civil e Uma Perspectiva de Interpretação de seu Papel no Contexto das Relações de Trabalho 17
1.1. A lógica da responsabilidade civil e seus princípios fundantes 17
1.2. A quebra dos paradigmas da responsabilidade civil e a busca de um referencial 18
1.3. O princípio da solidariedade como balizador da responsabilidade civil nas relações laborais .. 19
    1.3.1. O princípio protetor como instrumento insuficiente de influência na responsabilidade civil laboral 19
    1.3.2. Um novo paradigma para repensar a responsabilidade civil laboral 22
1.4. A responsabilidade extracontratual e a responsabilidade contratual trabalhista 24
1.5. Os fundamentos e as consequências da classificação da responsabilidade trabalhista como contratual 25
1.6. A responsabilidade subjetiva e objetiva 28
    1.6.1. A responsabilidade subjetiva e seus pressupostos 28
    1.6.2. A lógica da responsabilidade objetiva como mote estruturante das relações trabalhistas em casos de acidentes de trabalho 29

Capítulo 2 — Os Requisitos para Configuração da Responsabilidade 38
2.1. O dano ou lesão 38
    2.1.1. A classificação dos danos 38
        2.1.1.1. Danos patrimoniais ou materiais 39
        2.1.1.2. Danos compensatório e moratório 39
        2.1.1.3. Danos emergentes e lucros cessantes 39
        2.1.1.4. Danos por perda de uma chance 39
        2.1.1.5. Danos extrapatrimoniais 40
            2.1.1.5.1. As espécies de danos extrapatrimoniais trabalhistas 40
                2.1.1.5.1.1. Dano moral 44
                2.1.1.5.1.2. Dano estético 47
                2.1.1.5.1.3. Dano existencial 48
                2.1.1.5.1.4. Dano socioambiental 51
                2.1.1.5.1.5. Dano moral coletivo 56

2.2. O nexo causal 58
    2.2.1. A cumulação de causas para um mesmo evento 59
    2.2.2. As hipóteses de exclusão do nexo causal 61
    2.2.3. A flexibilização do nexo casual como fator de insegurança jurídica para as relações de trabalho 62
2.3. A conduta lesiva do agente 63
    2.3.1. Abuso de direito como conduta lesiva 63
2.4. A culpa como requisito para configuração da responsabilidade subjetiva 65
2.5. A inexistência de excludentes de ilicitude como requisito para configuração da responsabilidade 67

Parte II — Os Danos Extrapatrimoniais Derivados das Relações de Trabalho

Capítulo 3 — A Regulamentação do Dano Extrapatrimonial Trabalhista 71
3.1. Breve nota sobre a reforma trabalhista 71
3.2. Os arts. 223-A a 223-G da CLT 75
    3.2.1. A vigência da Medida Provisória 77
    3.2.2. O colapso hermenêutico consistente na designação de fonte legal exclusiva e isolada para subsunção das hipóteses ensejadoras de danos extrapatrimoniais 77
    3.2.3. A inviável exclusividade do direito à reparação 80
    3.2.4. A medíocre limitação de ofensas às esferas moral e existencial como únicas caracterizadoras de danos extrapatrimoniais 82
    3.2.5. O elenco restrito dos bens tutelados da pessoa natural e a necessária interpretação sistemática 83
    3.2.6. A insinuante e injustificável discrepância com o rol de bens tutelados da pessoa jurídica 85
    3.2.7. Os critérios de aferição e a problemática tarifação da indenização dos danos extrapatrimoniais 86
    3.2.8. A confusa e inoperante regulamentação dos casos de reincidência 89
3.3. A extração de aspectos positivos do Título II-A da CLT via interpretação constitucional 89
    3.3.1. A liberação dos danos extrapatrimoniais coletivos do ciclo de retrocessos implementado pelos arts. 223-A a 223-G 90
    3.3.2. A liberação dos danos estéticos, socioambientais e indiretos do ciclo de retrocessos implementado pelos arts. 223-A a 223-G da CLT 90
    3.3.3. A discriminação dos valores indenizatórios e a inteligibilidade da tutela jurisdicional 91
    3.3.4. A dispensa definitiva do elemento culpa pelo art. 223-E da CLT 92
    3.2.5. A interpretação conforme propugnada 93

Capítulo 4 — A Responsabilidade Contratual e as Obrigações do Empregador em Relação aos Direitos Personalíssimos do Trabalhador 96
4.1. A natureza e o escopo do contrato de trabalho 96
4.2. As obrigações do tomador de serviços derivadas do contrato de trabalho 97
4.3. As obrigações do tomador de serviços e os direitos personalíssimos do trabalhador: uma proposta de sistematização 103
    4.3.1. Reconhecimento e respeito ao indivíduo trabalhador ontologicamente considerado 104
        4.3.1.1. Direito à constituição de valores humanos: nome, honra, imagem, autodeterminação e privacidade 105
            4.3.1.1.1. A inclusão do nome do empregado em listas negras 107
            4.3.1.1.2. As anotações desabonadoras na CTPS do trabalhador 108

4.3.1.1.3. A violação da esfera mais íntima do empregado: revistas íntimas, revistas realizadas em sacolas ou bolsas do trabalhador, uso de polígrafos 109

4.3.1.1.4. O monitoramento de *e-mails* e outros dados pessoais do trabalhador 111

4.3.1.1.5. A exploração da imagem via uso de uniformes com logotipos sem o consentimento do empregado 113

4.3.1.1.6. A violação da honra e da imagem do empregado por conta de aplicação de justa causa abusiva 114

4.3.1.1.7. Limitação de uso de sanitários ou precarização de condições de higiene 115

4.3.1.2. Direito ao mínimo existencial: condições básicas de subsistência e pausas no tempo de trabalho para conquista de uma vida boa 115

4.3.1.2.1. A impontualidade contumaz no pagamento ou a retenção de salários 117

4.3.1.2.2. O cancelamento indevido de plano de saúde do trabalhador 119

4.3.1.2.3. O não repasse de contribuições previdenciárias aos órgãos competentes 120

4.3.1.2.4. O inadimplemento de verbas rescisórias 121

4.3.1.2.5. A denegação do direito ao descanso do empregado: jornadas extenuantes, restrição de intervalos e não cumprimento do direito a férias 123

4.3.2. Reconhecimento e respeito ao indivíduo trabalhador no meio ambiente de trabalho em que inserido. 127

4.3.2.1. Direto à integridade física e psíquica com devida promoção da correção dos riscos ambientais 129

4.3.2.1.1. Dano por doença ocupacional e acidente de trabalho: com perda da capacidade laborativa, perda estética, perda de membro e até com advento de morte 131

4.3.2.2. Direto a um tratamento probo e igualitário 132

4.3.2.2.1. Práticas de assédio sexual 134

4.3.2.2.2. Práticas de assédio moral 135

4.3.2.2.3. Práticas discriminatórias 137

4.3.2.2.4. Rebaixamentos funcionais injustificados 140

Parte III — A Quantificação da Indenização de Danos Extrapatrimoniais Derivados das Relações de Trabalho

Capítulo 5 — Os Elementos Componentes da Reparação do Dano Extrapatrimonial 145

5.1. Os fundamentos da reparabilidade dos danos extrapatrimoniais 145

5.1.1. O fundamento da reparabilidade dos danos extrapatrimoniais coletivos 148

5.1.2. O fundamento da reparabilidade dos danos extrapatrimoniais sofridos pela pessoa jurídica 150

5.2. A tutela jurisdicional voltada à reparação dos danos morais 151

5.2.1. O elemento compensatório da tutela jurisdicional voltada à reparação dos danos extrapatrimoniais.... 151

5.2.1.1. As principais críticas da doutrina a respeito da tutela compensatória voltada à reparação dos danos extrapatrimoniais 151

5.2.1.2. A atual concepção do caráter compensatório 152

5.2.2. O elemento punitivo ou sancionador da tutela jurisdicional voltada à reparação dos danos extrapatrimoniais 153

5.2.2.1. Breves referências históricas 154

5.2.2.2. As principais críticas da doutrina a respeito da tutela punitiva voltada à reparação dos danos extrapatrimoniais 155

5.2.2.3. Uma proposta de concepção de tutela jurisdicional voltada à reparação dos danos extrapatrimoniais em associação de elementos preventivo e sancionatório 157

Capítulo 6 — Os Critérios e Limites para a Quantificação dos Danos Extrapatrimoniais.................................. 162

6.1. As referências legislativas pretéritas à Lei n.13.467/2017.. 162

6.2. As referências no direito comparado em danos indenizáveis e alguns critérios de quantificação 165

    6.2.1. Na Espanha.. 166

    6.2.2. No Reino Unido... 167

    6.2.3. Nos Estados Unidos 168

    6.2.4. Na França... 168

    6.2.5. Na Argentina 169

    6.2.6. Em Portugal... 169

6.3. As múltiplas construções doutrinárias existentes acerca dos critérios de quantificação de danos extrapatrimoniais.. 169

    6.3.1. Os critérios de quantificação de danos extrapatrimoniais por Enoque Ribeiro dos Santos: edição anterior e posterior à reforma 177

    6.3.2. Os critérios de quantificação de danos extrapatrimoniais por Amaury Rodrigues Pinto: empatia com aportes para uma sistematização consciente e objetiva... 178

6.4. Os critérios de quantificação dos danos extrapatrimoniais elencados no art. 223-G da CLT 181

    6.4.1. A iniciativa legal de tarifação dos danos extrapatrimoniais trabalhistas 181

    6.4.2. Os critérios legais de parametrização para a tarifação dos danos extrapatrimoniais trabalhistas............ 186

    6.4.3. Uma proposta de releitura e interpretação do art. 223-G da CLT 187

    6.4.4. O devido lugar da culpa como critério de quantificação de indenização por danos extrapatrimoniais.. 189

    6.4.5. O limite humanitário da fixação 190

    6.4.6. Questões processuais pertinentes à quantificação dos danos extrapatrimoniais trabalhistas.................. 190

        6.4.6.1. A liquidação do pedido de indenização por danos extrapatrimoniais na inicial 190

        6.4.6.2. O princípio da congruência e o grau de limitação do julgador na apreciação do pedido de indenização por danos extrapatrimoniais... 192

        6.4.6.3. O dever de fundamentação do julgador quanto aos componentes e critérios considerados no valor arbitrado a título de indenização por danos extrapatrimoniais... 193

        6.4.6.4. A tutela não pecuniária dos danos extrapatrimoniais... 194

        6.4.6.5. O *quantum* arbitrado e os honorários advocatícios nas demandas referentes a danos extrapatrimoniais 195

Conclusões... 197

Conclusões Específicas — Parte I.. 198

Conclusões Específicas — Parte II 199

Conclusões Específicas — Parte III.. 201

Referências Bibliográficas 205

Prefácio

O mundo evoluiu, notadamente nas relações interpessoais. Essa evolução se refletiu nas relações trabalhistas, impondo uma nova compreensão dos limites no trato entre empregado e empregador, quer nas atividades urbanas, quer no setor rural.

A dignidade da pessoa humana e o valor social do trabalho são valores que se completam, traduzindo-se no respeito à honra, imagem, intimidade, vida privada, integridade física, saúde, existência, subsistência, sexualidade, convicções e crença, liberdade de expressão, capacidade pessoal e profissional, tolerância às diferenças ideológicas, políticas, filosóficas e inúmeros outros direitos interiores e irrenunciáveis que compõem a personalidade.

O direito, em outras épocas mais voltado para a proteção patrimonial, de há muito preocupa-se também com a integridade física e espiritual do ser humano. Ofensas à honra podem destruir o ser humano, da mesma forma que os atentados à saúde.

Sem a menor sombra de dúvidas, a firme e criativa jurisprudência trabalhista construída ao longo dos anos quebrou resistências e contribuiu para a humanização das relações de trabalho. O assédio moral, antes compreendido como "frescura" diante das grosserias, maus tratos, exigências desmedidas, intolerância e restrições desarrazoadas, hoje é levado a sério, fazendo parte do cotidiano das empresas as instruções e técnicas para evitá-lo, diante dos limites impostos pela jurisprudência trabalhista aos reiterados constrangimentos que se verificavam no ambiente de trabalho, deteriorando-o.

Em livros e artigos, jurídicos ou publicados em jornais, chamava a atenção para o descaso da legislação trabalhista na regulação dos direitos da personalidade na composição dos danos extrapatrimoniais. Foi, portanto, embora tardia, bem-vinda a regulação.

A chamada reforma trabalhista inseriu na Consolidação das Leis do Trabalho os arts. 223-A a 223-G, regulando o dano extrapatrimonial. De forma bem sucinta e evidentemente exemplificativa fez nos arts. 223-C e 223-D referência aos direitos da personalidade, que são os suscetíveis de ofensa na esfera moral ou existencial. Há de se compreender que nessas duas modalidades estão os danos extrapatrimoniais decorrentes da funcionalidade ou estética do corpo humano.

O legislador poderia ter ido mais longe, inserindo normas de prevenção à respectiva ocorrência, como procede o Código do Trabalho português. Por exemplo, o dever de informação de certos dados e a vedação à obrigatoriedade de informar outros, lá descritos, podem prevenir a litigiosidade. Mas o legislador brasileiro não tem adotado essa técnica, preocupando-se mais em regular os efeitos, o que contribui para a crescente judicialização. Ou seja, procura estancar a sangria depois que o sangue já escoou totalmente.

O livro que a Doutora Carolina Tupinambá ora oferece à comunidade jurídica é fruto de tese de doutoramento, de cuja banca tive a honra de participar como examinador na USP.

Confesso que gostei muito do trabalho apresentado, agora reproduzido em livro com os acertos decorrentes das observações da banca. Gostei porque é denso, abrangente e tem linguagem fluida e cativante.

Não obstante, a Professora Doutora Carolina, que integra a Academia Brasileira de Direito do Trabalho, não se furta a fazer as necessárias críticas aos arts. 223-A a 223-G e, de forma prática, contorna os entraves à sua aplicação, apresentando soluções que resultam numa eficácia que não existiria se literalmente interpretados. Ou seja, não se curva às (certamente involuntárias) pegadinhas legislativas.

O direito foi feito para ser realizado, concretizado. É lógico, como observa a Doutora Carolina que os bens indicados como inerentes à pessoa natural (física, no dizer da lei) são exemplificativos. Caso contrário, entender-se-ia que a particular, a vida privada, as liberdades intelectuais (crença, ideológica, filosófica, política, de expressão) e inúmeros outros direitos fundamentais estariam excluídos das relações de trabalho, num verdadeiro disparate de interpretação.

De outra banda, é evidente que a compensação de danos de natureza extrapatrimonial não são aplicáveis apenas aos dispositivos constantes dos arts. 223-A a G. O Código Civil e a Lei n. 8.213/1991 são subsidiariamente aplicáveis aos danos decorrentes de acidentes do trabalho e doenças profissionais, assim como as pessoas físicas ou jurídicas ali mencionadas não são as titulares exclusivas do direito à compensação. Terceiros atingidos como decorrência das relações de trabalho, a exemplo dos herdeiros e sucessores do trabalhador falecido em virtude de acidente do trabalho também são titulares, eis que nenhuma lesão de direito pode ser excluída da apreciação do Poder Judiciário e pelo foro competente.

Outrossim, embora os critérios para a quantificação do dano sejam apropriados, as limitações propostas na lei para as ofensas são evidentemente inconstitucionais. Segundo a Constituição, as reparações devem ser proporcionais ao agravo e não à lei infraconstitucional.

Finalmente, o critério econômico consubstanciado no salário do trabalhador não pode ser o único a ser considerado e nesse sentido a lei deve ser interpretada. Imaginar que em decorrência de queda de um andaime do vigésimo andar de um prédio em construção por culpa da empresa a família de um engenheiro que acompanha um servente deva receber, como compensação moral da morte quantia diferente da que receberia a família do servente é tudo o que o direito e a justiça repudiam, numa quebra evidente do princípio da isonomia. Lógico que em termos de indenização por danos materiais haveria diferença de tratamento. Estamos falando, no entanto, de danos morais, da privação do ente querido. Será que a saudade de uma família é maior do que a de outra porque o engenheiro ganhava mais?

Concluindo, porque já me estendi em demasia, afinal, o que os leitores querem ler é o trabalho da professora Carolina, e eu a parabenizo pela densa pesquisa, abordagem e soluções propostas, que serão de grande valia na aplicação do direito.

Alexandre Agra Belmonte
Ministro do Tribunal
Superior do Trabalho

Introdução

Sobre a realidade que motiva o trabalho

Muito se fala da modernização das relações de trabalho. O termo se liga a uma espécie de nova realidade surgida dos destroços das antigas fábricas. A herança da reestruturação produtiva pode ser referida como um novo mundo do trabalho, no qual a mão de obra descentralizada se depara com novas tecnologias, espaços virtuais e zonas cinzentas de subordinação. Por ali, parece que os movimentos terrestres de rotação e translação são mais frenéticos que de costume, tudo muito ágil, efêmero, imprevisível. Para sobreviver nesse espaço, os trabalhadores, em minoria a cada dia mais murcha em relação às máquinas, praticamente se engalfinham em competitividade jamais vista. O embate entre capital e trabalho se espraia em novos modelos de contratos para bem longe do vínculo empregatício.

Em geral, costuma-se associar "novidade" a "desenvolvimento" e "progresso", trio que, no entanto, não se esbarrou até o amanhecer desse novo mundo do trabalho. Isso porque, a despeito de tantas inovações (e muitas positivas), a modernização das relações laborais não tem significado necessariamente a valorização do trabalho humano.

Este trabalho pretende observar um pedacinho desse drama. Restringe-se às relações empregatícias — ainda que em franca extinção, aposta-se que não desaparecerão nos próximos anos, ao menos não nas próximas horas — e pela perspectiva única dos empregados. É que, não obstante todo o modernismo anunciado por aí, nem mesmo nesse pequeno núcleo o trabalho conquistou *status* de valor. Pelo contrário, a sensação de *one-way* parece crescer sem parar e sequer há tempo de olhar o próximo como um indivíduo abençoado por direitos fundamentais e personalíssimos.

A Organização Internacional do Trabalho adverte: trabalho não é mercadoria. São convenções e tratados que propagam o respeito e o reconhecimento ao trabalhador enquanto indivíduo e como integrante de cadeia social e produtiva. Envolto por esse estágio civilizatório mundial, o microssistema inerente ao contrato de trabalho ainda sofre influxos dos novos paradigmas do direito contratual.

Parafraseando Shakespeare, há mais coisas entre o céu e a terra... Muito além do que prestar labor e receber salário, o contrato de trabalho deve ter um significado mais amplo e magnânimo. Trata-se de microcosmos do que se deseja para a própria sociedade: mais tolerância, mais fraternidade, mais realizações sociais e o cumprimento das promessas de um mundo novo, necessariamente adjetivado como um "mundo-melhor". Um mundo de solidariedade e preocupação com o próximo, é dizer: de responsabilidade mútua para com o próximo.

Assim, o contrato de trabalho não será um singelo "contrato", quando possa ser uma semente de ambiente plural e fraterno. Indo além: o descumprimento das cláusulas desse instrumento não será mero inadimplemento contratual, quando representa a frustração de valores humanos respaldados em documentos e compromissos internacionais.

Nesta época de desmantelamento generalizado das instituições, descrença do Estado, e até das pessoas, pode parecer meio bobo, ingênuo e até uma perda de tempo tentar, a partir da vivência mais consciente das relações de trabalho, construir um mundo melhor. Pura utopia? Não para a autora.

A crença em alternativas possíveis e em relações de trabalho humanizadas que contaminam todo o entorno é combustível que animará as próximas linhas. Pretende-se refletir sobre — e promete-se o arriscar de algumas respostas — questões voltadas para o amadurecimento das relações de emprego como núcleo de responsabilidades cooperativas e compromisso de realização de direitos fundamentais sociais.

Qual a natureza da responsabilidade dos empregadores no ambiente de exploração da mão de obra alheia?

Qual o suco extraído do espremer de elementos que andam soltos por aí, como a: (i) boa-fé objetiva e os deveres anexos do contrato; (ii) os parâmetros inerentes ao conceito de trabalho digno e decente preconizado pela OIT; e (iii) o princípio da solidariedade aconchegado no texto constitucional?

Quais os deveres do empregador voltados para a realização das obrigações intrínsecas ao contrato de trabalho e comprometidas com o trabalho humano tomado como valor?

É possível sistematizar uma ordem de direitos extrapatrimoniais dos trabalhadores?

A insuficiência de entendimento sobre o significado e a essência do trabalho humano parece ser a explicação para a falta de compromisso generalizada. Poucos são os empregadores preocupados com os valores humanos, o acesso ao mínimo existencial, a integridade física e psíquica com devida promoção da correção dos riscos ambientais e o tratamento probo e igualitário para com seus empregados. Ora, dirão alguns, o custo do trabalho no Brasil já é tão alto, e ainda mais essa invencionice?

O remédio para essa patologia é mesmo uma mudança de cultura, sem muitas alternativas farmacêuticas, que pode começar através de nova interpretação para a responsabilidade por danos extrapatrimoniais trabalhistas e tutela coerente e eficiente no que diz respeito ao ressarcimento por lesões a direitos de ordem fundamental e social.

Sobre como o trabalho será desenvolvido

Pretende-se sistematizar uma teoria de responsabilidade civil tomada como instrumento relevante de concretização da dignidade da pessoa humana, especialmente do trabalhador, via delimitação (i) da natureza da responsabilidade; (ii) dos deveres voltados à realização de direitos extrapatrimoniais dos trabalhadores e (iii) da racionalização da quantificação de eventuais danos extrapatrimoniais.

O trabalho desenvolve-se em três partes.

A primeira trata especificamente da responsabilidade civil nas relações de trabalho, momento em que se auspicia, basicamente, traçar contornos de elementos típicos, máxime da natureza da responsabilidade no contexto laboral. Para tanto, serão descortinados novos paradigmas da responsabilidade civil, com delineamento de seus impactos em seara trabalhista. As questões chave a serem resolvidas serão (i) qual a tipologia da responsabilidade por danos extrapatrimoniais contra empregados? (ii) quais as espécies de danos extrapatrimoniais cometidos contra trabalhadores? e, finalmente, (iii) qual a relevância dos elementos culpa e nexo causal nessa teoria?

A segunda parte cuida propriamente dos danos extrapatrimoniais derivados das relações de trabalho, com um capítulo dedicado a tratar da nova regulamentação do dano extrapatrimonial trabalhista, apontando as críticas e problemas do novel cenário, assim como propondo interpretação conforme dos institutos relacionados no novel título II da CLT. O outro capítulo que compõe a mesma parte do trabalho traçará as obrigações do empregador derivadas do contrato de emprego e relacionadas aos direitos personalíssimos dos empregados. Os dilemas centrais a serem ultrapassados pela parte II são (i) como interpretar o novo art. 223-A e seguintes da CLT, tentando preservar-lhes a constitucionalidade? E (ii) quais direitos e obrigações extrapatrimoniais presentes na relação de labor?

Finalmente, a terceira parte do trabalho dedicar-se-á à quantificação da indenização dos danos extrapatrimoniais derivados das relações de trabalho, propondo tutela adequada a cumprir finalidade compensatória, punitiva e preventiva via instituição de obrigação de fazer, dar ou pagar. Nesse contexto, o art. 223-G da CLT é analisado em meio a propostas de interpretação construtiva com o fito de responder à única pergunta: (i) qual deve ser o método — qualidade e quantidade — mais indicado à racionalização da tutela contra os danos extrapatrimoniais derivados das relações de trabalho? Esta última parte, que passa entre zonas de direito material e processual, sem maiores pretensões, traçará algumas preocupações voltadas para repercussões processuais do novo art. 223-A e seguintes da CLT.

O enfoque central do trabalho será restrito ao dano extrapatrimonial individual cuja vítima seja pessoa natural, empregado. Estão excluídos da abordagem o dano extrapatrimonial cuja vítima seja pessoa jurídica, bem como o que tenha dimensões coletivas. Esse corte permitirá uma abordagem mais profunda e completa do dano extrapatrimonial individual, da lesão, do nexo, da conduta ilícita decorrente do contrato e da respectiva responsabilidade do empregador.

Sobre o objetivo da contribuição acadêmica

Dada a motivação do estudo, bem como apresentados seus escopos, espera-se cumprir compromisso do trabalho na sistematização que pretende construir: (i) como se caracteriza o dano extrapatrimonial perpetrado contra o empregado; (ii) qual a natureza e quais os fundamentos jurídicos do dano extrapatrimonial perpetrado contra o empregado; (iii) quais direitos e deveres devem se equilibrar para realização de um trabalho digno e prevenção de danos extrapatrimoniais e (iii) como se quantifica dano extrapatrimonial perpetrado contra empregado.

Infelizmente, de antemão já se sabe que este trabalho pouco fará em termos de contribuição para a melhoria da realidade. É apenas um comecinho, uma sinalização de caminhos e razões para uma almejada mudança de cultura. Uma convivência mais séria e responsável, voltada para um futuro novo, melhor e, de certa forma, mais simples em que os agentes econômicos verdadeiramente compreendam que, na fração celular que a relação de emprego representa em relação ao organismo capitalista, cumprem papel de agentes transformadores para um mundo mais solidário e humanizado.

Parte I
A Responsabilidade Civil nas Relações de Trabalho

Parte I

Capítulo 1

A Teoria Geral da Responsabilidade Civil e uma Perspectiva de Interpretação de seu Papel no Contexto das Relações de Trabalho

1.1. A lógica da Responsabilidade Civil e seus princípios fundantes

Além da razão, a espécie humana tem como uma de suas principais características o livre-arbítrio. O homem tem capacidade de tomar suas próprias decisões e atuar segundo o que tenha eleito. Contudo, a toda liberdade corresponderá determinado grau de responsabilidade. O agir limita-se aos direitos do próximo, razão pela qual se mostra fundamental a consciência acerca das consequências de nossos atos. Ao lado da liberdade, o direito, em sua essência, "visa resguardar os atributos do ser humano, sancionando atentados à individualidade de cada um, seja no aspecto material ou extrapatrimonial[1]".

O estudo da responsabilidade civil envolve a busca pela restauração do equilíbrio patrimonial ou moral violado por alguma ação humana[2]. A palavra "responsabilidade" contém a raiz latina *spondeo*, que carrega o significado de "prometer, assumir, garantir", mesma raiz contida na palavra "esposo(a)", ou seja, aquele que se compromete"[3]. Portanto, responsabilizar significa atribuir o dever de reparar, de indenizar, a fim de que a parte que tenha sofrido o prejuízo se reestabeleça, reconquistando o *status quo ante* e trazendo sensação de paz e justiça à sociedade.

A responsabilidade civil tem como origem o brocardo latino *neminem laedere,* que aprega que "a ninguém cabe prejudicar outrem"[4], razão pela qual todo eventual dano deverá ser reparado.

Por definição, o tema em questão é um instrumento individualista, liberal, patrimonialista e *a posteriori* sempre visto, ao longo do tempo, voltado para danos passados e já consumados. Para uma consistente análise do tema da responsabilidade civil, nesse contexto, primordial ter em conta que a liberdade individual era a regra, enquanto a responsabilização, a exceção. Em outras palavras, o conceito fundante da teoria se mostra individualista, na medida em que soluciona conflitos de interesses em concreto, muitas vezes com dimensões sociais e coletivas ignoradas; liberal, pois, como afirmado anteriormente, fruto de uma exceção à regra de liberdade de atuação; patrimonialista, já que a grande maioria dos casos termina com a entrega de soma pecuniária, e *a posteriori*, visto que busca justamente a reparação de prejuízo já ocorrido, ou seja, uma vez incapaz de prevenir conflitos, o instituto restringe-se à pacificação posterior.

A teoria da responsabilidade civil clássica tem pelo menos três atribuições, construídas jurisprudencialmente: a compensatória, em que se objetiva, primordialmente, o retorno ao *status quo ante* do dano; a sancionatória, que visa punir o ofensor, persuadindo-o a não mais lesionar outrem e, não menos importante, a função socioeducativa ou preventiva, não limitada somente à figura do causador do dano, e que busca tornar pública a intolerância frente a condutas semelhantes para a sociedade como um todo[5].

---

(1) SANTOS, Enoque Ribeiro dos. *O Dano moral na dispensa do empregado*. 6. ed. (totalmente revista com as alterações da Lei n. 13.467/2017). São Paulo: LTr, 2017. p. 45.
(2) VENOSA, Sílvio de Salvo. *Direito Civil:* responsabilidade civil. 10. ed. São Paulo: Atlas, 2010. p. 1.
(3) MOREIRA, Adriano Januzzi. *A responsabilidade civil do empregador por atos ilícitos dos seus empregados*. São Paulo: IOB, 2007. p. 23.
(4) DALLEGRAVE NETO, José Affonso. *Responsabilidade civil no direito do trabalho*. 3. ed. São Paulo: LTr, 2008. p. 81.
(5) COSTA, Marcelo Freire Sampaio. *Dano moral (extrapatrimonial) coletivo:* leitura constitucional, civil e trabalhista: estudo jurisprudencial. São Paulo: LTr, 2009. p. 38.

Nesse contexto, apregoa-se, já de início, o redimensionamento do instituto da responsabilidade civil para uma nova realidade jurídica, em que o liberal-individualismo seja paulatinamente substituído pelo solidarismo constitucional. O princípio da solidariedade é um dos objetivos fundamentais da República Federativa do Brasil, conforme previsto no art. 3º, I da Constituição Federal[6], encontrando-se pautado no reconhecimento da necessária coexistência humana e na consideração da relevância da consciência racional dos interesses comuns[7].

1.2. A quebra dos paradigmas da responsabilidade civil e a busca de um referencial

O sistema de responsabilidade civil consagrado pelas grandes codificações positivistas, com características individualistas, liberais, patrimonialistas e incidência *a posteriori* encontrava-se, basicamente, erigido sobre três grandes alicerces: culpa, dano e nexo causal.

A vítima de um dano, portanto, precisava ultrapassar barreiras elevadas: (i) evidenciar seu prejuízo, (ii) provar a culpa do ofensor e, ainda, (iii) demonstrar o nexo de causalidade entre a conduta culposa do agente e o dano acarretado. Tais barreiras eram tidas como filtros da responsabilidade civil, já que exercem função de seleção das causas ressarcitórias a serem providas em juízo. O desgaste dos três elementos começou a ser sentido com a "constitucionalização" do Direito Civil, fenômeno traduzido, em apertada síntese, pela ruptura da rígida dicotomia entre o público e o privado de outrora, podendo ser resumido pela filtragem constitucional de conceitos e fundamentos da disciplina[8].

A compreensão de que o Direito Civil, como os demais ramos do Direito, tem seu fundamento de validade na Constituição impingiu nova interpretação aos elementos ligados à responsabilidade civil, sendo de alguma forma contemporânea à promulgação do Código Civil de 2002[9].

Nesse contexto, o atual Código relativizou o elemento *culpa*, estabelecendo hipóteses em que sua ausência não desnaturaria a responsabilidade. Em outras palavras, o Código Civil previu expressamente cláusula geral de responsabilidade civil objetiva, ou seja, aquela que independe da verificação da culpa para responsabilizar o causador do dano. Assim, o legislador ordinário converteu o eixo central da disciplina, combinando ao elemento *culpa* o mero risco da ocorrência do dano.

O declínio da relevância do elemento *culpa*[10] alastrou-se ao ponto de igualmente ser percebido pela estrutura do "nexo causal". As inúmeras teorias de causalidade edificaram verdadeiro cenário de incertezas em que excludentes como "culpa exclusiva da vítima", "fato de terceiro", "força maior" ou "caso fortuito"[11] passaram a ter difícil diagnóstico.

---

(6) BRASIL, Constituição Federal, art. 3º. Constituem objetivos fundamentais da República Federativa do Brasil:
I – construir uma sociedade livre, justa e solidária.

(7) COSTA, Marcelo Freire Sampaio. *Dano moral (extrapatrimonial) coletivo:* leitura constitucional, civil e trabalhista: estudo jurisprudencial. São Paulo: LTr, 2009. p. 43.

(8) Sobre o tema, trecho doutrinário percuciente: "Desta feita, mais do que analisar o objeto do contrato de trabalho, deve se considerar que por detrás de um comportamento encontra-se a figura humana do empregado, pois na perspectiva do solidarismo constitucional (arts. 1º, III e 3º, I), o sujeito transcende o objeto da relação jurídica obrigacional. Assim, a partir da CRFB/1988 iniciou-se o fenômeno de despatrimonialização das relações privadas, reconhecendo o sujeito de direito como pessoa e colocando-o em posição de hegemonia em relação ao objeto (é o ser importando mais que o ter)". DALLEGRAVE NETO, José Affonso. *Responsabilidade civil no direito do trabalho.* 3. ed. São Paulo: LTr, 2008. p. 49.

(9) O direito civil passa a operar pelo (i) princípio da sociabilidade — que impõe prevalência dos valores coletivos sobre os individuais, respeitando os direitos fundamentais da pessoa humana; (ii) princípio da eticidade — que impõe justiça e boa-fé nas relações civis ("*pacta sunt servanda*"); (iii) princípio da operabilidade — que impõe soluções viáveis, operáveis e sem grandes dificuldades na aplicação do direito.

(10) "A culpa, cuja prova antes configurava etapa dificílima a ser superada pelo autor da demanda, hoje vem, em um sem-número de hipóteses, descartada. [...] a culpa conserva um papel meramente coadjuvante, sendo presumida ou aferida de modo facilitado, muito ao contrário do que ocorria um par de séculos atrás, quando se apresentava como a grande estrela da responsabilidade civil". SCHREIBER, Anderson. *Novos paradigmas da responsabilidade civil:* da erosão dos filtros da reparação à diluição dos danos. São Paulo: Atlas, 2007. p. 5.

(11) A título de exemplificação da complexidade ora denunciada, a caracterização do caso fortuito ou força maior para fins de exclusão da responsabilidade civil do empregador dependerá de outros requisitos. Para aqueles que acompanham a doutrina de Francisco Milton Araújo Júnior, A fixação da responsabilidade civil do empregador e do Estado a partir do reconhecimento do acidente do trabalho decorrente da insegurança pública. *Revista LTr*, v. 14, n. 10, 2010. p. 1.231: "Deste modo, verifica-se que as situações de caso fortuito e força maior apenas excluem a responsabilidade do agente responsável pela reparação do acidente de trabalho caso reste demonstrada *a inevitabilidade do evento e a adoção, pelo empregador, de todas as medidas mínimas de saúde e segurança no ambiente laboral*" (grifos acrescentados).

A erosão dos filtros da responsabilidade civil tem mudado os valores da disciplina, bem longe de significar um amadurecimento seguro do tema.[12] É tempo de retornar o pêndulo? Nem tão individualista e patrimonialista como no passado, nem responsável o bastante ao ponto de autorizar que qualquer um pague por drama que seja de todos. É preciso perseguir uma espécie de equilíbrio entre um triste cenário de visão patrimonial, e um outro que se coloca em nome da sociabilidade, no qual a insegurança jurídica tende a imperar.

É que, apesar da louvável e evidente intenção de proteção à vítima, a evolução da responsabilidade civil, na prática, tem significado banalização da convivência social, potencializando a vitimização de sujeitos minimamente atingidos por embates naturais derivados da acomodação de integrantes da sociedade.

Assim, enquanto as perguntas que deveriam ser feitas seriam "quem sofreu o dano?" ou "quem causou o dano?", fato é que a grande indagação do momento tem sido "quem pode pagar ou suportar o dano?".

O projeto constitucional é solidário por essência e condiz com a concepção de que o dano seja mesmo um efeito colateral da própria convivência social. O problema é a dificuldade de acomodar essa novel premissa nos circuitos judiciais que vivenciam a prática do dilema.

1.3. O princípio da solidariedade como balizador da responsabilidade civil nas relações laborais

1.3.1. *O princípio protetor como instrumento insuficiente de influência na responsabilidade civil laboral*

A corrosão dos filtros da responsabilidade civil foi vivenciada igualmente na Justiça do Trabalho, onde, entretanto, acabou por se somar a mais um dos motes a atrair a fúria da classe dominante em contexto generalizado. A "reforma trabalhista" implementada pela Lei n. 13.467/2017 é fruto, dentre outras circunstâncias, do *"backlash effect"*[13], isto é, da reação refratária ao ativismo judicial da magistratura laboral, seja por parte do Legislativo, seja pelo Executivo, seja pela parcela da sociedade correspondente ao empresariado[14].

No que tange às ações de responsabilidade civil, particularmente, o afã de reparar a vítima em decorrência da lealdade com o compromisso de ressarci-la a todo custo, bem como a carência de instrumentos processuais capazes de verdadeiramente solidarizar a responsabilidade, por vezes deixaram o Judiciário trabalhista refém de perspectiva ainda mais individualista do que aquela verificada no liberalismo nascente, qual seja, a de que "se alguém tem que pagar e se impossível identificar quem de fato deva fazê-lo, que pague o réu da demanda". O pedido de responsabilização do empregador por "danos morais" era conteúdo quase inexorável de um modelo desenvolvido e acomodado em um espaço onde era possível tentar vingar o desrespeito aos direitos trabalhistas.

Em verdade, de um modo geral, a sociedade brasileira sempre demonstrou grande preconceito ou desconfiança em relação à iniciativa privada, principalmente em seu papel de empregadora. Esse *background* tem fundamentos históricos.

---

(12) Anderson Schreiber debruça-se sobre a evolução da responsabilidade civil no ordenamento brasileiro, apontando a erosão dos tradicionais filtros da reparação. SCHREIBER, Anderson. *Op. cit.*

(13) SOUZA, Roberta de Oliveira. Reforma trabalhista e trabalho intermitente: limites conforme o Direito Comparado (Brasil e Itália). In: TUPINAMBÁ, Carolina; GOMES, Fábio Rodrigues (Coords.). *A reforma trabalhista*: o impacto nas relações de trabalho. Belo Horizonte: Fórum, 2018. p. 431.

(14) Sobre as reformas trabalhistas em épocas de austeridade ocorridas na América Latina: "Num contexto generalizado de enfraquecimento das instituições de proteção social, de menor intervenção do Estado e de maior influência dos organismos econômicos internacionais sobre os governos da região, as reformas introduzidas na legislação trabalhista durante as duas últimas décadas tiveram, contudo, objetivos, abrangências e resultados distintos. De modo geral, não chegaram a modificar radicalmente as regras preexistentes e, salvo exceções, não foram precedidas por diagnósticos cuidadosos de seus pontos fortes e fracos ao ter deixado de acionar os pressupostos que lhe deram origem ou ao ter que funcionar num entorno cada vez mais adverso aos trabalhadores. Ao se tratar, em grande parte, de ajustes parciais, não deram atenção às vantagens ou desvantagens das interações ou complementaridades entre as diversas instituições e poucas vezes levaram em consideração a necessidade de articular as mudanças trabalhistas com aquelas introduzidas em outros campos, como a previdência social ou a inspeção do trabalho e o sistema de Justiça do Trabalho, para evitar que se acentuasse a desproteção dos trabalhadores nos mercados de trabalho crescentemente instáveis. Além disso, as reformas partiram de enfoques limitados sobre o tipo de flexibilidade do trabalho necessária para aumentar a capacidade de adaptação das empresas ás exigências competitivas, concentrando-se, em alguns países, em instaurar uma maior liberdade patronal no manejo do volume de emprego e descuidando de outros aspectos que podiam influir, favoravelmente em seu desempenho". BENSUSÁN, Graciela, (*et al*). *Instituições trabalhistas na América Latina, desenho legal e desempenho real*. 1. ed. Rio de Janeiro: Revan, 2006. p. 9.

Desde o regime militar, com a estatização ampla da economia, aprofundou-se na sociedade uma cultura em que o Estado assumiria papel central e decisivo. Ora, o nefasto capitalismo de Estado, tal qual vivenciado no Brasil, apresentava — e até hoje apresenta — múltiplos problemas, como favorecimento, licitações duvidosas, latifúndios improdutivos etc. São desvios que se associaram à concepção de exploração econômica no país por conta da infeliz evolução histórica de nosso capitalismo. Tomador de mão de obra é vilão, protagonista de um enredo de fraudes, corrupção e outros males sociais. Quando esse personagem deixa o cenário público para ocupar o privado, esquecem-se de lhe trocar o figurino.

Percebe-se, por conta desta calamitosa contaminação, uma sociedade viciada em Estado, em financiamento público e em paternalismo[15]. Esta cultura de dependência, entretanto, não parece verdadeiramente útil nem aos empregados nem aos empregadores[16].

Todavia, fato é que, ainda que de maneira inconsciente, sobrou para o Judiciário Trabalhista um papel agigantado de, em meio à judicialização desenfreada, promover atuação garantista na interpretação constitucional e legal, buscando realizar os fins sociais das normas trabalhistas e assegurando efetividade aos direitos fundamentais dos trabalhadores.

Tanto assim que o resultado desse circuito doentio é que no Brasil, via de regra, somente se conhece o exato custo da relação de trabalho depois que ela termina, lá no colo do Judiciário[17].

Os casos de responsabilidade civil eram os de maior potencial para surpreender o empregador, transitando com muita naturalidade do nada aos milhões de reais. Em havendo dano, muito provavelmente o explorador de mão de obra pagaria, a despeito de construção segura dos requisitos para configuração da responsabilidade. Era o preço a pagar pelo papel desempenhado.

O descontentamento dos detentores dos meios de produção alcançava níveis incomensuráveis.

Dadas as circunstâncias econômicas, morais e sociais que perpassam o país, o Congresso foi então pressionado pela classe dominante a fechar uma das torneiras em que se esvaía a capacidade do capital. Sem qualquer reflexão profunda ou critérios confiáveis, a corda arrebentou do lado mais fraco.

O pêndulo escorregou aceleradamente para a outra ponta.

Daí, é correto afirmar que o ponto de equilíbrio parece bem longe de ser alcançado, pelo menos nesse campo.

O princípio protetor passou por uma releitura, em diversos pontos da legislação trabalhista e busca um novo referencial. Reflete-se, doravante, sobre as possibilidades de construção hermenêutica contidas no campo da responsabilidade civil nas relações laborais.

Acredita-se que a incidência do princípio da solidariedade nas relações de trabalho, já antes associado ao princípio da proteção, passa ser um caminho a se explorar cada vez mais em prol de nova identidade para a responsabilidade civil no direito do trabalho pós-reforma trabalhista.

---

(15) Não é salutar, portanto, o cultivo da expectativa, pela parte mais frágil da relação, de que o Poder Judiciário estará a cargo de sua redenção, independentemente de esforços ou merecimento próprios. O processo deve ser justo, mas não justiceiro. Não deve equilibrar a balança, mas fiscalizar seu exímio funcionamento. Eis um ponto de vista que merece ser considerado como prevenção de desilusões. A correção da expectativa é uma excelente forma de se reconhecer o sucesso de uma ferramenta.
Assim, se o Judiciário não é fonte de socialização de bens, nem de redistribuição sem critérios de riquezas, mas tão somente uma segurança de que as pessoas estejam em igualdade de condições para reivindicar direitos que suas alteridades lhes permitiram conquistar, as circunstâncias acabam sendo simplificadas. TUPINAMBÁ, Carolina. *As garantias do processo do trabalho*. São Paulo: LTr, 2014. p. 155.

(16) Por sua vez, a livre iniciativa percebe a Justiça do Trabalho como a máquina inimiga que, todavia, pela própria inoperância, acabou por ajudar aquilo que deveria reprimir, ou seja, acabou por ser a grande motivadora do descumprimento de direitos sociais dos trabalhadores. *Ibidem*, p. 228.

(17) O tratamento de conflitos de forma mais "de igual para igual", ou sem a capa protetora estatal, cumpre, ainda, uma finalidade quase educativa, qual seja, da desmistificação do juiz que vai "mudar seu destino" ou "resolver sua vida", independentemente de um prévio esforço para se tentar superar a lide por conta própria, da postura processual, ou mesmo das conquistas pessoais de direitos materiais de cada um. Sem, simplesmente, se "jogar no colo" de um juiz os nossos problemas, esperando pacificamente por uma solução mágica, as pessoas instadas a coparticiparem da efetivação da justiça se tornam mais maduras, mais responsáveis e menos iludidas. Passam a suar a camisa para tentar resolver a adversidade que lhes absorve antes de entregarem em confiança uma pedra bruta para que o Judiciário lhes devolva um diamante. TUPINAMBÁ, Carolina. *As garantias do processo do trabalho*. São Paulo: LTr, 2014. p. 156.

Perceba-se o espaço a ser ocupado.

A diretriz central do direito do trabalho de proteção do trabalhador, como se sabe, parte da premissa de que o empregado não teria a mesma igualdade jurídica que seu empregador. Daí a finalidade do direito do trabalho seria a de alcançar verdadeira igualdade substancial entre as partes e, para tanto, necessário proteger a parte mais frágil da relação, o empregado. O princípio da proteção ao trabalhador[18], muitas vezes fundamento da responsabilização automática do empresariado por danos ao trabalhador, sempre esteve caracterizado pela intensa intervenção estatal brasileira nas relações entre empregado e empregador, limitando, em muito, a autonomia da vontade das partes. Nesse cenário, esse princípio, fundamento e base sob a qual erigido o direito do trabalho, incide em tríplice viés: (i) princípio da interpretação: *in dubio, pro operario*; (ii) princípio da prevalência da norma mais favorável ao trabalhador; (iii) princípio da prevalência da condição mais benéfica ao trabalhador.

Os referidos "sub-princípios" operam-se segundo mandamentos intuitivos: (i) *in dubio pro operario*: na dúvida entre mais de uma interpretação atribuída a uma mesma norma jurídica de direito, a hermenêutica deveria adotar aquela que fosse mais benéfica ao trabalhador — hipossuficiente — seja ela qual fosse; (ii) norma mais favorável: em caso de conflitos entre as mais variadas fontes de direito do trabalho, a regra jurídica mais proveitosa ao trabalhador, mesmo que hierarquicamente em grau inferior[19]; e (iii) condição mais benéfica: condições de trabalho mais benéficas em relação às condições genericamente estabelecidas pelas leis trabalhistas passariam a integrar o contrato de trabalho, sendo que eventual modificação prejudicial seria simplesmente nula.

Em virtude do princípio da proteção, portanto, no Direito do Trabalho a pirâmide hierárquica era dinâmica, localizando-se em seu vértice a norma que mais se aproximasse do objetivo de proteger o trabalhador, é dizer, a norma mais favorável ao trabalhador, a depender do tema em questão. Em suma, como colocado por Fernando Hoffmann:

> [...] a matriz teleológica do Direito do Trabalho aponta na direção de dar solução às relações empregatícias segundo um sentido social de restaurar, hipoteticamente, um equilíbrio não verificável, no plano da relação material concreta, objetivando, ainda, melhoria das condições sociais do trabalhador, prevalecerá, tendencialmente, no prisma hierárquico, aquela norma que melhor expresse e responda a esse objetivo teleológico orgânico e constitutivo[20].

Nesse contexto, o *caput* do art. 611-A da CLT autoriza ampla flexibilização, aumentando o leque de possibilidades de direitos previstos em lei que podem ser reduzidos ou suprimidos. Duas consequências práticas importantes: (i) a atenuação do princípio da prevalência da norma mais favorável[21] e (ii) enfraquecimento do princípio da indisponibilidade dos direitos legais trabalhistas.

A Lei n. 13.467/2017 impactou a lógica principiológica e protecionista do Direito do Trabalho quando, por exemplo, determinou no art. 620 da CLT, indistintamente, a prevalência do acordo coletivo sobre a convenção. Em outras palavras, a reforma tornou o direito do trabalho mais privativo, promovendo inversão da pirâmide trabalhista. Se antes aplicava-se o dito dinamismo nas normas trabalhistas, ou seja, aplicar-se-ia a norma hierarquicamente inferior se essa

---

(18) RODRIGUEZ, Américo Plá. *Princípios de direito do trabalho*. Tradução de Wagner D. Giglio. 2. ed. São Paulo: LTr, 1993.

(19) "A regra de acordo com a qual 'em caso de dúvida, a interpretação mais favorável ao trabalhador' não deve ser considerada uma norma protetora contra o mais forte, pois sua essência é maior do que essa. Ela nos informa que, na oposição entre os valores humanos e os interesses materiais da economia, a justiça impõe a supremacia dos primeiros. Uma consideração final: a ideia de proteção da classe pelo Estado burguês ofende a dignidade do trabalhador, porque este não é uma criança." DE LA CUEVA, Mario. *El nuevo derecho mexicano del trabajo*. 1. ed. México: Editorial Porrúa, 1985. p. 274 e segs. (Tradução livre)

(20) HOFFMANN, Fernando. *O princípio da proteção ao trabalhador e a atualidade brasileira*. São Paulo: LTr, 2003. p. 96.

(21) O princípio da norma mais benéfica é agasalhado por normas internacionais: "O art. 29 da Convenção Americana de Direitos Humanos traz em seu escopo como princípio balizador de sua aplicabilidade a prevalência da norma mais benéfica. Sendo assim deve a mesma ser aplicada se sua aplicação for refletir diretamente em maiores benefícios quando comparada as demais normas existentes. Assim, fica vedada a sua aplicação quando resultar em restrição e limitação prevista na ordem jurídica da qual o Estado que a ratificou faz parte. Ou seja, a primazia é de que deve sua aplicação ser orientada pelo princípio mais benéfico, seja em se tratando de norma interna ou externa. Dessa forma, estão afastados os princípios interpretativos tradicionais, seja da norma posterior que revoga norma incompatível, ou mesmo da norma especial que revoga a geral no que apresenta de especial". (GOMES, Dinaura G. P. A implementação da reforma sindical à luz da Constituição Federal e dos Tratados Internacionais de Direitos Humanos ratificados pelo Brasil. *Revista de Direito Constitucional e Internacional*, v. 49, p. 27-43, 2004)

concedesse um benefício melhor que o previsto na norma superior, com a reforma, combinando os novos arts. 8º, 611-A e 620 da CLT, a nova hierarquia das principais fontes de direito do trabalho passa a ser a seguinte: 1º Constituição, 2º acordo coletivo, 3º convenção coletiva e 4º legislação ordinária.

Embora instigante, a questão é fugidia aos objetivos do presente trabalho. Não obstante, aproveita-se a abordagem para contextualizar as ideias que se seguem.

1.3.2. Um novo paradigma para repensar a responsabilidade civil laboral

Com o enfraquecimento do princípio protetor, propugna-se que a leitura dos elementos da responsabilidade civil seja permeada pelo princípio da solidariedade, que visará à proteção qualificada e cooperativa dos agentes envolvidos.

Nesse contexto, ganharão relevo nas relações de trabalho técnicas positivas para a evolução da disciplina assim como da objetivação da responsabilidade civil; da abertura a outros meios de reparação que não a simples indenização pecuniária e da prevenção de lesões e instituição de seguros obrigatórios como mecanismos de diluição dos danos entre os criadores do risco.

Embora árdua a empreitada, Bruno Stigert[22] propôs-se a efetuar uma perspectiva da solidariedade enquanto valor moral e princípio constitucional.

O solidarismo, para o autor, é um movimento que atravessa a história da humanidade e que encontrou na Grécia e no Cristianismo suas primeiras impressões. Pela ótica grega, é possível encontrar nos ideais de unidade e de bem comum os fundamentos que justificam uma solidariedade implícita, movimento que se iniciou em Sócrates e terminou em Aristóteles.

No que concerne ao Cristianismo, no pensamento religioso, os ideais de benevolência, caridade e amor ao próximo são amplamente vistos como manifestações de solidariedade, fazendo desta, segundo Stigert[23], um verdadeiro fundamento ético da ação humana.

Quanto aos Estoicos, a inspiração está nos ideais de virtude e união, somando-se a estes os deveres advindos de Cícero que caberiam a todos os indivíduos enquanto membros de uma mesma sociedade.

Após um longo período vinculada à ideia de caridade e benevolência, a solidariedade percebe na Revolução Francesa uma mudança. Para Stigert, a solidariedade passa a ter novo destaque enquanto fraternidade, sendo, na verdade, uma nova roupagem dos ideais antes defendidos pelos Estoicos. Contudo, afirma o autor, se antes a fraternidade era fruto de interpretações bíblicas, nesta época ela passa a constar de um documento que muda e inspira a percepção do mundo sobre o tema dos direitos dos homens, surgindo, dessa maneira, a primeira manifestação da solidariedade enquanto valor com alguma potencialidade jurídica.

Stigert assevera ainda que os ideais defendidos pela Revolução Francesa criaram um Estado de mentalidade avessa aos ideais de cooperação; assim, somente com o advento do Estado Social[24] e sua forte vinculação com a cidadania é que a solidariedade retorna aos discursos políticos e jurídicos.

Aduz Stigert[25] que, como um dos valores que inspiram o *Welfare State*, a solidariedade passa a ser inserida em documentos jurídicos ao redor do mundo, chegando também à Constituição brasileira de 1988 como um de seus objetivos, um comando aos Poderes e aos cidadãos.

---

(22) SOUZA, Bruno Stigert. *O constitucionalismo solidário*: responsabilidade, democracia e inclusão. Dissertação de Mestrado. Programa de Pós--Graduação em Direito, Universidade do Estado do Rio de Janeiro, 2010. p. 240.

(23) *Ibidem*, p. 240.

(24) "Com o advento do Estado Social, tornou-se cristalino que a desigualdade brutal entre os atores privados enseja a opressão do mais forte sobre o mais fraco. O Estado e o Direito assumem novas funções promocionais, e consolida o entendimento de que os direitos fundamentais não devem limitar o seu raio de ação às relações políticas, entre governantes e governados, incidindo também em outros campos, como o mercado, as relações de trabalho e a família." SARMENTO, Daniel. *Direitos fundamentais e relações privadas*. 2. ed. Rio de Janeiro: Lumem Juris, 2006. p. 323.

(25) SOUZA, Bruno Stigert. *O constitucionalismo solidário*: responsabilidade, democracia e inclusão. Dissertação apresentada como requisito para obtenção do título de Mestre, ao Programa de Pós-Graduação em Direito, da Universidade do Estado do Rio de Janeiro, 2010. p. 241.

Portanto, a solidariedade é mais que uma declaração moral, ela passa a orientar direitos e deveres e, nesse sentido, funciona como norte e fundamento de deveres fundamentais. A partir de um imperativo de cidadania, ela impõe aos membros de uma sociedade e ao Estado deveres de cooperação[26]. A Constituição brasileira de 1988, em seu art. 3º, apresenta seu núcleo fundamental, à medida que impõe a todos um dever de reconhecimento calcado no valor solidariedade, com o objetivo de constituir uma sociedade mais livre, igual e justa, sem preconceitos de origem, raça, sexo, cor, idade e quaisquer outras formas de discriminação.

Nessa arena, a substituição do protecionismo pela solidariedade parece ter alicerces mais maduros, imparciais e conscientes.

Em suma, defende-se que a solidariedade projete-se como princípio que deverá se vincular à interpretação e aplicação dos direitos e deveres das partes nas relações laborais, como antecedente lógico da imputação da responsabilidade. Nas demandas sociais de grupos vulneráveis, que podem ser facilmente lidas como de alguns grupos de trabalhadores, máxime os hipossuficientes, é possível haver grande incidência do princípio da solidariedade, já que a liberdade em tais demandas não se mostra suficiente para a resolução dos dilemas das diferenças sociais e culturais. Assim, a compreensão do dano, do nexo causal e da conduta lesiva deve ser pautada pelo princípio da solidariedade, exigindo como condição a cooperação e a incidência do dever de solidariedade-reconhecimento dos agentes envolvidos, em diálogo que incentive a melhoria das condições sociais. Para Stigert[27], deve-se abrir espaço público à divergência e à contestação, mas sem deixar de acreditar na credibilidade e integridade do oponente, já que a história mostra que, quando não se deu espaço para aqueles que pensam diferente se posicionarem como livres e iguais, o resultado foi a violência como forma simbólica de reivindicação.

O conteúdo material da solidariedade, na visão de Stigert, é o fundamento de exigências por reconhecimento, tendo em seu núcleo fundamental a proteção da estima social e da autorrealização. A estima social é elemento intrínseco à natureza humana, devendo ser protegida pelo direito, pois é ela que torna o indivíduo capaz de buscar a felicidade. Essa proteção é consagrada pelo art. 3º da CRFB/1988, que denota não só uma ação prospectiva, mas também serve de bloqueio a opções preconceituosas.

Na análise de questões práticas, resta claro o potencial agregativo que comporta o princípio da solidariedade como postulado de interpretação nos casos de responsabilidade civil em meio às relações de trabalho. Trata-se de ponto de equilíbrio mais justo e flexível do que o protecionismo atemporal.

Como objetivo fundamental, a solidariedade é o valor constitucional viável a concretizar os desejos do constituinte de edificar uma sociedade fraterna e plural, destituída de preconceitos e discriminação. Um lugar onde nem sempre um ganhe e outro perca, mas que as partes estejam dispostas a dialogar e compreender suas limitações. Sem perder o pendor de auxílio aos mais necessitados, a solidariedade se coloca como um mecanismo mais ponderado. Especificamente neste trabalho, voltado a realizar os direitos personalíssimos dos empregados, sem perder de vista o papel social do agente capitalista, assim como suas limitações, busca-se verdadeira concordância prática entre os valores constitucionais voltados ao trabalho humano[28] e à preservação da livre iniciativa.

Enoque Ribeiro dos Santos explica que o princípio da solidariedade entra no rol dos direitos fundamentais de terceira dimensão, que envolvem tanto os direitos difusos e coletivos quanto os bens mais elevados de uma determinada sociedade, uma vez que tem como objetivo preservar a vida e a saúde para as presentes e futuras gerações, conforme os arts. 200 e 225 da CRFB/1988, bem como seu art. 3º[29][30].

---

(26) *Ibidem*, p. 241.

(27) SOUZA, Bruno Stigert. *O constitucionalismo solidário*: responsabilidade, democracia e inclusão. Dissertação apresentada como requisito para obtenção do título de Mestre, ao Programa de Pós-Graduação em Direito, da Universidade do Estado do Rio de Janeiro, 2010. p. 245.

(28) Es este contexto el que incide en el proceso de desarrollo de la vida de la persona como trabajador, el cual siendo el dínamo e la producción de la riqueza, se há convertido em um ser-instrumento intercambiable y com precários derechos. Olvidando que el trabajador es um ser-humanidad. (GONZÁLES, Carlos Antonio Agurto; MAMANI, Sonia Lidia Quequejana. In: Flaviana Rampazzo Soares. (Org.). *Danos extrapatrimoniais nas relações de trabalho*. 1. ed. São Paulo: LTr, 2017. p. 56)

(29) BRASIL. Constituição Federal, art. 3º. Constituem objetivos fundamentais da República Federativa do Brasil:
I – construir uma sociedade livre, justa e solidária.

(30) SANTOS, Enoque Ribeiro dos. *O dano moral na dispensa do empregado*. 6. ed. (totalmente revista com as alterações da Lei n. 13.467/2017). São Paulo: LTr, 2017. p. 103.

O doutrinador teceu comentário acerca do tema:

> Esse tipo de solidariedade não tem nada a ver com caridade ou fraternidade cristãs. A solidariedade e a cooperação, embora não cogentes, devem brotar da consciência humana como um imperativo ético, já que vivemos em sociedade e em constante interação com nossos semelhantes. Essa função de cooperação deve vir, intrínseca e espiritualmente, insculpida no contrato de trabalho, pelo caráter *intuitu personae* de que ele se reveste, isto é, na obrigação personalíssima e infungível. A pessoalidade constitui elemento nuclear do contrato de trabalho, pois o trabalhador contratado não pode ser substituído, já que incorpora uma técnica e especificidade peculiar que ensejaram sua contratação, sem o qual o contrato não seria aperfeiçoado[31].

A lógica do princípio da solidariedade para o autor, como princípio fundamental do Estado Democrático de Direito, engloba a preocupação com o social, com o outro e, em termos de reciprocidade, na ótica kantiana da pessoa como um fim e não como meio, basta não prejudicar ninguém. Porém, é preciso, na medida do possível, favorecer as pessoas em busca da felicidade e do bem-estar recíproco.

Anderson Schreiber explica que

> sob as máscaras da responsabilidade civil, a dogmática liberal, individualista e exclusivamente patrimonial do instituto vem sendo distendida, esticada, manipulada pelas cortes judiciais no seu intuitivo esforço de atender a um propósito mais solidário e mais consentâneo com a axiologia constitucional[32].

Não se propugna a busca de reparação indiscriminada, orientada pelo objetivo maior de proteção à vítima. Nessa criticada e desgastada concepção protecionista, o erro inaugural e civilista de compreensão da responsabilidade civil — foco no individualismo patrimonialista — desloca-se para outro problema, qual seja, o de prestígio da vítima à custa de sujeito nem sempre inserido em contexto de causalidade.

O tema irá se descortinando naturalmente com o evoluir do presente trabalho. Por ora, o que se quer deixar em destaque é que o princípio da solidariedade se coloca como caminho do meio entre a proteção inconteste e uma concepção fria e descomprometida da disciplina da responsabilidade civil atinente às relações de trabalho. Nem parcialidade nem esterilidade. Compreensão e diálogo em busca da máxima realização dos direitos sociais.

1.4. A responsabilidade extracontratual e a responsabilidade contratual trabalhista

A classificação dos conceitos de responsabilidade contratual e extracontratual tem por perspectiva o critério da origem da infração jurídica. Se a primeira origina-se de uma relação obrigacional preexistente, sendo o inadimplemento contratual fonte do dever de indenizar, a extracontratual ou aquiliana fundamenta-se em quatro pressupostos, quais sejam: conduta humana, dano, culpa e nexo causal, independentemente de prévia relação entre as partes.

A responsabilidade aquiliana decorre da violação de dever geral previsto na ordem jurídica, sendo pautada na prática de um ato ilícito, enquanto a contratual origina-se da violação de obrigações assumidas pelas partes, devendo ser mais correta a nomenclatura "responsabilidade civil obrigacional", pois independe da realização de um contrato formal, bastando a assunção de obrigações pelas partes envolvidas. Nesse contexto, a prova da culpa na responsabilidade contratual limita-se à demonstração do descumprimento da prestação previamente acordada[33].

O termo "aquiliana" refere-se à *Lex Aquilia*, datada no século III a.C., que contribuiu de forma marcante para a formação da responsabilidade civil como instituto jurídico[34]. O mérito da legislação histórica foi o de substituir as multas pré-fixadas, editadas em leis anteriores, por uma pena proporcional ao dano. Contudo, não obstante a evolução conceitual apresentada, a referida norma abrangia apenas o prejuízo visível, material, causado a objetos exteriores. Posteriormente, o direito francês passou a proteger a vítima também em relação aos danos que implicassem impedimento

---

(31) Idem. *A função social do contrato, a solidariedade e o pilar da modernidade nas relações de trabalho:* de acordo com o novo Código Civil brasileiro. São Paulo: LTr, 2003. p. 29.

(32) SCHREIBER, Anderson. *Novos paradigmas da responsabilidade civil:* da erosão dos filtros da reparação à diluição dos danos. 5. ed. São Paulo: Atlas, 2013. p. 7.

(33) CAVALIERI FILHO, Sergio. *Programa de responsabilidade civil.* 10. ed. São Paulo: Atlas, 2012. p. 40.

(34) DALLEGRAVE NETO, José Affonso. *Responsabilidade civil no direito do trabalho.* 3. ed. São Paulo: LTr, 2008. p. 81.

a ganhos legítimos, não restringindo a responsabilidade apenas em relação aos danos que representassem depreciação material[35].

Interessante destacar que na responsabilidade aquiliana o ônus da prova, *a priori*, será da vítima, enquanto na responsabilidade contratual a análise não será tão simples, dependendo do tipo de obrigação eventualmente descumprida. Por exemplo, na seara civil, se a obrigação for de resultado, haverá presunção de culpa do agente, enquanto nos casos de obrigação de meio o ônus da prova recairá sobre a vítima[36].

Nos casos de responsabilidade contratual, ademais, poderá haver excludentes específicas, além das clássicas, tais como a cláusula de responsabilidade atenuada ou a cláusula de não indenizar, hipóteses impossíveis de ocorrer na responsabilidade extracontratual.

Quanto à constituição do devedor em mora, outrossim, haverá diferenças em relação aos momentos de configuração: enquanto na responsabilidade contratual a mora ocorrerá a partir da citação do devedor[37], na aquiliana operar-se-á a mora da consumação do ato ilícito[38].

Outro instituto a variar em relação à classificação diz respeito à possibilidade de litisconsórcio passivo na responsabilidade contratual e extracontratual: enquanto na primeira só é admitido em casos de obrigações solidárias, na segunda ele atinge todos os autores e cúmplices.[39]

Não obstante as distinções apresentadas, verifica-se certa tendência à unificação das espécies, tal qual se evidencia no Código de Defesa do Consumidor, cenário onde se fundem as responsabilidades contratual e extracontratual. O movimento de simplificação justifica-se na medida em que os princípios, assim como o regramento básico, são os mesmos para ambas as modalidades, não havendo razão consistente para o afastamento dos institutos como que derivados de setorização relevante ou definitiva[40].

1.5. Os fundamentos e as consequências da classificação da responsabilidade trabalhista como contratual

Na concepção de Agra Belmonte[41], o dano moral trabalhista pode ter natureza contratual ou extracontratual. O autor exemplifica: ocorrendo a hipótese de o empregador invadir, de forma ilícita, a intimidade ou a vida privada do empregado, para avaliar se este preenche os requisitos necessários ao exercício de determinado cargo na empresa, via promoção, o dano moral verificado seria de natureza contratual. Todavia, se o empregador despede o empregado, sem justa causa, colocando-o numa lista negra e passa a dar informações desabonadoras de sua conduta pessoal ou profissional, o ilícito, embora decorra do vínculo empregatício, é de natureza extracontratual, porque não infringiu cláusula contratual. Parece-nos que não. Nesta segunda hipótese haverá, sim, violação de obrigação contratual, qual seja, dever de cuidado.

O elemento protetivo que cria o direito do trabalho tal qual concebido a partir do surgimento da OIT, no momento em que se afirma que o "trabalho não é mercadoria", deságua no genuíno dever de cuidado e respeito do empregador para com os empregados[42].

---

(35) MOREIRA, Adriano Januzzi. *A responsabilidade civil do empregador por atos ilícitos dos seus empregados*. São Paulo: IOB, 2007. p. 27.

(36) DALLEGRAVE NETO, José Affonso. *Responsabilidade civil no direito do trabalho*. 3. ed. São Paulo: LTr, 2008. p. 102.

(37) BRASIL. Código Civil, art. 405. Contam-se os juros de mora desde a citação inicial.

(38) BRASIL. Código Civil, art. 398. Nas obrigações provenientes de ato ilícito, considera-se o devedor em mora, desde que o praticou.

(39) BRASIL. Código Civil, art. 942. Os bens do responsável pela ofensa ou violação do direito de outrem ficam sujeitos à reparação do dano causado; e, se a ofensa tiver mais de um autor, todos responderão solidariamente pela reparação.
Parágrafo único. São solidariamente responsáveis com os autores os coautores e as pessoas designadas no art. 932.

(40) TARTUCE, Flávio. *Manual de direito civil*: volume único. 2. ed. São Paulo: Método, 2012. p. 417.

(41) BELMONTE, Alexandre Agra. *Tutela da composição dos danos morais nas relações de trabalho*: identificação das ofensas morais e critérios objetivos para quantificação. São Paulo: LTr, 2014. p. 45.

(42) A OIT formalizou o conceito de Trabalho Decente como uma síntese de sua missão histórica de promover oportunidades para que homens e mulheres obtenham um trabalho produtivo e de qualidade, em condições de liberdade, equidade, segurança e dignidade humanas. ABRAMO, Lais. *Uma década de promoção do trabalho decente no país, uma estratégia de ação baseada no diálogo*. OIT, 2015. Disponível em: <http://www.ilo.org/wcmsp5/groups/public/---americas/---ro-lima/---ilo-brasilia/documents/publication/wcms_467352.pdf>. Acesso em: 3 jan. 2018.

Ademais, a constitucionalização do direito civil, que o revela comprometido com a realização do princípio da dignidade da pessoa humana[43], pressupõe a interpretação dos contratos, espécie do gênero contrato de trabalho, perfilada pelo princípio da boa-fé objetiva[44].

A boa-fé objetiva, nesse contexto, relativiza a autonomia privada das partes, permitindo aos contratantes exercer sua liberdade contratual, de forma equilibrada e cooperativa, e, sobretudo, primando pela imprescindível observância ao princípio da dignidade da pessoa humana, valor fundamental a ser realizado pelo ordenamento jurídico.

A partir do princípio da boa-fé objetiva exsurgem, ainda, os chamados deveres anexos de conduta, os quais se projetam sobre a relação jurídica obrigacional, no caso, a relação empregatícia, no intuito de instrumentalizar o correto cumprimento da obrigação principal e a satisfação dos interesses envolvidos no contrato de trabalho.

Em suma, no campo dos contratos de trabalho, ganharão especial relevo os danos extrapatrimoniais advindos do descumprimento dos deveres anexos ao contrato, recorrentemente identificados pela doutrina como deveres de proteção, informação e lealdade.

Os deveres de conduta que acompanham as relações contratuais são denominados deveres anexos (*Nebenpflichten*), deveres que nasceram da observação da jurisprudência alemã ao visualizar que o contrato, por ser fonte imanente de conflitos de interesses, deveria ser guiado e, mais ainda, guiar a atuação dos contraentes conforme o princípio da boa-fé nas relações[45].

O dever de proteção[46] pode ser citado como um exemplo:

> A violação dos deveres de proteção provoca danos que, embora não atinjam diretamente direitos subjetivos ou bens jurídicos, importam na responsabilização civil. Desta feita, desde que atingido o interesse protegido pela norma violada, caracterizado estará o dano[47].

Portanto, muito além do dever de trabalhar e de pagar salários, o contrato de trabalho significa dever de cuidado com o trabalhador, daí o risco inerente a ser tomador de serviços. Ou seja, a atividade normalmente desenvolvida pelo autor do dano (explorar mão de obra) implica, por sua natureza, risco para os direitos do trabalhador holisticamente considerado. Este o mais importante dos fundamentos do dever de indenizar os danos extrapatrimoniais sofridos pelo empregado: violação do dever anexo de cuidado em contexto contratual de exploração de mão de obra.

Importa salientar que o direito comparado já caminha para esta conclusão, ainda que se referindo a leis protetoras e não exatamente ao dever de proteção entre sujeitos ligados por relação contratual. A ideia é proveitosa de todo modo:

> A noção de dano pela violação de dever de proteção, prevista no direito português (art. 483º/1 do Código Civil) e inspirada no direito alemão (§ 823, 2, do BGB — que impõe a obrigação de indenizar àqueles que

---

(43) Na perspectiva jurídica, a dignidade humana foi positivada no período da reconstrução europeia do segundo pós-guerra, explicitamente em contraposição às violações que os conflitos ocasionaram, quando os seres humanos foram tratados como objeto, sendo o primeiro veículo formal o preambulo da Carta das Nações Unidas (1945), seguindo-se pela Constituição Italiana (1947), a Declaração Universal dos Direitos do Homem (1948), a Lei Fundamental alemã (1949), o Pacto Internacional sobre Direitos Civis e Políticos (1966) e, na experiência ibero-americana, com as Constituições portuguesa (1976) e Espanhola (1978), ambas promulgadas democraticamente após longos períodos de governos ditatoriais. (MOLINA, André Araújo. Dano moral à identidade pessoal do trabalhador. In: SOARES, Flaviana Rampazzo (Org.). *Danos extrapatrimoniais nas relações de trabalho*. 1. ed. São Paulo: LTr, 2017. p. 29)

(44) "A constitucionalização do Direito Privado não se resume ao acolhimento, em sede constitucional, de normas pertinentes às relações privadas. Ela traduz fenômeno mais profundo, que impõe uma releitura de todos os institutos e conceitos do Direito Privado a partir da axiologia constitucional, num processo que vem sendo chamado de filtragem constitucional". SARMENTO, Daniel. *Direitos fundamentais e relações privadas*. 2. ed. Rio de Janeiro: Lumem Juris, 2006. p. 324.

(45) MARQUES, Claudia Lima; BENJAMIN, Antônio Herman V.; MIRAGEM, Bruno. *Comentários ao Código de Defesa do Consumidor*. 2. ed. rev., atual. e ampl. São Paulo: Revista dos Tribunais, 2006. p. 219.

(46) "As normas de proteção não precisam estar expressas, mas implícitas no sistema jurídico. Sua identificação pode ocorrer pela via dos princípios como também pelo diálogo das fontes normativas e de categorias jurídicas afins. LEAL, Pastora do Socorro Teixeira. Dano Normativo ou de conduta pela violação de normas de proteção." In: ROSENVALD, Nelson; MILAGRES, Marcelo (Coords.). *Responsabilidade civil*: novas tendências. Indaiatuba: Editora Foco Jurídico, 2017. p. 230.

(47) *Ibidem*, p. 237.

violam a proteção de outra lei), considera ilícita e, portanto, danosa, a violação de disposição legal destinada a proteger interesses alheios. Embora a lei alemã não tenha feito referência expressa a interesses, a lei portuguesa o fez, dando maior clareza à dicção legal. Assim, a violação de uma lei destinada à proteção de outrem caracteriza, por si só, o dano[48].

Em uma sociedade baseada na troca entre capital e trabalho, o contrato é a principal forma de subsistência física do trabalhador, que acaba transformado em coisa (mercadoria) durante o tempo de trabalho.[49] Nesse período de aproveitamento de mão de obra pelo capital, a preservação da dignidade humana é de responsabilidade ampla e irrestrita do tomador do serviço, que deve tutelar o valor humano intrínseco ao trabalho, sob sua conta e risco. A lógica ganhou referência especialmente no direito francês:

> Nessa linha de raciocínio, a figura do *mise en danger* ou exposição ao risco, construída na doutrina francesa, é emblemática em revelar que "meras condutas" de exposição de bens, de interesses e de pessoas a risco de dano injusto (aquele que não deve ser suportado pela vítima) é *in re ipsa*, pela própria prática em si, caracterizadora do "dano de conduta" por violação ao dever de proteção, categoria apta a engendrar um cultura jurídica de contenção, inibição ou de prevenção em face de práticas abusivas, mais ampla que a mera previsão legal de nulidade[50].

Valdete Souto Severo cita ainda Hegel ao sustentar que somos proprietários de nossa força vital, e, consequentemente, quando ingressamos numa relação de trabalho, estamos expressando nossa liberdade e alienando nossa propriedade. Em contrapartida ao pensamento de Hegel, Severo traz a ideia de Marx, segundo quem, em regra, o trabalhador ingressa apenas com a sua pele e não espera outra coisa da relação que firma com o capital, do que a própria despel. O remédio para o freio dessa lógica de exploração é justamente relacionar o contrato de trabalho a um instrumento de sensibilidade diferenciada, admitindo-se como dever inerente ao mesmo o cuidado e a cautela com os valores humanos do trabalho.

A partir dessa consciência de dever de reconhecimento e respeito para com o valor humano do trabalho, a exploração do trabalho pelo capital deve correr sob risco deste último[51]. Como leciona Valdete Severo, o princípio da proteção a quem trabalha, que determina a existência de regras trabalhistas, dá a medida da exploração possível.[52] A violação dessas regras gera dever de indenizar, independentemente de culpa.

Portanto, no meio ambiente de trabalho, por certo, tomar-se-á como premissa teórica a alocação da responsabilidade por danos extrapatrimoniais como obrigacional, evidente o vínculo contratual que permeia a dinâmica das relações pessoais. A classificação ganha relevância pontual na medida em que dela decorrem conclusões relevantes: (i) a responsabilidade decorrerá da simples violação de dever obrigacional, independentemente de configuração de ato ilícito ou de culpa; e (ii) o elemento nexo causal restringe-se à demonstração do descumprimento dos deveres inerentes ao contrato de trabalho.

Dallegrave atenta ao fato de que, tanto na responsabilidade contratual quanto na extracontratual, há a presença dos elementos *dano*, *ato ilícito* e *nexo causal*. Por óbvio, não há destaque ao elemento *culpa*, típico da responsabilidade extracontratual subjetiva, visto que para configuração da responsabilidade contratual basta o descumprimento do dever inerente à relação obrigacional das partes, não sendo importante a análise da culpabilidade de seu inadimplemento[53].

---

(48) LEAL, Pastora do Socorro Teixeira. Dano Normativo ou de conduta pela violação de normas de proteção. In: ROSENVALD, Nelson; MILAGRES, Marcelo (Coords.). *Responsabilidade civil*: novas tendências. Indaiatuba, São Paulo: Foco Jurídico, 2017. p. 236.

(49) SEVERO, Valdete Souto. A hermenêutica trabalhista e o princípio do Direito do Trabalho. In: SOUTO MAIOR, Jorge Luiz; SEVERO, Valdete Souto (Coords.). *Resistência*: aportes teóricos contra o retrocesso trabalhista.1. ed. São Paulo: Expressão Popular, 2017. p. 29.

(50) LEAL, Pastora do Socorro Teixeira. *Ibidem*, p. 239.

(51) Na esfera laboral, a fruição dos interesses existenciais e dos direitos da personalidade do trabalhador ficam submetidos ao comando da organização econômica uma vez que a pessoa e o trabalho por ela prestado são indissociáveis. O tempo e o espaço inerentes à condição humana do trabalhador ficam sujeitos ao poder diretivo do empregador. Esse poder diretivo é limitado pelos direitos fundamentais da pessoa humana e, se exercido de forma irregular, pode ensejar sérios gravames ao trabalhador. Neste sentido, LEAL, Pastora do Socorro Teixeira. Os "novos danos" à pessoa humana decorrentes de práticas abusivas. In: MARANHÃO, Ney; TUPINAMBÁ, Pedro Tourinho (Coords.). *O mundo do trabalho no contexto das reformas*: análise crítica: homenagem aos 40 anos da AMATRA 8. São Paulo: LTr, 2017. p. 300-313.

(52) SEVERO, Valdete Souto. A hermenêutica trabalhista e o princípio do Direito do Trabalho. In: SOUTO MAIOR, Jorge Luiz; SEVERO, Valdete Souto (Coords..). *Resistência*: aportes teóricos contra o retrocesso trabalhista.1. ed. São Paulo: Expressão Popular, 2017. p. 29.

(53) DALLEGRAVE NETO, José Affonso. *Responsabilidade civil no direito do trabalho*. 3. ed. São Paulo: LTr, 2008. p. 81.

1.6. A responsabilidade subjetiva e objetiva

1.6.1. A responsabilidade subjetiva e seus pressupostos

Classificação mais tormentosa diz respeito à responsabilidade objetiva e subjetiva, categorias inerentes à responsabilidade extracontratual.

Repare-se que ampla é a doutrina trabalhista a debruçar-se sobre o tema, classificando a responsabilidade do empregador, ora em uma, ora em outra categoria.

Para nós, que entendemos que a responsabilidade trabalhista é simplesmente contratual, a questão é praticamente irrelevante. Como será demonstrado ao longo do trabalho, o empregador tem deveres objetivos para com o empregado além de pagar salários. Tais deveres costumam ser denominados como "deveres anexos ao contrato". A simples violação desses deveres contratuais levará à obrigação de indenizar o dano extrapatrimonial gerado. Simples assim.

Entretanto, é realmente expressiva, para não se dizer unânime, a divergência doutrinária acerca da responsabilidade objetiva ou subjetiva do empregador por danos derivados das relações de trabalho, como se a natureza obrigacional do contrato de trabalho e respectivos deveres anexos não fosse necessariamente antecedente.

Especula-se que tal polêmica decorra do fato de que a Constituição Federal, para o caso da indenização por acidente de trabalho, tenha exigido literalmente a caracterização de culpa ou dolo para que haja dever de indenizar[54].

Apesar da natureza contratual, a Constituição — norma jurídica que pode praticamente tudo — especificamente no caso do acidente, exigiu, sim, o elemento culpa. Exigência essa que, inclusive, já foi superada, como também será demonstrado mais à frente.

A opção do Constituinte, imagina-se, deve justificar-se pelo fato de que a vítima do acidente já recebe automaticamente a indenização da autarquia previdenciária, sendo a indenização proveniente do empregador apenas um *plus* para reprimi-lo do que propriamente um mecanismo para compensar o lesado.

Em suma, é por conta da celeuma doutrinária existente que serão abordados os tópicos a seguir, sem se perder de vista que, na responsabilidade contratual, o dever de indenizar decorre da mera violação do dever contratual, estranhos os conceitos de culpa e dolo.

Classicamente, apresentam-se como pressupostos da responsabilidade subjetiva o elemento formal, qual seja, a violação do dever jurídico mediante conduta voluntária; o elemento causal-material, o nexo de causalidade e o elemento subjetivo, o dolo ou culpa.[55] Portanto, a responsabilidade subjetiva leva em consideração o elemento *culpa*, ou seja, há valoração da conduta do agente causador do dano, perquirindo-se não somente a culpa *stricto sensu*, como também o dolo.

A cláusula geral da responsabilidade subjetiva encontra-se prevista nos arts. 186 a 188 do Código Civil. O art. 186[56] evidencia que o ato ilícito deve ser decomposto em três elementos: a conduta dolosa ou culposa contrária à norma jurídica, o dano e o nexo de causalidade entre a conduta e o dano. Para aferição da responsabilidade subjetiva exige-se, portanto, que, no momento da conduta, o sujeito que tenha causado o dano tenha tido intenção de causar o prejuízo ou, pelo menos, agido com menos cuidado do que o esperado pelo homem médio[57].

A jurisprudência vem alargando o conceito da culpa para abarcar a maior quantidade possível de situações ensejadoras de danos. Nesse contexto, inclusive, desenvolveu-se o conceito de culpa presumida: havendo o dever genérico de não prejudicar o outro, se assim se faz, presume-se a culpa do causador do dano.

---

(54) BRASIL. Constituição Federal, art. 7º. São direitos dos trabalhadores urbanos e rurais, além de outros que visem à melhoria de sua condição social: [...]
XXVIII – seguro contra acidentes de trabalho, a cargo do empregador, sem excluir a indenização a que este está obrigado, quando incorrer em dolo ou culpa;

(55) CAVALIERI FILHO, Sergio. *Programa de responsabilidade civil*. 10. ed. São Paulo: Atlas, 2012. p. 40.

(56) BRASIL. Código Civil, art. 186. Aquele que, por ação ou omissão voluntária, negligência ou imprudência, violar direito e causar dano a outrem, ainda que exclusivamente moral, comete ato ilícito.

(57) TEPEDINO, Gustavo; BARBOZA, Heloisa Helena; MORAES, Maria Celina Bodin de *et al*. *Código Civil interpretado conforme a Constituição da República*. vol. I. Rio de Janeiro: Renovar, 2004. p. 333.

Quanto à presunção de culpa, a doutrina e a jurisprudência erigiram modalidades ilustrativas do conceito, tais quais a *culpa in vigilando*, a *culpa in elegendo* e a *culpa in custodiendo*. Na primeira vertente haverá quebra do dever legal de vigilância, enquanto na segunda o erro decorrerá da eleição da pessoa causadora do dano. Por último, o erro ocorrerá em contexto de guarda de uma coisa ou animal.[58] A *culpa in elegendo* e a *in vigilando* sempre foram muito caras ao direito do trabalho, principalmente em casos de fraude em terceirizações ou mesmo para se imputar ao empregador a responsabilidade por danos praticados contra terceiros pelos seus empregados[59].

Em verdade, a responsabilidade subjetiva é calcada no ato ilícito como fonte de obrigações, estando voltada para a promoção e o incentivo das relações sociais.[60] Se por um lado é interessante que não se restrinja tanto o conceito a ponto de impossibilitar o ressarcimento da vítima, é necessário que se observe com muita cautela o desprendimento da noção de culpa em uma sociedade de riscos como esta em que vivemos.

É justamente desse ponto de vista que se desenvolve e ganha espaço a responsabilidade objetiva[61].

1.6.2. A lógica da responsabilidade objetiva como mote estruturante das relações trabalhistas em casos de acidentes de trabalho

Como sustentado, a simples violação dos deveres inerentes ao contrato de trabalho levará o empregador à obrigação de indenizar. Mas como proceder em relação aos danos extrapatrimoniais trabalhistas derivados de acidentes de trabalho *lato sensu*, hipótese em que a Constituição exige a demonstração do dolo ou culpa pelo empregador? Qual o modelo de responsabilidade?

Com a massificação da economia, do mercado de consumo e com a implementação de novas tecnologias, a prova da culpa do causador do dano, por vezes, mostrava-se tarefa quase impossível. A chamada "prova diabólica" deu ensejo à promulgação de leis que faziam referência a situações em que a prova da culpa seria deveras remota. Esses regramentos acabaram por afastar a análise do elemento culpa para fins de reparação civil[62].

A teoria do risco foi criada pelo alemão Karl Binding, tendo ganhado notoriedade na obra de Raymond Saleilles, no final do século XIX. Tratava justamente dos acidentes de trabalho, bem como das dificuldades encontradas pelos empregados na demonstração da culpa do empregador nessas hipóteses. O autor percebeu, em meados da Revolução Industrial, que os acidentes de trabalho decorrentes do uso de novos maquinários importavam enorme dificuldade de se provar a culpa do empregador, razão pela qual defendeu o desenvolvimento de um sistema de responsabilização que prescindisse da avaliação do comportamento do réu, trazendo mais justiça social às relações de trabalho[63].

A objetivação da responsabilidade na legislação brasileira iniciou-se com leis esparsas, como:

— Lei de Estradas de Ferro (Decreto n. 2.681/2012)[64];

---

(58) TARTUCE, Flávio. *Manual de Direito Civil*: volume único. 2. ed. São Paulo: Método, 2012. p. 440.

(59) DALLEGRAVE NETO, José Affonso. *Responsabilidade civil no direito do trabalho*. 3. ed. São Paulo: LTr, 2008. p. 140.

(60) TEPEDINO, Gustavo; BARBOZA, Heloisa Helena; MORAES, Maria Celina Bodin de, *et al*. *Op. cit.*, p. 333.

(61) BELMONTE, Alexandre Agra. A responsabilidade civil e trabalhista do empregador e a indenização por danos materiais e morais, individuais e coletivos. In: MARTINS FILHO, Ives Gandra; MANNRICH, Nelson; PRADO, Ney (Coords.). *Os pilares do direito trabalho*. Porto Alegre: Lex Magister, 2013. p. 284: "Em síntese, enquanto a responsabilidade subjetiva tem por fundamento a culpa, a objetiva costuma ter por fundamento o risco, pelo que não a prova da culpa, mas sim a de que o dano decorreu do exercício da atividade é, geralmente, o motivo da caracterização. A respeito, vigora o princípio do *ubi emolumentum, ibi onus* (deve arcar com as consequências quem se aproveitar dos riscos ocasionais)".

(62) TEPEDINO, Gustavo; FACHIN, Luiz Edson (Orgs.). *Diálogos sobre direito civil* — vol. II. Rio de Janeiro: Renovar, 2008. p. 429.

(63) SCHREIBER, Anderson. Responsabilidade civil e direito do trabalho. In: TEPEDINO, Gustavo *et al* (Coords.). *Diálogos entre o direito do trabalho e o direito civil*. São Paulo: Revista dos Tribunais, 2013. p. 415.

(64) BRASIL. Decreto n. 2.681/2012, art. 1º. As estradas de ferro serão responsáveis pela perda total ou parcial, furto ou avaria das mercadorias que receberem para transportar. Será sempre presumida a culpa e contra esta presunção só se admitirá alguma das seguintes provas:
1ª caso fortuito ou força maior;
2ª que a perda ou avaria se deu por vício intrínseco da mercadoria ou causas inerentes à sua natureza;
3ª tratando-se de animais vivos, que a morte ou avaria foi consequência de risco que tal espécie de transporte faz naturalmente correr;
4ª que a perda ou avaria foi devida ao mau acondicionamento da mercadoria ou a ter sido entregue para transportar sem estar encaixotada, enfardada ou protegida por qualquer outra espécie de envoltório;

— Lei n. 6.453/1997[65], relativa às atividades nucleares; e

— Lei n. 7.565/1986[66], o chamado Código Brasileiro de Aeronáutica.

Em casos de acidentes, diversas legislações apresentam previsão de objetivação da responsabilidade do causador:

— acidentes de trabalho[67];

— acidentes por água[68];

— acidentes nucleares[69];

5ª que foi devido a ter sido transportada em vagões descobertos, em consequência de ajuste ou expressa determinação do regulamento;

6ª que o carregamento e descarregamento foram feitos pelo remetente ou pelo destinatário ou pelos seus agentes e disto proveio a perda ou avaria;

7ª que a mercadoria foi transportada em vagão ou plataforma especialmente fretada pelo remetente, sob a sua custódia e vigilância, e que a perda ou avaria foi consequência do risco que essa vigilância devia remover.

(65) BRASIL. Lei n. 6.453/1997, art. 4º. Será exclusiva do operador da instalação nuclear, nos termos desta Lei, independentemente da existência de culpa, a responsabilidade civil pela reparação de dano nuclear causado por acidente nuclear:

I – ocorrido na instalação nuclear;

II – provocado por material nuclear procedente de instalação nuclear, quando o acidente ocorrer:

a) antes que o operador da instalação nuclear a que se destina tenha assumido, por contrato escrito, a responsabilidade por acidentes nucleares causados pelo material;

b) na falta de contrato, antes que o operador da outra instalação nuclear haja assumido efetivamente o encargo do material;

III – provocado por material nuclear enviado à instalação nuclear, quando o acidente ocorrer:

a) depois que a responsabilidade por acidente provocado pelo material lhe houver sido transferida, por contrato escrito, pelo operador da outra instalação nuclear;

b) na falta de contrato, depois que o operador da instalação nuclear houver assumido efetivamente o encargo do material a ele enviado.

(66) BRASIL. Lei n. 7.565/1986, art. 256. O transportador responde pelo dano decorrente:

I – de morte ou lesão de passageiro, causada por acidente ocorrido durante a execução do contrato de transporte aéreo, a bordo de aeronave ou no curso das operações de embarque e desembarque;

II – de atraso do transporte aéreo contratado.

(67) BRASIL. Lei n. 8.213/1991, art. 120. Nos casos de negligência quanto às normas padrão de segurança e higiene do trabalho indicados para a proteção individual e coletiva, a Previdência Social proporá ação regressiva contra os responsáveis.

Art. 121. O pagamento, pela Previdência Social, das prestações por acidente do trabalho não exclui a responsabilidade civil da empresa ou de outrem.

(68) BRASIL. Decreto-lei n. 166/1967, art. 2º. A responsabilidade da entidade portuária começa com a entrada da mercadoria em seus armazéns, pátios ou locais outros designados para depósito, e somente cessa após a entrega efetiva no navio ou ao consignatário.

§ 2º As mercadorias carregadas ou descarregadas para embarcações auxiliares, de propriedade ou por conta da entidade portuária, são consideradas como efetivamente entregues a essa última, contra recibo, respondendo pelas faltas e avarias dos volumes nelas estivadas e não acusadas desde logo.

§ 3º As mercadorias entregues aos armazéns da própria transportadora, ou carregadas ou descarregadas para embarcações auxiliares de sua propriedade ou por sua conta, são consideradas como efetivamente entregues à guarda e responsabilidade do armador.

Art. 3º A responsabilidade do navio ou embarcação transportadora começa com o recebimento da mercadoria a bordo, e cessa com a sua entrega à entidade portuária ou trapiche municipal, no porto de destino, ao costado do navio.

Art. 4º As mercadorias serão entregues ao navio ou embarcação transportadora, contra recibo passado pelo armador ou seu preposto.

§ 2º Serão de responsabilidade da entidade entregadora as faltas ou avarias verificadas por ocasião do embarque.

§ 4º A inadequabilidade da embalagem, de acordo com os usos e costumes e recomendações oficiais, equipara-se aos vícios próprios da mercadoria, não respondendo a entidade transportadora pelos riscos e consequências daí decorrentes.

Art. 6º Aplicam-se às mercadorias líquidas ou a granel as disposições da presente lei, começando a responsabilidade do entregador ou do recebedor, no início da operação de carga ou descarga, atendendo à propriedade dos aparelhos.

(69) BRASIL. Lei n. 6.453/1977, art. 4º. Será exclusiva do operador da instalação nuclear, nos termos desta Lei, independentemente da existência de culpa, a responsabilidade civil pela reparação de dano nuclear causado por acidente nuclear:

I – ocorrido na instalação nuclear;

II – provocado por material nuclear procedente de instalação nuclear, quando o acidente ocorrer:

a) antes que o operador da instalação nuclear a que se destina tenha assumido, por contrato escrito, a responsabilidade por acidentes nucleares causados pelo material;

poluição ambiental[70];

responsabilidade por ato de terceiro[71] etc.

Com o amadurecimento da dinâmica vivenciada nas leis esparsas, em 2012, o legislador estipula no parágrafo único do art. 927 do Código Civil[72] a chamada "cláusula geral de responsabilidade civil objetiva". Em sua redação destaca-se a necessidade de a atividade causadora do dano ser habitualmente exercida pelo responsável.

A abertura ofertada por esse parágrafo proveu ao Poder Judiciário ampla discricionariedade na aplicação da responsabilidade civil objetiva aos mais diversos casos a serem tutelados.

E a onda de objetivação não parou de ganhar corpo. Inúmeras situações causadoras de dano ficavam sem uma correta responsabilização por conta da dificuldade de se provar a culpa do possível responsável. Nesse contexto, a chamada prova diabólica foi cedendo espaço para o surgimento de teorias servis a dispensar a necessidade de comprovação do elemento culpa pela vítima do dano. A jurisprudência foi seduzida por teorias que partiriam do pressuposto de ser extremamente injusto impedir a reparação civil da vítima por não ter ela logrado comprovar pormenores técnicos, máxime nos casos em que nítida sua condição de vulnerabilidade.[73]

Se, na responsabilidade civil subjetiva, o dever de indenizar é sucessivo a outro dever jurídico originário violado[74], na responsabilidade objetiva não haverá essa relação necessariamente, já que, em muitos casos, é possível que sequer tenha havido falta jurídica do responsável.

Assim, neste contexto em que se percebe a ocupação dos espaços pela responsabilidade objetiva a reduzir ambientes outrora tomado por conceitos inerentes à responsabilidade subjetiva, é correto afirmar que a lógica originária da reparação civil tem sido subvertida: se a responsabilidade subjetiva visava mais à sanção do causador do dano, a responsabilidade objetiva foca diretamente no ressarcimento da vítima.[75] Como já advertido anteriormente, é necessário cautela. Não se pode simplesmente substituir a busca do causador do infortúnio pela perseguição a alguém capaz de suportá-lo.

O previsto no parágrafo único do art. 927 do Código Civil evidencia a noção de "atividade de risco", deixando para a doutrina e a jurisprudência a tarefa de determinar o que seria, efetivamente, uma atuação arriscada.

Muitos entendem que o fato de a atividade ser administrativamente regulada, a depender de autorização para funcionar, ou simplesmente apresentar estatísticas de infortúnio altas, são fatores que evidenciariam o risco a configurar potencialidade lesiva maior do que o normal, como seria o caso das atividades ligadas à construção edilícia e à aviação, ao emprego de raios-x, à produção de medicamentos e armas de fogo, entre outras.

---

b) na falta de contrato, antes que o operador da outra instalação nuclear haja assumido efetivamente o encargo do material;

III – provocado por material nuclear enviado à instalação nuclear, quando o acidente ocorrer:

a) depois que a responsabilidade por acidente provocado pelo material lhe houver sido transferida, por contrato escrito, pelo operador da outra instalação nuclear;

b) na falta de contrato, depois que o operador da instalação nuclear houver assumido efetivamente o encargo do material a ele enviado

(70) BRASIL. Constituição Federal, art. 225. Todos têm direito ao meio ambiente ecologicamente equilibrado, bem de uso comum do povo e essencial à sadia qualidade de vida, impondo-se ao Poder Público e à coletividade o dever de defendê-lo e preservá-lo para as presentes e futuras gerações.

§ 3º As condutas e atividades consideradas lesivas ao meio ambiente sujeitarão os infratores, pessoas físicas ou jurídicas, a sanções penais e administrativas, independentemente da obrigação de reparar os danos causados.

(71) BRASIL. Código Civil, art. 933. As pessoas indicadas nos incisos I a V do artigo antecedente, ainda que não haja culpa de sua parte, responderão pelos atos praticados pelos terceiros ali referidos.

(72) BRASIL. Código Civil, art. 927. Aquele que, por ato ilícito (arts. 186 e 187), causar dano a outrem, fica obrigado a repará-lo.

Parágrafo único. Haverá obrigação de reparar o dano, independentemente de culpa, nos casos especificados em lei, ou quando a atividade normalmente desenvolvida pelo autor do dano implicar, por sua natureza, risco para os direitos de outrem.

(73) SCHREIBER, Anderson. *Novos paradigmas da responsabilidade civil:* da erosão dos filtros da reparação à diluição dos danos. São Paulo: Atlas, 2007. p. 17.

(74) TEPEDINO, Gustavo; BARBOZA, Heloisa Helena; MORAES, Maria Celina Bodin de et al. *Código Civil interpretado conforme a Constituição da República.* vol. I, Rio de Janeiro: Renovar, 2004. p. 804.

(75) *Ibidem*, p. 806.

A Classificação Nacional de Atividades Econômicas — CNAE — distingue as empresas com base em seus potenciais lesivos, levando em conta o número de acidentes de trabalho ocorridos durante as atividades empresárias, classificando as atividades em três graus de risco, o que tem orientado, de certa forma, os magistrados trabalhistas para fins de aplicação do parágrafo único do art. 927 do Código Civil[76].

Todavia, percebe-se uma certa confusão no que diz respeito à apuração da atividade como de risco para a classificação da responsabilidade objetiva nos acidentes de trabalho, ou, mais tecnicamente, para a superação dos elementos culpa e dolo nesses casos.

Em suma, o Código reza que a responsabilidade será objetiva quando a atividade normalmente desenvolvida pelo ofensor implicar, por sua natureza, risco para os direitos de outrem. A classificação que vem sendo conduzida pela jurisprudência parece amesquinhar a espinha dorsal do instituto.

Exemplifica-se. No Recurso Extraordinário n. 828040, discutiu-se, à luz dos arts. 7º, inciso XXVIII, 37, § 6º, 59 e 97 da Constituição da República, a aplicação da teoria do risco, prevista no art. 927, parágrafo único, do Código Civil, aos danos decorrentes de acidentes de trabalho. Em decisão recente datada de maio de 2017, o Tribunal, por maioria, reputou constitucional a questão, reconhecendo a existência de repercussão geral ao tema.

O Tribunal Superior do Trabalho, no Recurso de Revista n. 3134720125120012, entendeu pela adoção da responsabilidade objetiva do empregador pelos danos decorrentes de acidentes de trabalho ou doenças ocupacionais nos casos em que a atividade empresarial, ou a dinâmica de trabalho, acarretasse risco acentuado ao trabalhador envolvido[77].

---

(76) SCHREIBER, Anderson. Responsabilidade civil e direito do trabalho. In: TEPEDINO, Gustavo et al (Coords.). *Diálogos entre o direito do trabalho e o direito civil*. São Paulo: Editora Revista dos Tribunais, 2013. p. 416.

(77) BRASIL. Tribunal Superior do Trabalho. Recurso de Revista n. 3134720125120012, da 6ª Turma, relatora: Ministra Kátia Magalhães Arruda, Brasília, DF, 22 set. 2017. Disponível em: <http://aplicacao4.tst.jus.br/consultaProcessual/consultaTstNumUnica.do?conscsjt=&numeroTst=313&digitoTst=47&anoTst=2012&orgaoTst=5&tribunalTst=12&varaTst=0012&consulta=Consultar>. Acesso em: 3 jan. 2018.
RECURSO DE REVISTA. RECLAMANTE. INDENIZAÇÃO POR DANOS MORAIS E MATERIAIS. DOENÇA OCUPACIONAL. EMPRESA CUJA ATIVIDADE PREPONDERANTE É DE RISCO CONSIDERADO GRAVE PARA EFEITOS DA LEI PREVIDENCIÁRIA. CABIMENTO DA RESPONSABILIZAÇÃO OBJETIVA.
1. Os trechos do laudo técnico transcritos no acórdão do TRT demonstram que foi comprovado nos autos que as atividades desempenhadas no ambiente de trabalho figuram como causa para a síndrome do túnel do carpo, e como concausa para o desfiladeiro torácico, doenças que acometem a reclamante. Afastar as conclusões técnicas baseando-se em simples suposições sobre outros possíveis fatores desencadeadores das doenças (como o uso de anticoncepcionais, uma queda que "talvez" tenha atingido o punho, alterações hormonais durante a gravidez, eventual prática de esportes, trabalho rural anterior aos doze anos de labor na empresa, etc.), não parece estar de acordo com o princípio da persuasão racional, data vênia. Há de se ressaltar, ainda, que na jurisprudência desta Corte Superior, admite-se a configuração do acidente de trabalho quando as atividades exercidas sejam suficientes para potencializar ou agravar a doença preexistente, ou apenas contribuir para o seu surgimento (concausa). Julgados.
2. No caso dos autos ficou configurado o dano (doenças que acometem a reclamante) e o nexo de causalidade e concausalidade, conforme o laudo pericial. Embora no acórdão do TRT não tenham consignados elementos fáticos acerca de eventual culpa da empregadora, o que seria fundamental para a sua responsabilização subjetiva pelos danos sofridos pela reclamante, é cabível a análise quanto à possibilidade de responsabilização objetiva do empregador. Com efeito, uma vez que o *caput* do art. 7º da Constituição Federal constitui tipo aberto, e prevê, genericamente, a possibilidade de reconhecimento de direitos que visem a melhoria da condição social do trabalhador, a responsabilidade subjetiva do empregador, prevista logo após, no inciso XXVIII, surge como direito mínimo assegurado pela Constituição. Trata-se de regra geral, que não exclui ou inviabiliza outras formas de alcançar o direito à melhoria social do trabalhador. Nesta Corte Superior, a responsabilização objetiva do empregador pelos danos decorrentes de acidentes de trabalho ou doenças ocupacionais tem sido admitida no caso de a atividade empresarial, ou a dinâmica de trabalho, acarretar risco acentuado ao trabalhador envolvido. Precedentes.
3. A Lei n. 8.212/1991, que dispõe sobre a organização da Seguridade Social, ao tratar das contribuições a cargo de empresa para o financiamento da aposentadoria especial (decorrente de trabalho sujeito a condições especiais que prejudiquem a saúde ou a integridade física do trabalhador, e outros benefícios que prejudiquem a saúde ou a integridade física do trabalhador) e outros benefícios concedidos em razão do grau de incidência de incapacidade laborativa decorrente dos riscos ambientais do trabalho, estabeleceu, em seu art. 22, II, uma gradação para essas contribuições, de acordo com o grau de risco da atividade da empresa. No mesmo sentido, o art. 202 do Decreto n. 3.048/1999, que aprova o Regulamento da Previdência Social e que, em seu § 4º, estabelece que "a atividade econômica preponderante da empresa e os respectivos riscos de acidentes de trabalho compõem a Relação de Atividades Preponderantes e correspondentes Graus de Risco, prevista no Anexo V". Nesse anexo, as atividades de frigorífico e abate de animais, bem como fabricação de produtos de carne (que são as atividades da reclamada), são classificadas como de risco grave de acidente de trabalho, sujeitando as empresas que atuem de forma preponderante com essas atividades a contribuições com alíquotas de 3% (máxima).
4. A dura realidade dos trabalhadores em frigoríficos é conhecida da Justiça do Trabalho, e aos poucos toda a sociedade vem sendo alertada sobre os inúmeros riscos a que se sujeitam essas pessoas, capazes de gerar lesões graves, desde aquelas decorrentes de esforços repetitivos

Igualmente, o Tribunal Regional do Trabalho da 4ª Região, no julgamento do Recurso Ordinário n. 0020360-41.2015.5.04.0406, que versava acerca de indenização por danos morais, estéticos e materiais em face da ocorrência de acidente típico de trabalho, entendeu pela responsabilização objetiva da empregadora, uma vez que restou comprovado o nexo de causalidade entre a atividade executada pela vítima e o acidente causador das lesões[78].

Na decisão do Recurso Ordinário n. 0000899-84.2015.5.07.0023, o Tribunal Regional do Trabalho 7ª Região entendeu pela aplicação da responsabilidade objetiva do empregador a título de danos morais, uma vez que a reclamante laborava em condições e atividade de risco específico acentuado, em que é intrínseca a possibilidade de acidente. Nessa lógica, os julgadores aplicaram ao referido caso a exegese do art. 927 do Código Civil[79].

Outrossim, o Tribunal Regional do Trabalho da 24ª Região, na análise do processo n. 0025141-39.2015.5.24.0022, compreendeu ser o caso de responsabilização objetiva do empregador em prol de doença ocupacional sofrida pelo empregado. Na decisão, destacou a 2ª turma que "a atividade frigorífica tem alta incidência de doenças ocupacionais decorrentes de lesão por esforços repetitivos, justificando, inclusive, o nexo epidemiológico específico, razão por que tem-se que a responsabilidade da empregadora é objetiva e dispensa a demonstração de culpa, já que fica caracterizado o risco extraordinário de que cogita o art. 927, parágrafo único, do Código Civil"[80].

Em suma, os tribunais, de maneira geral, têm se restringido a, a partir de uma espécie "xis" de dano, verificar se a atividade empresarial oferece ou não risco para que esse tipo de dano (doença ou acidente de trabalho) se verifique em relação ao que normalmente se observa. Se a resposta for positiva, aplicam a responsabilidade objetiva, ou melhor, passa-se a superar a exigência constitucional de demonstração de dolo ou culpa.

A doutrina, igualmente, procura perquirir se a atividade realizada pela empresa é ou não de risco abstratamente considerada. Confira-se:

---

e/ou submissão ao frio durante a maior parte da jornada, amputações de membros pelo trabalho com objetos cortantes, como facas e serras, além de problemas psicológicos e/ou psiquiátricos ocasionados pela pressão por produção cada vez maior. Em decorrência, é um dos setores produtivos de onde mais saem trabalhadores totalmente incapacitados para o trabalho, que buscam amparo junto ao INSS, sobrecarregando o sistema de Seguridade Social e, portanto, gerando despesas para a sociedade. Despesas essas que poderiam ser bem menores, se houvesse maior conscientização daqueles que têm o dever de proporcionar um ambiente de trabalho saudável para seus empregados.

5. Considerando-se o grau de risco da atividade empresarial, conforme esclarecido, cabível a responsabilização objetiva da reclamada pelas comprovadas lesões decorrentes de esforços repetitivos que acometem sua ex-empregada, e que tiveram como causa/concausa a atividade desempenhada na empresa. Aplicação do art. 927, parágrafo único, do Código Civil.

6. Recurso de revista de que se conhece e a que se dá provimento.

(78) BRASIL. Tribunal Regional do Trabalho da 4ª Região. Recurso Ordinário n. 00008998420155070023, da 7ª Turma, Porto Alegre, RS, relator: Emilio Papaleo Zin, 4 de maio de 2017. Disponível em: <https://pje.trt4.jus.br/visualizador/pages/conteudo.seam?p_tipo=2&p_grau=2&p_id=9rZ-FSBqtk0I%3D&p_idpje=KqIHXyxfnUA%3D&p_num=KqIHXyxfnUA%3D&p_npag=x>. Acesso em: 3 jan. 2018.
INDENIZAÇÃO POR DANOS MORAIS, ESTÉTICOS E MATERIAIS. ACIDENTE TÍPICO DE TRABALHO. RESPONSABILIDADE DO EMPREGADOR. Comprovado o nexo de causalidade entre a atividade executada pela vítima e o acidente que causou as lesões, devida a responsabilização objetiva da empregadora.

(79) BRASIL. Tribunal Regional do Trabalho da 7ª Região. Recurso Ordinário n. 00008998420155070023, da 3ª Turma, Fortaleza, CE, relator: Jose Antonio Parente da Silva, 24 de agosto de 2017. Disponível em: <https://pje.trt7.jus.br/visualizador/pages/conteudo.seam?p_tipo=2&p_grau=1&p_id=PpixM6ZnrHDfN5%2F5oMAy%2Bw%3D%3D&p_idpje=ICkzIgzuAjw%3D&p_num=ICkzIgzuAjw%3D&p_npag=x>. Acesso em: 3 jan. 2018.
RESPONSABILIDADE OBJETIVA. DANOS MORAIS. Uma vez que o reclamante laborava em condições e atividade de risco específico acentuado, na qual é intrínseca a possibilidade de acidente, conclui-se que cabe a responsabilização objetiva da empresa, sendo devidos os danos morais pleiteados. Exegese do art. 927, CC.
Decisão: Acerca do argumento suscitado pela recorrente, de que a perda da visão direita foi causada pela doença de que o reclamante é portador (diabetes) e, não, pelo acidente ocorrido, veja-se elucidativo trecho das informações técnicas acrescidas pelo assistente técnico do reclamante.

(80) BRASIL. Tribunal Regional do Trabalho da 24ª Região. Recurso Ordinário n. 00251413920155240022, da 2ª Turma, relator: Des. Amaury Rodrigues Pinto Junior, Campo Grande, MS, 24 de maio de 2017. Disponível em: <http://pje.trt24.jus.br/visualizador/pages/conteudo.seam?p_tipo=2&p_grau=2&p_id=JECgFUIHoIQ%3D&p_idpje=5w4akFEzPEA%3D&p_num=5w4akFEzPEA%3D&p_npag=x>. Acesso em: 3 jan. 2018.
RECURSO ORDINÁRIO. DOENÇA OCUPACIONAL. RESPONSABILIZAÇÃO CIVIL OBJETIVA DO EMPREGADOR. ATIVIDADE FRIGORÍFICA. A atividade frigorífica tem alta incidência de doenças ocupacionais decorrentes de lesão por esforços repetitivos, justificando, inclusive, o nexo epidemiológico específico, razão por que se tem que a responsabilidade da empregadora é objetiva e dispensa a demonstração de culpa, já que fica caracterizado o risco extraordinário de que cogita o art. 927, parágrafo único do Código Civil.

A Norma Regulamentadora n. 4 do Ministério do Trabalho e Emprego – NR-4 , que estabelece as normas de organização dos Serviços Especializados em Engenharia de Segurança e em Medicina do Trabalho — SESMT das empresas privadas e públicas e dos órgãos públicos da administração direta e indireta e dos poderes Legislativo e Judiciário, que possuam empregados regidos pela Consolidação das Leis do Trabalho — CLT, para o dimensionamento do SESMT de cada empresa ou órgão, faz uma classificação das atividades segundo a gradação do risco inerente a cada uma (gradação I a 4, sendo I a atividade de menor risco e 4 a de maior risco). O Quadro I da NR-4 traz um rol de atividades e respectivas classificações de risco com grau de 2 a 4. Esse rol pode ser adotado como uma referência normativa importante para a identificação das atividades de risco para os fins do art. 927, parágrafo único, do Código Civil[81].

Muitos especulam, inclusive, que, a partir da reforma trabalhista, o novel art. 223-A, que determina ilusoriamente serem aplicáveis "à reparação de danos de natureza extrapatrimonial decorrentes da relação de trabalho *apenas* os dispositivos deste Título" (grifo da autora), não passaria de estratagema para afastar a responsabilidade objetiva nos casos de acidentes e doenças ocupacionais, hipóteses em que costuma ser reconhecida pela jurisprudência[82]. Confira-se:

> É certo que aos juízes e tribunais laborais e ao STF, por fim, caberá dizer se, em razão do que dispõe o art. 223-A da CLT, não será aplicável à relação de trabalho a cláusula geral de responsabilidade objetiva prevista no art. 927 do Código Civil. O distanciamento imposto pelo Título II-A da CLT em relação a sólida construção doutrinária e jurisprudencial acerca da responsabilidade civil objetiva do empregador por ato ilícito de seus empregados e prepostos no exercício do trabalho que lhes competir, ou em razão dele, ensejará importantes debates sobre a constitucionalidade de todo o título relativo ao dano extrapatrimonial e, em última análise, a CLT terá que ser interpretada conforme a Constituição Federal, ou seja, se houver a possibilidade de escolha entre as interpretações possíveis dos artigos da CLT em discussão, deve prevalecer a interpretação conforme a Constituição[83].

Com respeito às relevantes discordâncias, a operação conclusiva encontra-se totalmente equivocada.

A pergunta-chave do dilema deveria ser outra. Ou seja, o mote da investigação é se a exploração de mão de obra pelo capital guarda riscos para os direitos do trabalhador, e a resposta é irrestrita: sim.

Na tentativa de se determinar o que seriam atividades arriscadas, o desenvolvimento da teoria do risco importou subclassificação de matizes complexas que deságuam em teorias como as do risco proveito, risco criado, risco de empresa e do risco integral[84]. Enoque Ribeiro dos Santos sintetiza as diversas vertentes:

> Entre as várias teorias sobre o risco, podemos enumerar:
>
> a) a teoria do risco, baseada na ideia de que quem tira proveito ou vantagem de uma atividade e causa dano a outrem tem o dever de repará-lo;
>
> b) a teoria dos atos normais e anormais, medidos pelo padrão médio da sociedade;
>
> c) a teoria do risco inerente à atividade econômica. A teoria do risco que melhor explica a responsabilidade objetiva, entretanto, é a do Risco Inerente à Atividade, adotada pelo novo Código Civil, pela qual o dever de reparar o dano surge da atividade normalmente exercida pelo agente que cria risco em potencial a direitos ou interesses alheios. Nesta teoria não se cogita de proveito ou vantagem para aquele que exerce a atividade, mas da atividade em si mesma que é potencialmente perigosa e geradora de riscos a terceiros. Para Caio Mário

---

(81) RODRIGUES, Deusmar José (Coord. e coautor). *Lei da reforma trabalhista:* comentada artigo por artigo. Leme (SP): JH Mizuno, 2017. p. 105.

(82) Nesse diapasão, a 1ª Jornada de Direito Material e Processual na Justiça do Trabalho realizada em Brasília, no ano de 2007, aprovou o Enunciado n. 38, que disciplina o seguinte:
ENUNCIADO N. 38: "RESPONSABILIDADE CIVIL. DOENÇAS OCUPACIONAIS DECORRENTES DOS DANOS AO MEIO AMBIENTE DO TRABALHO. Nas doenças ocupacionais decorrentes dos danos ao meio ambiente do trabalho, a responsabilidade do empregador é objetiva. Interpretação sistemática dos arts. 7º, XXVIII, 200, VIII e 225, § 3º, da Constituição Federal e do art. 14, § 1º, da Lei n. 6.938/1981".

(83) RODRIGUES, Deusmar José (Coord. e coautor). *Lei da reforma trabalhista:* comentada artigo por artigo. Leme (SP): JH Mizuno, 2017. p. 119.

(84) SCHREIBER, Anderson. *Novos paradigmas da responsabilidade civil:* da erosão dos filtros da reparação à diluição dos danos. São Paulo: Atlas, 2007. p. 27.

da Silva ela prescinde de qualquer elemento subjetivo: basta a ocorrência do dano ligado a uma atividade geradora de risco, normalmente exercida pelo agente[85].

A teoria do risco criado afirma que toda atividade que crie algum risco a outrem torna seu executor responsável pelos danos que vierem a ocorrer.[86] Dallegrave Neto, para quem o Código Civil teria positivado essa teoria, explica que em matéria de responsabilidade civil a referida teoria compreende que "a obrigação de indenizar está atrelada ao risco criado por atividade ilícitas, contudo perigosas. Quem tem por objeto negocial uma atividade que enseja perigo deve assumir os ricos para a sociedade"[87].

Quando se trata de risco profissional, a lógica será a mesma, todavia com enfoque na atividade profissional do sujeito. Essa teoria é mais ampla que a do risco criado, estendendo-se a todo empregador, mesmo que a atividade empresária não seja considerada "perigosa". Segundo Dallegrave, tal teoria teria, inclusive, sido a base do desenvolvimento da responsabilidade objetiva[88].

Na teoria do risco proveito[89] qualquer atuação de uma pessoa, seja física ou jurídica, que lhe crie um benefício, será ensejadora de responsabilização civil, independentemente da caracterização de dolo ou culpa, ainda que o agente tenha sido totalmente diligente[90]. O art. 2º da CLT[91] pode ser ilustrativo dessa linha de pensamento.

A teoria do risco excepcional trata das atividades que apresentem um risco elevado, como, por exemplo, a atividade nuclear.

Por fim, a teoria do risco integral, mais extremada, não admite qualquer excludente de nexo de causalidade.

Nas relações de trabalho, as teorias do risco criado e do risco proveito sustentam fundamentos para que a responsabilidade do empregador pelos danos ocorrentes com seus empregados tenda à objetivação, é dizer, tenha por superada demonstração de culpa ou dolo também nos acidentes de trabalho *lato sensu*.

Como pontuado, o parágrafo único do art. 927 do CC, antídoto do art. 7º, XXVIII da CRFB/1988, determina que haverá obrigação de reparar o dano, independentemente de culpa: (i) nos casos especificados em lei; ou, (ii) quando a atividade normalmente desenvolvida pelo autor do dano implicar, por sua natureza, risco para os direitos de outrem.

É essa última possibilidade que desafiará o enquadramento das relações de trabalho. O conceito aberto[92] indica que a atividade normalmente desenvolvida gera risco para os direitos de outrem, ou, ao menos, um ônus maior do

---

(85) SANTOS, Enoque Ribeiro dos. *Responsabilidade objetiva e subjetiva do empregador em face do novo Código Civil*. 3. ed. rev. e ampl. São Paulo: LTr, 2015. pp. 64- 65.

(86) TEPEDINO, Gustavo; BARBOZA, Heloisa Helena; MORAES, Maria Celina Bodin de et al. *Código Civil interpretado conforme a Constituição da República*. vol. I. Rio de Janeiro: Renovar, 2004. p. 807.

(87) DALLEGRAVE NETO, José Affonso Dallegrave. *Responsabilidade civil no direito do trabalho*. 3. ed. São Paulo: LTr, 2008. p. 131.

(88) *Ibidem*, p. 95.

(89) LIMA, Alvino. *Culpa e risco*. 2. ed. São Paulo: Revista dos Tribunais, 1999. p. 198.

(90) VENOSA, Sílvio de Salvo. *Direito civil*: responsabilidade civil. 10. ed. São Paulo: Atlas, 2010. p. 862.

(91) BRASIL. Consolidação das Leis Trabalhistas, art. 2º. Considera-se empregador a empresa, individual ou coletiva, que, assumindo os riscos da atividade econômica, admite, assalaria e dirige a prestação pessoal de serviço.

(92) Gustavo Tepedino destaca a dificuldade da conceituação do conceito "risco": "Também poderão servir de auxílio para a elaboração da noção de risco as elaborações formuladas, em tema de técnicas indenizatórias na responsabilidade civil extracontratual, pela análise econômica do direito, corrente majoritariamente adotada nos Estados Unidos, capitaneada por Ronald Coase e Richard Posner. Segundo a fórmula mais difundida, a fórmula de Hand (1947), o risco é "o produto da probabilidade do dano por sua magnitude" (B = P. L), equação que hoje tem uma aplicação muito mais abrangente, atingindo inclusive as hipóteses de negligência. Além do enfoque técnico, dado pela fórmula indicada, outros aspectos têm sido considerados, como o psicológico. Através da psicologia cognitiva aplicada ao direito engendrada por Cass Sunsteim e W. Kip Viscusi, demonstra que a percepção individual dos riscos é distorcida por uma série de dissonâncias cognitivas, gerando reações que, embora inapropriadas, são consideradas "normais", fazendo com que, por exemplo, as pessoas confiem muito mais em seus carros do que em viagens de avião, embora as estatísticas demonstrem ser muito mais arriscado um passeio de automóvel. Um último enfoque, levado em consideração quando se trata de conceber, concretamente, a atividade de risco, é o sociocultural segundo o qual não há qualquer observador que possa ser considerado "neutro" quando se trata de analisar e avaliar riscos, estando sua dimensão cultural e história mais do que comprovada." TEPEDINO, Gustavo. *Código Civil Interpretado conforme a Constituição Federal*. Rio de Janeiro: Renovar, 2006. p. 810.

que aos demais membros da coletividade[93]. Alguns doutrinadores irão além, admitindo a hipótese apenas quando tal risco criado possa ser considerado "risco proveito", ou seja, risco capaz de angariar alguma vantagem ao causador do dano real e concreto[94].

Em verdade, em primeiro lugar, tenha-se em conta que a superação dos elementos dolo ou culpa não significa incontestável dever de indenizar. De forma alguma. Apenas tais elementos ter-se-ão por superados. O empregador certamente desonerar-se-á de sua responsabilidade demonstrando que a lesão não foi sofrida no exercício da função laboral, não detendo relação de causa, tempo ou lugar com o trabalho.[95] Isso porque a responsabilidade objetiva do empregador[96] baseia-se na teoria do risco de empresa. Em verdade, tecnicamente, ela é contratual e, em caso de acidente de trabalho, ela terá por superada a exigência constitucional de demonstração de culpa. O resultado prático será uníssono: quaisquer danos extracontratuais trabalhistas, tal como na dinâmica da responsabilidade objetiva, independerão de demonstração de culpa para que se evidencie o dever de ressarcir.

De todo modo, para aqueles que se limitam à classificação pelos efeitos, alocando o problema como de responsabilidade objetiva ou subjetiva, a CLT traz a resposta para o dilema logo em seu artigo segundo, quando assevera considerar empregador aquele que assume os riscos da atividade econômica. O desenvolvimento de qualquer atividade que seja importa, portanto, riscos para o sujeito inserido no contexto produtivo de forma subordinada. A responsabilidade do empregador para com o empregado, partindo desse raciocínio, será objetiva, admitidas as mais variadas excludentes de causalidade.

Em suma, a exploração de mão de obra é um risco em si mesmo para o empregador que aproveita as forças de trabalho.

A teoria do risco criado e do risco proveito absorvem o quanto se defende.

A lei, ao dispor sobre a objetivação da responsabilidade civil àqueles que se utilizam do risco em suas atividades empresariais, tirando proveito econômico, ao que expõem outrem nesse desiderato, embora disponham de instrumentos para mitigá-lo ou preveni-lo, adotando as medidas acautelatórias, não pretendeu inibir o desenvolvimento das atividades econômicas empresariais, mas sobretudo assegurar a devida reparação ou indenização àqueles que forem lesados e que devem receber proteção especial[97].

---

(93) BRASIL. I Jornada de Direito Civil. Enunciado n. 38. A responsabilidade fundada no risco da atividade, como prevista na segunda parte do parágrafo único do art. 927 do novo Código Civil, configura-se quando a atividade normalmente desenvolvida pelo autor do dano causar a pessoa determinada um ônus maior do que aos demais membros da coletividade.

(94) LIMA, Alvino. *Culpa e risco*. 2. ed. São Paulo: Revista dos Tribunais, 1999. p. 198.
Ver também: BELMONTE, Alexandre Agra. A responsabilidade civil e trabalhista do empregador e a indenização por danos materiais e morais, individuais e coletivos. In: MARTINS FILHO, Ives Gandra; MANNRICH, Nelson; PRADO, Ney (Coords.). *Os pilares do direito trabalho*. ?Cidade?: ?Editora?, 2013. p. 284: "Em síntese, enquanto a responsabilidade subjetiva tem por fundamento a culpa, a objetiva costuma ter por fundamento o risco, pelo que não a prova da culpa, mas sim a de que o dano decorreu do exercício da atividade é, geralmente, o motivo da caracterização. A respeito, vigora o princípio do ubi emolumentum, ibi onus (deve arcar com as consequências quem se aproveitar dos riscos ocasionais)".

(95) CAVALIERI FILHO, Sergio. *Programa de responsabilidade civil*. 10. ed. São Paulo: Atlas, 2012. p. 200.

(96) Nesse sentido: BRASIL. Tribunal Superior do Trabalho. Agravo de Instrumento em Recurso de Revista n. 9965120135150017, da 7ª Turma, Brasília, DF, 4 maio 2015. Disponível em: <http://aplicacao4.tst.jus.br/consultaProcessual/consultaTstNumUnica.do?consulta=Consultar&conscsjt=&numeroTst=996&digitoTst=51&anoTst=2013&orgaoTst=5&tribunalTst=15&varaTst=0017&submit=Consultar>. Acesso em: 3 jan. 2018.
AGRAVO DE INSTRUMENTO EM RECURSO DE REVISTA EM FACE DE DECISÃO PUBLICADA ANTES DA VIGÊNCIA DA LEI N. 13.015/2014. INDENIZAÇÃO POR DANOS MORAIS. RESPONSABILIDADE DO EMPREGADOR PELOS ATOS DE SEUS EMPREGADOS. RESPONSABILIDADE OBJETIVA. Confere-se provimento do agravo de instrumento para melhor análise de violação ao art. 932, III, do Código Civil. Agravo de instrumento provido. II – RECURSO DE REVISTA. INDENIZAÇÃO POR DANOS MORAIS. RESPONSABILIDADE DO EMPREGADOR PELOS ATOS DE SEUS EMPREGADOS. RESPONSABILIDADE OBJETIVA. Incontestável o fato de que o reclamante, durante o trabalho, ainda que uma única vez, foi chamado de "macaco" por um dos empregados da reclamada. Esse fato racista e discriminatório, ofensivo da dignidade da pessoa humana, resultando no constrangimento e humilhação, causando à vítima abalo moral, a merecer a devida reparação civil por dano moral. O fato de a conduta ter sido praticada por outro empregado não exime o empregador da responsabilidade, tendo em vista o disposto no art. 932, III, do Código Civil, pelo qual o empregador é responsável pelos atos de seus empregados, a configurar hipótese de responsabilidade objetiva. Recurso de revista conhecido e provido.

(97) SANTOS, Enoque Ribeiro dos. *O Dano moral na dispensa do empregado*. 6. ed. (totalmente revista com as alterações da Lei n. 13.467/2017). São Paulo: LTr, 2017. p. 106.

Destaca Enoque dos Santos que:

> Hodiernamente verifica-se uma progressiva conscientização de que a responsabilidade objetiva advém de um tipo de responsabilização não mais fulcrada na causa do ilícito (geralmente relacionada à conduta do ofensor – na conduta displicente, negligente ou suscitadora de risco), mas muito voltada ao resultado, ou seja, ao dano ou lesão que pode provocar". Assim, "a responsabilidade objetiva afastou-se do conceito de sociabilização dos riscos para se aproximar mais de uma dimensão teleológica voltada à sociabilização das perdas, tendo por pano de fundo o princípio da solidariedade humana que caracteriza o Estado social[98].

Em verdade, repita-se, o próprio conceito de empresa, de empreendimento econômico, traz o risco embutido em sua natureza, tal qual dispõe o art. 2º, §2º, da CLT. O risco, portanto, constitui o elemento objetivo que traz sentido à organização empresarial e que justifica a receita do empresário.

Ao discorrer sobre o tema, Ana Frazão informa que "responsabilidade fundada na culpa começa a se tornar insuficiente, principalmente na chamada era das máquinas. Vários acidentes em ferrovias, fábricas, começam a mostrar as dificuldades de um sistema que se baseia na culpa, que tem uma prova difícil de culpa, cujo ônus cabe à vítima". Para ela, "paralelamente a mudanças, que são essencialmente econômicas, houve também uma grande mudança jurídica – estamos falando do final do século XIX e começo do século XX -, uma transição, portanto, do Estado liberal para o Estado Social, maior preocupação com a solidariedade, com a justiça distributiva, com a igualdade material"[99]. Ana Frazão resume a responsabilidade objetiva, fundada na equidade, como técnica de socialização dos danos. Assim, a responsabilidade objetiva do empresário, via de regra, impactará no aumento de custos, e consequentemente, no preço final de produtos e serviços pago pelos consumidores finais. Ela continua: "Então, estamos falando, sim, em uma sociabilização plena sobre esses danos diante de uma sociedade cada vez mais complexa e, portanto, dependente de máquinas, de atividades econômicas que são arriscadas e com base em parâmetros distributivos"[100].

A conclusão que se segue é que a atividade desenvolvida pelo autor do dano (explorar trabalho alheio) implica, por sua própria natureza, um risco para os direitos do empregado no diuturno embate de forças entre empregador e empregado.

---

(98) *Ibidem*, p. 107.

(99) FRAZÃO, Ana. Palestra proferida em 11 nov. 2014, no TST, Brasília. *Apud* SANTOS, Enoque Ribeiro dos. *O dano moral na dispensa do empregado*. 6. ed., totalmente rev. e ampl. com distinções entre o dano moral individual e dano moral coletivo. São Paulo: LTr, 2017. p. 107.

(100) SANTOS, Enoque Ribeiro dos. *O dano moral na dispensa do empregado*. 6. ed., totalmente revista com as alterações da Lei n. 13.467/2017. São Paulo: LTr, 2017. p. 108.

Capítulo 2

Os Requisitos para Configuração da Responsabilidade

2.1. O dano ou lesão

Na visão de Pastora do Socorro Teixeira Leal, "a construção da responsabilidade civil ocorre a partir do dano, entretanto, a problemática consiste quando a doutrina tradicional tenta conceituá-lo, já que costuma desconsiderar categorias relevantes para a sua compreensão"[101].

O dano ilustra elemento essencial que corresponde à "lesão a interesses juridicamente tuteláveis; é a ofensa ao patrimônio material ou extrapatrimonial de alguém"[102], sendo o fato constitutivo e determinante do dever de indenizar[103].

Nesse sentido, Sérgio Cavaliere Filho afirma que:

> O dever de reparar pressupõe o dano e sem ele não há indenização devida. Não basta o risco de dano, não basta a conduta ilícita. Sem uma consequência concreta, lesiva ao patrimônio econômico ou moral, não se impõe o dever de reparar[104].

Se no direito penal o objetivo é sancionar o agente causador do dano, a reparação do dano retrata o escopo basilar do campo da responsabilidade civil. Daí se justifica eventual distinção de tratamento de uma mesma hipótese no campo do direito penal e da responsabilidade civil. Por exemplo, imagine-se pessoa que tente matar outrem, realizando vários disparos de arma de fogo, sem êxito. Apesar de haver clara intenção do agente de tirar a vida da vítima na tentativa, não haverá dano, razão pela qual o autor dos disparos será penalmente responsável pela tentativa de homicídio, enquanto na esfera cível, em tese, não haverá dano injusto de ordem material a ser ressarcido.

Em suma, na responsabilidade civil, a ausência de dano é tida como fator excludente de responsabilidade. É dizer, na teoria clássica da responsabilidade, a despeito de se estar diante de conduta antijurídica, ausente o elemento dano, inexistente será o dever de indenizar.

Nem todo dano será ressarcível, sendo necessário que seja certo e atual para que haja reparação civil. Em verdade, a jurisprudência vem aceitando a reparação civil de danos mesmo quando suas extensões não são passíveis de conhecimento ao tempo da responsabilização, bastando uma "razoável probabilidade"[105].

2.1.1. A classificação dos danos

A classificação dos danos exerce influência direta no dever de indenizar. Classicamente, os danos eram tipificados como materiais ou morais. Todavia, a doutrina contemporânea absorve conceitos como os dos danos estéticos, morais coletivos, sociais, e até danos referidos como perda de uma chance[106].

A ampliação do leque classificatório dos danos em diversas espécies objetiva facilitar a aplicação da teoria da responsabilidade civil aos casos concretos, sempre em busca de maior uniformidade no arbitramento do *quantum* indenizatório, a depender, entre outros fatores, da tipologia de dano ocasionado.

Nesse contexto, passa-se a elencar a tipologia classificatória dos danos indenizáveis.

---

(101) ROSENLAND, Nelson; MILAGRES, Marcelo (Coords.). *Responsabilidade civil novas tendências:* volume único. 1. ed. São Paulo: Foco, 2017. p. 229.
(102) DALLEGRAVE NETO, José Affonso. *Responsabilidade civil no direito do trabalho.* 3. ed. São Paulo: LTr, 2008 p. 143.
(103) CAVALIERI FILHO, Sergio. *Programa de responsabilidade civil.* 10. ed. São Paulo: Atlas, 2012. p. 89.
(104) *Ibidem*, p. 77.
(105) TEPEDINO, Gustavo; BARBOZA, Heloisa Helena; MORAES, Maria Celina Bodin de et al. *Código Civil Interpretado conforme a Constituição da República.* vol. I. Rio de Janeiro: Renovar, 2004. p. 334.
(106) TARTUCE, Flavio. *Manual de direito civil, volume único,* 2. ed. São Paulo: Método, 2012. p. 450.

2.1.1.1. Danos patrimoniais ou materiais

A classificação do dano em patrimonial ou extrapatrimonial leva em conta o modo como o dano se projeta na realidade do mundo fenomênico.

O patrimonial, com perdão pela tautologia, é aquele que impacta o patrimônio material da vítima, sendo suscetível de aferição em dinheiro[107]. O impacto patrimonial pode ser direto ou indireto, quando não resultante de lesão a bens ou interesses efetivamente patrimoniais. Por exemplo, havendo violação de bens personalíssimos, como o bom nome, a saúde e a imagem de alguém que, apesar de não configurarem bens patrimoniais, se violados, poderão gerar danos patrimoniais indiretos[108].

2.1.1.2. Danos compensatório e moratório

Esta subclassificação é aplicada no âmbito do dano oriundo de inadimplência contratual. Se compensatório, o dano ocorre em razão de descumprimento definitivo do pacto. Se moratório, decorre de descumprimento parcial do contrato, sendo cumprida a obrigação com atraso.

2.1.1.3. Danos emergentes e lucros cessantes

O dano patrimonial é constantemente subclassificado em emergente ou positivo; ou em lucros cessantes, também chamados danos negativos. Enquanto os danos emergentes definem-se como aqueles que efetivamente causaram perda patrimonial, os lucros cessantes configuram aumento patrimonial que a vítima, de forma razoável, tenha deixado de auferir[109].

Conhecidos como danos atuais, os danos emergentes são calculados com base na diferença entre o patrimônio anterior e o posterior ao fato gerador do dano. Já quanto aos danos futuros, ou seja, os lucros cessantes, a solução mostrar-se-á mais complexa. Em verdade, o dano futuro poderá se apresentar como mera continuação de um dano atual, ou, efetivamente, como um dano a porvir, simbolizando mera diminuição potencial do patrimônio da vítima pela frustração de expectativa de lucro ou pela perda de ganho esperável. Nesse contexto, para o arbitramento da reparação dos lucros cessantes, em geral, será necessário que o magistrado faça juízo hipotético de desenvolvimento normal dos acontecimentos, ou seja, daquilo que viria a acontecer caso o ato ilícito não tivesse sido praticado e o dano não tivesse ocorrido. Nesse sentido afirma-se que a expressão "efeito direto e imediato", prevista no art. 403 do Código Civil[110], evidencia que o lucro cessante deve ser consequência necessária da conduta do agente[111].

2.1.1.4. Danos por perda de uma chance

Esse tipo de dano é fruto de construção doutrinária e jurisprudencial, verificado quando se vê frustrada expectativa que, razoavelmente, seria concretizada caso o causador do dano não tivesse tido a conduta ensejadora da reparação civil[112]. Importante que a expectativa frustrada seja legítima, séria e provável[113]. Trata-se de dano de difícil verificação, visto que se origina a partir de uma oportunidade perdida, adentrando no campo da probabilidade, ilustrando situação que possivelmente aconteceria, apenas e caso a conduta do agente violador não existisse.

Exemplo de aplicação de tal teoria no ramo do direito do trabalho pode ocorrer em caso de empregado que tenha oportunidade de trabalho perdida por conta de comportamento de seu último empregador que possa ter retido indevidamente sua Carteira de Trabalho e Previdência Social.

---

(107) DALLEGRAVE NETO, José Affonso. *Responsabilidade civil no direito do trabalho*. 3. ed. São Paulo: LTr, p. 143.

(108) CAVALIERI FILHO, Sergio. *Programa de Responsabilidade Civil*. 5. ed. São Paulo: Malheiros, 2003. p. 89.

(109) VENOSA, Sílvio de Salvo. *Código Civil interpretado*. São Paulo: Atlas, 2010. p. 851.

(110) BRASIL. Código Civil, art. 403. Ainda que a inexecução resulte de dolo do devedor, as perdas e danos só incluem os prejuízos efetivos e os lucros cessantes por efeito dela direto e imediato, sem prejuízo do disposto na lei processual.

(111) CAVALIERI FILHO, Sergio. *Programa de responsabilidade civil*. 10. ed. São Paulo: Atlas, 2012. p. 93.

(112) *Ibidem*, p. 470.

(113) DALLEGRAVE NETO, José Affonso. *Responsabilidade civil no direito do trabalho*. 3. ed. São Paulo: LTr, 2008. p. 144.

2.1.1.5. Danos extrapatrimoniais

Várias classificações de dano extrapatrimonial são apontadas pela doutrina.

Enquanto patrimonial, em regra, será o dano que lesa os bens extrínsecos à pessoa, com lesão suscetível de avaliação econômica para o restabelecimento do *status quo ante*, através do pagamento do dano emergente e do lucro cessante, o dano extrapatrimonial representará ofensa aos direitos imateriais, ou seja, aos direitos da pessoa entremeados na própria personalidade, os quais atribuem essencialidade e individualidade a cada pessoa humana[114].

Há juristas que colocam fora dos danos patrimonial e extrapatrimonial outras categorias de danos como os que afetam a vida, a saúde, as relações sociais, a esfera sexual, estética e psíquica[115]. Sergio Severo[116] destaca posicionamento segundo o qual há um terceiro gênero de dano além do patrimonial e do extrapatrimonial, que seria o que afeta a integridade física.

Os danos extrapatrimoniais[117] são reparáveis de acordo com previsão constitucional dos incisos V e X do art. 5º[118], sem pretensão de exaustão, sendo dispositivos de tipicidade aberta.[119] Também estão previstos no art. 186 do Código Civil[120] e na legislação especial, no art. 6º, incisos VI e VII do Código de Defesa do Consumidor[121] e no art. 17 do Estatuto da Criança e do Adolescente[122], por exemplo.

2.1.1.5.1. As espécies de danos extrapatrimoniais trabalhistas

Foi arquitetada classificação própria de danos extrapatrimoniais trabalhistas em cinco categorias[123], que, de forma alguma, se autoexcluem, podendo, por vezes, inclusive, se complementarem, derivadas de uma mesma conduta lesiva. O desenvolvimento desse agrupamento mostrar-se-á, outrossim, servil à tarifação de tutela ressarcitória *in pecunia*, a qual poderá ser "fatiada" de forma concatenada e transparente, dedicada separadamente a cada espectro de dano e respectivas consequências práticas.

A classificação proposta, ademais, pretende estar ajustada em fina empatia com as obrigações do empregador de reconhecimento e respeito aos direitos personalíssimos do trabalhador que serão desvendados ao longo do presente

---

(114) BITTAR, Carlos Alberto. *Reparação civil por danos morais*. 3. ed. São Paulo: Revista dos Tribunais, 1994. p. 34.

(115) PIZARRO, Ramón Daniel. *Daño moral — prevención, reparación, punición*. Buenos Aires: Hammurabi, 1996. p. 71.

(116) SEVERO, Sérgio. *Os danos extrapatrimoniais*. Temas de direito positivo. São Paulo: Saraiva, 1996. p. 75.

(117) [...] para além do dano patrimonial, "o dano imaterial abrangeria não apenas o dano moral sem eu sentido estrito, mas também o dano biológico, compreendido como dano à saúde (integridade psico-física) das vítimas e outros danos de natureza constitucional" PINTO JÚNIOR, Amaury Rodrigues. *A quantificação do dano*: acidente de trabalho e doenças ocupacionais. São Paulo: LTr, 2016. p. 151.

(118) BRASIL. Constituição Federal, art. 5º. Todos são iguais perante a lei, sem distinção de qualquer natureza, garantindo-se aos brasileiros e aos estrangeiros residentes no País a inviolabilidade do direito à vida, à liberdade, à igualdade, à segurança e à propriedade, nos termos seguintes:
V – é assegurado o direito de resposta, proporcional ao agravo, além da indenização por dano material, moral ou à imagem;
X – são invioláveis a intimidade, a vida privada, a honra e a imagem das pessoas, assegurado o direito a indenização pelo dano material ou moral decorrente de sua violação;

(119) DALLEGRAVE NETO, José Affonso. *Responsabilidade civil no direito do trabalho*. 3. ed. São Paulo: LTr, ?Ano?. p. 14.

(120) BRASIL. Código Civil, art. 186. Aquele que, por ação ou omissão voluntária, negligência ou imprudência, violar direito e causar dano a outrem, ainda que exclusivamente moral, comete ato ilícito.

(121) BRASIL. Código de Defesa do Consumidor, art. 6º. São direitos básicos do consumidor:
VI – a efetiva prevenção e reparação de danos patrimoniais e morais, individuais, coletivos e difusos;
VII – o acesso aos órgãos judiciários e administrativos com vistas à prevenção ou reparação de danos patrimoniais e morais, individuais, coletivos ou difusos, assegurada a proteção Jurídica, administrativa e técnica aos necessitados;

(122) BRASIL. Estatuto da Criança e do Adolescente, art. 17. O direito ao respeito consiste na inviolabilidade da integridade física, psíquica e moral da criança e do adolescente, abrangendo a preservação da imagem, da identidade, da autonomia, dos valores, ideias e crenças, dos espaços e objetos pessoais.

(123) O termo "novos danos" origina-se na exigência de reformulação dos paradigmas da responsabilidade civil, fruto da necessidade de mudança de sua matriz regulatória no contexto de uma sociedade massificada, complexa e tecnológica, na qual a potencialidade dos danos à pessoa humana se agiganta. Ver LEAL, Pastora do Socorro Teixeira. Os "novos danos" à pessoa humana decorrentes de práticas abusivas. In: MARANHÃO, Ney; TUPINAMBÁ, Pedro Tourinho (Coords.). *O mundo do trabalho no contexto das reformas*: análise crítica: homenagem aos 40 anos da AMATRA 8. São Paulo: LTr, 2017. p. 300-313.

trabalho, quais sejam (i) direito à constituição de valores humanos, (ii) direito ao mínimo existencial com condições básicas de subsistência e pausas no tempo de trabalho para conquista de uma vida boa, (iii) direto à integridade física e psíquica com devida promoção da correção dos riscos ambientais e (iv) direto a um tratamento probo e igualitário.

As espécies de danos delimitadas ora desenvolvidas, portanto, cumprirão papel didático e facilitador na tutela de proteção a direitos extrapatrimoniais de trabalhadores.

A experiência italiana em danos extrapatrimoniais, por motivos diversos, também resultou na ampliação e no reconhecimento de modalidades distintas de danos imateriais, não com o objetivo formal de individualizá-los, mas sim com vistas a superar a interpretação restritiva então vigente do art. 2.059, do Código Civil[124].

Assim foi que a Corte Constitucional italiana reconheceu o dano à integridade psicofísica, denominado de "dano biológico", como autônomo em relação ao dano moral subjetivo, sendo reparado com base no art. 32 da Constituição italiana e não na legislação civil, motivo pelo qual a maior parte da doutrina entendeu que a Corte havia criado um sistema tripolar de constatação de danos reparáveis[125].

Por sua vez, a experiência francesa retrata a preocupação em se individualizar os prejuízos surgidos em razão de acidentes corporais, sendo o primeiro sistema a cogitar de especificação de prejuízos extrapatrimoniais e o único a iniciar um trabalho para sua sistematização, conhecido como *Nomenclatura Dintilhac*, orientado pelos princípios da reparação integral dos prejuízos, do caráter puramente indenizatório da indenização e do poder soberano do juiz na apreciação do caso concreto[126]. Nesse contexto, os franceses distinguiram os prejuízos sofridos pela vítima direta e os experimentados "por ricochete", ou seja, os que atingem vítimas indiretas. Dentro dessas duas categorias principais, discriminam-se os prejuízos temporários e os prejuízos permanentes e, a partir desses, são identificados diversos tipos distintos de prejuízos conforme o bem jurídico lesado, como a invalidez temporária ou permanente, sofrimentos físicos e psíquicos, prejuízos estéticos, prejuízo de amenidades, prejuízos sexuais e prejuízo ao estabelecimento de um projeto de vida. Reconhecem, ainda, como categoria especial distinta da dos prejuízos temporários ou permanentes os *préjudices extra-patrimoniaux évolutifs*, que são os associados a doenças incuráveis que não manifestam de pronto seus efeitos, mas que estão sujeitas à evolução prejudicial, de modo que o próprio risco de evolução é o prejuízo a ser indenizado[127].

Será conceituado como dano extrapatrimonial ao trabalhador toda moléstia a direitos personalíssimos ou a valores fundamentais do empregado considerado em perspectiva ontológica e social.

Para Arion Sayão Romita, "pode-se definir direitos fundamentais como os que, em dado momento histórico, fundados no reconhecimento da dignidade da pessoa humana, asseguram a cada homem as garantias de liberdade, igualdade, solidariedade, cidadania e justiça"[128].

Os direitos fundamentais e o princípio da dignidade humana entrelaçam-se fortemente. O último é apontado como elemento fundante, informador e unificador dos direitos fundamentais e uma das bases do Estado de Direito Democrático, conforme previsto no inciso III, do art. 1º, da Constituição Federal, servindo também como elemento orientador do processo de interpretação, integração e aplicação das normas constitucionais e infraconstitucionais.

No âmbito das relações trabalhistas, a simbiose entre direitos fundamentais e princípio da dignidade ganha destaque e relevância.

Em outras palavras, o respeito aos atributos do trabalhador, atendida sua condição de pessoa humana, é elemento fundamental para que não seja visto apenas como mera peça da engrenagem e passe a ser reconhecido como homem, valorizando-se sua integridade física, psíquica e moral. Em outras palavras, o direito fundamental ao trabalho digno e

---

(124) PINTO JÚNIOR, Amaury Rodrigues. *A quantificação do dano:* acidente de trabalho e doenças ocupacionais. São Paulo: LTr, 2016. p. 150.

(125) *Idem.*

(126) *Ibidem,* p. 53.

(127) *Ibidem,* p. 155.

(128) ROMITA, Arion Sayão. *Direitos fundamentais nas relações de trabalho.* São Paulo: LTr, 2005. p. 393.

decente[129] compreende a consciência do trabalho como fonte de rendimentos e de sustento, conservadas as condições dignas de labor, que preservem a higidez física e mental do trabalhador.[130]

A questão, em verdade, extrapola o direito, na perfeita observação de Sarmento:

> A realização concreta do valor da pessoa humana não depende só do Direito. Depende muito mais da consolidação, nos corações e mentes, de uma ética altruísta, voltada para "o outro". Mas a premissa em que nos baseamos, e que se deixa entrever ao longo de todo o trabalho, é que o Direito tem, sim, uma importante contribuição a dar para a valorização da pessoa, e para a construção de uma sociedade mais solidária e menos alienante. O Direito não precisa ser fórmula de opressão, nem necessita refugiar-se na assepsia do formalismo avesso a valores. Quando manejado por pessoas engajadas nas causas da Humanidade, devidamente fiscalizadas por uma opinião atenta e participativa, ele pode converter-se numa ferramenta para a emancipação. Não há fórmulas mágicas, mas o caminho para um Direito que se pretenda justo e libertador passa, necessariamente, pela luta em prol da afirmação concreta dos direitos humanos em todos os quadrantes, inclusive no espaço das relações privadas[131].

Nessa perspectiva, no presente trabalho, o dano extrapatrimonial laboral a atingir direitos fundamentais dos trabalhadores será tomado como gênero de espécies específicas, quais sejam (i) dano moral; (ii) dano estético; (iii) dano existencial; (iv) dano socioambiental; e (v) dano moral coletivo.

Pela doutrina afora, em geral, o que se chama aqui genericamente de dano extrapatrimonial costuma ser referido como "dano moral", ou "dano pessoal".

As classificações e conceituações são múltiplas.

Para Miguel Reale,[132] há uma distinção clara entre dano moral objetivo e dano moral subjetivo. O primeiro atinge a dimensão moral da pessoa no meio em que ela vive e compromete a sua imagem. O segundo está ligado ao mal sofrido pela pessoa em sua subjetividade, sua intimidade psíquica, e causa dor ou sofrimento intransferíveis porque ligado a valores de seu ser subjetivo que o ato ilícito tenha corrompido.

Há aqueles que distinguem o dano puro ou direto e o dano reflexo ou indireto. Os puros se dissipam nas lesões a certos aspectos da personalidade. Eles afetam a essência da personalidade, causando descontentamento ou insatisfação. Os reflexos são efeitos dos danos ao patrimônio, ou aos demais elementos materiais do acervo jurídico lesado[133].

Algumas classificações são mais abrangentes e outras mais específicas. Paulo Eduardo Oliveira sustenta que dano patrimonial é o que atinge "o conjunto de bens pertencentes a uma pessoa, passíveis de estimação pecuniária. Em antítese, dano moral é o que não atinge bens conversíveis em dinheiro, mas bens não passíveis de estimação pecuniária".[134]

---

(129) O conceito de trabalho decente expressa a síntese do mandato histórico e dos objetivos estratégicos da Organização Internacional do Trabalho (OIT), agência especializada da Organização das Nações Unidas (ONU) fundada em 1919: a promoção das normas internacionais do trabalho, a geração de empregos produtivos e de qualidade para homens e mulheres, a extensão da proteção social e a promoção do tripartismo e do diálogo social. Essa noção foi formalizada pela primeira vez na Memória apresentada pelo Diretor Geral da OIT na 87ª Reunião da Conferência Internacional do Trabalho (CIT), realizada em Genebra, em junho de 1999, nos seguintes termos: Atualmente, a finalidade primordial da OIT é promover oportunidades para que homens e mulheres possam conseguir um trabalho decente e produtivo em condições de liberdade, equidade, segurança e dignidade humanas. [...] O trabalho decente é o ponto de convergência de quatro objetivos estratégicos: a promoção dos direitos fundamentais no trabalho, o emprego, a proteção social e o diálogo social. Isso deve orientar as decisões da Organização e definir sua tarefa internacional nos próximos anos (OIT, 1999). ABRAMO, Lais. *Uma década de promoção do trabalho decente no país, uma estratégia de ação baseada no diálogo.* OIT, 2015. p. 17. Disponível em: <http://www.ilo.org/wcmsp5/groups/public/---americas/---ro-lima/---ilo-brasilia/documents/publication/wcms_467352.pdf>. Acesso em: 3 jan. 2018.

(130) GOLDSCHMIDT, Rodrigo. Saúde mental do trabalhador: direito fundamental social, reparação civil e ações afirmativas da dignidade humana como forma de promoção. In: BAEZ, Narciso Leandro Xavier; LEAL, Rogério Gesta; MEZZAROBA, Orides. (Coords.). *Dimensões materiais e eficaciais dos direitos fundamentais.* São Paulo: Conceito Editorial, 2010. p. 209, apud GUNTHER, Luiz Eduardo (Coord.). Dano existencial. *Revista Eletrônica: Tribunal Regional do Trabalho do Paraná.* 22. ed., p.14, 2013. Disponível em: <https://juslaboris.tst.jus.br/bitstream/handle/1939/87249/2013_rev_trt09_v02_n022.pdf?sequence=1>. Acesso em: 4 jan. 2018.

(131) SARMENTO, Daniel. *Direitos fundamentais e relações privadas.* 2. ed. Rio de Janeiro: Lumem Juris, 2006. p. 332-333.

(132) REALE, Miguel. O dano moral no direito brasileiro, apud SEVERO, Sérgio. *Os danos extrapatrimoniais.* Temas de direito positivo. São Paulo: Saraiva, 1996. p. 44.

(133) *Ibidem*, p. 52.

(134) OLIVEIRA, Paulo Eduardo V. *O dano pessoal no direito do trabalho.* 2. ed. São Paulo: LTr, 2010. p. 34.

Paulo Eduardo Oliveira[135], em verdade, estabelece relação simbiótica entre dano moral e dano pessoal, uma vez que ambos supõem lesão à integridade física, psíquica, intelectual, ética e social da pessoa humana.

Para Sérgio Severo,[136] a denominação não patrimonial é melhor porque não limitaria o instituto. No entanto, não parece adequado identificar um conceito pela negação de outro.[137] Ademais, as concepções mais modernas incluem valores imateriais, inclusive éticos, ao conceito de patrimônio.[138]

Alexandre Agra Belmonte[139] define dano moral como aquele que ofende os atributos físicos, valorativos e psíquicos ou intelectuais da pessoa, capaz de gerar padecimentos sentimentais, ou, ainda, como consequência do uso não autorizado da imagem ou da violação do bom nome da pessoa jurídica e, finalmente, os causados aos valores culturais de certa comunidade. Para o autor, os danos morais referem-se: a atributos valorativos da personalidade ou integridade moral (imagem, honra, reputação, credibilidade, respeito); a atributos físicos da personalidade ou integridade física (vida, saúde, subsistência, conformação física, liberdade de locomoção); a atributos psíquicos ou intelectuais da personalidade ou integridade intelectual (liberdade de pensamento, autoria científica, artística, de invento, intimidade, vida privada); e a atributos culturais de certa comunidade ou integridade cultural coletiva (danos morais coletivos à qualidade de vida, racismo, segmentação social).

Carlos Alberto Bittar[140] distingue três espécies de dano. A primeira delas seria o pessoal, atinente a elementos que integram a composição orgânica da pessoa (como as lesões ao corpo) e a estrutura da sua personalidade com respectivos componentes intrínsecos (como as lesões à liberdade, à imagem, à intimidade). A segunda espécie poderia ser chamada de dano moral, atinente a atributos valorativos ou a virtudes da pessoa como ente social, as quais a individualizariam como ser integrado à sociedade, como as lesões à honra, à reputação, às manifestações do intelecto. A terceira espécie seria o dano patrimonial identificado pelos prejuízos causados por violações a bens materiais corpóreos e a direitos incorpóreos componentes do acervo da pessoa.

Para Paulo Eduardo Oliveira[141], considerando que os direitos da personalidade consistem nas integridades psicofísica, intelectual e moral, não haveria necessidade de terceiro gênero. Qualquer dano que lesione a vida, a relação social, o sexual, o estético, o psíquico, será taxado como dano pessoal. A violação de qualquer integridade, de qualquer direito da personalidade, basta para a configuração de dano pessoal.

Nos países adeptos da *common law* é corrente a distinção entre dano à pessoa (*personal tort*), abrangendo, em geral os que afrontam sua reputação, seus sentimentos, e dano à propriedade (*property tort*), envolvendo danos a ela e ao patrimônio material em geral.

Bem verdade, a expressão "dano moral" encontra-se enraizada na tradição brasileira[142], uma vez empregada pela Constituição e por diversos diplomas legais, em especial pelo novo Código Civil. A referência a "dano moral" é, inclusive, expressão disseminada nos países de tradição romano-germânica. Na França, *dommage moral* ou *préjudice moral*; na Espanha, *daño moral*; na Itália, *danno morale*. A expressão, embora consolidada, não abarca de forma conveniente o que

---

(135) *Ibidem*, p. 36.

(136) SEVERO, Sérgio. *Os danos extrapatrimoniais. temas de direito positivo*. São Paulo: Saraiva, 1996. p. 40.

(137) SANTOS, Antônio Jeová. *Dano moral indenizável*. 2. ed. São Paulo: Lejus, 1999. p. 97.

(138) CAHALI, Yussef Said. *Dano moral*. 2. ed. São Paulo: Malheiros, 1996. p. 20.

(139) BELMONTE, Alexandre Agra. *Tutela da composição dos danos morais nas relações de trabalho*: identificação das ofensas morais e critérios objetivos para quantificação. São Paulo: LTr, 2014. p. 64.

(140) BITTAR, Carlos Alberto. *Reparação civil por danos morais*. 3. ed. São Paulo: Revista dos Tribunais, 1994. p. 569.

(141) OLIVEIRA, Paulo Eduardo V. *O dano pessoal no direito do trabalho*. 2. ed. São Paulo: LTr, 2010. p. 37.

(142) Ronaldo Lima dos Santos esclarece que a expressão "dano moral" apesar de seguir uma tradição em nosso ordenamento jurídico, cria confusão com a moral e ética filosófica ou social "Em realidade, a expressão "dano moral" segue uma tradição do nosso direito, mas não resolve uma série de controvérsias a respeito da sua natureza, quando não concorre exatamente para o oposto, isto é , suscitar objeções ao reconhecimento e à reparação dessas espécies de danos, como argumentos positivistas contrários a reparação patrimonial da "moral" ou da "dor moral", como se o conceito de moral do âmbito jurídico coincidisse totalmente com a moral ou a ética filosófica ou social". (SANTOS, Ronaldo Lima dos. Danos morais nas relações de trabalho. In: Flaviana Rampazzo Soares. (Org.). *Danos extrapatrimoniais nas relações de trabalho*. 1. ed. São Paulo: LTr, 2017. p. 189)

se quer tratar. A referência ideológica que subjaz na qualificação "moral" pode ser o mais comezinho dos fundamentos contrários a essa nomenclatura.

A expressão "dano pessoal" parece melhor acolher o objeto do presente estudo. Entretanto, a opção pelo descarte do termo deu-se em virtude da respectiva inexistência de referência legal ao mesmo, bem como a uma certa dificuldade conceitual de, por vezes, se fazer referência ao que seriam "danos pessoais coletivos".

A denominação "dano extrapatrimonial", por certo, não estará protegida de críticas, a começar pelo fato de remeter a conceito negativo de dano (não patrimonial). Para piorar, a referência ignora, por exemplo, que direitos da personalidade integram, por óbvio, o patrimônio de uma pessoa.

De qualquer modo, no presente trabalho, será conceituada como "dano extrapatrimonial ao trabalhador" a moléstia a direitos personalíssimos ou a valores fundamentais imanentes às relações laborais, tomados nas perspectivas ontológica e social.

O dano extrapatrimonial será tomado como gênero, abarcando as espécies (i) dano moral; (ii) dano estético; (iii) dano existencial; (iv) dano socioambiental e (v) dano moral coletivo.

2.1.1.5.1.1. Dano moral

Antônio Jeová Santos[143] define dano moral como aquele que altera o bem-estar psicofísico da pessoa. Essa alteração deve ser capaz de gerar angústia, menoscabo espiritual, perturbação anímica e algum dano que não tenha relevo no patrimônio.

Marcelo Freire Sampaio Costa ensina que o dano moral consiste na violação da obrigação geral de respeito à pessoa humana, individual ou coletivamente considerada, representando, assim, ofensa à projeção coletiva da dignidade humana. O mesmo autor destaca que é imperioso afastar-se da ideia de que o dano moral consistiria em dor, sofrimento ou humilhação causados ao ofendido, uma vez que tais aspectos são apenas eventuais e decorrentes da lesão extrapatrimonial sofrida[144].

Ou seja, o dano moral não se confunde com dor, sofrimento, tristeza, aborrecimento, infelicidade, embora, com grande frequência, tais sentimentos resultem dessa espécie de dano. Para Enoque Ribeiro dos Santos[145], "os danos morais são aqueles que atingem interesses que não são representativos de expressão econômica".

Ao refletir sobre a conceituação do instituto, Valdir Florindo[146] esclarece que a moral é proveniente do latim *morale*, o que significa "relativo aos costumes". Continua afirmando que a raiz latina *"mores"* significa "costume" como "comportamento". Ou seja, os costumes são essenciais para a determinação da moral. Valdir Florindo[147] define dano moral como aquele decorrente da lesão à honra, à dor sentimental ou física; aquele que afeta a paz interior do ser humano.

Sérgio Cavalieri Filho[148] conceitua dano moral como uma "agressão à própria dignidade da pessoa humana, resguardada pela CRFB/1988 como um direito fundamental. O direito à honra, à imagem, ao nome, à intimidade, à privacidade, ou qualquer outro direito da personalidade estão englobados no direito subjetivo constitucional à dignidade". Reputa, ainda, como dano moral, a dor, o vexame, o sofrimento e a humilhação que interferem de modo intenso no comportamento psicológico do indivíduo, causando-lhe aflição, angústia e desequilíbrio em seu bem-estar.

Arnaldo Sussekind[149] esclarece que, não obstante o repúdio nacional, a violação à moral tem proteção internacional. Nesse sentido, faz menção ao artigo XII, da Declaração dos Direitos do Homem, bem como ao art. 17, do Pacto Internacional dos Direitos Civis e Políticos, ratificados pelo Brasil através do Decreto n. 592/1992.

---

(143) SANTOS, Antônio Jeová. *Dano moral indenizável*. 2. ed. São Paulo: Lejus, 1999. p. 98.

(144) COSTA, Marcelo Freire Sampaio. *Dano moral (extrapatrimonial) coletivo*. Leitura constitucional, civil e trabalhista: estudo jurisprudencial. São Paulo: LTr, 2009. p. 61-62.

(145) SANTOS, Enoque Ribeiro dos. *O dano moral na dispensa do empregado*. 6. ed. São Paulo: LTr, 2017. p. 73.

(146) FLORINDO, Valdir. *Dano moral e o direito do trabalho*. 4. ed. São Paulo: LTr, 2002. p. 30.

(147) *Ibidem*, p. 53.

(148) CAVALIERI FILHO, Sergio. *Programa de responsabilidade civil*. 10. ed. São Paulo: Atlas, 2012. p. 84-86.

(149) SÜSSEKIND, Arnaldo Lopes. *Curso de direito do trabalho*. São Paulo: Renovar, 2002. p. 355/357.

De fato, o fundamento originário para a conceituação do dano moral consiste no tratamento do ser humano como valor absoluto e singular posto no centro da ordem jurídica. Assim, deriva da ruptura da lógica patrimonialista, evidenciando olhar para o ser humano em sua integralidade, como valor em si mesmo, tal qual preconizam os arts. II e III da Declaração Universal dos Direitos Humanos[150], daí comumente referidos como lesões a direitos da personalidade[151]. A lesão de ordem não patrimonial será, portanto, aquela que afete sentimentos, vulnere afeições legítimas e rompa o equilíbrio espiritual, produzindo angústia, humilhação, dor etc. Nesse escopo, merece destaque o conceito desenvolvido à luz da Constituição Federal de que o dano moral *lato sensu* seria a violação ao direito subjetivo constitucional à dignidade[152].

Ademais, importante diferenciar os danos morais de meros transtornos ou dissabores, como costuma chamar a jurisprudência. Enquanto os primeiros passam da linha de tolerância dos infortúnios do dia a dia, os segundos são toleráveis e não ensejam reparação civil.

Em apertada síntese, danos morais, portanto, são os decorrentes das lesões sofridas pelas pessoas, em certos aspectos de sua personalidade, atingindo as esferas íntima e valorativa do lesado, ou melhor, seu cabedal ético, psicológico e biológico. Em suma, para a coerência estrita deste trabalho, os danos morais serão aqueles que violem valores humanos como nome, honra, imagem, autodeterminação e privacidade, típicos direitos da personalidade.

Os direitos da personalidade, também conhecidos no passado como "direitos personalíssimos", voltam-se, na visão de Enoque Ribeiro dos Santos[153], para os aspectos mais íntimos da pessoa humana, ou seja, a pessoa considerada como ente individualizado, única, insubstituível, dotada de autonomia em dada sociedade.

Na visão de Limongi França[154], "direitos da personalidade dizem-se as faculdades jurídicas cujo objeto são os diversos aspectos íntimos da pessoa do sujeito, bem assim as suas emanações e prolongamentos".

Para Orlando Gomes, "os direitos da personalidade são considerados essenciais à pessoa humana, que a doutrina moderna preconiza e disciplina, a fim de resguardar sua dignidade. São absolutos, extrapatrimoniais, intransmissíveis, imprescritíveis, impenhoráveis, vitalícios e necessários [...] Opõe-se *erga omnes*, implicando o dever geral de abstenção"[155].

Por seu turno, Carlos Alberto Bittar[156] declara que se consideram como da personalidade os direitos reconhecidos à pessoa humana tomada em si mesma e em suas projeções na sociedade, previstos no ordenamento jurídico exatamente para a defesa de valores inatos no homem, como a vida, a higidez física, a intimidade, a honra, a intelectualidade e tantos outros.

O direito ao nome, bem como os outros direitos da personalidade, são valores fundamentais da pessoa. O direito ao nome encontra-se previsto nos arts. 16 a 20 do Código Civil. Assim, compreende-se que o sobrenome, o pseudônimo e o prenome são essenciais, uma vez que compõem um direito da pessoa natural. Nesse diapasão, qualquer violação imputa-se ofensa a um direito personalíssimo.

---

(150) Declaração Universal de Direitos Humanos.
Artigo II -1 – Todo ser humano tem capacidade para gozar os direitos e as liberdades estabelecidos nesta Declaração, sem distinção de qualquer espécie, seja de raça, cor, sexo, idioma, religião, opinião política ou de outra natureza, origem nacional ou social, riqueza, nascimento, ou qualquer outra condição. 2 – Não será também feita nenhuma distinção fundada na condição política, jurídica ou internacional do país ou território a que pertença uma pessoa, quer se trate de um território independente, sob tutela, sem governo próprio, quer sujeito a qualquer outra limitação de soberania.
Artigo III – Todo ser humano tem direito à vida, à liberdade e à segurança pessoal.

(151) Nesse sentido, DALLEGRAVE NETO, José Affonso. *Responsabilidade civil no direito do trabalho*. 3. ed. São Paulo: LTr, ?Ano?. p. 146; MORAES, Maria Celina Bodin de. *Danos à pessoa humana*: uma leitura civil-constitucional dos danos morais. Rio de Janeiro: Renovar, 2003. p. 188; OLIVEIRA, Paulo Eduardo Vieira de. *O dano pessoal no direito do trabalho*. São Paulo: LTr, ?Ano?. p. 26.

(152) CAVALIERI FILHO, Sergio. *Programa de responsabilidade civil*. 10. ed. São Paulo: Atla, 2012. p. 94.

(153) SANTOS, Enoque Ribeiro dos. *O dano moral na dispensa do empregado*. 6. ed. (totalmente revista com as alterações da Lei n. 13.467/2017). São Paulo: LTr, 2017. p. 42.

(154) FRANÇA, L. *Manual de direito civil*. São Paulo: LTr, 1994. p. 100, apud SANTOS, Enoque Ribeiro dos. *O dano moral na dispensa do empregado*. 6. ed. (totalmente revista com as alterações da Lei n. 13.467/2017). São Paulo: LTr, 2017. p. 42.

(155) GOMES, Orlando. *Introdução ao direito civil*. 7. ed. Rio de Janeiro: Forense, 1983. p. 122 e ss.

(156) BITTAR, C.A. *Os direitos da personalidade*. São Paulo: Forense Universitária, 1989. p. 1. Apud SANTOS, Enoque Ribeiro dos. *Op. cit.*, p. 44.

Outro dano em face de direitos da personalidade é o dano moral por ofensa à honra. Na definição de Alexandre Agra, "a honra é o conjunto de qualidades que caracterizam a reputação de uma pessoa na sociedade. Reúne a consciência do conceito que o indivíduo faz de si próprio (caráter subjetivo ou honra subjetiva) e conceito de que ele é feito no meio social, ou seja, a responsabilidade ou credibilidade que caracterizam a sua reputação ou fama (aspecto objetivo ou honra objetiva)"[157].

Garante a Constituição no art. 5º, X, que "são invioláveis a intimidade, a vida privada, a honra e a imagem das pessoas, assegurado o direito a indenização pelo dano material ou moral decorrente de sua violação".

As agressões à honra são tipificadas como crime pelo Código Penal e consistem em calúnia, difamação e injúria. Calúnia é a falsa imputação de fato tipificado como crime, enquanto difamação é a imputação de fato determinado e não criminoso, mas dolosamente utilizado de forma a ofender a reputação (art. 139, do Código Penal). Injúria, por sua vez, é a imputação inespecífica de fato ofensivo da dignidade ou do decoro (art. 140, do Código Penal) sendo, portanto, desimportante, no último caso, a comunicação a terceiro, bastando a percepção do ofendido[158].

Para Enoque Ribeiro dos Santos[159], "a honra nos dias de hoje, a rigor, pode ser visualizada como a dignidade, a respeitabilidade e a reputação da pessoa humana, subdividindo-se em honra subjetiva e em honra objetiva". Para Marcelo Rodrigues Prata[160], a honra será subjetiva, quando se tratar do conceito havido pela própria pessoa, o seu amor-próprio, decoro, dignidade. Ou seja, aquilo que ela pensa a respeito de seus atributos morais, intelectuais, físicos, etc. E será objetiva quando a honra referir-se à reputação do homem, a fama perante a sociedade, tanto do ponto de vista pessoal quanto profissional.

Ainda no que concerne aos direitos personalíssimos, importa destacar o dano à imagem, o dano à autodeterminação, o dano à privacidade e o dano à integridade psicológica. Segundo Enoque dos Santos, tais direitos constituem o patrimônio extrapatrimonial ou imaterial, ou seja, os aspectos qualitativos da pessoa humana. "Em sua essência, são características intrinsecamente relacionadas ao caráter, à dignidade, à honra, à boa fama, às virtudes e não têm apreciação econômica. Constituem a natureza intangível do ser humano"[161].

A Constituição da República faz referência ao dano material, moral ou à imagem no art. 5º, V; no art. 5º, X, assegurando o direito à indenização por dano material ou moral decorrente da violação à imagem; e, no art. 5º, XXVIII, a proteção à reprodução da imagem[162].

O diploma constitucional deu relevo à autonomia de tratamento da dimensão ética e psicológica da pessoa, capaz de comprometer sua imagem social, mas não quis deixar sem proteção o dano físico e as reproduções não autorizadas de uso ou comercialização da imagem[163].

O direito à imagem pode ser entendido de duas maneiras: como imagem-retrato e imagem-atributo. A primeira refere-se à faculdade que a lei confere à pessoa para decidir quando, por quem, e de que forma podem ser captados, reproduzidos ou publicados seus traços fisionômicos reconhecíveis[164]. Já a segunda está relacionada com o direito à honra, mais precisamente quanto à honra objetiva. Quando se fala em assédio moral no trabalho, por exemplo, refere-se, de alguma forma, à reputação profissional, a qual deriva do direito fundamental à própria honra e à imagem-atributo. Quaisquer danos a esse direito incorrem em dano à imagem, dentre outros.

---

(157) BELMONTE, Alexandre Agra. *Tutela da composição dos danos morais nas relações de trabalho:* Identificação das ofensas morais e critérios objetivos para quantificação. São Paulo: LTr, 2014. p. 80.

(158) *Ibidem*, p. 80.

(159) SANTOS, Enoque Ribeiro dos. *O dano moral na dispensa do empregado.* 6. ed. (totalmente revista com as alterações da Lei n. 13.467/2017). São Paulo: LTr, 2017. p. 46.

(160) PRATA, Marcelo Rodrigues. *Anatomia do assédio moral no trabalho:* uma abordagem transdisciplinar. 1. ed. São Paulo: LTr, 2008. p. 316.

(161) SANTOS, Enoque Ribeiro dos. *Op. cit.*, p. 46.

(162) BELMONTE, Alexandre Agra. *Tutela da composição dos danos morais nas relações de trabalho:* identificação das ofensas morais e critérios objetivos para quantificação. São Paulo: LTr, 2014. p. 84.

(163) *Ibidem*, p. 84.

(164) PRATA, Marcelo Rodrigues. *Anatomia do assédio moral no trabalho:* uma abordagem transdisciplinar. 1. ed. São Paulo: LTr, 2008. p. 317.

Já a autodeterminação é um dos princípios fundamentais dos direitos humanos e significa autonomia, abrangendo autorresponsabilidade, autorregulação e livre-arbítrio de um ser humano. O direito à autodeterminação vem consagrado no art. 1º da Convenção Internacional sobre Direitos Econômicos, Sociais e Culturais e na Convenção Internacional sobre Direitos Cívicos e Políticos. Ambas afirmam: "Todos os povos têm o direito à sua autodeterminação. Em virtude deste direito, podem livremente determinar o seu estatuto político e prosseguir livremente o seu desenvolvimento econômico, social e cultural". Nessa ótica, qualquer violação a esse direito configura um dano personalíssimo.

A Constituição de 1988 assegura a inviolabilidade da vida privada. Segundo Maria Helena Diniz[165], a privacidade volta-se a "aspectos externos da existência humana como o recolhimento em sua residência, sem ser molestado, escolha do modo de viver, hábitos, comunicação via epistolar ou telefônica".

Sobre o tema, salienta Marcelo Rodrigues Prata[166] que o assédio moral no trabalho tem como estratégia comum a invasão injustificada da privacidade dos assalariados, ou seja, a monitoração de correspondência, conta bancária, e-mails, telefonemas etc. Logo, qualquer violação a esse direito configura dano à privacidade, dentre outros possíveis danos.

2.1.1.5.1.2. Dano estético

O dano estético não restou disciplinado de forma própria no Código Civil, mas pode ser abarcado na parte final do art. 949[167]. Ele pressupõe uma "transformação" física da vítima, sendo mais caracterizado quando deixa cicatrizes, amputações, entre outras anomalias que atinjam a própria dignidade humana[168], com abalo à aparência externa da pessoa[169].

O dano estético altera a harmonia física da vítima e a sua reparação indenizatória visa proteger as circunstâncias de normalidade do aspecto da pessoa que foram atingidas. O objetivo não é proteger a beleza física, mas a incolumidade física da vítima, como parte de seu patrimônio subjetivo.

Alexandre Agra Belmonte destaca que, "no tocante ao dano estético, outro aspecto da imagem, ocorre comprometimento da aparência física. A ofensa à integridade física ou corporal termina afetando o modo com que a pessoa passa a ser vista no meio social"[170].

Na concepção de Teresa Anona Lopez, o dano estético significa "qualquer modificação duradoura ou permanente na aparência externa de uma pessoa, modificação esta que lhe acarreta um enfeamento e lhe causa humilhações e desgostos, dando origem portanto a uma dor moral"[171].

A autora acrescenta ainda que "o defeito deve ser notado não só no corpo parado, mas também através dos movimentos deste, pois há deformidades que somente aparecem as atividades dinâmicas do ofendido"[172].

Dessa forma, as indenizações por reparação de danos estéticos são necessárias também quando as marcas físicas estão em locais do corpo dificilmente expostos em público, pois, apesar de mais escondidas, essas sequelas têm o potencial de afetar a autoestima do lesado, prejudicando a autoavaliação do prejudicado[173].

---

(165) DINIZ, Maria Helena. *Curso de direito civil brasileiro*. vol. 7. 19. ed. São Paulo: Saraiva, 2005. p. 154.

(166) PRATA, Marcelo Rodrigues. *Anatomia do assédio moral no trabalho*: uma abordagem transdisciplinar. 1. ed. São Paulo: LTr. 2008. p. 319-320.

(167) BRASIL. Código Civil, art. 949. No caso de lesão ou outra ofensa à saúde, o ofensor indenizará o ofendido das despesas do tratamento e dos lucros cessantes até ao fim da convalescença, além de algum outro prejuízo que o ofendido prove haver sofrido.

(168) TARTUCE, Flávio. *Manual de direito civil*: volume único. 2. ed. São Paulo: Método, 2012. p. 465.

(169) MOREIRA, Adriano Jannuzzi. *Responsabilidade civil do empregador — técnicas de gestão preventiva em perspectiva jurídica*. São Paulo: Lex Magister, 2012. p. 47.

(170) BELMONTE, Alexandre Agra. *Tutela da composição dos danos morais nas relações de trabalho*: identificação das ofensas morais e critérios objetivos para quantificação. São Paulo: LTr, 2014. p. 86.

(171) *Ibidem*, p. 86.

(172) BRASIL. Tribunal Superior do Trabalho. Agravo de Instrumento em Recurso de Revista n. 2058-43.2012.5.02.0464, da 7ª Turma, Brasília, DF, 27 de outubro de 2017. Disponível em: <http://aplicacao5.tst.jus.br/consultaunificada2/inteiroTeor.do?action=printInteiroTeor&format=html&highlight=true&numeroFormatado=AIRR%20-%202058-43.2012.5.02.0464&base=acordao&rowid=AAANGhAA+AAAUD7AAC&dataPublicacao=27/10/2017&localPublicacao=DEJT&query=desconex%E3o%20and%20indeniza%E7%E3o%20and%20dano>. Acesso em: 5 jan. 2018.

(173) MELO, Nehemias Domingos de. *Dano moral trabalhista*. 3. ed. São Paulo: Atlas, 2015. p. 44.

Alexandre Agra conclui ainda que "o acidente deformador do rosto de uma modelo empregada descaracteriza o retrato ou efígie com a qual se apresentava perante a sociedade e fere a sua autoestima, respondendo o empregador, se causador do dano, pelas sequelas morais ou complexo provocados pelo dano estético, quer as relacionadas ao aspecto físico, quer as relacionadas ao aspecto psicológico"[174].

Em suma, o dano estético contrapõe-se ao direito do cidadão de não ter o seu corpo violado fisicamente, danificado, agredido, ferido etc, podendo ser tutelado, inclusive, pelo direito penal, que tipificou criminalmente a lesão corporal leve (Lei n. 9099/1995), grave ou gravíssima.

Nessa senda, a alteração física da pessoa tem que estar vinculada a um sofrimento e a uma aparência pior do que a anterior. Caso a vítima sofra um acidente, mas realize uma cirurgia plástica e fique com a aparência ainda melhor, não se incomodando com as mudanças, não há que se falar em dano estético.

Importante destacar o entendimento do Superior Tribunal de Justiça, em sua Súmula n. 387, que consolidou o entendimento de que "é lícita a cumulação das indenizações de dano estético e dano moral". De início, não se admitiu ser o dano estético uma terceira modalidade de dano, sendo abarcado pelo conceito de dano moral, daí não permitida a cumulação entre as indenizações. Com a evolução jurisprudencial e doutrinária, atualmente pacífico que o dano estético revela-se independente, dando causa a indenização especial, apartada daquela determinada pelo dano material e moral.

2.1.1.5.1.3. Dano existencial

Deve-se à doutrina italiana a construção de nova moldura da responsabilidade civil, incluindo nos danos indenizáveis categoria ora tomada no feixe classificatório do trabalho com maior abertura, qual seja, a denominada "dano existencial", fundada nas atividades remuneradas ou não da pessoa, relativa aos variados interesses da integridade física e mental, de que são exemplos as relações sociais, de estudo, de lazer[175], comprometidas em razão de uma conduta lesiva.

A nova categoria passou a ser estudada em razão de que, no direito italiano, segundo a lei, somente são admitidas duas espécies de dano indenizável praticado contra a pessoa, quais sejam: (i) o dano patrimonial, fundado no art. 2.043 do Código Civil[176]; e (ii) o dano extrapatrimonial, previsto no art. 2.059 do mesmo Código[177], com a ressalva, entretanto, de que a indenização somente é devida nos casos previstos em lei ou se o dano for causado por uma conduta criminosa.

A falta de previsão em lei para a reparação do dano imaterial decorrente de ato ilícito civil levou a doutrina italiana, no início dos anos 60, a classificar nova espécie de dano injusto causado à pessoa que consista na ofensa física ou psíquica, comprometendo seus projetos de vida e capacidade de usufruir a vida fora do âmbito laboral, praticando esportes, dedicando-se a *hobbies*, frequentando clubes e igrejas, fazendo turismo etc. A lesão provoca intensa interferência no estado de ânimo e, por consequência, no seu relacionamento social e profissional, reduzindo as chances de progresso no trabalho, com reflexo patrimonial negativo. Como exemplos, a doutrina cita erros médicos que comprometem a higidez física e impossibilitam a prática de esportes[178].

O reconhecimento do dano à vida social fundamentou os estudos que culminaram na admissão do dano existencial.

Segundo Renato de Almeida Oliveira Muçouçah, em sua dissertação de mestrado intitulada "Assédio Moral Coletivo nas Relações de Trabalho: uma análise sob a perspectiva dos direitos humanos fundamentais dos trabalhadores"[179], o

---

(174) BELMONTE, Alexandre Agra. *Tutela da composição dos danos morais nas relações de trabalho:* identificação das ofensas morais e critérios objetivos para quantificação. São Paulo: LTr, 2014. p. 86-87.

(175) O direito ao lazer e ao descanso é direito humano fundamental, assegurado constitucionalmente no art. 6º da Carta. Tais direitos encontram-se diretamente relacionados com a relação de trabalho.

(176) ITÁLIA. Código Civil, art. 2.043. Risarcimento per fatto illecito. Qualunque fatto doloso o colposo, che cagiona ad altri un danno ingiusto, obbliga colui che ha commesso il fatto a *risarcire il danno* (Cod. Pen. 185).

(177) ITÁLIA. Código Civil, art. 2.059. Danni non patrimonial. Il danno non patrimoniale deve essere risarcito solo nei casi determinati dalla legge (Cod. Proc. Civ. 89; Cod. Pen. 185, 598).

(178) ALMEIDA NETO, Amaro Alves de. *Dano existencial — A tutela da dignidade da pessoa humana.* Disponível em: <http://www.mp.sp.gov.br/portal/page>. Acesso em: 4 jan. 2018.

(179) MUÇOUÇAH, Renato de Almeida Oliveira. *Assédio moral coletivo nas relações de trabalho:* uma análise sob a perspectiva dos direitos humanos fundamentais dos trabalhadores. 2009. Dissertação (Mestrado) – Faculdade de Direito, Universidade de São Paulo, São Paulo, 2009. p. 170.

dano existencial nas relações de trabalho liga-se à autorrealização do trabalhador e, mais ainda, no ambiente do trabalho e em todas as outras interpessoais relações que esse empregado tenha em sociedade. Para o autor, o dano existencial não é um dano-evento, mas sim, dano-consequência, que advém do efeito lesivo de se privar alguém da fruição de um direito. Explica ainda que sua avaliação ressarcitória deverá ser feita em três etapas: "a primeira é a verificação do atentado aos direitos humanos fundamentais; o segundo é objetivar a compensação monetária de todos os prejuízos que daí podem ter advindo, sem estabelecer diferenças quanto à idade, sexo etc; por fim, deve-se compensar a pessoa pela lesão de qualquer direito que a pessoa foi impedida de fruir"[180].

Nesses termos, o dano existencial tem sido reconhecido pela doutrina sempre que o empregador se utilizar de seu poder diretivo para exigir do trabalhador labor excessivo, desrespeitando as limitações de jornadas estabelecidas pelo ordenamento jurídico vigente, ou as regras de segurança e medicina do trabalho, ocasionando prejuízo à existência do trabalhador, ao seu plano de vida, a sua convivência familiar e social, ensejando indenização independentemente do prejuízo financeiro.

Entretanto, se o dano existencial corresponde à lesão ao conjunto de relações que propiciam o desenvolvimento normal da personalidade humana[181], alcançando o âmbito pessoal e social, afetando negativa, total ou parcialmente, de forma permanente ou temporária, seja uma atividade, seja um conjunto de atividades que a vítima do dano, normalmente, tinha como incorporado ao seu cotidiano e que, em razão do efeito lesivo, precisou modificar em sua forma de realização, ou mesmo suprimir de sua rotina, significando "ainda, uma limitação prejudicial, qualitativa ou quantitativa, que a pessoa sofre em suas atividades cotidianas"[182], nesta perspectiva, para a compreensão cabível no presente trabalho, o dano existencial tem sido qualificado de modo aquém.

Explica-se: para desfrutar bens materiais e imateriais da vida, o trabalhador precisa de (i) condições básicas para sua subsistência e (ii) repouso reparador.

Sendo o dano existencial um não mais poder fazer, um dever de mudar a rotina, é possível que se veja caracterizado tanto pelo excesso de jornada quanto pela privação de contraprestação. Em ambos os casos ocorrerá dano existencial, frustrando projeto de vida da pessoa e prejudicando seu bem-estar e sua felicidade[183].

Por fim, o dano a direito constitucionalmente consagrado ao não trabalho, também conhecido como direito à desconexão, poderá configurar, dentre outros, dano existencial[184].

---

(180) DI PAOLA. Brevi riflessioni in tema di danno esistenziale. *Rivista del Diritto Commerciale e del Diritto Generale delle Obbligazioni*, Padova, v. 99, n. 5/8, p. 362-363. maio/ago. 2001. *Apud* MUÇOUÇAH, Renato de Almeida Oliveira. *Op. cit.*, p. 170.

(181) A Corte Interamericana de Direitos Humanos já reconheceu os chamados "danos em projeto de vida". São exemplos casos antigos, julgados em 1998, tais como "Maria Elena Loayza Tamayo com el Perú", "Luis Alberto Cantotal Benavides com el Perú" e "Niños de la calle com Guatemala". "Mediante la sentencia de reparaciones de 27 de noviembre de 1998 en el caso "Maria Elena Loayza Tamayo com el Perú", la Corte Interamericana de Derecho Humanos reconoce la existencia y lo diferencia nitidamente de los dãnos materiales como el daño emergente y el lucro cessante. Es del caso señalar que Maria Elena Loayza Tamayo estuvo injustamente detenida por um período de cinco años, tempo em el que fue sometida a vejaciones y torturas. En el párrafo 147 de la mencionada sentencia, la Corte declara que dicho daño "atende a la realización integral de la persona afectada considerando su vicación, aptitudes, circunstancia y potencialidades y aspiraciones que le permiten (a la persona) fijarse razonablemente determinadas expectativas y aceder a ellas". En el seguiente apartado, el 148, se expressa que el "proyecto de vida" se "associa al concepto de realización personal, que a su vez se sustenta en las opiciones que el sujeto puede tener para conducir su vida y alcanzar el destino que se propone." SESSAREGO, 2017, p. 74

(182) SOARES, Flaviana Rampazzo. *Responsabilidade civil por dano existencial*. Porto Alegre: Livraria do Advogado, 2009. p. 44. *Apud* GUNTHER, Luiz Eduardo (Coord.). Dano existencial. *Revista Eletrônica: Tribunal Regional do Trabalho do Paraná*, 22. ed., p. 14, 2013. Disponível em: <https://juslaboris.tst.jus.br/bitstream/handle/1939/87249/2013_rev_trt09_v02_n022.pdf?sequence=1>. Acesso em: 4 jan. 2018.

(183) *Idem*.

(184) Os tribunais têm reconhecido e indenizado a hipótese:
BRASIL. Tribunal Superior do Trabalho. Agravo de Instrumento em Recurso de Revista n. 2058-43.2012.5.02.0464, da 7ª Turma, Relator: Ministro Cláudio Mascarenhas Brandão, Brasília, DF, 8 de janeiro de 2018. Disponível em: <http://aplicacao4.tst.jus.br/consultaProcessual/consultaTstNumUnica.do?consulta=Consultar&conscsjt=&numeroTst=2058&digitoTst=43&anoTst=2012&orgaoTst=5&tribunalTst=02&varaTst=0464&submit=Consultar>. Acesso em: 11 jan. 2018.
"[...] RESPONSABILIDADE CIVIL DO EMPREGADOR. DANOS MORAIS CAUSADOS AO EMPREGADO. CARACTERIZAÇÃO. DIREITO À DESCONEXÃO. HORAS DE SOBREAVISO. PLANTÕES HABITUAIS LONGOS E DESGASTANTES. DIREITO AO LAZER ASSEGURADO NA *CONSTITUIÇÃO* E EM NORMAS INTERNACIONAIS. COMPROMETIMENTO DIANTE DA AUSÊNCIA DE DESCONEXÃO DO TRABALHO. A responsabilidade civil

O direito à desconexão do trabalho é de salutar importância, sendo entendido como o direito de não trabalhar. No entanto, o trabalho, especialmente em vista dos avanços tecnológicos, não pode servir de instrumento para "escravização". Diante da evolução tecnológica a facilitar a comunicação à distância e, consequentemente, a disponibilidade do empregado em face do empregador, o espaço no âmbito pessoal do trabalhador vem constantemente sofrendo invasões, pelo que a doutrina vem sustentando o direito do obreiro à desconexão do trabalho como integrante do "repouso reparador", a que feita referência acima.

---

do empregador pela reparação decorrente de danos morais causados ao empregado pressupõe a existência de três requisitos, quais sejam: a conduta (culposa, em regra), o dano propriamente dito (violação aos atributos da personalidade) e o nexo causal entre esses dois elementos. O primeiro é a ação ou omissão de alguém que produz consequências às quais o sistema jurídico reconhece relevância. É certo que esse agir de modo consciente é ainda caracterizado por ser contrário ao Direito, daí falar-se que, em princípio, a responsabilidade exige a presença da conduta culposa do agente, o que significa ação inicialmente de forma ilícita e que se distancia dos padrões socialmente adequados, muito embora possa haver o dever de ressarcimento dos danos, mesmo nos casos de conduta lícita. O segundo elemento é o dano que, nas palavras de Sérgio Cavalieri Filho, consiste na "[...] subtração ou diminuição de um bem jurídico, qualquer que seja a sua natureza, quer se trate de um bem patrimonial, quer se trate de um bem integrante da própria personalidade da vítima, como a sua honra, a imagem, a liberdade etc. Em suma, dano é lesão de um bem jurídico, tanto patrimonial como moral, vindo daí a conhecida divisão do dano em patrimonial e moral". Finalmente, o último elemento é o nexo causal, a consequência que se afirma existir e a causa que a provocou; é o encadeamento dos acontecimentos derivados da ação humana e os efeitos por ela gerados. No caso, o quadro fático registrado pelo Tribunal Regional revela que "o autor permaneceu conectado, mentalmente, ao trabalho durante os plantões, que ocorriam 14 dias seguidos. Além de cumprir sua jornada, o autor permanecia à disposição da empresa, chegando a trabalhar de madrugada em algumas ocasiões, como no dia 6.1.2008, por exemplo, em que trabalhou das 2h às 5h, no dia 27 do mesmo mês, das 4h40min às 11h30min (fl. 416), e no dia 13.9.2013, das 0h às 3h30min (fl. 418)." A precarização de direitos trabalhistas em relação aos trabalhos à distância, pela exclusão do tempo à disposição, em situações corriqueiras relacionadas à permanente conexão por meio do uso da comunicação telemática após o expediente, ou mesmo regimes de plantão, como é o caso do regime de sobreaviso, é uma triste realidade que se avilta na prática judiciária. A exigência para que o empregado esteja conectado por meio de smartphone, notebook ou BIP, após a jornada de trabalho ordinária, é o que caracteriza ofensa ao direito à desconexão. Isso porque não pode ir a locais distantes, sem sinal telefônico ou internet, ficando privado de sua liberdade para usufruir efetivamente do tempo destinado ao descanso. Com efeito, o excesso de jornada aparece em vários estudos como uma das razões para doenças ocupacionais relacionadas à depressão e ao transtorno de ansiedade, o que leva a crer que essa conexão demasiada contribui, em muito, para que o empregado cada vez mais, fique privado de ter uma vida saudável e prazerosa. **Para Jorge Luiz Souto Maior, "quando se fala em direito a se desconectar do trabalho, que pode ser traduzido como direito de não trabalhar, não se está tratando de uma questão meramente filosófica ou ligada à futurologia [...], mas sim numa perspectiva técnico-jurídica, para fins de identificar a existência de um bem da vida, o não trabalho, cuja preservação possa se dar, em concreto, por uma pretensão que se deduza em juízo." Não fossem suficientes as argumentações expostas e a sustentação doutrinária do reconhecimento do direito aludido, há que se acrescentar o arcabouço constitucional que ampara o direito ao lazer, com referência expressa em vários dispositivos, a exemplo dos arts. 6º; 7º, IV; 217, § 3º; e 227.** O direito à desconexão certamente ficará comprometido, com a permanente vinculação ao trabalho, se não houver critérios definidos quanto aos limites diários, os quais ficam atrelados à permanente necessidade do serviço. Resultaria, enfim, em descumprimento de direito fundamental e no comprometimento do princípio da máxima efetividade da <u>Carta Maior</u>. Finalmente, a proteção não se limita ao direito interno. Mencione-se, na mesma linha, diversos diplomas normativos internacionais, que, ou o reconhecem de modo expresso, ou asseguram o direito à limitação do número de horas de trabalho, ora destacados: arts. 4º do Complemento da Declaração dos Direitos do Homem (elaborado pela Liga dos Direitos do Homem e do Cidadão em 1936); XXIV da Declaração Universal dos Direitos Humanos, de 1948; 7º do Pacto Internacional Relativo aos Direitos Econômicos, Sociais e Culturais, de 1966; e 7º, g e h do Protocolo de San Salvador (Protocolo Adicional à Convenção Interamericana Sobre Direitos Humanos em Matéria de Direitos Econômicos, Sociais e Culturais), os dois últimos ratificados pelo Brasil. Nesse contexto, mostra-se incontroversa a conduta antijurídica da empresa que violou direito fundamental decorrente de normas de ordem pública. Os danos causados, pela sua natureza in re ipsa, derivam na própria natureza do ato e independem de prova. Presente o nexo de causalidade entre este último e a conduta patronal, está configurado o dever de indenizar. Agravo de instrumento a que se nega provimento. [...]" (grifos acrescentados)

BRASIL. Tribunal Regional do Trabalho da 1ª Região. Recurso Ordinário n. 0153800-54.2009.5.01.0204, da 7ª Turma, relatora: Sayonara Grillo Coutinho Leonardo da Silva, 24 abril de 2015. Disponível em: <https://trt-1.jusbrasil.com.br/jurisprudencia/183765442/recurso-de-revista-rr-1538005420095010204-rj/inteiro-teor-183765527>. Acesso em: 13 mar. 2018.

HORAS DE SOBREAVISO. DIREITO À DESCONEXÃO. Tempo livre é aquele no qual a subjetividade do trabalhador se distancia dos problemas, questões e compromissos — potenciais ou efetivos — concernentes ao mundo do trabalho permitindo-lhe — esquecer — e descansar, repousar e usufruir de seu direito ao lazer (*CRFB, art. 6º*). Em contraponto, o tempo em que o empregado deve permanecer conectado à empresa, ainda que por meio do aparelho celular, é tempo de trabalho e deve ser remunerado. As horas de sobreaviso, diante da desterritorialidade do trabalho no mundo contemporâneo, não se definem pela exigência da fixação a um local aguardando ordens, mas pela fixação a um aparelho móvel que aprisiona seu portador às demandas potenciais do empregador. A utilização da analogia é admitida expressamente pelo *art. 8º da CLT* e se constitui em importante recurso de integração das lacunas surgidas diante das transformações tecnológicas e produtivas e se constitui em importante modo de atualização do Direito do Trabalho e uma das razões para a permanência da *CLT*. Recurso patronal a que se nega provimento.

Domenico de Masi, com escritos dedicados a temas que abrangem o mercado, a motivação para o trabalho, as estruturas organizacionais, dentre outros pontos de interesse, há alguns anos defende abordagem mais lúdica e prazerosa do trabalho. Segundo o autor italiano, não é próprio da espécie humana gostar de trabalhar. Os tempos modernos testemunhariam necessidades e instrumentos voltados à redução do tempo no trabalho.

Nesse contexto, o respeitado sociólogo do trabalho especula a chegada de um futuro no qual as pessoas estejam mais voltadas a trabalhar menos, eventualmente ganhando menos, dedicando-se mais ao tempo ocioso de forma criativa, e, principalmente, abrindo mais vagas para quem esteja desempregado. Domenico destaca em sua obra curioso ponto de convergência presente em todas as religiões, qual seja, o fato de que em nenhuma delas se trabalha no "paraíso". É dizer, qualquer que seja a concepção ou crença, se o trabalho fosse um valor positivo, no paraíso se trabalharia, o que não se verifica nos prognósticos religiosos[185].

De todo modo, relaciona-se com o direito à desconexão, mais uma vez, o direito à limitação da jornada, ao descanso, às férias, à redução de riscos de doenças e acidentes de trabalho, todos descritos na Constituição Federal (art. 7º da CRFB/1988), a denotar preocupação com a incolumidade física e psíquica do trabalhador, além da restauração de sua energia[186].

Para Vólia Bomfim Cassar,

> O trabalhador tem direito à 'desconexão', isto é, a se afastar totalmente do ambiente de trabalho, preservando seus momentos de relaxamento, de lazer, seu ambiente domiciliar, contra as novas técnicas invasivas que penetram na vida íntima do empregado[187].

Conforme será desenvolvido na segunda parte deste trabalho, o dano existencial será assim classificado quando detonado o direito do trabalhador ao mínimo existencial, compreendido como direito às condições básicas de subsistência e pausas no tempo de trabalho para conquista de uma vida boa.

2.1.1.5.1.4. Dano socioambiental

Os danos socioambientais serão observados em casos de lesões a direitos personalíssimos do empregado por conta de deturpações sistêmicas do ambiente de trabalho.

A opção teórica pelo reconhecimento dessa categoria explica-se pela relevância extrema do conteúdo a ela aportado.

Desde sua criação, em 1919, a OIT fundamenta sua atuação no princípio de que não pode haver paz universal duradoura sem justiça social. Assim, atua em prol da efetivação de políticas sociais e na busca da promoção de um trabalho decente [188] para todos os seres humanos como forma de concretização dos direitos fundamentais do trabalho e da dignificação das condições laborativas do ser humano.

---

(185) Ver DE MASI, Domenico. O ócio criativo. São Paulo: Sextante, 1997.

(186) O direito à desconexão resta comprometido, outrossim, quando o trabalhador é obrigado a portar qualquer tipo de intercomunicador para ser chamado para trabalhar ou resolver problemas à distância ou fora da jornada. Embora tenha direito à remuneração do tempo à disposição, resta comprometido o direito à desconexão, pois este trabalhador leva consigo as preocupações e angústias próprias de seu labor.

(187) CASSAR, Vólia Bomfim. Direito do Trabalho. 6. ed. Niterói: Impetus, 2012. p. 660.

(188) No Brasil, a ideia da possibilidade de obter uma vida digna a partir e mediante o trabalho esteve no centro do processo de ressurgimento do movimento sindical no final dos anos 70 e começo dos anos 80 do século passado, após um prolongado processo de desarticulação e silêncio, no contexto da ditadura militar inaugurada em 1964. Esse movimento marcou a reentrada dos trabalhadores e suas organizações como sujeitos coletivos na cena trabalhista e política no contexto da luta pela redemocratização do país. Além disso, contribuiu substancialmente para a ampliação dos estreitos limites dos processos de "distensão" e "abertura" controladas que até então predominavam no cenário político, neles introduzindo a questão social, que, a partir desse momento, não pode mais deixar de ser, de uma forma ou de outra, considerada.
[...] As greves de 1978, iniciadas entre os trabalhadores metalúrgicos da região do ABC paulista, e que se irradiaram nos anos seguintes (1979 e 1980), em um expressivo ciclo grevista que se espraiou pelas mais diversas categorias e regiões do país, tiveram um extraordinário significado e projeção na sociedade brasileira justamente porque o que estava na sua base era muito mais do que uma reivindicação por reajuste salarial, ou inclusive por respeito aos direitos de organização sindical e negociação coletiva. O que moveu os trabalhadores e trabalhadoras naquele momento foi, além disso, e mais essencialmente, uma reivindicação de recuperação da dignidade que havia sido profundamente violentada durante o regime autoritário. Essa reivindicação se expressava de diversas formas. Entre elas, através de um dos principais símbolos criados

A Declaração sobre os Princípios e os Direitos Fundamentais no trabalho de 1988 proclama obrigação de todos os Estados-Membros de respeitarem princípios referentes aos direitos fundamentais, estabelecendo ônus à OIT em assistir os países no cumprimento desses direitos, quais sejam: abolição do trabalho forçado, erradicação do trabalho infantil, liberdade sindical e não discriminação. Pela Declaração, todos os Estados-Membros submetem-se ao respeito, promoção e realização dos princípios relativos aos direitos fundamentais.

O Brasil é signatário de diversas Convenções protetivas à saúde do trabalhador, dentre elas, principalmente, as Convenções ns. 148, 155, 161 e 187 da Organização Internacional do Trabalho.

A Convenção n. 148 foi adotada na 63ª reunião da Conferência Internacional do Trabalho, em Genebra, em 1º de junho de 1977. No Brasil, somente foi aprovada em 1981, por meio do Decreto Legislativo n. 56 de 1981, tendo sido ratificada no ano de 1982, com vigência nacional em 1983 e, por fim, promulgada pelo decreto n. 93.413 de 1986.

Nos termos da própria Convenção, pode-se nomeá-la como a "Convenção sobre o Meio Ambiente de Trabalho."[189] Seu objetivo central é a efetivação máxima de um meio ambiente de trabalho salubre, mediante legislação específica no âmbito interno[190].

A Convenção pontua que deve existir atuação conjunta entre os representantes dos empregados e dos empregadores, estabelecendo limites de exposição de trabalhadores aos agentes agressivos"[191].

Por outro lado, a convenção n. 155, criada em 1981, na 67ª Conferência Internacional do Trabalho, após processo legislativo regular, foi promulgada pelo decreto n. 1.254 de 1994. O documento disciplina normas e princípios a respeito da política sobre segurança e saúde dos trabalhadores, chamando a atenção para necessidade de desenvolvimento de política nacional, conforme prevê o art. 4º[192]. Nesse sentido, Sebastião Geraldo de Oliveira aduz que,

> O objetivo dessa política nacional é prevenir os acidentes e os danos à saúde do trabalhador. Para tanto, deverá reduzir no mínimo, na medida que for razoável e possível, as causas dos riscos inerentes ao meio de trabalho. De acordo com essa orientação, havendo possibilidade técnica de reduzir a presença do agente agressivo, ficará o empregador obrigado a fazê-lo. O que for inviável tecnicamente foge da razoabilidade e, portanto, não é obrigatório [193].

Ademais, o art. 16[194] da norma dispõe sobre a obrigação do empregador em viabilizar locais de trabalho e equipamentos necessários para a realização das atividades inerentes a sua área de atuação, a fim de garantir a inexistência

---

pelo movimento, que era a ideia, verbalizada por muitos trabalhadores naqueles dias, assim como pelo Sindicato da categoria, de que: "Agora podemos voltar a andar de cabeça erguida". ABRAMO, Lais. *Uma década de promoção do trabalho decente no país, uma estratégia de ação baseada no diálogo*. OIT, 2015. Disponível em: <http://www.ilo.org/wcmsp5/groups/public/---americas/---ro-lima/---ilo-brasilia/documents/publication/wcms_467352.pdf>. Acesso em: 3 jan. 2018.

(189) OIT. Convenção n. 148. Disponível em: <http://www.planalto.gov.br/ccivil_03/decreto/1980-1989/d93413.htm>. Acesso em: 5 jan. 2018.

(190) OIT. Convenção n. 148, art. 4º.
Item 1. A legislação nacional deverá dispor sobre a adoção de medidas no local de trabalho para prevenir e limitar os riscos profissionais devidos à contaminação do ar, ao ruído e às vibrações, e para proteger os trabalhadores contra tais riscos.
Item 2. Para a aplicação prática das medidas assim prescritas poder-se-á recorrer à adoção de normas técnicas, repertórios de recomendações práticas e outros meios apropriados.
Art. 5º.
Item 1. Ao aplicar as disposições da presente Convenção, a autoridade competente deverá atuar em consulta com as organizações interessadas mais representativas de empregadores e de trabalhadores.

(191) OLIVEIRA, Sebastião Geraldo de. *Proteção jurídica à saúde do trabalhador*. 5. ed. São Paulo: LTr, 2010. p. 79.

(192) OIT. Convenção n. 148, art. 4º, Item 1. Todo Membro deverá, em consulta às organizações mais representativas de empregadores e de trabalhadores, e levando em conta as condições e a prática nacionais, formular, por em prática e reexaminar periodicamente uma política nacional coerente em matéria de segurança e saúde dos trabalhadores e o meio ambiente de trabalho.
Item 2. Essa política terá como objetivo prevenir os acidentes e os danos à saúde que forem consequência do trabalho, tenham relação com a atividade de trabalho, ou se apresentarem durante o trabalho, reduzindo ao mínimo, na medida que for razoável e possível, as causas dos riscos inerentes ao meio ambiente de trabalho.

(193) OLIVEIRA, Sebastião Geraldo de. *Proteção jurídica à saúde do trabalhador*. 5. ed. São Paulo: LTr, 2010. p. 80.

(194) OIT. Convenção n. 148, art. 16.
Item 1. Deverá ser exibido dos empregados que, na medida que for razoável e possível, garantam que os locais de trabalho, o maquinário, os equipamentos e as operações e processos que estiverem sob seu controle são seguros e não envolvem risco algum para a segurança e a saúde dos trabalhadores.

de risco aos empregados. Por mais um ponto de observação, justifica-se a tese da responsabilidade contratual com base no dever de cuidado anexo ao contrato: o empregador é quem escolhe produtos, maquinário e equipamentos para os empregados, tendo dever de que tais instrumentos garantam máxima neutralidade de riscos.

A Convenção n. 161, por sua vez, foi criada em Genebra pelo Conselho Administrativo da Repartição Internacional do Trabalho, em 7 de junho de 1985, na 71ª Conferência Internacional do Trabalho. No Brasil, sua aprovação deu-se em 1989, pelo Decreto Legislativo n. 86, ratificada em 18 de maio de 1990, entrando em vigor depois de um ano, em 1991. Por fim, promulgada pelo decreto n. 127 de 1991.

O propósito da Convenção é identificar e avaliar periodicamente riscos que possam ser encontrados no local de trabalho, com implementação de serviços de saúde e determinação de uma política nacional que prestigie os objetivos de minimização de riscos em ambiente transparente.

Os serviços de saúde previstos na convenção estão disciplinados no art. 5º do documento, o qual igualmente pontua que, apesar do papel preventivo e participativo dos trabalhadores, os empregadores possuem a responsabilidade (leia-se contratual) para com a segurança e saúde dos empregados:

> Art. 5º Sem prejuízo da responsabilidade de cada empregador a respeito da saúde e da segurança dos trabalhadores que emprega, e tendo na devida conta a necessidade de participação dos trabalhadores em matéria de segurança e saúde no trabalho, os serviços de saúde no trabalho devem assegurar as funções, dentre as seguintes, que sejam adequadas e ajustadas aos riscos da empresa com relação à saúde no trabalho: [...].[195]

Com uma média de 700 mil registros de acidentes de trabalho por ano, o Brasil ocupa atualmente o 4º lugar no mundo em ocorrência de acidentes de trabalho, atrás somente de China, Índia e Indonésia[196].

Os dados do Anuário Estatístico da Previdência Social apontaram, em 2015, um total de 612,6 mil acidentes, dentre os quais 2500 foram ocorrências de morte. A região sudeste é responsável por 53,9% dos registros[197].

No Brasil não parece efetiva qualquer política de conscientização voltada para a promoção contínua da saúde e da segurança do trabalho, a fim de prevenir doenças, acidentes, bem como a morte no ambiente laborativo. É preciso que se institua estratégia de cultura permanente, que determine observação constante de forma perene, a fim de reduzir as doenças, acidentes, bem como a morte no trabalho.

Em todos os instrumentos normativos internacionais, o direito à vida é considerado basilar, sendo necessário para a efetivação dos outros direitos. Acontece que não bastam sua existência e declaração, sem, contudo, assegurar-se o direito ao trabalho digno e à saúde[198].

A valorização do trabalho como atividade dignificante remete à abominação absoluta de formas que o concebam como instrumento de subjugação ou de desrespeito à pessoa humana.

Na Noruega, a lei dispõe que o empregador deve providenciar vigilância contínua do ambiente de trabalho existente no estabelecimento quanto aos riscos à saúde e, inclusive bem-estar, implementando medidas necessárias, nos

---

Item 2. Deverá ser exigido dos empregadores que, na medida que for razoável e possível, garantam que os agentes e as substâncias químicas, físicas e biológicas que estiverem sob seu controle não envolvem riscos para a saúde quando são tomadas medidas de proteção adequadas.
Item 3. Quando for necessário, os empregadores deverão fornecer roupas e equipamentos de proteção adequados a fim de prevenir, na medida que for razoável e possível, os riscos de acidentes ou de efeitos prejudiciais para a saúde.

(195) OIT. Convenção n. 161. Disponível em: <http://www.planalto.gov.br/ccivil_03/decreto/1990-1994/D0127.htm>. Acesso em: 5 jan. 2018.

(196) Brasil é o 4º. No mundo em acidentes de trabalho, 2017. Esquerda on line. Disponível em: https://esquerdaonline.com.br/2017/04/06/brasil-e-4o-lugar-no-mundo-em-acidentes-de-trabalho/>. Acesso em: 2 jan. 2018.

(197) Anuário da Previdência Social, 2015. Disponível em: < http://www.previdencia.gov.br/wp-content/uploads/2015/08/AEPS-2015-FINAL.pdf>. Acesso em: 3 fev. 2018.

(198) Sebastião Geraldo de Oliveira pontua: "O cidadão que procura trabalho buscando também a porta de acesso aos bens de consumo necessários para conservar a vida, pelo que não se pode ignorar a ressonância direta do trabalho com a sobrevivência. Para exercer o trabalho, o homem não pode perder ou prejudicar a saúde, sem a qual o direito à vida não se sustenta. Cada vez mais as normas legais em âmbito mundial estão associando o trabalho humano à honra, à proteção jurídica, à dignidade, à realização pessoal, ao valor e ao dever". OLIVEIRA, Sebastião Geraldo de. *Proteção jurídica à saúde do trabalhador*. 5. ed. São Paulo: LTr, 2010. p. 90.

termos do capítulo III, seção 14, alínea *"b"*, da Lei n.4/1977: *"arrange for continuous surveillance of the existing working environment in the establishment as regards risks, health hazards and welfare, and implement the measures necessary"*[199].

Em Portugal, o Código do Trabalho contém capítulo que assinala as obrigações gerais do empregador e do empregado, nos termos do art. 15, item 1º[200], o qual em suas alíneas enumera princípios gerais de prevenção de acidentes e doenças do trabalho, em razão do dever do empregador de zelar de forma constante, pelo exercício da atividade em condições de segurança e de saúde para o trabalhador.

Destaca-se que as atividades insalubres, permitidas no Brasil[201], em Portugal são "proibidas ou condicionadas aos trabalhadores as atividades que envolvam a exposição aos agentes químicos, físicos e biológicos ou outros fatores de natureza psicossocial[202]" que possam ter consequências diretas à vida e à saúde do empregado, nos termos do art. 48.

Na Venezuela, a Lei Orgânica do Trabalho, no art. 2º, traz um panorama de proteção ao trabalho, afirmando que,

> *El Estado protegerá y enaltecerá el trabajo, amparará la dignidad de la persona humana del trabajador y dictará normas para el mejor cumplimiento de su función como factor de desarrollo, bajo la inspiración de la justicia social y de la equidade.*[203]

Ainda estabelece que o trabalho deverá ser prestado em condições que permitam o desenvolvimento físico e psíquico, e para tanto prevê-se tempo para o descanso, o lazer, a educação e a família, nos termos do art. 185[204].

---

(199) NORUEGA. Lei n. 4, de 4 de fevereiro de 1977. Disponível em: <http://app.uio.no/ub/ujur/oversatte-lover/data/lov-19770204-004-eng.pdf> Acesso em: 5 jan. 2018.

(200) PORTUGAL. Lei n. 102, de 10 de setembro de 2009, art. 15.
Item 1 – O empregador deve zelar, de forma continuada e permanente, pelo exercício da atividade em condições de segurança e de saúde para o trabalhador, tendo em conta os seguintes princípios gerais de prevenção:
a) Evitar os riscos;
b) Planificar a prevenção como um sistema coerente que integre a evolução técnica, a organização do trabalho, as condições de trabalho, as relações sociais e a influência dos fatores ambientais;
c) Identificação dos riscos previsíveis em todas as atividades da empresa, estabelecimento ou serviço, na conceção ou construção de instalações, de locais e processos de trabalho, assim como na seleção de equipamentos, substâncias e produtos, com vista à eliminação dos mesmos ou, quando esta seja inviável, à redução dos seus efeitos;
d) Integração da avaliação dos riscos para a segurança e a saúde do trabalhador no conjunto das atividades da empresa, estabelecimento ou serviço, devendo adotar as medidas adequadas de proteção;
e) Combate aos riscos na origem, por forma a eliminar ou reduzir a exposição e aumentar os níveis de proteção;
f) Assegurar, nos locais de trabalho, que as exposições aos agentes químicos, físicos e biológicos e aos fatores de risco psicossociais não constituem risco para a segurança e saúde do trabalhador;
g) Adaptação do trabalho ao homem, especialmente no que se refere à conceção dos postos de trabalho, à escolha de equipamentos de trabalho e aos métodos de trabalho e produção, com vista a, nomeadamente, atenuar o trabalho monótono e o trabalho repetitivo e reduzir os riscos psicossociais;
h) Adaptação ao estado de evolução da técnica, bem como a novas formas de organização do trabalho;
i) Substituição do que é perigoso pelo que é isento de perigo ou menos perigoso;
j) Priorização das medidas de proteção coletiva em relação às medidas de proteção individual;
l) Elaboração e divulgação de instruções compreensíveis e adequadas à atividade desenvolvida pelo trabalhador.

(201) BRASIL. Consolidação da Leis do Trabalho. Art. 189. Serão consideradas atividades ou operações insalubres aquelas que, por sua natureza, condições ou métodos de trabalho, exponham os empregados a agentes nocivos à saúde, acima dos limites de tolerância fixados em razão da natureza e da intensidade do agente e do tempo de exposição aos seus efeitos.

(202) PORTUGAL. Lei n. 102, de 10 de setembro de 2009, art. 48. Atividades proibidas ou condicionadas. São proibidas ou condicionadas aos trabalhadores as atividades que envolvam a exposição aos agentes químicos, físicos e biológicos ou outros fatores de natureza psicossocial que possam causar efeitos genéticos hereditários, efeitos prejudiciais não hereditários na progenitura ou atentar contra as funções e capacidades reprodutoras masculinas ou femininas, suscetíveis de implicar riscos para o património genético, referidos na presente lei ou em legislação específica, conforme a indicação que constar dos mesmos.

(203) VENEZUELA. Ley Orgánica del trabajo. Disponível em: <http://www.defiendete.org/html/de-interes/LEYES%20DE%20VENEZUELA/LEYES%20DE%20VENEZUELA%20II/LEY%20ORGANICA%20DEL%20TRABAJO.htm>. Acesso em: 5 jan. 2018.

(204) VENEZUELA. Ley Orgánica del trabajo..Artículo 185. El trabajo deberá prestarse en condiciones que:
a) Permitan a los trabajadores su desarrollo físico y psíquico normal;
b) Les dejen tiempo libre suficiente para el descanso y cultivo intelectual y para la recreación y expansión lícita;
c) Presten suficiente protección a la salud y a la vida contra enfermedades y accidentes; y

Na Espanha, a Lei sobre Prevenção dos Riscos Laborais enfatiza que o empregador tem o dever de proteção ao empregado, pois só assim haverá a proteção de seus direitos a segurança e a saúde. Cita-se: *"Los trabajadores tienen derecho a una protección eficaz en materia de seguridad y salud en el trabajo. El citado derecho supone la existencia de un correlativo deber del empresario de protección de los trabajadores frente a los riesgos laborales [...]*[205]*"*.

Ainda nesse contexto, a Diretiva n. 89/391 da CEE relativa à aplicação de medidas destinadas a promover a melhoria da segurança e da saúde dos trabalhadores no trabalho, cujo objetivo volta-se "à proteção da segurança e da saúde, à eliminação dos fatores de risco e de acidente, à informação, à consulta, à participação, de acordo com as legislações e/ou práticas nacionais, à formação dos trabalhadores e seus representantes, assim como linhas gerais para a aplicação dos referidos princípios"[206], nos termos do art. 1, item 2.

Tenha-se em conta, neste particular, inclusive, que o direito comparado, que estuda as semelhanças e diferenças entre institutos e ordenamentos jurídicos de diferentes Estados, é referido na CLT como fonte material do Direito do Trabalho. Para nortear o raciocínio do jurista na seleção de elementos de direito comparado aplicáveis, Guilherme Feliciano indica quatro critérios ao intérprete, quais sejam: compatibilidade normativo-ideológica, proximidade cultural e linguística, utilidade sociojurídica e filiação histórica. No mundo globalizado, invoca a magistratura laboral a olhar para além dos lindes da sua própria territorialidade[207].

Retomando a delimitação da novel categoria, o homem passa a maior parte da sua vida trabalhando, pelo que, no mais das vezes, o trabalho determina seu estilo de vida, sua saúde, aparência, bem-estar, autoestima e, até mesmo, sua morte. É dever do empregador a efetiva prevenção das doenças e acidentes de trabalho, promovendo um meio ambiente plenamente saudável.

A questão do direito a um meio ambiente saudável inclui, principalmente, (i) direito à integridade física e psíquica com devida promoção da correção dos riscos ambientais, e (ii) direito a um tratamento probo e igualitário, conforme mais bem desenvolvido à frente. É dizer, abarca conceito de saúde encampado pela OMS e pela OIT, qual seja, o de que a relação doença-corpo também deve incluir mais do que aspectos somáticos. Essa perspectiva mais moderna alcança aspectos físicos, mentais e sociais do trabalhador, em oposição à mentalidade antiga que enxergava tão somente um corpo físico que exerce um trabalho mecanicamente[208].

De acordo com Isidoro Goldenberg e Nestor Cafferatta, neste contexto, o dano ao meio ambiente representa,

> Um menoscabo às potencialidades humanas, um estreitamento ou perda de chances ou expectativas vitais, uma diminuição de atitude vital genérica da vítima existente ou potencial, um prejuízo que põe em xeque direitos personalíssimos, inerentes à pessoa, ou atributos da personalidade[209].

---

d) Mantengan el ambiente en condiciones satisfactorias VENEZUELA. Ley Orgánica del trabajo. Disponível em: <http://www.defiendete.org/html/de-interes/LEYES%20DE%20VENEZUELA/LEYES%20DE%20VENEZUELA%20II/LEY%20ORGANICA%20DEL%20TRABAJO.htm>. Acesso em: 5 jan. 2018.

(205) ESPANHA. Lei n. 31/1995, de noviembre. Disponível em: <http://www.juntadeandalucia.es/servicioandaluzdesalud/principal/documentosacc.asp?pagina=pr_normativa_slaboral1&file=/contenidos/profesionales/normativas/SLaboral/L31_1995\capitulo3.htm>. Acesso em: 5 jan. 2018.

(206) DIRETIVA N. 89/391/CEE. Disponível em: <http://european-contract-law.org/db/3_43/pt_89-391-ce.pdf>. Acesso em: 5 jan. 2018.

(207) FELICIANO, Guilherme Guimarães; PASQUALETO, Olivia Quintana de Figueiredo. Diálogo das fontes e o direito comparado como fonte formal do direito do trabalho brasileiro. In: MARANHÃO, Ney; TUPINAMBÁ, Pedro Tourinho (Coords.). *O mundo do trabalho no contexto das reformas: análise crítica*. homenagem aos 40 anos da AMATRA 8. São Paulo: LTr, 2017. p. 245-250.

(208) A lista de doenças ocupacionais do INSS indica como fatores etiológicos dos transtornos mentais e do comportamento relacionados com o trabalho: problemas relacionados com o emprego e com o desemprego, condições difíceis de trabalho, ritmo de trabalho penoso, reação após acidente grave, reação após assalto no trabalho, desacordo com o patrão e colega de trabalho, circunstâncias relativas às condições de trabalho, má adaptação à organização do horário de trabalho, dentre outros. BRASIL. Ministério da Saúde. Secretaria de Atenção à Saúde. Departamento de Ações Programáticas e Estratégicas. *Lista de doenças relacionadas ao trabalho*: Portaria n. 1.339/GM, de 18 de novembro de 1999. 2. ed. Brasília: Editora do Ministério da Saúde, 2008.

(209) GOLDENBERG, Isidoro H.; CAFFERATTA, Nestor A. *Daño ambiental*: problemática de su determinación causal. Buenos Aires: Abeledo-Perrot. [s.d.]. p. 11, *apud* LEMOS, Patrícia Faga Iglecias. Contornos atuais da responsabilidade civil por danos ao meio ambiente. In: ROSENVALD, Nelson; MILAGRES, Marcelo (Coords.). *Responsabilidade civil*: novas tendências. Indaiatuba, SP: Foco Jurídico, 2017. p. 377.

Goldenberg classifica o dano ao meio ambiente[210] como "dano diferente", pois, em muitos casos, há grandes dificuldades na identificação do agente causador do dano; um dano ao meio ambiente pode atingir um número elevado de vítimas[211]. Deve-se, portanto, atentar-se às normas de proteção impostas ao empregador a fim de que se evite os riscos ambientais aos quais são os trabalhadores expostos[212].

Para nós, o dano socioambiental resultará da fusão de um dano ambiental com o impacto direto que o evento representará na dignidade do trabalhador. Misturará ferida ao meio ambiente[213] e à personalidade.

O reconhecimento do dano socioambiental, nesta perspectiva, suscitará naturalmente a incidência do princípio do poluidor-pagador. Trata-se do princípio informador do direito ambiental, qual seja: "os custos sociais externos que acompanham a produção industrial (como o custo resultante da poluição) devem ser internalizados, isto é, levados à conta dos agentes econômicos em seus custos de produção"[214]. Nessa lógica, parece evidente que, se há poluição, é dizer, afetação do equilíbrio saudável, também nos locais de trabalho (inclusive na acepção da Lei n. 6.938/1981), então os custos oriundos dos danos por ela provocados – ao entorno ambiental (efeitos exógenos) ou a terceiros direta ou indiretamente expostos, como os trabalhadores (efeitos endógenos) – devem ser igualmente internalizados, independentemente da perquirição de culpa (art. 14, § 1º da Lei n. 6.938/1981), para que os suporte o próprio agente poluidor[215].

2.1.1.5.1.5. Dano moral coletivo

O dano moral coletivo é a comoção extrapatrimonial que transcende a personalidade de um só trabalhador considerado individualmente, decorrente da violação de normas de ordem pública, atingindo toda a comunidade, sendo exigida a reparação pela violação a direitos metaindividuais, rotulados como difusos, coletivos ou individuais homogêneos[216].

---

(210) "O dano ambiental atinge qualquer dos elementos componentes do meio ambiente, pode configurar-se pelo menoscabo do meio ambiente natural, artificial, laboral e cultural.

De acordo com o art. 3º da Lei n. 6.938/1981, entende-se por:

Para os fins previstos nesta Lei, entende-se por:

II – degradação da qualidade ambiental, a alteração adversa das características do meio ambiente;

III – poluição, a degradação da qualidade ambiental resultante de atividades que direta ou indiretamente:

a) prejudiquem a saúde, a segurança e o bem-estar da população;

b) criem condições adversas às atividades sociais e econômicas;

c) afetem desfavoravelmente a biota;

d) afetem as condições estéticas ou sanitárias do meio ambiente;

e) lancem matérias ou energia em desacordo com os padrões ambientais estabelecidos. LEMOS, Patrícia Faga Iglecias. *Op. cit.*, p. 377.

(211) "Por tais razões, o "bem ambiental" não se enquadra perfeitamente nas categorias tradicionais de bens. Na verdade, bens privados e/ou públicos sempre que considerados relevantes para as presentes e futuras gerações estarão sujeitos à dupla titularidade, submetendo seu titular ao regime necessário para que essa proteção se efetive." *Ibidem*, p. 377.

(212) Nessa lógica: "Nessa linha de raciocínio, a figura do *mise en danger* ou exposição ao risco, construída na doutrina francesa, é emblemática em revelar que "meras condutas" de exposição de bens, de interesses e de pessoas a risco de dano injusto (aquele que não deve ser suportado pela vítima) é in re ipsa, pela própria prática em si, caracterizadora do "dano de conduta" por violação ao dever de proteção, categoria apta a engendrar uma cultura jurídica de contenção, inibição ou de prevenção em face de práticas abusivas, mais ampla que a mera previsão legal de nulidade." *Ibidem*, p. 239.

(213) "Por tais razões, o "bem ambiental" não se enquadra perfeitamente nas categorias tradicionais de bens. Na verdade, bens privados e/ou públicos sempre que considerados relevantes para as presentes e futuras gerações estarão sujeitos à dupla titularidade, submetendo seu titular ao regime necessário para que essa proteção se efetive" LEMOS, Patrícia Faga Iglecias. Contornos atuais da responsabilidade civil por danos ao meio ambiente. In: ROSENVALD, Nelson; MILAGRES, Marcelo (Coords.). *Responsabilidade civil:* novas tendências. Indaiatuba, SP: Foco Jurídico, 2017. p. 376.

(214) PRIEUR, Michel, *op. cit.*, p. 135 (sobre *"le principe polluer-payeur"*). Adiante: *Dans une acception large ce principe vise à imputer ao polluer le coût social de la pollution qu'il engendre.* Apud FELICIANO, Guilherme Guimarães. O meio ambiente do trabalho e a responsabilidade patronal: reconhecendo a danosidade sistêmica. In: FELICIANO, Guilherme Guimarães; URIAS, João. *Direito ambiental do trabalho — apontamentos para uma teoria geral*. vol. I. São Paulo: LTr, 2013. p. 19.

(215) *Ibidem*, p. 11.

(216) Nesse sentido: O dano moral coletivo, diferentemente do dano moral individual, envolve as lesões que atingem um agrupamento de pessoas ou mesmo toda a coletividade, em decorrência de ato ilícito do empregador ou ainda do descumprimento de normas de ordem pública, que ultrapassem a pessoa do trabalhador para atingir a consciência de toda a coletividade. SANTOS, Enoque Ribeiro dos. *Processo coletivo do trabalho: tutela do dano moral trabalhista*. 1. ed. Rio de Janeiro: Forense, 2016. p. 83.

O dano moral coletivo insere-se no sistema legal de proteção dos interesses ou direitos difusos, coletivos e individuais homogêneos com suporte legal no Código de Defesa do Consumidor (Lei n. 8.078/1990), na Lei da Ação Civil Pública (Lei n. 7.347/1985) e na Lei Orgânica do Ministério Público da União (LC n. 75/1993)[217].

Nos termos previstos, no art. 81 da Lei n. 8.078/1990, também a coletividade pode ser vítima do dano moral, bastando, para tanto, a existência de violação a direitos ou interesses de natureza coletiva. Por sua vez, a Lei n. 7.347/1985, que disciplina a Ação Civil Pública, dispõe em seu art. 1º que "regem-se pelas disposições desta Lei, sem prejuízo da ação popular, as ações de responsabilidade por danos morais e patrimoniais causados: IV – a qualquer outro interesse difuso ou coletivo".

Assim, o dano moral coletivo pode decorrer quando atributos da personalidade de uma coletividade de pessoas (valores morais, religiosos, culturais e profissionais, modo, vida, meio ambiente, símbolos e elementos que conferem identidade ao grupo) sejam atingidos ou ofendidos por um ato ilícito[218].

O professor Enoque dos Santos define dano moral coletivo como

> [...] todo ato antijurídico ou abusivo que provoca a comoção extrapatrimonial que atinge e transcende a personalidade de um trabalhador, individualmente considerado, decorrente da violação de normas de ordem pública, para atingir toda a comunidade ou sociedade, a exigir a reparação pela violação a direitos metaindividuais, encartados como difusos, coletivos ou individuais homogêneos[219].

Interessante a análise do autor quando não enumera como pré-requisito do dano moral coletivo a violação de direitos da personalidade para sua configuração. Para o doutrinador bastaria a violação da norma de ordem pública, ainda que não expressa[220], mesmo que nenhum indivíduo tenha seu direito individualmente violado[221]. O doutrinador entende ser de natureza objetiva a responsabilidade pelo dano moral coletivo:

> Destarte, pelo fato de terem causado dano de natureza coletiva, decorrente de prática de ato ilícito, os infratores respondem por uma reparação com fundamento no art. 927, parágrafo único do Código Civil, em conexão com o art. 225, § 3º, da Constituição Federal, tendo em vista sua natureza objetiva, diversa do dano moral individual, que tem como característica fundamental e subjetividade, consoante art. 186 do Código Civil Brasileiro[222].

Da exegese dos diplomas legais suprarreferidos, emerge a possibilidade de pagamento de indenização por dano moral que atinja a coletividade, inclusive e principalmente, no campo das relações trabalhistas.

---

(217) RODRIGUES, Deusmar José (Coord. e coautor). *Lei da reforma trabalhista*: comentada artigo por artigo. Leme (SP): JH Mizuno, 2017. p. 112.

(218) Os danos morais coletivos possuem autonomia em relação aos danos individuais; os primeiros ferem no plano coletivo interesses metaindividuais atingindo valores extrapatrimoniais de uma comunidade, de forma que instiga que medidas inibitórias sejam aplicadas, bem como a indenização pelas ofensas morais, que atingem aos trabalhadores considerados em sua dimensão coletiva. Por isso, a fixação do *quantum* não pode levar em conta o somatório de danos individuais, que podem, inclusive, nem existir, e que levaria tal solução a montas absurdas, inviabilizando a continuidade de qualquer negócio. A indenização decorrente dos danos morais coletivos; como já dito, é revertida para a comunidade atingida, especialmente, ao Fundo de Amparo ao Trabalhador e em relação à tutela inibitória de novas práticas ilícitas, o provimento deve ser proferido mediante o pagamento de astreintes. Por esses motivos, para a fixação do *quantum* indenizatório importa somente a natureza do dano e a gravidade da culpa, descartando todos os outros aspectos subjetivos. A razoabilidade, de acordo com as afirmações acima, deve ter seu exame feito conforme o porte da empresa, a originalidade e reincidência da conduta. BELMONTE, Alexandre Agra. *Tutela da composição dos danos morais nas relações de trabalho*. Identificação das ofensas morais e critérios objetivos para quantificação. São Paulo: LTr, 2014. p. 222 – 238.

(219) SANTOS, Enoque Ribeiro dos. *O dano moral na dispensa do empregado*. 6. ed. (totalmente revista com as alterações da Lei n. 13.467/2017). São Paulo: LTr, 2017. p. 235.

(220) As normas de proteção não precisam estar expressas, mas implícitas no sistema jurídico. Sua identificação pode ocorrer pela via dos princípios como também pelo diálogo das fontes normativas e de categorias jurídicas afins". LEAL, Pastora do Socorro Teixeira. Dano Normativo ou de conduta pela violação de normas de proteção. In: ROSENVALD, Nelson; MILAGRES, Marcelo (Coords.). *Responsabilidade civil*: novas tendências. Indaiatuba, SP: Foco Jurídico, 2017. p. 230.

(221) Nas palavras do autor: "Para a efetiva constatação do dano moral coletivo, não é necessária a ocorrência e a verificação de fatores subjetivos, como o constrangimento, a angústia, a humilhação ou eventual dor moral. Se estas vierem a ocorrer e a se manifestar no grupo ou comunidade atingida, caracterizar-se-ão apenas como defeitos ou desdobramentos do ato lesivo perpetrado pelo infrator". SANTOS, Enoque Ribeiro dos. *O dano moral na dispensa do empregado*. 6. ed. (totalmente revista com as alterações da Lei n. 13.467/2017). São Paulo: LTr, 2017. p. 239.

(222) Idem. *Processo coletivo do trabalho*: tutela do dano moral trabalhista. 1. ed. Rio de Janeiro: Forense, 2016. p. 87.

Para Pablo Stolze Gagliano e Rodolfo Pamplona Filho, o dano moral coletivo "pode ser caracterizado como uma lesão ao direito de toda e qualquer pessoa (e não de um direito específico da personalidade)"[223]. Consoante Matilde Zavala de González, "o dano coletivo é o experimentado por um conjunto de pessoas cuja lesão possua raiz na violação de um interesse grupal"[224].

Para Jorge Luiz Souto Maior,

> Atualmente, nos termos dos arts. 186 e 187 do Código Civil, aquele que, ultrapassando os limites impostos pelo fim econômico ou social, gera dano ou mesmo expõe o direito de outrem a um risco, comete ato ilícito. O ilícito, portanto, se perfaz pela provocação de um dano a outrem, individualmente identificado, quanto pela desconsideração dos interesses sociais e econômicos, coletivamente considerados. Na ocorrência de dano de natureza social, surge, por óbvio, a necessidade de se apenar o autor do ilícito, para recuperar a eficácia do ordenamento [...][225].

A natureza dos danos morais coletivos é absolutamente diversa.

De fato, os danos morais coletivos independem da configuração dos danos morais individuais, visto que aqueles ferem a coletividade, ainda que não haja violação a direitos fundamentais dos trabalhadores individualmente considerados. Os comentários tecidos acerca desse tipo de dano são a título de apresentação, apenas em análise superficial, visto que o objeto deste trabalho restringe-se à análise dos danos extrapatrimoniais individuais sofridos por trabalhadores em decorrência das relações de trabalho.

2.2. O nexo causal

Tradicionalmente, o nexo causal identifica-se como a relação de causa e efeito entre a ação ou omissão e o próprio dano. Portanto, o nexo de imputação constitui o motivo pelo qual uma pessoa é condenada em razão de um dano injusto; ou seja, é o "fundamento que o ordenamento considera para atribuir a alguém o dever indenizatório"[226].

Encontram dificuldades os magistrados que se deparam com hipóteses em que inúmeras causas tenham contribuído para a produção do efeito danoso, sendo necessário desvendar aquela essencial para a ocorrência da lesão. Nesse sentido, é interessante visualizar o nexo de causalidade como um "duto virtual" que liga os elementos da conduta ao dano[227].

Conforme já antecipado, não só o elemento "culpa" tem sofrido drástica mitigação nos últimos tempos, como também o próprio "nexo de causalidade".

Inicialmente, válido afirmar que, enquanto na responsabilidade subjetiva, a culpa ou o dolo são componentes do nexo de causalidade, na responsabilidade objetiva o nexo será formado tão somente pela conduta do agente cumulada com a previsão legal de responsabilização sem culpa.[228] Nesse contexto, no caso de responsabilidade objetiva, muitas vezes, o dever de reparação será imputado à pessoa que não necessariamente tenha praticado atos diretamente ligados ao dano, razão pela qual a doutrina mais moderna vem sustentando que o nexo de causalidade está perdendo espaço para o chamado nexo de imputação. É dizer, mais do que efetivamente sua causa, tem tido consubstancial relevância a aferição do vínculo entre o fator de atribuição da responsabilidade e o dano havido[229].

Portanto, é correto afirmar que o nexo causal vem encaminhando-se para determinar mais a extensão da responsabilidade, ou seja, quem *será* responsabilizado, do que própria e efetivamente indicar quem *seja* o responsável.

---

(223) GAGLIANO, Pablo Stolze; PAMPLONA FILHO, Rodolfo. *Novo curso de direito civil*: parte geral. 5. ed. São Paulo: Saraiva, 2004. v. 1, p. 36.

(224) GONZÁLEZ, Matilde Zavala de. *Los daños morales colectivos y su resarcimiento dinerario*. Buenos Aires: LL Buenos Aires, 1997. p. 192 (tradução livre).

(225) SOUTO MAIOR, Jorge Luiz. O dano social e a sua reparação. In: *Revista LTr*, São Paulo, v. 71, n.11, nov. 2007.

(226) TEPEDINO, Gustavo; FACHIN, Luiz Edson (Orgs.). *Diálogos sobre direito civil — vol. II*. Rio de Janeiro: Renovar, 2008. p. 429.

(227) TARTUCE, Flávio. *Manual de direito civil*: volume único. 2ª ed. São Paulo: Método, 2012. p. 444.

(228) *Ibidem*, p. 445.

(229) TEPEDINO, Gustavo; FACHIN, Luiz Edson (Orgs.). *Diálogos sobre direito civil — vol. II*. Rio de Janeiro: Renovar, 2008. p. 448.

O nexo causal denominado "risco" decorre da ideia de que quem aufere rendimentos ou visa auferi-los em decorrência de prática de condutas arriscadas deva suportar os ônus a elas inerentes. A teoria do risco pode ser subdividida em três espécies principais: risco de empresa, risco administrativo e risco-perigo.

A teoria do risco de empresa, mais um fundamento para reflexão sobre a extensão da responsabilidade dos empregadores sobre danos extrapatrimoniais ocasionados contra seus empregados, significa que o empresário deve arcar com qualquer ônus gerado pela sua atividade por eventualmente beneficiar-se do lucro derivado do empreendimento causador dos danos. Já o risco administrativo envolve pessoas jurídicas públicas que, em tese, na busca do bem comum acabem acarretando danos para particulares. Por último, o risco-perigo decorre da ideia de que deve ser responsabilizado aquele que se beneficia de uma atividade lícita, mas perigosa[230].

Tais teorias flexibilizam o nexo causal: caso o dano decorra da atividade laborativa, *a priori*, já estará configurada a causalidade.

Descobrir qual é a causa que gerou o dano parece simples, à primeira vista. Contudo, há certos danos que derivam de várias causas e, portanto, é fundamental identificar qual o que efetivamente tenha contribuído para a ocorrência do prejuízo. No auxílio dessa busca, surgiram as teorias doutrinárias acerca do nexo causal, não havendo pacificação acerca de qual seja aquela aplicada com maior regularidade pela jurisprudência.

2.2.1. A cumulação de causas para um mesmo evento

O mundo é complexo, daí porque relativamente comum que um dano seja ocasionado por diversas causas, é dizer, que seja derivado de determinada diversidade de comportamentos com contribuição aferível para o resultado. Em outras palavras, é possível que uma situação passível de reparação ocorra em decorrência de mais de um fator.

Entretanto, ainda que diversos comportamentos tenham concorrido para o agravamento do dano, sempre haverá uma conduta principal a definir a imputação do nexo causal ao responsável pela indenização.

A concausa define-se justamente como a causa secundária que se junta à principal e concorre para o resultado do dano. Não inicia nem interrompe o nexo causal, mas intensifica-o[231]. A doutrina refere como "concausa", por exemplo, a situação que gere prejuízo que envolva atos do causador do dano e da própria vítima, hipótese na qual a reparação do dano deva ser proporcional, de acordo com o art. 945 do Código Civil[232]. Já a concorrência de causas geradas pelo agente e por terceiro acarretará a responsabilidade solidária de todos os envolvidos, sendo hipótese de concausa simultânea, de acordo com o art. 942 do Código Civil, cabendo a análise do montante de indenização devido por cada agente, para eventual direito de regresso[233].

São diversas as perspectivas das possíveis concausas. As concausas sucessivas formam uma cadeia de comportamentos. As concausas preexistentes, que não eliminam a relação causal, como, por exemplo, as condições pessoais de saúde da vítima.[234] Mesma lógica ocorre com as causas supervenientes que ocorrem após a conduta danosa e agravam o resultado, como, por exemplo, o não socorro a uma vítima de atropelamento. Não socorrer a vítima, por si só, não resulta o evento morte, mas pode ser fator de reforço. Interessante destacar que, todavia, a depender da causa superveniente, pode-se romper o nexo causal, erigindo-se causa direta e imediata de um novo dano, hipótese em que a referida concausa passará a ser considerada a causa principal de um novo nexo causal.

Para a identificação da causa principal do prejuízo destacam-se algumas teorias doutrinárias, quais sejam (i) causalidade adequada; (ii) causalidade eficiente; (iii) equivalência das causas e (iv) causalidade direta dos danos e direitos imediatos.

---

(230) *Ibidem*, p. 443-444.
(231) CAVALIERI FILHO, Sérgio. *Programa de responsabilidade civil*. 10. ed. São Paulo: Atlas, 2012. p. 79.
(232) BRASIL. Código Civil, art. 945. Se a vítima tiver concorrido culposamente para o evento danoso, a sua indenização será fixada tendo-se em conta a gravidade de sua culpa em confronto com a do autor do dano.
(233) QUINTELLA, Felipe; DONIZETTI, Elpídio. *Curso didático de direito civil*. São Paulo: Atlas, 2012, p. 411.
(234) CAVALIERI FILHO, Sergio. Op. cit., p. 80.

A teoria mais utilizada para determinar o nexo causal é a da causalidade adequada, tomada pela singela dinâmica da identificação da causa que tenha estabelecido, de fato, o nexo causal necessário para a reparação civil[235]. Busca-se, portanto, a causa mais apta à produção daquele resultado, em uma análise abstrata fundada no princípio da normalidade.[236] A causa adequada, portanto, será aquela que tenha tido interferência decisiva na produção do dano. Diferente da teoria da *conditio sine qua non*, na causalidade adequada não será analisado, em concreto, se a condição efetivamente causou o prejuízo[237], bastando a verificação em abstrato da causalidade do evento[238].

Para averiguação do nexo, portanto, deve-se questionar se aquela relação de causa e efeito é percebida em todos os casos semelhantes ao analisado, sendo necessário que a resposta seja afirmativa para efeitos de responsabilização. Desenvolvida por Von Bar e aprimorada por Von Kries, para a teoria da causalidade adequada somente o fato relevante para o evento danoso ensejará a responsabilização civil[239], tal qual resta apregoado, de certa forma, nos arts. 944 e 945 do Código Civil.[240] O art. 403 do Código Civil, outrossim, utiliza-se da referida teoria ao dispor sobre a interrupção do nexo causal, dando relevo às excludentes de responsabilidade.

Não obstante seu uso clássico, a teoria da causalidade adequada tem sido extremamente criticada pela doutrina em virtude das incertezas que carrega quanto às necessárias avaliações de normalidade e probabilidade[241].

Nesse escopo, destaca-se a teoria da causalidade eficiente, a qual pressupõe que as condições que concorram para um determinado resultado não sejam, de fato, equivalentes, sendo imprescindível, portanto, a avaliação delas em concreto. O próprio nome da teoria remete ao desígnio de se buscar qual das causas tenha sido a mais eficiente na determinação do dano. Não obstante a finalidade positiva, entretanto, a teoria peca por não indicar parâmetros nem critérios utilizados para determinação da causa preponderante.

Sendo a mais antiga das teorias, a teoria da equivalência das condições ou do histórico dos antecedentes (*sine qua non*) considera que todos os fatos relativos ao evento danoso devem ser avaliados para a imputação da responsabilidade. É chamada teoria da equivalência das condições pelo fato de considerar que o dano não teria ocorrido sem que cada uma das condições tivesse se verificado. Baseia-se, portanto, na premissa de que qualquer circunstância que tenha contribuído para a ocorrência do dano deve ser considerada causa[242], sem distinguir propriamente eventuais condições que tenham permitido a produção dos efeitos danosos[243]. Assim, a teoria determina a eliminação hipotética de cada uma das condições para se saber se com o seu desaparecimento o dano continuaria a ocorrer[244]. Se o resultado

---

(235) TEPEDINO, Gustavo; FACHIN, Luiz Edson (Orgs.). *Diálogos sobre direito civil — vol. II*. Rio de Janeiro: Renovar, 2008. p. 339.

(236) SCHREIBER, Anderson. *Novos paradigmas da responsabilidade civil*: da erosão dos filtros da reparação à diluição dos danos. São Paulo: Atlas, 2007. p. 53-54.

(237) "De acordo com essa teoria, quanto maior é a probabilidade com que determinada causa se apresenta para gerar um dano, tanto mais adequada é em relação a este dano. Não basta, então, que um fato seja condição de um evento. É preciso que se trate de uma condição tal que, normal ou regularmente" provoque o mesmo resultado". SANTOS, Enoque Ribeiro dos. *Responsabilidade objetiva e subjetiva do empregador em face do novo Código Civil*. 3. ed., rev. e ampl. São Paulo: LTr, 2015. p. 56.

(238) CAVALIERI FILHO, Sérgio. *Programa de responsabilidade civil*. 10. ed. São Paulo: Atlas, 2012. p. 68.

(239) *Apud* TARTUCE, Flávio. Reflexões sobre o dano social. *Revista trimestral de direito civil*: RTDC, v. 9, n. 34, p. 179-201, abr./jun. 2008. Disponível em: <http://www.ambito-juridico.com.br/site/index.php?n_link=revista_artigos_leitura&artigo_id=3537#_ftn22>. Acesso em: 2 jan. 2018.

(240) BRASIL. Código Civil, art. 944. A indenização mede-se pela extensão do dano.
Parágrafo único. Se houver excessiva desproporção entre a gravidade da culpa e o dano, poderá o juiz reduzir, equitativamente, a indenização. Art. 945. Se a vítima tiver concorrido culposamente para o evento danoso, a sua indenização será fixada tendo-se em conta a gravidade de sua culpa em confronto com a do autor do dano.

(241) SCHREIBER, Anderson. *Novos paradigmas da responsabilidade civil*: da erosão dos filtros da reparação à diluição dos danos. São Paulo: Atlas, 2007. p. 55.

(242) MOREIRA, Adriano Jannuzzi. *Responsabilidade civil do empregador — técnicas de gestão preventiva em perspectiva jurídica*. São Paulo: Lex Magister, 2012. p. 71.

(243) CAVALIERI FILHO, Sérgio. *Programa de responsabilidade civil*. 10. ed. São Paulo: Atlas, 2012. p. 67.

(244) "A ideia central desta teoria é a de que é causa toda a condição da qual dependeu a produção do resultado, sem considerar sua maior ou menos proximidade ou importância, pois, para seus defensores, todas as condições são equivalentes. Tanto as causas quanto as condições assumem, indistintamente, funções de concausa, daí, a denominação "equivalência dos antecedentes causais". Tal equivalência decorre da assertiva de que todo efeito tem uma multiplicidade de condições causais e cada uma delas é necessária para a produção do resultado"

desaparecer, a conduta é causa, independentemente de sua relevância no contexto. Em suma, seus defensores acreditam ser o resultado sempre uno e indivisível, razão pela qual todas as condições seriam igualmente relevantes para a ocorrência de determinado dano. Tal teoria parece ter sido adotada pelo art. 223-E da CLT, o qual anuncia que devem ser responsáveis todos que tenham colaborado para a ofensa.

O inconveniente da perspectiva de equivalência das condições decorre do fato de que a referida teoria acaba por ampliar em demasia o nexo de causalidade.[245] Se essa fosse a teoria aplicada no direito penal, imputar-se-ia ao comerciante de armas de fogo a responsabilidade pela morte de alguém baleado, por exemplo[246].

Outra teoria que merece registro é a da causalidade direta ou imediata ou teoria da interrupção do nexo causal. Seu objetivo é restringir a relevância dos comportamentos humanos aos acontecimentos mais próximos da geração do dano. Nessa teoria, a indenização não pode abranger o dano eventual ou remoto, sendo possível apenas aquele decorrente da imediata inexecução dolosa.

A redação do art. 403 do Código Civil parece ter adotado essa teoria, visto que trata dos prejuízos acarretados pelo efeito "direto e imediato" da inexecução dolosa do devedor. Interessante destacar que, apesar de o termo "inexecução" ser utilizado no campo da responsabilidade contratual, doutrina e jurisprudência já fixaram entendimento de que o dispositivo também deve ser aplicado aos casos de responsabilidade extracontratual.

Se a teoria da equivalência das condições amplia demais o nexo de causalidade, a teoria da causalidade direta entra em colapso exatamente pelo motivo oposto: o eventual dano indireto que deveria ser ressarcido acaba não sendo indenizado.

2.2.2. As hipóteses de exclusão do nexo causal

O nexo de causalidade poderá ser interrompido em casos de intervenção relevante de fatores estranhos à cadeia causal e aptos a romperem com o liame de causalidade[247].

As chamadas "excludentes do nexo causal" são as seguintes: (i) culpa exclusiva da vítima, (ii) fato de terceiro e (iii) caso fortuito e força maior. As excludentes do nexo causal são ainda mais importantes no cenário de responsabilidade contratual, o que se apregoa seja adotado em casos de responsabilidade por danos decorrentes das relações de trabalho, despicienda a prova da culpa, já que basta a violação do dever anexo de cuidado, sendo apenas as excludentes os argumentos capazes de afastar a imputação da responsabilidade.

Preservando-se o intuito de não se deixar vítimas sem reparações, é facilmente perceptível tendência jurisprudencial no sentido de relativizar hipóteses excludentes do nexo causal, viés com o qual não se comunga, conforme preocupações já externadas. Nesse sentido, de todo modo, tem ganhado relevo a concepção de fortuito interno, bem como a aferição mais restritiva da culpa exclusiva da vítima e do fato de terceiro como instrumentos e mecanismos servis a, na prática, evitarem o dissabor de se deixar as vítimas sem a devida reparação de prejuízos[248].

Em suma, pela análise jurisprudencial mais recente, apenas a culpa efetivamente exclusiva da vítima tem sido capaz de afastar a responsabilidade civil pelo dano. São casos em que, de fato, a própria vítima é a causadora do dano e tem que reparar a si mesma. A culpa concorrente da vítima apenas abrandaria a indenização devida, mas não teria o condão de neutralizar a responsabilização[249], tal qual a culpa exclusiva que corresponda à quebra do nexo causal.

SANTOS, Enoque Ribeiro dos. *Responsabilidade objetiva e subjetiva do empregador em face do novo Código Civil*. 3. ed., rev. e ampl. São Paulo: LTr, 2015. p. 55.

(245) TARTUCE, Flávio. *Manual de direito civil*: volume único. 2. ed. São Paulo: Método, 2012. p. 446.

(246) MOREIRA, Adriano Jannuzzi. *Responsabilidade civil do empregador — técnicas de gestão preventiva em perspectiva jurídica*. São Paulo: LexMagister, 2012. p. 71

(247) SCHREIBER, Anderson. *Novos paradigmas da responsabilidade civil*: da erosão dos filtros da reparação à diluição dos danos. São Paulo: Atlas, 2007. p. 64.

(248) Importante destacar que, sendo as excludentes de responsabilidade fatos impeditivos do direito de indenizar, o ônus da prova será sempre do empregador, nos termos do art. 818, inciso II da CLT.

(249) TARTUCE, Flávio. *Manual de Direito Civil*: volume único, 2. ed. São Paulo: Método, 2012. p. 448. No mesmo sentido, VENOSA, Sílvio de Salvo. *Direito civil*: responsabilidade civil. 10. ed. São Paulo: Atlas, 2010. p. 58.

Quanto ao fato de terceiro que venha a romper com o nexo de causalidade, trata-se daquele que não tenha qualquer relação com a coisa, a pessoa ou a atividade do suposto causador do dano, sendo semelhante à força maior.

A conceituação do fato de terceiro é bem tormentosa, visto que a lei não trouxe qualquer critério balizador e a jurisprudência tem se mostrado propensa a não admitir a exclusão do nexo de causalidade por conta da hipótese. Ou seja, exige-se do terceiro atuação exclusiva, inevitável e imprevisível para ocorrência do dano para que haja efetiva quebra do nexo causal[250].

Os conceitos de caso fortuito e de força maior são ainda mais discutidos pela doutrina. Ambos os institutos possuem os mesmos efeitos jurídicos, de acordo com a previsão do art. 393 do Código Civil.[251] Entretanto, parte da doutrina sustenta ser o caso fortuito evento totalmente imprevisível decorrente de ato humano ou de ocorrência natural[252], enquanto a força maior constituir-se-ia evento previsível, mas inevitável. Outros doutrinadores compreendem que o caso fortuito é "*act of God*", ou seja, "ato de Deus", decorrente de forças da natureza, enquanto a força maior seria oriunda de atos humanos[253].

Apesar de não haver consenso, pressuposto indiscutível a ambos é a inevitabilidade. Em resumo, o caso fortuito e a força maior são estranhos à vontade da vítima e, inclusive, do sujeito acusado pela ocorrência do dano, consubstanciando fatos que escapam ao poder das partes.[254]

Para ilustrar a questão da relativização das hipóteses excludentes do nexo causal, perceba-se o teor do enunciado 443 da V Jornada de Direito Civil[255], segundo o qual tanto o caso fortuito quanto a força maior só serão capazes de afastar a responsabilidade civil por dano quando não estiverem relacionados ao risco do empreendimento ou risco proveito. Em suma, preciso destacar que a jurisprudência, inclusive trabalhista, tem sido muito reticente em acolher teses erigidas sob argumento de caso fortuito ou força maior, até porque não se pode estabelecer, *a priori*, critérios para sua caracterização[256].

Importante distinção deve ser realizada no tocante ao fortuito interno e ao fortuito externo. A situação do fortuito interno, atraído pela própria atividade do responsável pelo ressarcimento, não é capaz de excluir a responsabilidade civil, ao contrário do fortuito externo, que exonera a obrigação de reparar[257]. A teoria do fortuito interno tem origem em ações relativas a direito do consumidor, com objetivo de evitar a exclusão da responsabilidade do fornecedor por acontecimentos imprevisíveis e irresistíveis, todavia detectáveis antes da colocação do produto no mercado de consumo.

Em suma, o fortuito interno será aquele incapaz de afastar a relação de causalidade entre a atividade desenvolvida pelo possível responsável e o dano, acrescentando um terceiro requisito para a configuração do caso fortuito: além da imprevisibilidade e da irresistibilidade, há de se observar a externalidade[258].

2.2.3. A flexibilização do nexo casual como fator de insegurança jurídica para as relações de trabalho

Nos casos de responsabilidade contratual, o crucial argumento de defesa dos supostos causadores de danos extrapatrimoniais é a quebra do nexo causal, visto que a culpa, típica da responsabilidade extracontratual subjetiva, não é perquirida quando da quebra de um dever contratual.

---

(250) VENOSA, Sílvio de Salvo. *Direito civil*: responsabilidade civil. 10. ed. São Paulo: Atlas, 2010. p. 70.

(251) BRASIL. Código Civil, art. 393. O devedor não responde pelos prejuízos resultantes de caso fortuito ou força maior, se expressamente não se houver por eles responsabilizado.
Parágrafo único. O caso fortuito ou de força maior verifica-se no fato necessário, cujos efeitos não eram possível evitar ou impedir.

(252) TARTUCE, Flávio. *Manual de direito civil*: volume único. 2. ed. São Paulo: Método, 2012. p. 448.

(253) VENOSA, Sílvio de Salvo. *Direito civil*: responsabilidade civil. 10. ed. São Paulo: Atlas, 2010. p. 60.

(254) *Ibidem*, p. 61.

(255) BRASIL. Conselho da Justiça Federal. V Jornada de Direito Civil. Enunciado n. 443: O caso fortuito e a força maior somente serão considerados como excludentes da responsabilidade civil quando o fato gerador do dano não for conexo à atividade desenvolvida.

(256) VENOSA, Sílvio de Salvo. *Op. cit.*, p. 63.

(257) TEPEDINO, Gustavo; BARBOZA, Heloisa Helena; MORAES, Maria Celina Bodin de et al. *Código Civil interpretado conforme a Constituição da República*. vol. I. Rio de Janeiro: Renovar, 2004. p. 811.

(258) SCHREIBER, Anderson. *Novos paradigmas da responsabilidade civil*: da erosão dos filtros da reparação à diluição dos danos. São Paulo: Atlas, 2007. p. 64-65.

A flexibilização do nexo causal vem sendo denominada como "imperativo social da reparação", na medida em que tem por compromisso facilitar a reparação do dano da vítima. Contudo, se a intenção parece ser boa, o resultado tem sido caótico: decisões incoerentes e insegurança às próprias responsabilidades. Ou seja, a flexibilização estimula uma cultura de vitimização social, imputando a certas pessoas ônus que deveriam ser de toda sociedade e expandindo o chamado dano ressarcível[259].

No que diz respeito aos danos advindos das relações laborais, parece mais adequada a adoção da responsabilidade contratual, em razão do risco inerente à exploração da mão de obra, por conta dos deveres contratuais e, ainda, pelo princípio da solidariedade. Todavia, ignorar excludentes de nexo de causalidade parece um exagero. A culpa exclusiva da vítima, o fato de terceiro e o caso fortuito e força maior devem ser elementos aptos a isentarem o empregador da responsabilidade. Tendo sobrevindo um dano que não decorrente do descumprimento dos deveres inerentes ao contrato de trabalho e tampouco do risco inerente à exploração da mão de obra, o empregador deve ser isentado da responsabilidade em prol da segurança jurídica.

2.3. A conduta lesiva do agente

A ação é o meio de expressão mais usual da conduta, identificando-se com um fazer que viola o dever geral de abstenção, configurando, portanto, comportamento positivo. Já a omissão relaciona-se com a inatividade, com a abstenção de praticar uma conduta que seria devida, sendo importante a análise de sua causalidade. O ordenamento jurídico impõe, em algumas circunstâncias, o dever de agir, como no caso do dever de cuidado e proteção do empregador para com o empregado, como obrigação anexa derivada diretamente da incidência do princípio da boa-fé no contrato de trabalho. Significará, portanto, a omissão, nesses termos, uma cooperação do agente na realização do dano, devendo ele ser responsabilizado[260].

A ação ou omissão será o fato gerador da responsabilidade civil, pressupondo um comportamento voluntário.

A ilicitude decorre da violação de um dever jurídico anexo ao contrato de trabalho, tendo por base um duplo aspecto: objetivo e subjetivo. O primeiro leva em consideração apenas a conduta ou o fato em si mesmo, verificando sua desconformidade com o Direito. O aspecto subjetivo já qualifica a conduta a partir de um juízo de valor a seu respeito, devendo ser o ato praticado (ou a omissão) de forma consciente e livre. Portanto, somente será ilícito o ato ou omissão que, segundo esse critério, decorrer da vontade do agente[261].

2.3.1. Abuso de direito como conduta lesiva

O abuso de direito está previsto no art. 187, do Código Civil[262] e também é fonte de responsabilidade. A premissa fundadora seria o reconhecimento de que um direito, *a priori* abarcado pela lei, possa ter seu próprio espírito violado se praticado em transgressão à boa-fé objetiva prevista no art. 422, do Código Civil[263], por configuração de "extravasamento de conduta"[264]. Em suma, a teoria do abuso do direito é servil a impedir que o direito sirva como forma de opressão[265].

---

(259) *Ibidem*, p. 74-75. No mesmo sentido, SANTOS, Enoque Ribeiro dos. *O dano moral na dispensa do empregado*. 6. ed., totalmente rev. e ampl. São Paulo: LTr, 2017. p. 134.

(260) É claro que a omissão só tem o condão de gerar a responsabilização do agente quando o Direito impõe uma relevância a essa omissão, não sendo qualquer uma capaz de gerar o dever e a reparação.

(261) SCHREIBER, Anderson. *Novos paradigmas da responsabilidade civil*: da erosão dos filtros da reparação à diluição dos danos. São Paulo: Atlas, 2007. *p. 31.*

(262) BRASIL. Código Civil, art. 187. Também comete ato ilícito o titular de um direito que, ao exercê-lo, excede manifestamente os limites impostos pelo seu fim econômico ou social, pela boa-fé ou pelos bons costumes.

(263) BRASIL. Código Civil, art. 422. Os contratantes são obrigados a guardar, assim na conclusão do contrato, como em sua execução, os princípios de probidade e boa-fé.

(264) VENOSA, Sílvio de Salvo. *Código Civil interpretado*. São Paulo: Atlas, 2010. p. 206.

(265) CAVALIERI FILHO, Sergio. *Programa de responsabilidade civil*. 10. ed. São Paulo: Atlas, 2012. p. *159.*

Pecou o legislador ao conceituar o abuso de direito como um ato ilícito, visto que é mais uma contrariedade ao direito como um todo do que propriamente uma ilicitude[266]. É dizer: o abuso é calcado em um juízo mais de adequabilidade do que de legalidade[267].

A teoria do abuso do direito originou-se na jurisprudência que passou a identificar com estranhamento engenharias ou situações jurídicas que, embora lícitas, mostravam-se contrárias à finalidade do ordenamento. No plano legislativo, materializou-se a preocupação de impor limites éticos de atuação no exercício dos direitos positivamente garantidos[268], já que "o exercício de um direito não pode afastar-se da finalidade para a qual esse direito foi criado"[269]. A configuração do dolo ou da culpa não é essencial para o desenho do abuso de direito, visto que o importante é o desvio de finalidade no exercício do direito em si[270].

Nesse particular, o art. 187 do Código Civil trouxe o balizamento de aferição da atitude do detentor do direito ao exercê-lo, sendo fundamental observar o fim econômico ou social, a boa-fé e os bons costumes, configurando os primeiros limites como específicos de atuação, sendo os últimos tidos como limites gerais.

Quanto ao fim econômico, entende-se não ser protegido pelo ordenamento jurídico o exercício de um direito que não se destine a satisfazer um interesse sério e legítimo. Já o fim social baseia-se justamente no fato de o Direito ser instrumento de organização da sociedade, buscando a paz, a ordem, a solidariedade e a harmonia da coletividade. Para tanto, o exercício de direitos deve ser pautado nesse sentido. Por fim, a boa-fé objetiva traz a ideia da lealdade na convivência, de acordo com um padrão ético de confiança[271]. Portanto, o instituto do abuso de direito relaciona-se com os princípios da socialidade, da solidariedade e da eticidade, corolários do Código Civil.

O abuso do direito pode ser compreendido por parâmetros desenvolvidos por duas teorias, a mais tradicional, também conhecida como subjetiva, e a objetiva. Para a primeira, o abuso ocorre quando o ato tiver sido praticado com o intuito de prejudicar alguém, enquanto a teoria objetiva orienta que a análise do abuso seja feita com base no uso anormal do direito, sem verificação da intenção do agente[272].

Interessante destacar que a consagração do abuso de direito como sendo um ato ilícito é fruto da teoria dos atos emulativos. O § 2º do art. 1.228, do Código Civil, prevê o que a doutrina denomina de ato emulativo[273][274]. Em apertada síntese, o ato emulativo é um ato vazio, sem utilidade alguma para o agente que o faz no intuito único de prejudicar terceiro, sendo configurado pela presença dos seguintes pressupostos: (i) o exercício de um direito resultando dano a terceiro; (ii) que o ato realizado seja inútil para o agente e (iii) que a realização seja determinada, exclusivamente, pela intenção de causar um dano a outrem.

Em suma, o abuso do direito configura ilícito funcional, o qual exige para a sua configuração a existência de um direito exercido em desconformidade com a finalidade social para o qual o instituto foi criado e tutelado pelo ordenamento jurídico. Esse comportamento irregular acaba por acarretar um prejuízo para alguém ou para a coletividade, gerando responsabilidade do agente.

---

(266) TEPEDINO, Gustavo; BARBOZA, Heloisa Helena; MORAES, Maria Celina Bodin de et al. *Código Civil interpretado conforme a Constituição da República*. vol. I. Rio de Janeiro: Renovar, 2004. p. 341-342

(267) DALLEGRAVE NETO, José Affonso. *Responsabilidade civil no direito do trabalho*. 3. ed. São Paulo: LTr, 2008. p. 141.

(268) *Ibidem*, p. 141-342.

(269) VENOSA, Sílvio de Salvo. *Código Civil interpretado*. São Paulo: Ed. Atlas, 2010. p. 207.

(270) *Ibidem*, p. 209.

(271) CAVALIERI FILHO, Sérgio. *Op. cit.*, p. 166-168.

(272) CAVALIERI FILHO, Sérgio. *Programa de responsabilidade civil*. São Paulo: Atlas, 2012. p. 160.

(273) BRASIL. Código Civil, art. 1.228. O proprietário tem a faculdade de usar, gozar e dispor da coisa, e o direito de reavê-la do poder de quem quer que injustamente a possua ou detenha.
[...]
2º São defesos os atos que não trazem ao proprietário qualquer comodidade, ou utilidade, e sejam animados pela intenção de prejudicar outrem".

(274) Também com previsão no art. 334 do Código Civil Português de 1966: "art. 334 (Abuso do direito) – É ilegítimo o exercício de um direito, quando o titular exceda manifestamente os limites impostos pela boa-fé, pelos bons costumes ou pelo fim social ou econômico desse direito".

O exercício irregular do *jus variandi* patronal é claramente hipótese de abuso de direito, visto que se utiliza de forma extrapolada do poder diretivo do empregador.[275] Fere, portanto, o dever de cuidado do empregador para com seu empregado, anexo ao contrato de trabalho.

Os Tribunais Regionais do Trabalho, durante um tempo, entenderam que a dispensa de um empregado doente configuraria abuso de direito do empregador, por exceder os limites da boa-fé objetiva[276]. Ocorre que o Tribunal Superior do Trabalho, em 2012, no RR-322-70.2010.5.08.0115, estranhamente não reconheceu a evidência de abuso, indeferindo, consequentemente, o pleito de indenização por danos morais ajuizado pelo reclamante[277].

2.4. A culpa como requisito para configuração da responsabilidade subjetiva

Elemento presente apenas para a configuração da responsabilidade extracontratual subjetiva, a qual não é a determinante nos casos de danos extrapatrimoniais decorrentes de relações de trabalho, mas que deve ser analisado devido à grande parcela da doutrina que o considera essencial para imputação da responsabilidade do empregador, é a culpa que caracteriza-se como descumprimento do dever de cuidado. Este, por sua vez, conceitua-se como a cautela devida ao se praticar atos da vida para que não se lesione bens jurídicos alheios, com base no parâmetro do homem medianamente sensato, zeloso e diligente. A conduta culposa coincide com forma imprópria de atuar, ou seja, retrata casos em que o agente atua de forma a buscar um fim lícito, mas sua atuação é inadequada, o que acaba por gerar dano a outrem[278].

Interessante destacar que a análise da culpa deve passar pelo que ordinariamente ocorre e não pela previsão do que poderia acontecer. Não se obriga ao agente que preveja tudo o que poderia acarretar sua conduta, mas que observe, com razoabilidade, aquilo que é comum acontecer.

O evento danoso, apesar de ser involuntário, tem que ser previsível e causado por uma falta de cuidado do agente. Por óbvio, a previsibilidade é elemento fundamental na caracterização da culpa, visto que só é passível de se evitar aquilo que se pode prever: o imprevisível é inevitável. Não há como se pautar a atuação com base no que não se sabe, nem se tem como saber que possa ocorrer.

A previsibilidade deve ser aferida através de dois critérios: o objetivo e o subjetivo, sendo que o primeiro tem em vista o já citado "homem médio", que atua com diligência e cautela normais. Já o segundo determina que a aferição deve ser realizada com base nas condições pessoais do agente. Importante conclusão é que ambos os critérios devem ser conjugados para a correta aplicação da teoria da culpa.

---

(275) DALLEGRAVE NETO, José Affonso. *Responsabilidade civil no direito do trabalho*. 3. ed. São Paulo: LTr. p. 142.

(276) Nesse sentido:
BRASIL. Tribunal Regional do Trabalho da 15ª Região. Recurso Ordinário n. 00107238220145150119, da 6ª Turma, Campinas, SP, 26 out. 2016. Disponível em: <https://pje.trt7.jus.br/visualizador/pages/conteudo.seam?p_tipo=2&p_grau=1&p_id=PpixM6ZnrHDfN5%2F5oMAy%2Bw%-3D%3D&p_idpje=ICkzlgzuAjw%3D&p_num=ICkzlgzuAjw%3D&p_npag=x>. Acesso em: 3 jan. 2018.
NULIDADE DA DEMISSÃO SEM JUSTA CAUSA — EMPREGADO ACOMETIDO DE DOENÇA GRAVE (DOENÇA DE BEHÇET) — DISPENSA DISCRIMINATÓRIA E ARBITRÁRIA CONFIGURADA. Não ofende os arts. 7º, I, da CRFB/1988 e 10, II, do ADCT, a decisão que determina a reintegração no emprego de empregado portador de doença grave (doença de Behçet), haja vista que referidas normas legais não autorizam o empregador a proceder a dispensa discriminatória e arbitrária de empregado portador de doença grave. Ao reverso, o legislador constituinte assegurou o direito à relação de emprego protegida contra dispensa arbitrária, de sorte que a dispensa imotivada de empregado portador de doença grave autoriza presumir, em tese, seu caráter discriminatório e arbitrário, incumbindo ao empregador produzir prova da existência de outros motivos lícitos para a prática do ato, o que não ocorreu no caso em exame. Recurso Ordinário da reclamada a que se nega provimento.

(277) BRASIL. Tribunal Superior do Trabalho. Recurso de Revista n. 322-70.2010.5.08.0115, da 7ª Turma, Brasília, DF, 31/08/2012. Disponível em: <http://aplicacao4.tst.jus.br/consultaProcessual/resumoForm.do?consulta=1&numeroInt=103413&anoInt=2011>. Acesso em: 11 jan. 2018. RECURSO DE REVISTA. DANO MORAL. CONFIGURAÇÃO. DISPENSA INOPORTUNA. CIÊNCIA DA RECLAMADA ACERCA DO ESTADO DE SAÚDE DO RECLAMANTE. A responsabilização civil do empregador, por danos morais pressupõe a ocorrência concomitante da prática de ato ilícito ou com abuso de direito (culpa ou dolo), do dano (prejuízo material ou moral) e do nexo causal entre o ato praticado pelo empregador e o dano sofrido pelo trabalhador. Sem a conjugação de todos esses requisitos, não se há de falar em responsabilidade. Na hipótese, não houve nexo de causalidade, pois o fato de o empregado ter sido dispensando, apesar de estar doente, não configura, por si, ato ilícito. Não se constata nenhum ato discriminatório capaz de ensejar o dolo necessário para a caracterização, no presente feito, do dano moral. Indenização indevida. Recurso de revista de que se conhece e a que se dá provimento.

(278) CAVALIERI FILHO, Sérgio. *Programa de responsabilidade civil*. 10. ed. São Paulo: Atlas, 2012. p. 52.

Por fim, o último elemento da culpa é a falta de atenção, identificada através da imprudência, imperícia ou negligência. A primeira é a falta de cuidado, por excelência, em uma conduta comissiva; a segunda melhor identifica-se em omissões, enquanto a terceira pode ser definida como falta de habilidade técnica[279].

A responsabilidade subjetiva, baseada no elemento culpa, é, assim, imputada ao agente causador do dano por ter faltado justamente com seu dever jurídico de prudência, cuidado e atenção.

Nesse sentido, um parêntese. Repare-se que, ainda para os defendam ser caso de responsabilidade subjetiva determinados danos derivados das relações de trabalho, ou mesmo aos que reconhecem ser essa a regra geral da responsabilidade trabalhista, é dizer, tendo como necessidade inabalável a demonstração do elemento culpa, como não o entender via de regra evidente? Ora, se é dever do empregador o reconhecimento e o respeito aos direitos da personalidade do trabalhador, considerado isoladamente ou inserido no ambiente de trabalho, é claro seu dever de cuidar e tutelar a pessoa humana em contexto de trabalho digno. Se não incidente causa de exclusão do nexo, a culpa como violação do dever de prudência, cuidado e atenção sempre restará caracterizada!

A jurisprudência vinha comumente posicionando-se no sentido de priorizar a função reparatória da responsabilidade. Nesse contexto, o estudo dos graus de culpa acabou por passar para um segundo plano, visto que a intensidade da culpa não vinha sendo mais tão levada em consideração no *quantum* remuneratório. Em outras palavras, pelo menos até o advento da Lei n. 13.467/2017, os magistrados vinham focando mais na intensidade do prejuízo da vítima do que efetivamente na culpa dos causadores do dano, em íntima relação com a máxima latina *restitutio in integrum* (a indenização mede-se pela extensão do dano).

Historicamente, a doutrina classificou a culpa quanto à sua gradação da seguinte maneira: culpa levíssima, culpa leve e culpa grave. Para determinação dos graus de culpa utiliza-se o critério supostamente objetivo da fórmula romanista do "bom pai de família", ou seja, de uma pessoa normalmente diligente. A culpa grave seria aquela que pauta a grosseira falta de cuidado, sendo completamente injustificável. Já a culpa leve seria a intermediária, que poderia ser evitada com uma atenção ordinária, diferente da levíssima, que exigiria uma atenção extraordinária do causador do dano.

No campo trabalhista, a gradação da culpa, historicamente, foi importante na regulação dos acidentes de trabalho. A Súmula n. 229 do STF[280], atualmente superada, previa a responsabilização do empregador pelo acidente de trabalho do empregado em casos de dolo ou culpa grave. O advento do art. 7º, inciso XXVIII, da Constituição Federal, superou por completo a importância da gradação, devendo o empregador ser responsabilizado também em casos de culpa simples[281].

No caso da responsabilidade trabalhista, o conceito de fórmula romanista do "bom pai de família", pode ceder lugar para "empresa socialmente responsável", é dizer, empresa minimamente atinente ao dever de implementação do meio ambiente do trabalho equilibrado e de tratamento digno aos empregados. O conceito de responsabilidade é definido pelo Instituto Ethos como,

> A forma de gestão que se define pela relação ética e transparente da empresa com todos os públicos com os quais ela se relaciona e pelo estabelecimento de metas empresariais compatíveis com o desenvolvimento sustentável da sociedade, preservando recursos ambientais e culturais para gerações futuras, respeitando a diversidade e a redução das desigualdades sociais[282].

Em suma, a empresa socialmente responsável pode ser tomada como um enquadramento médio desejável, observada a condução dos negócios em método minimamente corresponsável e comprometida com o desenvolvimento

---

(279) CAVALIERI FILHO, Sérgio. *Programa de responsabilidade civil*. 10. ed. São Paulo: Atlas, 2012. p. 56.

(280) BRASIL. Supremo Tribunal Federal, Súmula n. 229. A indenização acidentária não exclui a do direito comum, em caso de dolo ou culpa grave do empregador.

(281) BRASIL. Constituição Federal, art. 7º. São direitos dos trabalhadores urbanos e rurais, além de outros que visem à melhoria de sua condição social: XXVIII – seguro contra acidentes de trabalho, a cargo do empregador, sem excluir a indenização a que este está obrigado, quando incorrer em dolo ou culpa;

(282) INSTITUTO ETHOS. Conceitos básicos e indicadores de responsabilidade social empresarial. São Paulo, 2007. Disponível em: <https://www3.ethos.org.br/wp-content/uploads/2012/12/7Conceitos-B%C3%A1sicos-e-Indicadores-de-Responsabilidade-Social-Empresarial.pdf>. Acesso em: 5 jan. 2018.

social. Em verdade, ressalta-se que a análise da culpa foi fator importante para a responsabilização dos empregadores pelos acidentes de trabalho que, ao contrário do defendido em relação aos outros danos extrapatrimoniais decorrentes das relações trabalhistas, não decorre da mera inexecução contratual.

Em verdade, a responsabilidade civil objetiva expandiu-se nos últimos anos, sendo, inclusive, a adotada nos casos de acidentes de trabalho, o que torna o efeito prático bastante semelhante ao da responsabilidade contratual. Com isso, as presunções de culpa também ganharam destaque e a culpa presumida, na realidade, parece ser um meio termo entre a prova diabólica e a responsabilidade objetiva.

Diferente da objetivação da responsabilidade, a culpa presumida apenas inverte o ônus da prova em benefício da vítima, ou seja, o suposto causador do dano passa a ter que provar não ter agido com dolo ou culpa[283]. A responsabilidade é mantida como subjetiva, apenas facilitando a imputação do dever de indenizar ao agente. O efeito prático acabou por ser parecido com a responsabilidade objetiva, mas é importante ter-se clara a diferenciação[284].

Finalmente, convém fazer referência à chamada contraofensiva da culpa, consistente em parte da doutrina cujo ponto de vista tem se mostrado na contramão do entendimento jurisprudencial predominante, qual seja, da diminuição da importância da culpa na responsabilização civil. Tais autores, capitaneados por Anderson Schreiber, defendem o retorno ao *status quo ante*, quando a aferição da culpa e de seu respectivo grau tinham mais importância, reputando nocivo o afastamento excessivo do caráter sancionatório da responsabilidade civil. Invocam o art. 944, do Código Civil, que prevê a redução equitativa da indenização em face da desproporcionalidade entre a culpa e o dano, além da teoria do grau da culpa para quantificação do dano moral[285].

São manifestações deveras pontuais e dispersas, sendo efusivamente predominante a redução gradativa da importância da culpa para a responsabilização civil. Porém, não se deve ignorar tais comentários. Nesse cenário, ainda mais contundente a adoção da responsabilidade contratual por violação de dever anexo de cuidado para reparação dos danos extrapatrimoniais decorrentes das relações de trabalho, pois traz mais segurança jurídica às partes: o empregador sabe que tem que cuidar de seu empregado, ao mesmo tempo que o empregado sabe que não ficará à mercê de discussões doutrinárias sobre o prestígio da culpa, visto que bastará fazer prova da violação contratual por parte de seu empregador.

2.5. A inexistência de excludentes de ilicitude como requisito para configuração da responsabilidade

A legítima defesa, o exercício regular do direito e o estado de necessidade são excludentes da antijuridicidade, conforme preceitua o art. 188, do Código Civil[286].

A legítima defesa não é conceituada pelo direito privado. Tem definição plasmada no art. 25, do Código Penal,[287] e, via de regra, não enseja dever de indenização, visto que o causador do dano estará repelindo injusta agressão feita contra si ou contra terceiros. Porém, caso haja a ocorrência de algum dano a outra pessoa que não seja o agressor, aplica-se o disposto no art. 929, do Código Civil, com idêntica lógica em relação ao estado de necessidade[288].

Quanto ao exercício regular do direito, deve-se tecer comentários quanto ao *jus variandi* do empregador e consequente interesse legítimo de comandar a atividade empresarial.

---

(283) SCHREIBER, Anderson. *Novos paradigmas da responsabilidade civil*: da erosão dos filtros da reparação à diluição dos danos. São Paulo: Atlas, 2007. p. 29.

(284) CAVALIERI FILHO, Sérgio. *Programa de responsabilidade civil*. 10. ed. São Paulo: Atlas, 2012. p. 58.

(285) SCHREIBER, Anderson. Op. cit., p. 47.

(286) BRASIL. Código Civil, art. 188. Não constituem atos ilícitos:
   I – os praticados em legítima defesa ou no exercício regular de um direito reconhecido;
   II – a deterioração ou destruição da coisa alheia, ou a lesão a pessoa, a fim de remover perigo iminente.
   Parágrafo único. No caso do inciso II, o ato será legítimo somente quando as circunstâncias o tornarem absolutamente necessário, não excedendo os limites do indispensável para a remoção do perigo.

(287) BRASIL. Código Penal, art. 25. Entende-se em legítima defesa quem, usando moderadamente dos meios necessários, repele injusta agressão, atual ou iminente, a direito seu ou de outrem.

(288) TEPEDINO, Gustavo; BARBOZA, Heloisa Helena; MORAES, Maria Celina Bodin de et al. *Código Civil interpretado conforme a Constituição da República*. vol. I. Rio de Janeiro: Renovar, 2004. p. 824-825.

Atua dentro dos limites da excludente de ilicitude o empregador que emana ordens em consonância com a real necessidade do serviço. Todavia, quando orienta a atuação de seu empregado extrapolando direitos inerentes ao trabalhador, passará da barreira do exercício regular, devendo ser responsabilizado por eventuais danos causados[289].

Interessante destacar que, ao mesmo tempo que o legislador classificou a legítima defesa, o estado de necessidade e o exercício regular do direito como hipóteses de atos lícitos impôs aos causadores de danos, ainda que justificados por essas excludentes, a responsabilidade de indenizar[290].

---

(289) DALLEGRAVE NETO, José Affonso. *Responsabilidade civil no direito do trabalho*. 3. ed. São Paulo: LTr, 2008. p. 137.
(290) TEPEDINO, Gustavo; BARBOZA, Heloisa Helena; MORAES, Maria Celina Bodin de et al. *Código Civil interpretado conforme a Constituição da República*. vol. I, Rio de Janeiro: Renovar, 2004. p. 823.

Parte II

Os Danos Extrapatrimoniais Derivados das Relações de Trabalho

Parte II

Os Danos Extrapatrimoniais Derivados das Relações de Trabalho

Capítulo 3

A Regulamentação do Dano Extrapatrimonial Trabalhista

3.1. Breve nota sobre a reforma trabalhista

A "reforma" trabalhista, implementada pelo governo Temer, amplia sobremaneira os limites legais de exploração econômica da classe trabalhadora, ampliando os ganhos capitalistas pela concepção marxista da mais-valia, com rebaixamento geral das condições de labor[291].

A Lei n. 13.467, de 13.7.2017, de fato, promoveu alterações em diversos dispositivos da Consolidação das Leis do Trabalho, a pretexto de adequá-la ao avanço socioeconômico e tecnológico ao qual chegou a sociedade brasileira, em processo contínuo de modernização dos modos de produção e das relações de trabalho.

Rodrigo Trindade compara a novel legislação a Godzila[292]. Para o autor, não obstante natural haver mudanças legislativas em um universo dinâmico como o do trabalho, com fluxo contínuo de complexidade, em que formas de labor e empreendimento surgem e desaparecem diariamente, tal não pode se dar mediante atropelo.

Por conta da significativa alteração na matriz principiológica do direito material e processual do trabalho, o direito comum passaria a funcionar como fonte subsidiária absoluta. A possibilidade de maiores negociações, precarizando condições de trabalho e restringindo direitos, tende a criar situações de concorrência desleal em que os lucros de quem mais precariza são privados, mas o custo dessas restrições é social.

O cenário de reformas não é exclusivo de nosso país. Estudo publicado pela IZA (Instituto da Fundação de Correios da Alemanha) intitulado *Drivers and effects of labour market reforms: Evidence from a novel policy compendium*, produzido pelos pesquisadores Dragos Adascaliei e Clemente Pignatti Morano[293], indica que reformas legislativas laborais foram realizadas em 110 países entre 2008 e 2014. O fundamento comum às diversas iniciativas tem como ponto central políticas de austeridade, em busca de aumento da competitividade das economias, com a criação de novos postos de trabalho.

O direito do trabalho tal como vivenciado até então é totalmente descaracterizado, assistindo o nascimento de nova disciplina.

O "velho" direito do trabalho apresentava uma legislação protetora inflexível, sem espaço para negociação de direitos. O princípio da proteção consistia no centro teórico e filosófico da disciplina, calcado na presunção de hipossuficiência do trabalhador como conceito chave da lógica do sistema. Consagrando os principais elementos do "velho" direito do trabalho, acresça-se uma Justiça do Trabalho receptora de processos com risco zero para os autores, quase sempre ex-empregados.

A reforma quebrou paradigmas históricos, retirando da tutela estatal parte da regulamentação das relações de trabalho e valorizando a autonomia de vontade dos empregados e empregadores.

---

(291) REIS, Daniela Muradas; COUTINHO, Grijalbo Fernandes. "Reforma" trabalhista: a potencialização do valor trabalho como mercadoria em tempos de governança burguesa ilegítima. In: SOUTO MAIOR, Jorge Luiz; SEVERO, Valdete Souto (Coords.). *Resistência*: aportes teóricos contra o retrocesso trabalhista. São Paulo: Expressão Popular, 2017. p. 75.

(292) TRINDADE, Rodrigo. Reforma trabalhista — 10 (novos) princípios do direito empresarial do trabalho. In: MARANHÃO, Ney; TUPINAMBÁ, Pedro Tourinho (Coords.). *O mundo do trabalho no contexto das reformas*: análise crítica: homenagem aos 40 anos da AMATRA 8. São Paulo: LTr, 2017. p. 87-102.

(293) ADASCALITEI, Dragos; MORANO, Clemente Pignatti. *Drivers and effects of labour market reforms*: Evidence from a novel policy compendium. IZA J Labor Policy. 2016. Disponível em: <https://doi.org/10.1186/s40173-016-0071-z>. Acesso em: 9 jan. 2018.

Porém, a elaboração da lei reformadora não contou com a participação dos interlocutores sociais nem das instituições de estudo do direito do trabalho.

A Constituição de 1988 e o Direito Internacional do Trabalho oferecem rico panorama normativo para afastar os retrocessos sociais, os quais serão trazidos à tona sempre que necessário. A reflexão sobre o direito reformado pretenderá fornecer aportes para uma releitura construtiva da tutela dos danos extrapatrimoniais pela Justiça do Trabalho.

Para Marcio Tulio Viana, a evolução do direito do trabalho prescinde de mais:

> Para crescer, o direito do trabalho precisa de grandes traumas, com oposição de classes, para crescer com a força do grupo. Os trabalhadores são as maiores vítimas mas também sujeitos das transformações nos modos de sentir e viver a vida. Houve um reaparelhamento do sistema em vários planos e hoje o próprio direito do trabalho é questionado por dentro. Surge uma máxima esquizofrênica de que quanto menor a proteção, mais empregos vão existir. Essa demonização do direto do trabalho, feita por alguns atores sociais como a grande mídia e até o STF, alcançou o legislador reformador. Chamam a lei anacrônica, esquecendo que já sofreu mais de 600 alterações. Em todo caso, é possível observar um movimento de solidariedades em que as pessoas se reúnem em torno de causas, o que vem criando uma demanda por um direito do trabalho menos monetarista e mais sensível às necessidades de autorrealização do homem. Quem sabe no futuro o trabalho alienante seja considerado tão ilícito quanto a produção de bens nocivos à sociedade, contraditando o próprio capitalismo. O Direito do trabalho precisa ser ocupado pela sociedade para adquirir novos significados e refletir mais fielmente as escolhas e os valores da sociedade.[294]

Para Valdete Souto Severo, o problema da lei não seria pontual, mas "visceral e simbólico". A autora conclama todos a um feroz trabalho doutrinário que demonstre a incompatibilidade da nova lei com a Constituição, apoiando-se em documentos da OIT, nos arts. 2º, 3º, 9º, 10º, 468, 765, 794 e 795 da CLT, dentre outros. Protesta por terem sido vítimas da reforma trabalhista os próprios elementos da relação de trabalho, como a figura do empregador, a hermenêutica trabalhista e seu princípio da hierarquia dinâmica das fontes formais, a força coletiva dos trabalhadores e dos sindicatos etc. A autora faz severas críticas ao discurso de desmanche dos direitos trabalhistas, bem representado na tentativa de fazer prevalecer o "negociado sobre o legislado", mas que teria por finalidade, unicamente, promover a destruição dos direitos trabalhistas, contando com a pressão pela necessidade de negociar com a falta de garantia no emprego como elementos para conseguir editar normas coletivas que mitiguem ou suprimam direitos fundamentais[295].

O presente trabalho não se prestará a comentar as alterações, melhorias e desapreços do estado da arte antes e após a lei nova.

No que tange ao que interessa, a regulamentação dos danos extrapatrimoniais, o legislador reformador andou mal. Para Severo, no que se refere à tarifação do dano, instituída pelo parágrafo primeiro do art. 223-G da CLT, a novel legislação consagraria a ideia de negócio, em vez de coibir a prática de agressões no ambiente de trabalho. Em suma, o desmonte de direitos teria sido tão grande que, para a referida autora, só restaria a revogação da lei[296].

Mauro de Azevedo Menezes concorda, reputando que a regulamentação do tema constitui,

> Um anacronismo execrável, que intenta absurdamente fixar regras draconianas para a verificação de quantificação dos danos morais e existenciais infligidos aos trabalhadores, em condições muito menos vantajosas em comparação com a aferição e a estimativa de valores dos danos respectivas indenizações de titularidade de cidadãos em geral.[297]

---

[294] VIANA, Marcio Tulio. O direito do trabalho no Brasil de hoje: do pesadelo ao sonho. In: MARANHÃO, Ney; TUPINAMBÁ, Pedro Tourinho (Coords.). *O mundo do trabalho no contexto das reformas:* análise crítica: homenagem aos 40 anos da AMATRA 8. São Paulo: LTr, 2017. p. 16-21.

[295] SEVERO, Valdete Souto. Análise da Lei n. 13.467/2017: a "reforma" trabalhista. In: MARANHÃO, Ney; TUPINAMBÁ, Pedro Tourinho (Coords.). *O mundo do trabalho no contexto das reformas:* análise crítica: homenagem aos 40 anos da AMATRA 8. São Paulo: LTr, 2017. p. 53-86.

[296] *Idem.*

[297] MENEZES, Mauro de Azevedo. *Danos extrapatrimoniais da Lei n. 13.467/2017:* o mesquinho cerceio da dignidade. 1. ed. São Paulo: Expressão Popular, 2017. p. 2.011.

As críticas, contudo, não são uníssonas. Victor Tainah Dietzold, no que diz respeito aos danos extrapatrimoniais, chama a atenção para o dissabor da insegurança jurídica sobre a matéria até então reinante. Em artigo específico, chegou a destacar dois acórdãos proferidos pelo TST que analisaram casos extremamente semelhantes envolvendo assalto e transporte coletivo urbano, sendo certo que em ambos a demanda trabalhista teria sido proposta pelo cobrador do ônibus, vítima de sucessivos assaltos sem ocorrência de lesões físicas. No primeiro acórdão, o TST reformou a decisão do regional que afastava a condenação por danos morais, fixando a indenização na quantia de R$ 10.000,00 (dez mil reais) a título de danos morais. Já no segundo, o TST entendeu que "a proximidade do julgador em sede ordinária com a realidade cotidiana em que contextualizada a controvérsia a ser dirimida habilita-o a equacionar o litígio com maior precisão, sobretudo no que diz respeito à aferição de elementos de fato sujeitos à avaliação subjetiva, necessária à estipulação do valor da indenização. Conclui-se, num tal contexto, que não cabe a esta instância superior, em regra, rever a valoração emanada nas instâncias ordinárias em relação ao montante arbitrado a título de indenização por danos morais", mantendo a fixação da indenização atribuída pelo Tribunal Regional no montante de R$ 60.000,00 (sessenta mil reais)[298].

Não obstante a denúncia formulada pelo autor que, de fato, reflete um drama que desafia a sociedade de massa, com respeito aos posicionamentos divergentes, no que se refere à regulamentação dos danos extrapatrimoniais, a Lei n. 13.467/2017 teve mais pontos negativos do que positivos.

A Associação dos Magistrados da Justiça do Trabalho — ANAMATRA parece compartilhar desta visão. Tanto que, em 21.12.2017, ajuizou a ADI n. 5.870, sustentando a violação do inciso XXVIII do art. 7º[299], do art. 170[300] e do art. 225[301], todos da Constituição Federal, pelos incisos I, II, III e IV, do § 1º, do art. 223-G[302], da Consolidação das Leis do Trabalho.

---

(298) DIETZOLD, Victor Tainah F. A tarifação dos danos extrapatrimoniais e a segurança jurídica. In: TUPINAMBÁ, Carolina; GOMES, Fábio Rodrigues (Coords.). *A reforma trabalhista*: o impacto nas relações de trabalho. Belo Horizonte: Fórum, 2018. p. 431.

(299) BRASIL. Constituição Federal, art. 7º. São direitos dos trabalhadores urbanos e rurais, além de outros que visem à melhoria de sua condição social:
XXVIII – seguro contra acidentes de trabalho, a cargo do empregador, sem excluir a indenização a que este está obrigado, quando incorrer em dolo ou culpa;

(300) BRASIL. Constituição Federal, art. 170. A ordem econômica, fundada na valorização do trabalho humano e na livre iniciativa, tem por fim assegurar a todos existência digna, conforme os ditames da justiça social, observados os seguintes princípios:
I – soberania nacional;
II – propriedade privada;
III – função social da propriedade;
IV – livre concorrência;
V – defesa do consumidor;
VI – defesa do meio ambiente, inclusive mediante tratamento diferenciado conforme o impacto ambiental dos produtos e serviços e de seus processos de elaboração e prestação;
VII – redução das desigualdades regionais e sociais;
VIII – busca do pleno emprego;
IX – tratamento favorecido para as empresas de pequeno porte constituídas sob as leis brasileiras e que tenham sua sede e administração no País.
Parágrafo único. É assegurado a todos o livre exercício de qualquer atividade econômica, independentemente de autorização de órgãos públicos, salvo nos casos previstos em lei.

(301) BRASIL. Constituição Federal, art. 225. Todos têm direito ao meio ambiente ecologicamente equilibrado, bem de uso comum do povo e essencial à sadia qualidade de vida, impondo-se ao poder público e à coletividade o dever de defendê-lo e preservá-lo para as presentes e futuras gerações.
§ 3º As condutas e atividades consideradas lesivas ao meio ambiente sujeitarão os infratores, pessoas físicas ou jurídicas, a sanções penais e administrativas, independentemente da obrigação de reparar os danos causados.

(302) BRASIL. Consolidação das Leis Trabalhistas, art. 223-G. Ao apreciar o pedido, o juízo considerará:
§ 1º Ao julgar procedente o pedido, o juízo fixará a reparação a ser paga, a cada um dos ofendidos, em um dos seguintes parâmetros, vedada a acumulação;
I – para ofensa de natureza leve – até três vezes o valor do limite máximo dos benefícios do Regime Geral de Previdência Social;
II – para ofensa de natureza média – até cinco vezes o valor do limite máximo dos benefícios do Regime Geral de Previdência Social;
III – para ofensa de natureza grave – até vinte vezes o valor do limite máximo dos benefícios do Regime Geral de Previdência Social; ou
IV – para ofensa de natureza gravíssima – até cinquenta vezes o valor do limite máximo dos benefícios do Regime Geral de Previdência Social.

A ANAMATRA argumentou, na referida ADI, que o caso envolve clara violação à independência judicial para julgar as causas e aplicar a lei de acordo com o texto constitucional e suas convicções. Para a associação, a redação original trazida pela Lei n. 13.467/2017 ofendia também o princípio da isonomia, visto que a indenização decorrente de um mesmo dano moral teria valor diferente em razão do salário de cada ofendido. Apesar de a Medida Provisória n. 808/2017 ter superado o problema, durante o tempo em que esteve vigente, fixando percentuais sobre mesma base de cálculo, subsistiria a violação ao inciso XXVIII, do art. 7º da CRFB/1988.

Encorpando a fundamentação, a Associação trouxe à luz o caso da Lei de Imprensa que teve recepção apreciada em sede da ADPF n. 130, pelo Supremo Tribunal Federal. A referida lei estabelecia tarifação para a condenação de indenizações por dano moral, decorrente de ofensa à intimidade, vida privada, honra e imagem das pessoas. Quando da análise da compatibilidade constitucional, o STF considerou que a Constituição emprestara à reparação do dano moral tratamento especial pelos incisos V e X do art. 5º[303], com o objetivo de permitir indenizações mais amplas possíveis, proporcionais ao dano causado. Com isso, a limitação pela lei não se coadunava com a Constituição por ser, em muitos casos, necessária a concessão de indenização superior à fixada como limite, razão pela qual a Corte entendeu não ter sido a Lei de Imprensa recepcionada pelo novo ordenamento constitucional.

A ADI elucida, ainda, que os valores trazidos pela Medida Provisória ora caduca, não contrariavam a jurisprudência do TST. Não se tem a mesma sorte com a redação original da Lei n. 13.467/2017, atualmente vigente. O inconformismo da associação giraria, basicamente, em torno da imposição legal de tetos estanques ao juiz do trabalho. As palavras do Min. Cezar Peluso no RE n. 447.584 ilustrariam, brilhantemente, o argumento: "toda limitação, prévia e abstrata, ao valor de indenização por dano moral, objeto de juízo de equidade, é incompatível com o alcance da indenizabilidade irrestrita assegurada pela atual Constituição da República".

Os limites previstos, portanto, não poderiam ser tidos como impeditivos à fixação de valor de indenização superior, pelo órgão judicante[304].

Salientou a ANAMATRA, inclusive, que, ao se vivenciar uma interpretação conforme do instituto da tarifação, seria possível, aliás, que os empregadores satisfizessem espontaneamente e, desde logo, a indenização ao empregado abalado de acordo com os valores previstos pela lei, deixando para o Judiciário decidir apenas os casos em que tal indenização pré-fixada não pareça adequada ou proporcional à vítima.

A Ação Direta de Inconstitucionalidade n. 5.870 encontra-se sob relatoria do Ministro Gilmar Mendes, sem ter sido analisado, até o presente momento, o pedido liminar de suspensão dos incisos I, II, III e IV, do § 1º, do art. 223-G, da Consolidação das Leis do Trabalho.

Para além do controle de constitucionalidade, dada a ampla regulação internacional conferida à matéria, parte significativa da doutrina, inclusive, tem se referido ao controle de convencionalidade da reforma trabalhista, o que foge aos objetivos desse trabalho comentar[305].

---

(303) BRASIL. Constituição Federal. Art. 5º. Todos são iguais perante a lei, sem distinção de qualquer natureza, garantindo-se aos brasileiros e aos estrangeiros residentes no País a inviolabilidade do direito à vida, à liberdade, à igualdade, à segurança e à propriedade, nos termos seguintes:
V – é assegurado o direito de resposta, proporcional ao agravo, além da indenização por dano material, moral ou à imagem;
X – são invioláveis a intimidade, a vida privada, a honra e a imagem das pessoas, assegurado o direito a indenização pelo dano material ou moral decorrente de sua violação;

(304) Nesse sentido, os ministros Gilmar Mendes e Marco Aurélio, votos vencidos no julgamento da ADPF n. 130, defenderam ser melhor a recepção da Lei de Imprensa, pois ela trazia parâmetros de indenizações por danos morais. A sua não recepção implicaria deixar ao arbítrio dos membros do poder judiciário a fixação de qualquer valor a título de indenização.

(305) Quando da positivação do dano moral na CRFB de 1988, a ideia era reconhecer a possibilidade de tutela da esfera do ser, nunca restringir essa tutela. Nesse sentido, dano moral é o que atinge o conjunto de bens e interesses jurídicos inerentes à personalidade humana, os direitos da personalidade, que inclui toda uma gama de interesses juridicamente tutelados que ligam o ser humano à satisfação de uma necessidade no plano do ser. Dessa forma é possível falar em controle de constitucionalidade e de convencionalidade quando examinada matéria de danos morais como ofensas ou ameaças aos direitos da personalidade. Ver LEAL, Pastora do Socorro Teixeira. Os "novos danos" à pessoa humana decorrentes de práticas abusivas. In: MARANHÃO, Ney; TUPINAMBÁ, Pedro Tourinho (Coords.). *O mundo do trabalho no contexto das reformas: análise crítica: homenagem aos 40 anos da AMATRA 8*. São Paulo: LTr, 2017. p. 300-313.

3.2. Os arts. 223-A a 223-G da CLT

Originalmente, a Consolidação das Leis do Trabalho nada previa acerca dos danos extrapatrimoniais de origem trabalhista, o que não impedia de modo algum a tutela dos direitos da personalidade do trabalhador[306].

A Lei n. 13.467/2017 entrou em vigor dia 11.11.2017, acrescentando à CLT o específico Título II-A – "Do Dano Extrapatrimonial"[307]. O legislador foi ousado: não só teve a pretensão de definir todas as possibilidades de danos extrapatrimoniais trabalhistas, como também tratou de precificá-las[308]. Posteriormente, com menos de uma semana de vigência da nova regulamentação, a Medida Provisória n. 808/2017 foi editada para, novamente, alterar a matéria[309]. A evolução legislativa deu-se da seguinte forma a seguir compilada.

Texto na Lei n. 13.467/2017:

DO DANO EXTRAPATRIMONIAL

Art. 223-A. Aplicam-se à reparação de danos de natureza extrapatrimonial decorrentes da relação de trabalho apenas os dispositivos deste Título.

Art. 223-B. Causa dano de natureza extrapatrimonial a ação ou omissão que ofenda a esfera moral ou existencial da pessoa física ou jurídica, as quais são as titulares exclusivas do direito à reparação.

Art. 223-C. A honra, a imagem, a intimidade, a liberdade de ação, a autoestima, a sexualidade, a saúde, o lazer e a integridade física são os bens juridicamente tutelados inerentes à pessoa física.

Art. 223-D. A imagem, a marca, o nome, o segredo empresarial e o sigilo da correspondência são bens juridicamente tutelados inerentes à pessoa jurídica.

Art. 223-E. São responsáveis pelo dano extrapatrimonial todos os que tenham colaborado para a ofensa ao bem jurídico tutelado, na proporção da ação ou da omissão.

Art. 223-F. A reparação por danos extrapatrimoniais pode ser pedida cumulativamente com a indenização por danos materiais decorrentes do mesmo ato lesivo.

§ 1º Se houver cumulação de pedidos, o juízo, ao proferir a decisão, discriminará os valores das indenizações a título de danos patrimoniais e das reparações por danos de natureza extrapatrimonial.

§ 2º A composição das perdas e danos, assim compreendidos os lucros cessantes e os danos emergentes, não interfere na avaliação dos danos extrapatrimoniais.

---

(306) "A Consolidação das Leis do Trabalho — CLT — não trazia normas específicas sobre o dano extrapatrimonial em qualquer das suas espécies. Assim, toda a construção doutrinária e jurisprudencial — especialmente a partir da Emenda Constitucional n. 45 de 2004, que atribuiu à Justiça do Trabalho a competência para processar e julgar as ações de indenização por dano moral decorrente da relação de trabalho — têm como aporte normativo a legislação civil e previdenciária, esta última quando se trata de dano extrapatrimonial decorrente de acidente de trabalho e de doença ocupacional". RODRIGUES, Deusmar José (Coord. e coautor). *Lei da reforma trabalhista*: comentada artigo por artigo. Leme (SP): JH Mizuno, 2017. p. 103.

(307) Para alguns, prevalece uma visão um tanto quanto positiva e incauta acerca da novidade: "No tocante ao âmbito de aplicação, um novo art. 223-A da CLT, deixa expresso que é cabível a reparação por danos extrapatrimoniais e que sejam decorrentes da relação de trabalho. Portanto, finda-se qualquer questionamento ainda que remoto, sobre o cabimento do instituto da seara laboral". LUCA, Guilherme de. Danos extrapatrimoniais e a reforma trabalhista. In: AIDAR, Letícia; RENZETTI, Rogério e outros (Orgs.). *Reforma trabalhista e reflexos no direito e processo do trabalho*. São Paulo: LTr, 2017. p. 73.

(308) A colocação é perfeita: [...] "o art. 223-A não quer deixar que nada escape a sua tutela, nem que a magistratura trabalhista crie figuras adicionais ou subterfúgios para driblar a tarifação: assim sendo, sua redação é enfática ao dizer que somente existem danos extrapatrimoniais nas relações de trabalho dentro dos limites deste Título II-A; todavia, a promessa é dificílima de ser cumprida, mesmo pelos mais eufóricos defensores da reforma, haja vista a imprevisibilidade das condutas sociais, a vastidão da criatividade humana, para não dizer da perversão humana; por exemplo, quem poderia imaginar que o abuso emocional feito nas redes sociais seria ainda mais devastador do que o xingamento em praça pública ou no pátio do colégio?" SILVA, Homero Batista Mateus da. *Comentários à reforma trabalhista*: análise da Lei n. 13.467/2017 — artigo por artigo. 1. ed. São Paulo: Revista dos Tribunais, 2017. p. 60.

(309) Parece que a edição de lei sobre o tema cumpre desígnio constante do direito do trabalho: "É necessário acentuar que a emergência do padrão de regulação legal das relações trabalhistas não surgiu para emancipar o proletariado do jugo exploratório dos poderosos contratantes de seu único e perecível bem, que é a força de trabalho. Em verdade, a legislação trabalhista teve como propósito domesticar as reivindicações do operariado e conformá-las aos ritos estatais, em cujo parlamento a hegemonia burguesa sara invulnerável." MENEZES, Mauro de Azevedo. *Danos extrapatrimoniais da Lei n. 13.467/2017*: o mesquinho cerceio da dignidade. 1. ed. São Paulo: Expressão Popular, ?ANO?. p. 205-206.

Art. 223-G. Ao apreciar o pedido, o juízo considerará:

I – a natureza do bem jurídico tutelado;

II – a intensidade do sofrimento ou da humilhação;

III – a possibilidade de superação física ou psicológica;

IV – os reflexos pessoais e sociais da ação ou da omissão;

V – a extensão e a duração dos efeitos da ofensa;

VI – as condições em que ocorreu a ofensa ou o prejuízo moral;

VII – o grau de dolo ou culpa;

VIII – a ocorrência de retratação espontânea;

IX – o esforço efetivo para minimizar a ofensa;

X – o perdão, tácito ou expresso;

XI – a situação social e econômica das partes envolvidas;

XII – o grau de publicidade da ofensa.

§ 1º Se julgar procedente o pedido, o juízo fixará a indenização a ser paga, a cada um dos ofendidos, em um dos seguintes parâmetros, vedada a acumulação:

I – ofensa de natureza leve, até três vezes o último salário contratual do ofendido;

II – ofensa de natureza média, até cinco vezes o último salário contratual do ofendido;

III – ofensa de natureza grave, até vinte vezes o último salário contratual do ofendido;

IV – ofensa de natureza gravíssima, até cinquenta vezes o último salário contratual do ofendido.

§ 2º Se o ofendido for pessoa jurídica, a indenização será fixada com observância dos mesmos parâmetros estabelecidos no § 1o deste artigo, mas em relação ao salário contratual do ofensor.

§ 3º Na reincidência entre partes idênticas, o juízo poderá elevar ao dobro o valor da indenização.

Texto na Medida Provisória n. 808/2017:

Art. 223-C. A etnia, a idade, a nacionalidade, a honra, a imagem, a intimidade, a liberdade de ação, a autoestima, o gênero, a orientação sexual, a saúde, o lazer e a integridade física são os bens juridicamente tutelados inerentes à pessoa natural. (NR)

Art. 223-G:

§ 1º Ao julgar procedente o pedido, o juízo fixará a reparação a ser paga, a cada um dos ofendidos, em um dos seguintes parâmetros, vedada a acumulação: I – para ofensa de natureza leve — até três vezes o valor do limite máximo dos benefícios do Regime Geral de Previdência Social; II – para ofensa de natureza média – até cinco vezes o valor do limite máximo dos benefícios do Regime Geral de Previdência Social; III – para ofensa de natureza grave — até vinte vezes o valor do limite máximo dos benefícios do Regime Geral de Previdência Social; ou IV – para ofensa de natureza gravíssima — até cinquenta vezes o valor do limite máximo dos benefícios do Regime Geral de Previdência Social.

§ 2º [...]

§ 3º Na reincidência de quaisquer das partes, o juízo poderá elevar ao dobro o valor da indenização.

§ 4º Para fins do disposto no § 3º, a reincidência ocorrerá se ofensa idêntica ocorrer no prazo de até dois anos, contado do trânsito em julgado da decisão condenatória.

§ 5º Os parâmetros estabelecidos no § 1º não se aplicam aos danos extrapatrimoniais decorrentes de morte.

Em resumo, talvez em razão das inúmeras críticas recebidas, o art. 223-C da CLT, teve a redação alterada pela MP n. 808/2017, encorpando no rol de bens jurídicos tutelados a etnia, a nacionalidade e o gênero. Ademais, procedeu-se à alteração da palavra "sexualidade" por "orientação sexual" e alinhou-se o termo "pessoa natural" em consonância a como referida no Código Civil (ao invés de "pessoa física"). Em relação a esse último ajuste, todavia, o termo "pessoa física" manteve-se no dispositivo 223-B, gerando perda da uniformidade terminológica. A Medida Provisória, ademais, alterou parâmetros referentes ao cálculo das indenizações.

3.2.1. A vigência da Medida Provisória

A Medida Provisória n. 808/2017 teve vigência iniciada em 14 de novembro de 2017 e perdeu sua validade em meados de abril de 2018.

De acordo com o § 3º do art. 62 da Constituição Federal[310], a Medida Provisória tem prazo de sessenta dias, prorrogável por igual período, para ser convertida em lei pelo Congresso Nacional. De acordo com o parágrafo seguinte do referido artigo, tal prazo chegou a ser suspenso durante o recesso legislativo, que se deu no período de 23 de dezembro a 1º de fevereiro, conforme redação do art. 57 da Carta Magna[311]. A referida Medida Provisória chegou a receber cerca de mil emendas no Senado.

Contudo, a Medida Provisória não chegou a ser convertida em lei, tendo regido apenas as situações ocorridas dentro do prazo de sua vigência.

No que diz respeito ao tema tratado nessa obra, a norma caduca implementava melhorias.

As principais diferenças trazidas pela Medida foram: (i) a inclusão de outros bens jurídicos a serem tutelados no rol do art. 223-G da CLT e a alteração da expressão "sexualidade" por "orientação sexual"; (ii) o parâmetro indenizatório, previsto no § 1º do mesmo artigo que na redação original da Lei n. 13.467/2017, ora vigente, prevê a correlação da indenização com o último salário contratual do ofendido, sendo que na MP o absurdo parâmetro havia sido substituído pelo teto do RGPS, gerando ponto de partida equânime.

É evidente que a redação da referida Medida era mais condizente com os princípios da isonomia e da proporcionalidade.

Fato é que a MP n. 808/2017 não foi convertida e, atualmente, está vigente a redação original da Lei n. 13.467/2017.

3.2.2. O colapso hermenêutico consistente na designação de fonte legal exclusiva e isolada para subsunção das hipóteses ensejadoras de danos extrapatrimoniais

A expressão "diálogo das fontes" foi criada por Erik Jayme, em seu curso de Haia, determinando a aplicação simultânea, coerente e coordenada de diversas fontes legislativas. Tal técnica visa a eficiência e justiça do ordenamento jurídico moderno, rico de disposições das mais diversas origens[312].

Em resumo, a teoria apregoa que uma norma jurídica não excluiria a aplicação de outra, como acontece com a adoção dos critérios clássicos para solução de antinomias jurídicas idealizados por Norberto Bobbio. Ou seja, o diálogo das fontes pressupõe que as normas se complementam, superando os clássicos critérios hierárquico, da especialidade e cronológico, apresentados como soluções para os casos de conflitos de normas.

O termo "diálogo" mostra-se, de fato, apropriado, na medida em que se verificam influências recíprocas e aplicação conjunta de duas ou mais normas jurídicas ao mesmo *facto especie*. O próprio art. 8º da CLT elenca rol de fontes de direito, dentre as quais a analogia, o direito comparado, a equidade, assim como os princípios e normas gerais, deixando evidente a natural pluralidade normativa a interagir na regulação das relações de trabalho.

Por outro lado, inexistindo fonte jurídico-normativa, a ausência de regras específicas não poderá justificar a negativa de apreciação de uma questão submetida aos tribunais, sob pena, outrossim, de violação da norma contida no art. 4º

---

(310) BRASIL. Constituição Federal. Art. 62. Em caso de relevância e urgência, o Presidente da República poderá adotar medidas provisórias, com força de lei, devendo submetê-las de imediato ao Congresso Nacional.

§ 3º As medidas provisórias, ressalvado o disposto nos §§ 11 e 12, perderão eficácia, desde a edição, se não forem convertidas em lei no prazo de sessenta dias, prorrogável, nos termos do § 7º, uma vez por igual período, devendo o Congresso Nacional disciplinar, por decreto legislativo, as relações jurídicas delas decorrentes.

§ 4º O prazo a que se refere o § 3º contar-se-á da publicação da medida provisória, suspendendo-se durante os períodos de recesso do Congresso Nacional.

(311) BRASIL. Constituição Federal. Art. 57. O Congresso Nacional reunir-se-á, anualmente, na Capital Federal, de 2 de fevereiro a 17 de julho e de 1º de agosto a 22 de dezembro.

(312) BENJAMIN, Antônio Herman; MARQUES, Claudia Lima; BESSA, Leonardo Roscoe. *Manual de Direito do Consumidor*. 7. ed., rev., atual. e ampl. São Paulo: Revista dos Tribunais, 2016. p. 135-136.

da Lei de Introdução às Normas do Direito Brasileiro[313], a qual ilustra uma das formas de concreção do princípio da inafastabilidade do controle jurisdicional.

Como já pontuado, o tema dos danos extrapatrimoniais não era regulado pela Consolidação das Leis Trabalhistas. Portanto, utilizava-se unicamente o art. 8º da CLT como forma de integração da norma.

A antiga redação de tal artigo determinava que só seriam aplicadas disposições do direito civil, por exemplo, quando houvesse compatibilidade com os princípios do direito do trabalho. Diante do silêncio da CLT, aplicava-se o direito comum como fonte subsidiária. Segundo o texto celetista, a combinação de (i) omissão no microssistema e (ii) empatia principiológica autorizaria a utilização, na solução de lides trabalhistas, de fontes normativas outras que não estampadas na CLT.

Como já referido, a redação do art. 8º foi alterada e retirou-se a necessidade de compatibilização do direito comum com tais princípios, autorizando absoluta interação do direito do trabalho com os demais ramos jurídicos, inclusive ameaçando sua autonomia com a superação da necessária filtragem principiológica.

Mas perceba-se a incoerência. A mesma lei que aparentemente buscou dar amplitude à aplicação subsidiária de normas provenientes de outros microssistemas jurídicos inseriu no âmbito da Consolidação das Leis Trabalhistas, na contramão de sua própria lógica[314], o art. 223-A da CLT, vedando a aplicação de outras fontes normativas à subsunção das hipóteses fáticas e jurídicas pertinentes aos danos extrapatrimoniais derivados das relações de trabalho.

Interessante destacar que o PL n. 6.787/2016, apresentado pelo Poder Executivo, que deu origem à Lei n. 13.467/2017, dita "Reforma Trabalhista", de início, não buscou tratar da matéria dos danos extrapatrimoniais. Ocorre que o que era uma pequena alteração na CLT virou uma grande reforma, a partir de 842 propostas de emendas recebidas.

A emenda aditiva 622, do Deputado Paulo Abi-Ackel, propôs que o art. 223-A vigorasse com a seguinte redação:

Art. 223-A. À reparação de danos de natureza extrapatrimonial decorrentes da relação de trabalho aplicam-se **exclusivamente** os dispositivos seguintes. (grifo acrescentado)[315]

A deputada federal Laura Carneiro propôs a Emenda ao Substitutivo 52 ao PL n. 6.787, intentando a retirada da expressão "exclusivamente" do referido artigo[316]. A mesma proposta foi feita pelo deputado federal Wadih Damous na Emenda ao Substitutivo 221.

Apesar dos referidos projetos de emenda que buscavam a retirada do termo "exclusivamente", a Comissão Especial somente o substituiu por "apenas"[317].

Por óbvio, não há qualquer alteração semântica no ajuste. A mensagem é clara: a redação final do art. 223-A pretendeu excluir a aplicação do direito comum aos danos extrapatrimoniais trabalhistas. Vólia Bomfim, a respeito, sustenta:

---

(313) BRASIL. Lei de Introdução às Normas do Direito Brasileiro, art. 4º. Quando a lei for omissa, o juiz decidirá o caso de acordo com a analogia, os costumes e os princípios gerais de direito.

(314) "Entretanto, no art. 223-A, que inaugura o novo Título da CLT, o legislador abandonou a diretriz apontada e colocou um filtro redutor caprichosamente com sinal invertido, para limitar a reparação do dano moral sofrido pelo trabalhador. Com efeito, ao estabelecer que se aplicam "apenas" os dispositivos da nova regulamentação para o dano extrapatrimonial decorrente da relação de trabalho, o legislador indicou que não quer a aplicação subsidiária do direito comum nesse tópico, exatamente com o propósito de estabelecer uma indenização mitigada e parcial dos danos extrapatrimoniais trabalhistas, como veremos na análise de cada artigo." OLIVEIRA, Sebastião Geraldo. O dano extrapatrimonial trabalhista após a lei n. 13.467/2017, modificada pela MP n. 808, de 14 novembro de 2017. *Revista do Tribunal Regional do Trabalho da 3ª Região*, Belo Horizonte, edição especial, p. 339, nov. 2017.

(315) Disponível em: <http://www.camara.gov.br/proposicoesWeb/prop_mostrarintegra?codteor=1536464&filename=EMC+622/2017+PL678716+%-3D%3E+PL+6787/2016>. Acesso em: 20 dez. 2017.

(316) "O art. 233-A propõe que o dano extrapatrimonial seja exclusivamente regulado por esse Título da CLT, o que significa exclusão das regras da Constituição e do Código Civil e com isso, a exclusão da responsabilidade objetiva ou a decorrente da atividade de risco, casos comuns na Justiça do Trabalho. Além de inconstitucional, porque exclui a aplicação da Constituição, a medida é injusta, pois trata de forma diferente a reparação de danos de natureza civil da reparação trabalhista. Ora, as regras gerais do Código Civil (arts. 927 e seg.) são também aplicáveis às lesões trabalhistas. Por isso, a proposta é de retirar a expressão "exclusivamente" para manter a responsabilidade do patrão pelo exercício de atividade de risco, tal como previsto no Código Civil, art. 927, parágrafo único."

(317) Disponível em: <http://www.camara.gov.br/proposicoesWeb/prop_mostrarintegra;jsessionid=CA71AD73FC368A66271740425781689C.proposicoesWebExterno2?codteor=1548521&filename=Tramitacao-PL+6787/2016>. Acesso em: 20 dez. 2017.

A expressão 'apenas' contida no *caput* do art. 223-A da CLT deixa clara a intenção do legislador da não aplicação de outras normas de mesma hierarquia acerca do dano extrapatrimonial trabalhista. Por esse motivo a reparação de dano decorrente de responsabilidade objetiva que está regulada genericamente no código civil, não será aplicada por alguns. Muitos defenderão que as lesões morais trabalhistas ocorridas após a vigência da Lei n. 13.467/2017, decorrentes de responsabilidade objetiva não comportam reparação.

Entretanto, mesmo antes do Código Civil (parágrafo único do art. 927) a jurisprudência já vinha alargando o conceito de "culpa", cujo requisito é necessário para o dever de indenizar. A culpa presumida nasce da premissa do dever de que temos de não prejudicar ninguém e praticar atos com segurança. Ainda que não se confunda com a culpa presumida, a atividade de risco é mero desdobramento dessa tese, pois a pessoa que explora economicamente a atividade de risco deve ser responsabilizada pelos prejuízos materiais e morais daí decorrentes. Por isso, defendemos que, mesmo depois da Lei n. 13.467/2017, é possível a indenização de dano extrapatrimonial decorrente de atividade de risco independentemente de a lesão ter ocorrido após a referida lei[318].

Não será preciso renovar o posicionamento de que a responsabilidade trabalhista será sempre independente de culpa, seja por ser contratual, como se defende, seja pela aplicação do parágrafo único do art. 927 do CC. Ora, se pensou em limitar direitos trabalhistas, aqui, o legislador foi incauto, passando bem longe do ponto nodal da questão.

Em verdade, o novel comando revela-se simplesmente esdrúxulo. Suponha-se, por exemplo — o que não é incomum — que um mesmo fato dê ensejo a danos de natureza material e extrapatrimonial: enquanto este terá disciplina regrada pela CLT, aquele sofrerá incidência do Código Civil? Ora, a suposição não faz o menor sentido[319]!

Francisco Meton e Francisco Péricles, a respeito do alcance do art. 223-A, trazem críticas severas:

Incorre em flagrantes inconsistências hermenêuticas, a exemplo do art. 223-A ao pretender proibir o julgador trabalhista de aplicar o direito como sistema. Nunca! Os juízes apreciarão os pedidos conforme formulados, decidindo o direito posto nas petições. Logo, as regras do Código Civil (arts. 944 a 954), segundo a interpretação que lhes fazem os tribunais competentes, serão amplamente empregadas[320].

Deusmar José Rodrigues acompanha:

A Constituição da República, no art. 7º, *caput,* dispõe que seus incisos enunciam os direitos dos trabalhadores urbanos e rurais, "além de outros que visem à melhoria de sua condição social". Ora, tal dispositivo traz para o bojo da Constituição o princípio que veda o retrocesso dos direitos sociais dos trabalhadores ao impor como patamar mínimo de direitos aqueles elencados no referido artigo. Sendo o Código Civil mais benéfico aos trabalhadores do que o Título II-A, da CLT, a exclusão da lei civil (arts. 186, 187 e 827 e seguintes) do julgamento de pedidos de compensação por danos extrapatrimoniais se reveste de manifesta inconstitucionalidade ao piorar a condição social de trabalhadores urbanos e rurais[321].

Entretanto, ao disciplinar as ações por danos extrapatrimoniais, a Lei n. 13.467/2017 não usou de boa técnica, relevando o ânimo de direcionar a atividade de juízes e tribunais do trabalho, inclusive para limitar a atividade interpretativa da doutrina e da jurisprudência no tocante ao desdobramento do dano extrapatrimonial em diversas espécies de dano (dano moral simples, dano existencial, dano moral em ricochete, dano estético, dano moral coletivo etc.). Contudo, a própria natureza do bem jurídico protegido (direitos ou atributos da personalidade) impede a objetivação e restrição pretendidas pelo legislador reformista.

---

(318) CASSAR, Vólia Bomfim; BORGES, Leonardo Dias. *Comentários à reforma trabalhista.* 1. ed. Rio de Janeiro: Forense, 2017. p. 40.

(319) "De início, vale enfatizar que a regulamentação introduzida só abrange os danos morais ou extrapatrimoniais. Desse modo, numa ação indenizatória por acidente do trabalho ou doença ocupacional, o julgamento do dano material (danos emergentes, lucros cessantes ou pensão, perda de chance) continuará utilizando como fonte normativa os dispositivos do Código Civil, por aplicação subsidiária determinada pelo art. 8º da CLT." OLIVEIRA, Sebastião Geraldo. O dano extrapatrimonial trabalhista após a lei n. 13.467/2017, modificada pela MP n. 808, de 14 novembro de 2017. *Revista do Tribunal Regional do Trabalho da 3ª Região*, Belo Horizonte, edição especial, p. 338, nov. 2017.

(320) LIMA, Francisco Meton Marques de; LIMA, Francisco Péricles Rodrigues Marques. *Reforma trabalhista:* entenda ponto por ponto. São Paulo: LTr, 2017. p. 52.

(321) RODRIGUES, Deusmar José (Coord. e coautor). *Lei da reforma trabalhista:* comentada artigo por artigo. Leme (SP): JH Mizuno, 2017. p. 108.

A impossibilidade de o magistrado aplicar de forma integrativa as leis da República viola manifestamente a garantia de independência do juiz na formação de seu convencimento e aplicação do direito ao caso concreto. Além disso, a regra do art. 223-A revela insólito e desequilibrado casuísmo do legislador, que buscou em certas matérias impor a aplicação no Código Civil (como no caso do § 3º do art. 8º, introduzindo na CLT pela Lei n. 13.467/2017) e em outras excluir a aplicação do mesmo código, independentemente do juízo de omissão e compatibilidade anteriormente previstos no parágrafo único do art. 8º da CLT[322].

Homero Batista, igualmente:

> Melhor entender que o advérbio de exclusão 'apenas' é inconstitucional.
>
> Desnecessário grande esforço hermenêutico para se notar que o legislador tentou colocar o universo numa garrafa. E fracassou[323].

Sebastião de Oliveira, inclusive, destaca que tanto a indenização por danos morais (art. 5º, incisos V e X)[324] quanto a reparação dos danos decorrentes de acidente do trabalho (art. 7º, XXVIII) têm suporte maior na Constituição da República, razão pela qual a lei ordinária não poderia limitar o alcance de tais disposições, ainda mais o fazendo apenas para um segmento social como, no caso, os trabalhadores.

A 2ª Jornada de direito material e processual do trabalho, promovida pela Anamatra, ocorrida em 19.10.2017, aprovou os Enunciados ns. 3 e 118, que corroboram o entendimento defendido:

> Enunciado n. 3. Fontes do direito material e processual do trabalho na Lei n. 13.467/2017. Teoria do diálogo das fontes. A teoria do diálogo das fontes é aplicável à interpretação da nova legislação trabalhista.
>
> Enunciado n. 18. Dano extrapatrimonial: exclusividade de critérios. Aplicação exclusiva dos novos dispositivos do título II-A da CLT à reparação de danos extrapatrimoniais decorrentes das relações de trabalho: inconstitucionalidade. A esfera moral das pessoas humanas é conteúdo do valor dignidade humana (art. 1º, III, da CRFB/1988) e, como tal, não pode sofrer restrição à reparação ampla e integral quando violada, sendo dever do estado a respectiva tutela na ocorrência de ilicitudes causadoras de danos extrapatrimoniais nas relações laborais. Devem ser aplicadas todas as normas existentes no ordenamento jurídico que possam imprimir, no caso concreto, a máxima efetividade constitucional ao princípio da dignidade da pessoa humana (art. 5º, V e X, da CRFB/1988). A interpretação literal do art. 223-A da CLT resultaria em tratamento discriminatório injusto às pessoas inseridas na relação laboral, com inconstitucionalidade por ofensa aos arts. 1º, III; 3º, IV; 5º, *caput*, e incisos V e X e 7º, *caput*, todas da Constituição Federal[325].

Em suma, o advérbio "apenas" deve ser completamente desconsiderado da norma, a fim de que mínima coerência sistêmica lhe seja preservada.

3.2.3. A inviável exclusividade do direito à reparação

Destaque deve ser dado ao art. 223-B da CLT no tocante aos supostamente detentores exclusivos do direito à reparação do dano extrapatrimonial. Trata-se de outro grande equívoco do legislador.

Tudo indica que se pretendeu com essa disposição restritiva excluir a reparação do dano reflexo ou do dano em ricochete, causado a terceiros pelo mesmo ato lesivo.

Para Vólia Bomfim, a questão seria plenamente contornável:

> A Lei n. 13.467/2017 não alterou a possibilidade de cabimento de dano moral reflexo ou ricochete na Justiça do Trabalho. Ao contrário, o art. 223-B da CLT garante o direito à indenização à pessoa física ou jurídica que sofre dano extrapatrimonial, enquanto o § 1º do art. 223-G da CLT determina a indenização a cada um dos ofendidos pelo dano imaterial[326].

---

(322) RODRIGUES, Deusmar José (Coord. e coautor). *Lei da reforma trabalhista*: comentada artigo por artigo. Leme (SP): JH Mizuno, 2017. p. 107.

(323) SILVA, Homero Batista Mateus da. *E agora, Tarsila?* Dilemas da reforma trabalhista e as contradições do mundo do trabalho. São Paulo: Revista dos Tribunais, 2017. p. 157.

(324) OLIVEIRA, Sebastião Geraldo. O dano extrapatrimonial trabalhista após a lei n. 13.467/2017, modificada pela MP n. 808, de 14 novembro de 2017. *Revista do Tribunal Regional do Trabalho da 3ª Região*, Belo Horizonte, edição especial, p. 339, nov. 2017.

(325) Disponível em: <http://www.jornadanacional.com.br/listagem-enunciados-aprovados-vis1.asp>. Acesso em: 20 dez. 2017.

(326) CASSAR, Vólia Bomfim; BORGES, Leonardo Dias. *Comentários à reforma trabalhista*. 1. ed. Rio de Janeiro: Forense, 2017. p. 40.

O dano moral em ricochete é modalidade de dano reflexo, ou seja, quando o fato danoso atinge diretamente uma pessoa e reflete em outra[327].

Apesar da omissão do texto legal, será impossível afastar-se do enfrentamento do problema nos casos em que a hipótese se verifique. Em verdade, a questão do dano em ricochete chegou a ser apreciada pelo Supremo Tribunal Federal no AI n. 400.336 AgR/RJ, ocasião em que a Corte deixou clara a possibilidade jurídica da pretensão de compensação por dano moral em ricochete, desde que demonstrado o vínculo afetivo entre a vítima e o autor da ação (*préjudice d'affection*)[328].

É óbvio, portanto, que o referido artigo celetista só poderá ser avaliado como parâmetro geral[329], visto que, no mundo dos fatos, há um sem número de situações em que outras pessoas são lesadas, além da vítima principal. Nesses casos, a ação indenizatória poderá também ser ajuizada, em nome próprio, por qualquer outra pessoa que tenha sofrido danos materiais ou extrapatrimoniais em razão do acidente ou doença ocupacional sofrido pela vítima direta, tais como o cônjuge, os dependentes, familiares mais próximos ou mesmo alguém que convivia com ou dependia do acidentado[330].

É muito comum o ajuizamento de ação por pessoa diversa da vítima do acidente, por óbvio, em casos de falecimento, em que se postula o pagamento de pensão e/ou indenização por danos extrapatrimoniais. Mesma lógica ocorre quando a vítima torna-se paraplégica e depende de cuidados permanentes, ocasionando danos reflexos sobre as pessoas que cuidam do trabalhador vítima.

Ao aparentemente proibir a possibilidade de pessoa diversa do trabalhador vítima do dano direto postular direito próprio na Justiça do Trabalho pelos danos indiretos sofridos, a lei deixa inúmeras incertezas: Os danos sofridos pelas vítimas indiretas ficarão sem qualquer reparação? Teriam as vítimas indiretas que recorrer à Justiça Comum para buscar a devida indenização?

Afastar o Poder Judiciário da apreciação de tal pedido é flagrantemente vedado pela redação do art. 5º, inciso XXXV da Constituição Federal[331], razão pela qual as vítimas indiretas jamais poderiam ficar sem reparação. Quanto à segunda pergunta, pelo princípio da unidade de convicção, o Superior Tribunal de Justiça já havia se posicionado, ao cancelar sua Súmula n. 366[332], no sentido de que a competência para julgar tais ações seria da Justiça do Trabalho, mesmo que o acidentado não figurasse como autor[333].

A interpretação literal do art. 223-B fere a Constituição da República. As vítimas que suportaram os danos reflexos ou em ricochete serão também titulares do direito à reparação dos respectivos danos extrapatrimoniais. São lesões distintas, sofridas por pessoas diversas, que devem receber reparações separadas, mesmo que provenientes do mesmo fato gerador. E a competência para julgamento, conforme pacificado na Corte Suprema, é mesmo da Justiça do Trabalho[334]. A recente doutrina produzida, em geral, converge com a opinião ora defendida:

---

(327) RODRIGUES, Deusmar José (Coord. e coautor). *Lei da reforma trabalhista:* comentada artigo por artigo. Leme (SP): JH Mizuno, 2017. p. 111.

(328) BRASIL. Supremo Tribunal Federal. Agravo de Instrumento n. 400.336, da 2ª Turma, Relator: Ministro Joaquim Barbosa, Brasília, DF, 7.6.2011. Disponível em: <http://portal.stf.jus.br/processos/detalhe.asp?incidente=2032454>. Acesso em: 11 jan. 2018.
AGRAVO REGIMENTAL EM AGRAVO DE INSTRUMENTO. RESPONSABILIDADE CIVIL DO ESTADO. DANO MORAL POR RICOCHETE. OFENSA INDIRETA OU REFLEXA À CONSTITUIÇÃO. ENUNCIADO N. 279 DA SÚMULA/STF. Agravo regimental a que se nega provimento.

(329) DELGADO, Mauricio Godinho; DELGADO, Gabriela Neves. *A reforma trabalhista no Brasil com os comentários à Lei n. 13.467/2017*. São Paulo: LTr, 2017. p. 146.

(330) OLIVEIRA, Sebastião Geraldo de. O dano extrapatrimonial trabalhista após a Lei n. 13.467/2017, modificada pela MP n. 808, de 14 novembro de 2017. Revista do Tribunal Regional do Trabalho da 3ª Região, Belo Horizonte, edição especial, p. 343, nov. 2017.

(331) BRASIL. Constituição Federal, art. 5º. Todos são iguais perante a lei, sem distinção de qualquer natureza, garantindo-se aos brasileiros e aos estrangeiros residentes no País a inviolabilidade do direito à vida, à liberdade, à igualdade, à segurança e à propriedade, nos termos seguintes: XXXV – a lei não excluirá da apreciação do Poder Judiciário lesão ou ameaça a direito;

(332) BRASIL. Superior Tribunal de Justiça, Súmula n. 366. Competência. Justiça Trabalhista. Responsabilidade civil. Acidente de trabalho. Propositura por viúva e filhos de empregado falecido em acidente de trabalho. Julgamento pela Justiça Estadual Comum. CRFB/1988, art. 114, VI. (cancelada).

(333) BRASIL. Superior Tribunal Federal, Conflito de Competência n. 7.545, do Plenário, Brasília, DF, 13 de agosto de 20009. Disponível em: <http://portal.stf.jus.br/processos/detalhe.asp?incidente=2594302>. Acesso em: 3 jan. 2018.

(334) OLIVEIRA, Sebastião Geraldo de. O dano extrapatrimonial trabalhista após a Lei n. 13.467/2017, modificada pela MP n. 808, de 14 novembro de 2017. *Revista do Tribunal Regional do Trabalho da 3ª Região*, p. 333-368, nov. 2017. p. 347.

O art. 223-B, por sua vez, afirma que as pretensões acerca de dano extrapatrimonial são de titularidade exclusiva da pessoa física ou jurídica afrontada. Como parâmetro geral, o preceito é, evidentemente, válido. Porém, conforme se conhece da diversidade das situações sociojurídicas existentes no mundo do trabalho, há pretensões que podem, sim, ser de titularidade de pessoas físicas ligadas afetiva, econômica e/ou juridicamente à pessoa humana afrontada, tal como pode ocorrer com a(o) esposa(o) ou a(o) companheira(o) e os filhos da vítima, tais pretensões são manifestas e, em princípio, garantidas, *abstratamente*, pela ordem jurídica (embora, é claro, na prática, fiquem na dependência da reunião efetiva dos requisitos legais para a incidência das indenizações previstas no Direito)[335].

Sobre o tema, outrossim, a 2ª Jornada de direito material e processual do trabalho aprovou o seguinte enunciado:

Enunciado 20. Dano extrapatrimonial: limites e outros aspectos. Danos extrapatrimoniais. O art. 223-B da CLT, inserido pela Lei n. 13.467, não exclui a reparação de danos sofridos por terceiros (danos em ricochete), bem como a de danos extrapatrimoniais ou morais coletivos, aplicando-se, quanto a estes, as disposições previstas na Lei n. 7.437/1985 e no título III do Código de Defesa do Consumidor[336].

Portanto, o termo "titulares exclusivas" deve ser totalmente desconsiderado da norma, para que lhe reste preservada sintonia com os valores constitucionais decorrentes da garantia de inafastabilidade.

3.2.4. A medíocre limitação de ofensas às esferas moral e existencial como únicas caracterizadoras de danos extrapatrimoniais

No art. 223-B, o legislador conceituou dano de natureza extrapatrimonial como todo aquele que ofenda a "esfera moral ou existencial", da pessoa física ou jurídica. A delimitação foi extremamente infeliz e primária. Tal qual propugnou-se no capítulo II, as vertentes que ilustram o gênero "dano extrapatrimonial" são deveras mais amplas, indo muito além do dano moral e existencial[337].

O Código Napoleônico de 1804, considerado um dos mais avançados da época, caminhou em sentido de prepotência similar, ao considerar que seus artigos poderiam enquadrar todos os fatos sociais da época, fenômeno que ficou conhecido como "dogma da completude do ordenamento jurídico civilista", há muito desmascarado.

O caminhar da sociedade naturalmente costuma mostrar que, enquanto a lei é petrificada, estática, os fatos sociais são dinâmicos, e, no evolver das relações humanas, criam-se novos fatos e novas situações que passam a não ser albergadas pelo direito posto ou pré-existente na norma cristalizada.

Na atual sociedade globalizada, consumerista, politizada e altamente cibernética, não há a menor possibilidade de se estancar ou represar a ocorrência de um instituto tão amplo como o dano não patrimonial. Portanto, uma legislação, por mais avançada e moderna que seja, não tem o condão de albergar todos os casos de incidência na contemporaneidade.

Em suma, os termos "esfera moral ou existencial", contidos no art. 223-B da CLT, devem ser lidos como que meramente exemplificativos.

---

(335) DELGADO, Mauricio Godinho; DELGADO, Gabriela Neves. *A reforma trabalhista no Brasil com os comentários à Lei n. 13.467/2017*. São Paulo: LTr, 2017. p. 146.

(336) Disponível em: <http://www.jornadanacional.com.br/listagem-enunciados-aprovados-vis1.asp>. Acesso em: 20 dez. 2017.

(337) Em sentido contrário, Deusmar José Rodrigues vê o aspecto positivo da limitação, ao menos no que diz respeito à referência ao dano existencial: "A expressa previsão do dano existencial no art. 223-B é positiva porque traz para o bojo da legislação um instituto que há muito é aceito na jurisprudência e doutrina. O dano existencial é aquele que atinge direitos da personalidade de tal modo que compromete o plano existencial do trabalhador, priva-o do convívio social e da possibilidade de participar de atividades recreativas, esportivas, religiosas, culturais, etc., de modo tão prolongado e intenso que efetivamente implica em grave dano ao projeto existencial do indivíduo. O dano existencial é em regra uma subespécie de dano moral, mas também pode resultar em dano material quando a conduta ofensiva privou o empregado de algum bem da vida, como privação de acesso à escola, que pode acarretar a condenação do ofensor ao pagamento das despesas escolares, por exemplo. O dano existencial deve representar *plus* em relação ao dano decorrente da ofensa a direitos da personalidade de um modo geral o dano deve ser tal que implique em efetivo comprometimento do projeto de vida que a vítima poderia razoavelmente desenvolver no meio social em que vivia e segundo suas possibilidades materiais" RODRIGUES, Deusmar José (Coord. e coautor). *Lei da reforma trabalhista: comentada artigo por artigo*. Leme (SP): JH Mizuno, 2017. p. 112.

3.2.5. O elenco restrito dos bens tutelados da pessoa natural e a necessária interpretação sistemática

Mais uma atecnia. No mundo em que tudo muda o tempo todo, a apresentação de rol taxativo de bens jurídicos tutelados cuja agressão caracterize dano extrapatrimonial é, no mínimo, presunçosa ou ingênua. Impossível se exaurir todas as possibilidades de bens protegidos[338]!

Desde a primeira versão, Mauricio Godinho já criticava a normatização adotada pela CLT, pontuando que a regulamentação dos "danos extrapatrimoniais" "tenta descaracterizar o avanço cultural e jurídico, por meio de nítida equalização de situações e conceitos jurídicos"[339].

Mesmo com a Medida Provisória que pretendeu consertar o que já não tinha conserto, o 223-C, por óbvio, manteve-se incapaz de abarcar todos os problemas do mundo. Não protegeu o direito à vida nem à integridade psíquica, para se ilustrar o problema com exemplos dos mais comezinhos[340]. Ora, na dimensão juslaborista, o direito à vida é o direito à própria existência. Tal direito é garantido pela Constituição e pela legislação infraconstitucional, com repercussão no meio ambiente de trabalho, a partir do qual todos os demais passam a fazer sentido. E o direito à vida foi um dos esquecidos pelo legislador...

Além disso, careceu o mesmo legislador de dar atenção ao combate à discriminação racial, objetivo previsto no art. 3º, IV, da CRFB/1988[341], tema de grande atuação do Ministério Público do Trabalho por meio de Inquéritos Civis[342].

O sítio eletrônico do Poder Legislativo dá conta de que o deputado federal Wadih Damous[343], bem como a senadora Kátia Abreu[344], teriam sugerido a inclusão da expressão "dentre outros" no dispositivo analisado a fim de se evitar a nefasta e improvável interpretação de que outros danos extrapatrimoniais não podem ser reparados, o que não restou acolhido. Coma a caducidade da MP n. 808/2017 o que estava ruim volta a ser pior.

Há uma luz nesse túnel. A Lei n. 9.029/1995, que proíbe a exigência de atestados de gravidez e esterilização e outras práticas discriminatórias, para efeitos admissionais ou de permanência da relação jurídica de trabalho, elenca rol de elementos e características humanas que possam dar origem a tratamento discriminatório. Ao anunciá-los, aqui sim, o legislador se valeu da expressão "entre outros", logo no art. 1º[345]. Tal dispositivo não pode ser ignorado e induz à evidente interpretação sistemática auxiliar ao imêmore art. 223-C da CLT.

---

(338) SANTOS, Enoque Ribeiro dos. *O Dano Extrapatrimonial na Lei n. 13.467/2017 (Reforma Trabalhista) após o advento da MP n. 808/2017*. Disponível em: <http://genjuridico.com.br/2017/11/23/dano-extrapatrimonial-lei-13-467-2017-reforma-trabalhista-apos-mp-808-2017/>. Acesso em: 21 dez. 2017.

(339) DELGADO, Gabriela Neves; DELGADO, Mauricio Godinho. *A reforma trabalhista no Brasil*: com os comentários à Lei n.13.467/2017. São Paulo: LTr, 2017. p. 145.

(340) OLIVEIRA, Sebastião Geraldo de. O dano extrapatrimonial trabalhista após a Lei n. 13.467/2017, modificada pela MP n. 808, de 14 novembro de 2017. *Revista do Tribunal Regional do Trabalho da 3ª Região*, edição especial, p. 333-368, nov. 2017. p. 342.

(341) BRASIL. Constituição Federal, art. 3º. Constituem objetivos fundamentais da República Federativa do Brasil:
   IV – promover o bem de todos, sem preconceitos de origem, raça, sexo, cor, idade e quaisquer outras formas de discriminação.

(342) SANTOS, Enoque Ribeiro dos. O Dano Extrapatrimonial na Lei n. 13.467/2017 (Reforma Trabalhista) após o advento da MP n. 808/2017. Disponível em: <http://genjuridico.com.br/2017/11/23/dano-extrapatrimonial-lei-13-467-2017-reforma-trabalhista-apos-mp-808-2017/>. Acesso em: 21 dez. 2017.

(343) BRASIL. Senado Federal, Projeto de Lei n. 6.787, de 2016. Altera o Decreto-lei n. 5.452, de 1º de maio de 1943 — Consolidação das Leis do Trabalho, e a Lei n. 6.019, de 3 de janeiro de 1974, para dispor sobre eleições de representantes dos trabalhadores no local de trabalho e sobre trabalho temporário, e dá outras providências. Disponível em: <http://www.camara.gov.br/proposicoesWeb/prop_mostrarintegra?codteor=1546979&filename=ESB+221+PL678716+%3D%3E+SBT+1+PL678716+%3D%3E+PL+6787/2016>. Acesso em: 20 dez. 2017.

(344) BRASIL. Senado Federal, Projeto de Lei Complementar PLC n. 38/2017. Reforma Trabalhista. Disponível em <http://webcache.googleusercontent.com/search?q=cache:glfWCRC-RvgJ:legis.senado.leg.br/sdleg-getter/documento%3Fdm%3D5385803+&cd=1&hl=pt-BR&ct=clnk&gl=br>. Acesso em: 20 dez. 2017.

(345) BRASIL. Lei n. 9.029/1995, art. 1º. É proibida a adoção de qualquer prática discriminatória e limitativa para efeito de acesso à relação de trabalho, ou de sua manutenção, por motivo de sexo, origem, raça, cor, estado civil, situação familiar, deficiência, reabilitação profissional, idade, entre outros, ressalvadas, nesse caso, as hipóteses de proteção à criança e ao adolescente previstas no *inciso XXXIII do art. 7º da Constituição Federal*.

Em suma, a relação trazida no art. 223-C não poderá jamais ser considerada exaustiva, sob pena de evidente inconstitucionalidade[346]. Para que o dispositivo se salve da pecha, mister a adoção de interpretação teleológica e sistêmica, afastado o método gramatical[347].

A doutrina tem compartilhado do mesmo entendimento. Pedindo-se vênia para um breve passeio com registros sobre recentes colocações:

> [...] e por falar em abuso emocional, quem poderá afirmar que o rol do art. 223-C é taxativo? Ele se esforçou ao compilar nove grandes temas da hostilidade ao ser humano, mas, de plano, se esqueceu de assuntos muito delicados e recorrentes no ambiente de trabalho, como a dispensa de pessoas por idade avançada — aliás, nem tão avançada assim, pois há empresas com políticas de cortes aos 45 ou aos 50 anos de idade —, a discriminação de gênero — assim entendida tanto a misoginia quanto a preterição por orientação sexual — e os assuntos ligados à nacionalidade do empregado — numa época em que o Brasil volta a ser ponto de convergência de rotas migratórias significativas. Mas bastaria uma única palavra para demonstrar a fraqueza do art. 223-C e sua completa falta de credibilidade para servir de norte para a fixação das indenizações por danos morais: no país que foi o último a abolir a escravidão no Ocidente, o legislador se esqueceu do racismo como foco de constantes tensões trabalhistas[348].
>
> Os direitos de personalidade, a propósito, titularizados pelas pessoas físicas, não comportam elenco exaustivo, o que seria de todo incompatível com o caráter histórico e progressivo dos direitos fundamentais. No caso das normas analisadas, devem contemplar a concepção de dano estético enquanto modalidade jurídica do dano extrapatrimonial[349].
>
> São tipos de direitos da personalidade o direito à vida, à liberdade, à imagem, à integridade física e psíquica, à privacidade, à honra ou reputação, à autoestima profissional, ao nome de família e à identidade pessoal, ao sigilo de correspondência e de dados pessoas, à igualdade de tratamento (não discriminação) etc. Por isso, o rol do art. 223-C é meramente exemplificativo[350].
>
> [...]
>
> Então, além da honra, imagem, da intimidade, da liberdade, da autoestima, da sexualidade, da saúde, do lazer e da integridade, para a pessoa física, e da imagem, da marca, do nome, do segredo empresarial e do sigilo de correspondência, para a pessoa jurídica, é possível tutelar como direito extrapatrimonial da pessoa física, no âmbito das relações de trabalho a privacidade, a autoestima profissional, a identidade cultural, o sigilo de correspondência e de danos/informações pessoais etc. Também para pessoa jurídica poderão surgir outros bens jurídicos tuteláveis, tendo em vista o intenso e crescente fluxo de informações, interações e transações na rede mundial de computadores e o impacto desses fenômenos nas relações empresariais e de trabalho, além das crescentes exigências éticas, sociais e ambientais que impactam diretamente o mundo corporativo[351].

---

(346) "Entendemos que os dispositivos mencionados pecaram ao pretender elaborar uma lista exaustiva e, ainda assim, bem limitada. Pela leitura estrita do art. 223-C não seriam indenizáveis, por exemplo, a integridade psíquica, o nome do trabalhador, a integridade funcional, sem contar o direito de não ser discriminado por fatores como a idade, a etnia, a cor, a descendência, o gênero etc., o que fere a lógica do conceito amplo de dano extrapatrimonial e toda a doutrina dos direitos da personalidade." OLIVEIRA, Sebastião Geraldo de. O dano extrapatrimonial trabalhista após a Lei n. 13.467/2017, modificado pela MP n. 808, de 14 novembro de 2017. *Revista do Tribunal Regional do Trabalho da 3ª Região*, Belo Horizonte, edição especial nov. 2017. p. 342.

(347) DELGADO, Mauricio Godinho; DELGADO, Gabriela Neves. *A reforma trabalhista no Brasil com os comentários à Lei n. 13.467/2017*. São Paulo: LTr, 2017. p. 145.

(348) SILVA, Homero Batista Mateus da. *Comentários à reforma trabalhista*: análise da Lei n. 13.467/2017 – artigo por artigo. 1. ed. São Paulo: Revista dos Tribunais, 2017. p. 60.

(349) PORTO, Noemia. Dano extrapatrimonial e reforma trabalhista: análise sobre o alcance dos direitos fundamentais. In FELICIANO, Guilherme Guimarães; TREVISO, Marco Aurélio Marsiglia e outro (Orgs.). *Reforma trabalhista*: visão compreensão e crítica. São Paulo: LTr, 2017. p. 145.

(350) RODRIGUES, Deusmar José (Coord. e coautor). *Lei da reforma trabalhista*: comentada artigo por artigo. Leme (SP): JH Mizuno, 2017. p. 115.

(351) *Ibidem*, p. 127.

Nesse sentido, foi aprovado o Enunciado n.19 da 2ª Jornada de direito material e processual do trabalho:

Enunciado 19. Danos extrapatrimoniais: é de natureza exemplificativa a enumeração dos direitos personalíssimos dos trabalhadores constante do novo art. 223-C da CLT, considerando a plenitude da tutela jurídica à dignidade da pessoa humana, como assegurada pela Constituição Federal (arts. 1º, III; 3º, IV, 5º, caput, e §2º)"[352].

Portanto, a limitação elencada no art. 223-C, da CLT, deverá ser tomada como meramente exemplificativa, reconhecida a plenitude da tutela jurídica à dignidade da pessoa humana, especialmente do trabalhador[353].

3.2.6. A insinuante e injustificável discrepância com o rol de bens tutelados da pessoa jurídica

O legislador foi feliz ao prever no art. 223-D a possibilidade de reparação dos danos extrapatrimoniais às pessoas jurídicas[354]. Trata-se de alinhamento com a jurisprudência do Superior Tribunal de Justiça, que já previa na Súmula n. 227[355] a possibilidade de a pessoa jurídica sofrer dano moral, ou melhor, extrapatrimonial.

Todavia, apenas a título de observação e para que se ressalte a parcialidade do texto reformado, questiona-se o motivo pelo qual o legislador entendeu ser o nome da pessoa jurídica do empregador um bem jurídico tutelado e o nome do trabalhador não.

Repare-se que o direito ao nome é protegido nos arts. 16 a 19, do Código Civil[356], com viés, inclusive, muito mais voltado ao nome da pessoa física, já que aduz expressamente a que o nome da pessoa não possa ser empregado por outrem em publicações ou representações que a exponham ao desprezo público, ainda quando não haja intenção difamatória, bem como que, sem autorização, não se possa usar o nome alheio em propaganda comercial.

O nome da pessoa jurídica também goza de proteção. Não se está a sustentar o contrário. O que se aspira é apenas chamar a atenção para o que parece ter sido "um furo" do legislador reformista, como se diria em linguagem popular.

Igualmente, por certo, o rol dos bens pertencentes às pessoas jurídicas não deverá ser interpretado como exaustivo.

A discrepância em relação ao direito ao nome, elencado apenas da lista dos bens protegidos da pessoa física, todavia, é, ao menos, curiosa.

---

(352) Disponível em: <http://www.jornadanacional.com.br/listagem-enunciados-aprovados-vis1.asp>. Acesso em: 20 dez. 2017.

(353) Na Europa a primeira constituição pós-moderna a colocar a dignidade da pessoa humana como centro do ordenamento jurídico foi a italiana, datada de 1947 e por essa razão seu código civil de 1942 passou a ser interpretado levando em consideração tal preceito garantidor. Ao analisar a constituição italiana de 1947 vê-se que a proteção a dignidade da pessoa humana encontra-se nos arts. 2º e 3º da referida Carta Magna italiana, que traz: Art. 2º. La Repubblica riconosce e garantisce i diritti inviolabili dell'uomo, sia come singolo sia nelle formazioni sociali ove si svolge la sua personalità, 3 e richiede l'adempimento dei doveri inderogabili di solidarietà politica, economica e sociale. Art. 3º. Tutti i cittadini hanno pari dignità sociale e sono eguali davanti alla legge, senza distinzione di sesso, di razza, di lingua, di religione, di opinioni politiche, di condizioni personali e sociali. È compito della Repubblica rimuovere gli ostacoli di ordine economico e sociale, che, limitando di fatto la libertà e l'eguaglianza dei cittadini, impediscono il pieno sviluppo della persona umana e l'effettiva partecipazione di tutti i lavoratori all'organizzazione politica, economica e sociale del Paese. Já em Portugal, a proteção a identidade surgiu apenas em 1976:

Art. 26º

Outros direitos pessoais

1. A todos são reconhecidos os direitos à identidade pessoal, ao desenvolvimento da personalidade, à capacidade civil, à cidadania, ao bom nome e reputação, à imagem, à palavra, à reserva da intimidade da vida privada e familiar e à protecção legal contra quaisquer formas de discriminação.

(354) Homero Silva não perdeu a oportunidade, ao tecer comentários sobre os danos extrapatrimoniais da pessoa jurídica: "[...] talvez pela pressa com que tenha sido concebida ou por desconhecimento da assessoria jurídica, a reforma se esqueceu de dizer que também podem sofrer danos morais os entes despersonalizados, como os condôminos, as famílias e as sociedades de fato; não há óbice jurídico algum em haver semelhante pretensão em juízo, o que apenas reforça o caráter exemplificativo desses dispositivos legais". SILVA, Homero Batista Mateus da. Comentários à reforma trabalhista: análise da Lei n. 13.467/2017 — artigo por artigo. 1. ed. São Paulo: Revista dos Tribunais, 2017. p. 61.

(355) BRASIL. Superior Tribunal de Justiça, Súmula n. 227. A pessoa jurídica pode sofrer dano moral.

(356) No Brasil, não havendo previsão expressa assim como em Portugal (1976) e também no Perú (1993), a proteção da identidade pessoal do trabalhador toma por base os preceitos da dignidade da pessoa humana, assim como os direitos de personalidade positivados no Código Civil de 2002. "Na Colômbia, assim como na Itália, Argentina e Brasil não há referência direta de proteção a identidade pessoal prevista na Constituição, porém a Corte Constitucional decidiu: "el derecho a la identidad personal es um derecho de significación amplia, que engloba otros derechos. El derecho a la identidad supone um conjunto de atributos, calidades, tanto de carácter biológico, como los referidos a la personalidade que permitem precisamente la individualización um de sujeto en sociedade". (MOLINA, André Araújo. Dano moral à identidade pessoal do trabalhador. In: SOARES, Flaviana Rampazzo (Org.). Danos extrapatrimoniais nas relações de trabalho. 1. ed. São Paulo: LTr, 2017)

3.2.7. Os critérios de aferição e a problemática tarifação da indenização dos danos extrapatrimoniais

Como o bem jurídico tutelado tem natureza imaterial, a extensão, a profundidade, os reflexos e a intensidade das ofensas variam enormemente, em razão das particularidades de cada caso concreto.

O art. 223-G da CLT, que será tratado de forma pormenorizada mais adiante na parte III, estabeleceu parâmetros que devem ser considerados quando da análise da reparação do dano extrapatrimonial. A positivação desse rol obriga o magistrado a analisar todos os critérios, o que, teoricamente, já vinha sendo feito subjetivamente.

A norma, todavia, não traz previsão sobre a finalidade pedagógica da indenização, o que ilustra mais um "esquecimento" imperdoável.

Tampouco prevê possibilidade de reparação não pecuniária, ou seja, *in natura*, método francamente adequado e efetivo em diversas hipóteses de dano extrapatrimonial.

Como advertido, a questão da quantificação dos danos será mais profundamente abordada em capítulo próprio. Por ora, registre-se apenas que, talvez, uma das maiores mudanças advindas da Lei n. 13.467/2017 tenha sido o estabelecimento de faixas e tetos máximos de indenização por dano extrapatrimonial na seara trabalhista, de acordo com a gravidade da ofensa.

Tal tabelamento encontra-se no art. 223-G, § 1º, da CLT[357], dispositivo baseado no Projeto de Lei n. 150/1999 do Senador Pedro Simon, aprovado no Senado Federal, que instituía três níveis de ofensas (leve, média e grave) para fins de fixação do valor da indenização. Cumpre esclarecer que, depois de aprovado no Senado, o referido PL foi enviado à Câmara Federal e lá ganhou o n. 7.124/2002, tendo sido arquivado em 2010, porque a Comissão de Constituição, Justiça e Cidadania, por unanimidade, considerou inconstitucional o tabelamento do dano extrapatrimonial.

O art. 5º, V da Constituição Federal[358], trata da proporcionalidade da indenização por dano moral, de acordo com a violação sofrida pela vítima. A tarifação, portanto, afronta flagrantemente tal dispositivo, sendo necessária uma leitura constitucional do novo parâmetro trazido pela CLT, para se tentar salvar ao menos uma interpretação conforme do instituto[359].

Repare-se que a redação do referido artigo, vedando a acumulação, induz a resultado absurdo. Pois bem. O comando reza que a indenização só poderá ser arbitrada em uma única faixa, sendo vedada a acumulação[360]. Consequência prática: caso a mesma vítima tenha tido sua imagem levemente violada, sua saúde de forma média e sua orientação sexual de forma grave, o magistrado só poderá arbitrar dentro da faixa do dano em intensidade grave, o que, trocando em miúdos, significa não indenizar a vítima pelos danos leves e médios sofridos. A aberração vem sendo destacada pela doutrina:

> A proibição de não acumulação de danos imateriais decorrentes do mesmo fato lesivo é absurda. Em outras palavras, se o empregado sofre a dor do acidente de trabalho que levou à amputação de sua perna (dor e estética), ambos por culpa do patrão, só poderá pedir a indenização pela violação de um desses bens não

---

(357) BRASIL. Consolidação das Leis Trabalhistas. Art. 223-G. Ao apreciar o pedido, o juízo considerará:
§ 1º Ao julgar procedente o pedido, o juízo fixará a reparação a ser paga, a cada um dos ofendidos, em um dos seguintes parâmetros, vedada a acumulação:
I – para ofensa de natureza leve – até três vezes o valor do limite máximo dos benefícios do Regime Geral de Previdência Social;
II – para ofensa de natureza média – até cinco vezes o valor do limite máximo dos benefícios do Regime Geral de Previdência Social;
III – para ofensa de natureza grave – até vinte vezes o valor do limite máximo dos benefícios do Regime Geral de Previdência Social; ou
IV – para ofensa de natureza gravíssima – até cinquenta vezes o valor do limite máximo dos benefícios do Regime Geral de Previdência Social.

(358) BRASIL. Constituição Federal, art. 5º Todos são iguais perante a lei, sem distinção de qualquer natureza, garantindo-se aos brasileiros e aos estrangeiros residentes no País a inviolabilidade do direito à vida, à liberdade, à igualdade, à segurança e à propriedade, nos termos seguintes:
V – é assegurado o direito de resposta, proporcional ao agravo, além da indenização por dano material, moral ou à imagem;

(359) DELGADO, Mauricio Godinho; DELGADO, Gabriela Neves. *A reforma trabalhista no Brasil com os comentários à Lei n. 13.467/2017*. São Paulo: LTr, 2017. p. 146.

(360) A cumulação de danos patrimoniais (danos emergentes e lucros cessantes), com os danos extrapatrimoniais, ao menos é reconhecida no parágrafo segundo do art. 223-F da CLT.

materiais. Essa determinação é injusta, seja porque contraria regras da reparação civil (se repara todo dano causado por outrem que age de forma ilícita), seja porque enseja o enriquecimento sem causa e também não inibe o agressor em não reincidir na prática[361].

Tal limitação, no campo material, chegou a ser rechaçada pelo teor do enunciado de Súmula n. 91, do TST[362].

Na pior das hipóteses, proibir a cumulação de indenizações, adotando-se o indigno critério do promocional equivalente ao jargão "leve duas e pague uma", deve ser entendido como inconstitucional, já que viola o princípio da inafastabilidade do Judiciário, previsto no art. 5º, XXXV da Constituição Federal.

A redação original do § 1º, do art. 223-G, da CLT[363], trouxe como parâmetro para o teto das indenizações o valor do último salário recebido pelo empregado. Grande crítica doutrinária sofreu, visto que tal critério seria claramente discriminatório. Como pode um mesmo ato lesivo gerar o mesmo dano e ser reparado de formas diferentes? A própria Constituição Federal veda o tratamento desigual, em seus arts. 3º, IV e 5º[364]. A dignidade da pessoa humana não poderia ser aferida de acordo com o padrão de rendimento. Assim, não se poderia orientar o valor da indenização pela riqueza da vítima como parâmetro único de reparação da lesão extrapatrimonial[365].

Não se quer fechar os olhos para a realidade, nem se anunciar a vida como se limitada a uma redoma de vidro. Por certo, a capacidade econômica da vítima tem sido critério bastante utilizado para o arbitramento de indenizações, visto que uma recompensa de R$ 5.000,00 (cinco mil reais) para o trabalhador que recebe R$ 800,00 (oitocentos reais) por mês é recebida de forma diversa do que pelo empregado que ganha R$ 10.000,00 (dez mil reais) mensais. Ocorre que essa diferença salarial e, consequentemente, o padrão de riqueza do empregado, não poderia servir de único parâmetro para as indenizações.

Enoque dos Santos, já antes da Reforma Trabalhista, defendia a utilização de tal parâmetro indenizatório, sempre acompanhado de um patamar mínimo, juntamente com outros componentes de um possível barema[366].

Em 2016 foi realizada a VII Jornada de Direito Civil do Conselho da Justiça Federal, realizada em Brasília, que editou o Enunciado n. 588:

---

(361) CASSAR, Vólia Bomfim; BORGES, Leonardo Dias. *Comentários à reforma trabalhista*. 1. ed. Rio de Janeiro: Forense, 2017. p. 41.

(362) BRASIL. Tribunal Superior do Trabalho, Súmula n. 91. Nula é a cláusula contratual que fixa determinada importância ou percentagem para atender englobadamente vários direitos legais ou contratuais do trabalhador.

(363) BRASIL. CLT, art. 223-G. § 1º. Se julgar procedente o pedido, o juízo fixará a indenização a ser paga, a cada um dos ofendidos, em um dos seguintes parâmetros, vedada a acumulação:
I – ofensa de natureza leve, até três vezes o último salário contratual do ofendido;
II – ofensa de natureza média, até cinco vezes o último salário contratual do ofendido;
III – ofensa de natureza grave, até vinte vezes o último salário contratual do ofendido;
IV – ofensa de natureza gravíssima, até cinquenta vezes o último salário contratual do ofendido.

(364) Art. 3º. Constituem objetivos fundamentais da República Federativa do Brasil:
IV – promover o bem de todos, sem preconceitos de origem, raça, sexo, cor, idade e quaisquer outras formas de discriminação.
Art. 5º. Todos são iguais perante a lei, sem distinção de qualquer natureza, garantindo-se aos brasileiros e aos estrangeiros residentes no País a inviolabilidade do direito à vida, à liberdade, à igualdade, à segurança e à propriedade, nos termos seguintes:

(365) BRASIL. Superior Tribunal de Justiça. Recurso Especial n. 951.777, da 3ª Turma, Brasília, DF, 27 de abril de 2011. Disponível em: <http://www.stj.jus.br/SCON/jurisprudencia/toc.jsp?processo=951777&&b=ACOR&thesaurus=JURIDICO&p=true>. Acesso em: 3 jan. 2018.
EMENTA. Civil. Dano Moral. Indenização. A condição social da vítima, de pobre, não pode ser valorizada para reduzir o montante da indenização pelo dano moral; a dor das pessoas humildes não é menor do que aquela sofrida por pessoas abonadas ao serem privadas de um ente querido. Recurso Especial conhecido e provido. (STJ. 3ª Turma, REsp n. 951.777/DF, redator: Ministro Ari Pargendler, DJ 27 ago. 2007.)
[...] Responsabilidade civil do Estado. Omissão no atendimento à gestante. Morte intrauterina. Indenização por dano moral. Proporcionalidade. [...] 4. A avaliação das condições socioeconômicas dos envolvidos deve ser feita em conjunto com a ponderação acerca da gravidade dos fatos. Não se permite a relativização das indenizações por ofensa a direitos fundamentais tendo como parâmetro a riqueza da vítima, de modo que o direito dos ricos valeria mais que o dos pobres, os quais estariam se "enriquecendo" ao receberem indenizações em valor muito superior à sua renda.

(366) SANTOS, Enoque Ribeiro dos. *O Dano Extrapatrimonial na Lei n. 13.467/2017 (Reforma Trabalhista) após o advento da MP n. 808/2017*. Disponível em: <http://genjuridico.com.br/2017/11/23/dano-extrapatrimonial-lei-13-467-2017-reforma-trabalhista-apos-mp-808-2017/>. Acesso em: 21 dez. 2017.

O patrimônio do ofendido não pode funcionar como parâmetro preponderante para o arbitramento de compensação por dano extrapatrimonial.

Pois bem. Diante do verdadeiro *tsunami* crítico provocado, a Medida Provisória n. 808/2017 alterou a redação do dispositivo em análise, determinando que a reparação pelo dano extrapatrimonial fosse limitada de acordo com o teto do Regime Geral de Previdência Social.

O parâmetro do salário da pessoa física permanece apenas quando o ofendido é pessoa jurídica, nos termos do § 2º, do art. 223-G[367].

Apesar de a MP ter melhorado durante o período de sua vigência, o tratamento do tema nesse aspecto, a limitação do valor indenizatório do dano extrapatrimonial continua a presente, sendo flagrantemente inconstitucional, por violar o art. 5º, V da Constituição Federal[368]. Se o ordenamento não consegue limitar a ofensa sofrida pela vítima, não pode querer limitar a sua reparação, já que esta deve ser proporcional àquela. Registre-se crítica doutrinária afinada com o pensamento ora sustentado:

> Sem dúvida, a tarifação do sofrimento é representativa do processo de desumanização e viola o princípio da reparação integral, além de desprezar a capacidade de pagamento, a necessidade de se afirmar efeito pedagógico à medida, sendo, outrossim, impeditiva da análise pertinente à extensão e à gravidade do dano. Da mesma forma, é inviável vedar-se a acumulação, porque essa se encontra prevista na própria Constituição. A reparação deve ser integral considerando-se a extensão do dano e é possível, e até previsível, que da mesma relação de trabalho, que é tipicamente de trato sucessivo, sobrevenham, em desfavor da mesma vítima, atos ou omissões diferentes, que devem ser considerados ilícitos, a gerar o direito às reparações[369].
>
> [...] Qualquer lógica de tarifação numérica que se imponha como critério e como limite à reparação fere o princípio da isonomia, a plena realização dos direitos fundamentais e a independência judicial.
>
> É certo que a inovação legislativa demandará diversas construções interpretativas sobre o seu alcance. Todavia, vigorando a democracia, e com ela necessariamente os direitos fundamentais, a livre iniciativa deveria encontrar limites. Embora se possa considerar que as normas do texto constitucional são importantes pontos de partida, não envolvem conteúdos definitivos sobre os direitos fundamentais[370].

O posicionamento jurisprudencial acerca da impossibilidade de limitação de indenização, conforme já referido, restava sedimentado, inclusive, na Súmula n. 281, do STJ[371], com reafirmação do entendimento pelo STF[372].

---

(367) Para Sebastião Geraldo de Oliveira, resta coerente a permanência da redação original neste parágrafo, visto que, nesta hipótese, o parâmetro do salário não estará sendo usado para discriminar, mas apenas para atenuar o valor da reparação devida por quem aufere renda menor. OLIVEIRA, Sebastião Geraldo de. O dano extrapatrimonial trabalhista após a Lei n. 13.467/2017, modificada pela MP n. 808, de 14 novembro de 2017. *Revista do Tribunal Regional do Trabalho da 3ª Região*. Belo Horizonte, edição especial, nov. 2017. p. 361

(368) BRASIL. Constituição Federal, art. 5º. Todos são iguais perante a lei, sem distinção de qualquer natureza, garantindo-se aos brasileiros e aos estrangeiros residentes no País a inviolabilidade do direito à vida, à liberdade, à igualdade, à segurança e à propriedade, nos termos seguintes:
V – é assegurado o direito de resposta, proporcional ao agravo, além da indenização por dano material, moral ou à imagem;

(369) PORTO, Noemia. Dano extrapatrimonial e reforma trabalhista: análise sobre o alcance dos direitos fundamentais. In: FELICIANO, Guilherme Guimarães; TREVISO, Marco Aurélio Marsiglia e outro (Orgs.). *Reforma trabalhista:* visão compreensão e crítica. São Paulo: LTr, 2017. p. 143.

(370) *Ibidem*, p. 146.

(371) BRASIL. Superior Tribunal de Justiça, Súmula n. 281. A indenização por dano moral não está sujeita à tarifação prevista na Lei de Imprensa.

(372) BRASIL. Supremo Tribunal Federal, Recurso Extraordinário n. 447.584, da 2ª Turma, Brasília, DF, 16 de março de 2007. Disponível em: <http://portal.stf.jus.br/processos/detalhe.asp?incidente=2284259>. Acesso em: 3 jan. 2018.
Ementa: Constitucional. Civil. Dano moral: ofensa praticada pela imprensa. Indenização: tarifação. Lei n. 5.250/67 – Lei de Imprensa, art. 52: Não recepção pela CF/88, art. 5º, incisos V e X. [...] II – A Constituição de 1988 emprestou à reparação decorrente do dano moral tratamento especial – CF, art. 5º, V e X – desejando que a indenização decorrente desse dano fosse a mais ampla. Posta a questão nesses termos, não seria possível sujeitá-la aos limites estreitos da lei de imprensa. Se o fizéssemos, estaríamos interpretando a Constituição no rumo da lei ordinária, quando é de sabença comum que as leis devem ser interpretadas no rumo da Constituição. III. – Não recepção, pela CF/88, do art. 52 da Lei n. 5.250/67 – Lei de Imprensa. (STF, 2ª Turma, RE n. 396.386, rel. Ministro Carlos Velloso, DJ 13 ago. 2004.) Ementa: indenização. Responsabilidade civil. Lei de Imprensa. Dano moral. Publicação de notícia inverídica, ofensiva à honra e à boa fama da vítima. Responsabilidade civil da empresa jornalística. Limitação da verba devida, nos termos do art. 52 da Lei n. 5.250/67. Inadmissibilidade. Norma não recebida pelo ordenamento jurídico vigente. Interpretação do art. 5º, IV, V, IX, X, XIII e XIV, e art. 220, *caput* e § 1º, da CF de 1988. Recurso extraordinário improvido. Toda limitação, prévia e abstrata, ao valor de indenização por dano moral, objeto de juízo de equidade, é incompatível com o alcance

Quando do julgamento da não recepção da Lei da Imprensa, na ADPF n.130-DF, recorrentemente citada na ADI proposta pela ANAMATRA, o Ministro Ricardo Lewandowski, em seu voto, destacou que,

> Não impressiona, *data venia*, a objeção de alguns, segundo a qual, se a lei for totalmente retirada do cenário jurídico, o direito de resposta ficaria sem parâmetros e a indenização por dano moral e material sem balizas, esta última à falta de tarifação. É que a Constituição, no art. 5º, V, assegura o "direito de resposta, proporcional ao agravo", vale dizer, trata-se de um direito que não pode ser exercido arbitrariamente, devendo o seu exercício observar uma estrita correlação entre meios e fins. E disso cuidará e tem cuidado o Judiciário. Esta Suprema Corte, no tocante à indenização por dano moral, de longa data, cristalizou jurisprudência no sentido de que os arts. 52 e 56 da Lei de Imprensa não foram recepcionados pela Constituição, com o que afastou a possibilidade do estabelecimento de qualquer tarifação, confirmando, nesse aspecto, a Súmula n. 281 do STJ. Cito, nessa linha, dentre outras seguintes decisões: os REs ns. 396.386-4/SP; 447.484/SP; 240.450/RJ e AI n. 496.406/SP. *Revista do Tribunal Regional do Trabalho da 3ª Região*, Belo Horizonte, edição especial, p. 333-368, nov. 2017, p. 364. Também o Ministro Celso de Mello foi enfático no seu voto: Não subsistem, por incompatibilidade material com a Constituição da República promulgada em 1988 (CRFB/1988, art. 5º, incisos V e X), as normas inscritas no art. 52 (que define o regime de indenização tarifada) e no art. 56 (que estabelece o prazo decadencial de 3 meses para ajuizamento da ação de indenização por dano moral), ambos da Lei de Imprensa (Lei n. 5.250/67). Hipótese de não recepção. Doutrina. Precedentes do STF. (AI n. 595.395/SP, rel. Min. Celso de Mello – DJ 3 ago. 2007)

O tema será igualmente retomado na parte III, quando será defendida solução de interpretação conforme à Constituição.

3.2.8. A confusa e inoperante regulamentação dos casos de reincidência

O § 3º do art. 223-G da CLT, estabelece a possibilidade de agravamento da indenização pela reincidência apenas quando as partes fossem idênticas. Ora, por óbvio essa hipótese, na prática, seria raríssima, para não se confessar impossível[373].

A Medida Provisória n. 808/2017 foi feliz ao agravar o valor da indenização para quaisquer casos de reincidência de ofensa idêntica, sem limitação das partes. Todavia, pecou ao estabelecer o prazo de dois anos, contados do trânsito em julgado da decisão condenatória (art. 223-G, § 3º e § 4º), exigindo que a parte requerente comprove, em juízo, a condenação anterior do réu pela mesma conduta ofensiva.

Ora, em verdade, ao se estabelecer o acréscimo de valor indenizatório ao prazo de dois anos, aniquilou-se o caráter preventivo e pedagógico da sanção, uma vez que a reiteração da conduta, independentemente do prazo de tempo, desde que tenha sido considerada ilegal em um determinado caso, já demonstra sua antijuridicidade. O prazo para a caracterização da reincidência é ínfimo se comparado ao objetivo do instituto de supostamente desestimular a conduta por quaisquer das partes. Estabelecer um prazo tão pequeno afronta a própria lógica do dispositivo. Fato é que não mais vigente a MP n. 808/2017, a hipótese de reincidência fica extremamente restrita, aplicando-se apenas às partes idênticas, sem qualquer discussão acerca de prazo.

3.3. A extração de aspectos positivos do Título II-A da CLT via interpretação constitucional

Para Luís Roberto Barroso, "a interpretação jurídica consiste na atividade de revelar ou atribuir sentido a textos ou outros elementos normativos (como princípios implícitos, costumes, precedentes), notadamente para o fim de solucionar problemas [...]"[374].

---

da indenizabilidade irrestrita assegurada pela atual Constituição da República. Por isso, já não vige o disposto no art. 52 da Lei de Imprensa, o qual não foi recebido pelo ordenamento jurídico vigente. (STF. 2ª Turma. RE 447.584/RJ, rel. Ministro Cezar Peluso, 16 mar. 2007)

(373) Antes mesmo da Medida Provisória, Homero Silva já alertava para o drama: "[...] para piorar a situação, o legislador somente admite a reincidência se for entre as mesmas partes, o que praticamente jamais acontecerá; mesmo que a gente deixe de lado o evento morte, dificilmente o mesmo empregador perseguirá o mesmo empregado por questões raciais, sexuais ou morais duas vezes seguidas; o contrato já estará rompido e enterrado, a reincidência, em qualquer livro que se consulte, diz respeito à conduta do agressor de voltar à delinquência mesmo depois de punido; é grotesco alguém imaginar que a reincidência seja voltar a delinquência contra a mesma vítima; em outras palavras é como se o legislador dissesse que o juiz não pode levar em consideração a repetição dos mesmos fatos na mesma fábrica, mas com vítimas diferentes; apesar de todos esses argumentos eloquentes, o Senado Federal concordou em aprovar o texto tal como proposto". SILVA, Homero Batista Mateus da. *Comentários à reforma trabalhista*: análise da Lei n. 13.467/2017 — artigo por artigo. 1. ed. São Paulo: Revista dos Tribunais, 2017. p. 62.

(374) BARROSO, Luís Roberto. *Curso de Direito Constitucional Contemporâneo*: os conceitos fundamentais e a construção do novo modelo. 3. ed. São Paulo: Saraiva, 2011. p. 292.

O autor, referência no tema da interpretação constitucional, destaca a importância dos princípios constitucionais na atividade hermenêutica[375]. Na análise das normas constitucionais é importante utilizar-se, além das regras interpretativas já amplamente conhecidas pelo operador do Direito, tais quais a gramatical, a teleológica, a histórica e a sistemática, os corolários do Direito Constitucional: o princípio da Supremacia da Constituição, da unidade da Constituição e, principalmente, da presunção de constitucionalidade das leis e dos atos do Poder Público, que se relacionam diretamente com o princípio da interpretação conforme a Constituição.

Este último princípio evidencia que uma norma não deve ser declarada inconstitucional quando houver dúvida acerca de sua invalidade, por não ser esta inequívoca e, principalmente, quando exista alguma interpretação, dentre as possíveis, que se compatibilize com os valores constitucionais[376]. O autor afirma que essa técnica interpretativa consiste na "escolha de uma linha de interpretação de uma norma legal, em meio a outras que o Texto comportaria", acrescentando que "o conceito sugere mais: a necessidade de buscar uma interpretação que não seja a que decorre da leitura mais óbvia do dispositivo. É, ainda, da sua natureza excluir a interpretação ou as interpretações que contravenham a Constituição".

Nesse sentido, destacam-se lições legítimas, as quais podem ser extraídas da regulamentação dos danos extrapatrimoniais advindos das relações de trabalho.

3.3.1. A liberação dos danos extrapatrimoniais coletivos do ciclo de retrocessos implementado pelos arts. 223-A a 223-G

O dano extrapatrimonial coletivo não está sujeito ao tabelamento indicado no art. 223-G, da CLT, nem tampouco a quaisquer vicissitudes da malfadada iniciativa legislativa.

Aqui, cabe uma interpretação literal: o Título II-A da CLT, segundo o art. 223-B aplicar-se-ia apenas às pessoas físicas e jurídicas, razão pela qual danos aos interesses ou direitos de grupos, ou seja, de natureza transindividual ou difusa, não foram disciplinados nem sequer mencionados na nova regulamentação[377].

Ademais, o art. 129, III, da Constituição Federal[378] prevê a ação civil pública para preservar ou reparar os interesses difusos ou coletivos dos trabalhadores e do meio ambiente do trabalho, razão pela qual não poderia mesmo uma lei ordinária limitar ou alterar o seu alcance[379]. Finalmente, por terem os danos extrapatrimoniais coletivos características diversas, sendo a coletividade a vítima da ação merecedora de reparação, não há que se falar em *quantum* máximo para a indenização.

Em resumo: os danos morais coletivos estão fora da CLT e das instabilidades inauguradas na nova regulamentação.

3.3.2. A liberação dos danos estéticos, socioambientais e indiretos do ciclo de retrocessos implementado pelos arts. 223-A a 223-G da CLT

Outra questão interessante. Na mesma linha dos danos extrapatrimoniais coletivos, os danos estéticos e socioambientais, desenvolvidos neste trabalho, assim como os danos indiretos, aparentemente, foram deixados de fora da reforma trabalhista. Tanto melhor. Será, assim, possível sustentar que, ao menos para estas espécies de danos extrapatrimoniais trabalhistas não haverá tetos, nem quaisquer das restrições estabelecidas no novel Título II.

---

(375) *Idem. Interpretação e aplicação da Constituição:* fundamentos de uma dogmática constitucional transformadora. 5. ed., rev. atual. e ampl. São Paulo: Saraiva, 2003. p. 151.

(376) *Ibidem*, p. 188.

(377) Com percepção mais severa da questão: "Aparentemente, o art. 223-B da CLT excluiu a coletividade como sujeito de direito, pois afirmou que "são as titulares exclusivas do direito à reparação..." a pessoa física ou jurídica vítima. Logo eliminou a possibilidade de reparação do dano coletivo". CASSAR, Vólia Bomfim; BORGES, Leonardo Dias. *Comentários à reforma trabalhista*. 1. ed. Rio de Janeiro: Forense, 2017. p. 40.

(378) BRASIL. Constituição Federal, art. 129, III. São funções institucionais do Ministério Público: [...] III – promover o inquérito civil e a ação civil pública, para a proteção do patrimônio público e social, do meio ambiente e de outros interesses difusos e coletivos.

(379) Igualmente, o art. 223-G, em seu § 5º aduz que os parâmetros indenizatórios estabelecidos não se aplicam aos danos extrapatrimoniais decorrentes de morte. Portanto, também em casos de acidente do trabalho com óbito, o valor da indenização cabível do dano extrapatrimonial não estará sujeito ao tabelamento do § 1º do art. 223-G da CLT, podendo ser fixado além do limite estabelecido para a ofensa de natureza gravíssima.

Se, para os danos morais e existenciais, haverá que se construir solução hermenêutica a superar as inconstitucionalidades do título, em relação às espécies de danos apresentadas no presente trabalho, quais sejam, (i) estético e (ii) socioambiental, por singela interpretação literal será possível concluir que os mesmos não se limitarão ao teto e tampouco à vedação de cumulação.

Não obstante a integridade física estar no rol do art. 223-C da CLT, a interpretação ora propugnada é a que mais realiza os direitos da personalidade, não os limitando em estamentos estanques contidos no parágrafo primeiro do art. 223-G da CLT.

O pensamento de Homero Silva compactua da mesma impressão:

> O art. 223-F, no entanto, não deixa claro onde estão os danos estéticos, terceiro gênero indenizável seguindo sólida jurisprudência do TST e do STJ; como nós não podemos distinguir onde a lei não distingue nem podemos interpretar de modo expansivo a norma restritiva, o mais provável é que os danos estéticos estejam, também eles, fora da tarifação e sejam passíveis da indenização em separado — ou seja, nada muda para eles; por óbvio, circularão teses de que os danos morais e os danos estéticos são modalidade de danos extrapatrimoniais, e, como tal, devem ser indenizados em conjunto, dentro da mesma tabela tarifária do art. 223-G, mas esse conceito não tem base científica[380];

3.3.3. A discriminação dos valores indenizatórios e a inteligibilidade da tutela jurisdicional

Em boa hora o art. 223-F, § 1º, da CLT, determina que o juiz promova a discriminação dos valores indenizados a título de danos patrimoniais e de natureza extrapatrimonial.

A doutrina tem comemorado a novidade, conforme Deusmar José Rodrigues:

> O § 1º, do art. 223-F, determina que, se houver cumulação de pedidos, o juízo, ao proferir a decisão, deve discriminar os valores das indenizações a título de danos patrimoniais e das reparações por danos de natureza extrapatrimonial.
>
> Salutar essa norma, ainda que seja evidente que os danos patrimoniais, mesmo quando originados do mesmo fato do qual decorreu danos morais, possuem, diversa natureza e sua quantificação é sempre feita por meio de parâmetros objetivos pelos quais se medem as perdas materiais presentes e futuras do ofendido[381].

Realmente: aí está um momento feliz da reforma.

As decisões judiciais refletem os raciocínios, sentimentos e impressões humanas. Nesse sentido, a fundamentação da sentença ilustra garantia central do processo justo quando consegue reproduzir exatamente, como num levantamento topográfico, o itinerário lógico que o juiz percorreu para chegar à sua conclusão. Apenas em uma sentença motivada pode-se encontrar no exame de seus fundamentos em que altura do caminho o magistrado tenha, ou não, se desorientado. A sentença deve ser ato de inteligência e vontade. Não se pode confundi-la com imposição pura e imotivada de vontade. A motivação da sentença, outrossim, faz-se útil para enriquecer e uniformizar a jurisprudência, servindo como valioso subsídio àqueles que contribuem para o aprimoramento e aplicação do direito[382].

Todo provimento jurisdicional deve ser motivado, justificando seu conteúdo e demonstrando o *iter* percorrido em respeito ao contraditório participativo das partes. É por conta da motivação que o sujeito poderá participar efetivamente do processo, na medida em que exercer o direito de recorrer atacando os fundamentos elencados na decisão. A motivação tem, portanto, escopo bifrontal. Em um primeiro aspecto, evidencia os fundamentos-sustentáculos da decisão, em argumentação persuasiva apta a convencer os jurisdicionados da justiça do provimento. Em contrapartida, a motivação cumpre relevante papel de controle do respeito ao contraditório das partes e ao devido processo legal. Nesse aspecto, a motivação deve ilustrar os parâmetros e critérios que foram levados em consideração para a definição

---

(380) SILVA, Homero Batista Mateus da. *Comentários à reforma trabalhista: análise da Lei n. 13.467/2017 — artigo por artigo*. 1. ed. São Paulo: Revista dos Tribunais, 2017. p. 59.

(381) RODRIGUES, Deusmar José (Coord. e coautor). *Lei da reforma trabalhista*: comentada artigo por artigo. Leme (SP): JH Mizuno, 2017. p. 123.

(382) TUPINAMBÁ, Carolina. *As garantias do processo do trabalho*. São Paulo: LTr, 2014. p. 276.

da tutela contra o dano extrapatrimonial. Quanto maior for a logicidade da organização da elaboração para se chegar à forma e ao montante devido a título de reparação dos danos extrapatrimoniais, mais sólida será a decisão do caso concreto e melhor, destarte, a prestação jurisdicional[383].

Diversos autores relacionaram a lógica com a necessidade de motivação, ainda que discordando sobre os porquês da sua existência, como se verifica em Calamandrei e Taruffo, ao entenderem que a decisão judicial resulta de um apriorístico sentimento, e a motivação seria, destarte, uma forma lógica para controlar, "à luz da Razão, a bondade de uma decisão fruto de sentimento"[384][385].

A ausência de fundamentação acarretará a nulidade da sentença eivada de tamanho vício, agora, também, pela dicção do art. 223-F, da CLT.

Em suma, no processo individual, pelo art. 223-F, far-se-á necessário que o juiz (i) identifique a responsabilidade pelo(s) dano(s); (ii) discrimine os danos havidos, se moral, existencial, estético ou socioambiental, a partir de única ou de várias condutas lesivas e (iii) relacione a forma e o *quantum* do ressarcimento de cada lesão, justificando a respectiva tutela com indicação imanente da parcela compensatória e punitivo-preventiva.

3.3.4. A dispensa definitiva do elemento culpa pelo art. 223-E da CLT

O art. 223-E, da CLT, identifica os responsáveis pelo dano extrapatrimonial. Tal redação utiliza-se do critério da colaboração para a ofensa como fundamento consistente da responsabilidade pela reparação.

Em primeiro lugar, vale o registro de que, em se tratando de dano extrapatrimonial, será de todo impossível definir, a partir de critérios objetivos e transparentes, a proporção da ação ou da omissão de cada agente partícipe, tal qual anuncia o artigo em tentativa de limitar a responsabilidade dos sujeitos exclusivamente a seus atos. A crítica é compartilhada pela doutrina:

> Arbitramentos sobre tal dosagem em ações ou omissões ilícitas poderiam representar campo de subjetividade incompatível com o primado do Estado Democrático de Direito. Nesse norte, o dispositivo deve interpretativamente ser conjugado com o art. 942 do Código Civil que define, de maneira direta, que "os bens do responsável pela ofensa ou violência do direito que outrem ficam sujeitos à reparação do dano causado; e, se a ofensa tiver mais um ator, todos responderão solidariamente pela reparação". Efetivamente, "a indenização mede-se pela extensão do dano" (art. 944 do Código Civil, de aplicação subsidiária), e não pela proporção da participação. De todo modo, para além da polêmica sobre a possibilidade de se definir uma proporção da lesão a bem extrapatrimonial, concluindo-se no caso concreto que os agressores participaram de forma igual para a ocorrência do dano, deve ser reconhecida a responsabilidade solidária[386].

Eis a primeira consequência prática: o art. 223-E da CLT institui responsabilidade solidária e integral de todos os agentes que tenham dado causa ou contribuído com a lesão extrapatrimonial.

---

(383) *Ibidem*, p. 276.

(384) CALAMANDREI, Piero. *Processo e democracia*. Padova: Cedam, 1952. p. 102; TARUFFO, Michele. *La motivazione della sentenza civile*. Padova: Cedam, 1957, *apud* CARNEIRO, Athos Gusmão. Sentença mal fundamentada e sentença não fundamentada. *Revista de Processo – REPRO*, RT, ano 21, n. 81, p. 220, jan./mar. 1996.

(385) "Embora se continue a repetir que a sentença pode se reduzir esquematicamente a um silogismo no qual, a partir de premissas dadas, o juiz tira a conclusão apenas em virtude da lógica, às vezes acontece que o juiz, ao formar a sentença, inverte a ordem normal do silogismo; isto é, encontre antes a conclusão e, depois, as premissas que servem para justificá-la. Essa inversão da lógica formal parece ser oficialmente aconselhada ao juiz por certos procedimentos judiciários, como aqueles que, enquanto lhe impõem tornar público, no fim da audiência, o dispositivo da sentença (isto é, a conclusão), consentem que retarde por alguns dias a formulação dos fundamentos (isto é, das premissas). A própria lei, portanto, parece reconhecer que a dificuldade de julgar não consiste tanto em achar a conclusão, que pode ser coisa a se resolver no mesmo dia, quanto em achar depois, com mais longa meditação, as premissas de que essa conclusão deveria ser, segundo o vulgo, a consequência. As premissas, não obstante seu nome, frequentemente são elaboradas depois — em matéria judiciária, o teto pode ser construído antes das paredes. Com isso, não se quer dizer que o dispositivo surja às cegas e que a fundamentação tenha o *único objetivo de mostrar como fruto de rigoroso raciocínio* o que, na realidade, é fruto do arbítrio; quer-se dizer apenas que, no julgar, a intuição e o sentimento muitas vezes têm um papel bem maior do que parece a quem vê as coisas de fora. Não é por nada, diria alguém, que sentença deriva de sentir" CALAMANDREI, Piero. *Eles, os juízes, vistos por um advogado*. São Paulo: Martins Fontes, 1995. p. 176.

(386) PORTO, Noemia. Dano extrapatrimonial e reforma trabalhista: análise sobre o alcance dos direitos fundamentais. In: FELICIANO, Guilherme Guimarães; TREVISO, Marco Aurélio Marsiglia e outro (Orgs.). *Reforma trabalhista visão compreensão e crítica*. São Paulo: LTr, 2017. p. 142.

Em segundo lugar, repare-se que o dispositivo imputa responsabilidade a quem tenha colaborado com a produção do dano, ou seja, a quem tenha dado causa à lesão, sem exigir qualquer comprovação de dolo ou culpa. Em outras palavras, reconhece que deve pagar quem descumpre o contrato de trabalho, sendo que, ao referir-se a "todos", atrai, ainda, em responsabilidade objetiva, quem esteja indiretamente relacionado ao vínculo contratual, como, por exemplo, um tomador de serviços em caso de terceirização.

Com este último argumento, fecha-se o leque de fundamentos que autorizam a tese de que os danos extrapatrimoniais derivados das relações de emprego que afetem o trabalhador deverão ser ressarcidos pelo empregador, bastando que se comprove o dano-evento, o dano-prejuízo ou o dano em ricochete, bem como o nexo causal ocupacional:

(i) A perspectiva prática do princípio da solidariedade anuncia que o trabalhador vítima de dano extrapatrimonial deve ser ressarcido em máxima medida possível;

(ii) A responsabilidade do empregador é contratual, decorrente de simples violação do dever anexo de cuidado com o empregado, ou seja, de respeitar e reconhecer os direitos de sua personalidade, o que decorre da incidência do princípio da boa-fé no contrato de trabalho, bem como da eficácia horizontal do princípio da dignidade humana;

(iii) Para os danos extrapatrimoniais derivados de doenças e acidentes de trabalho, hipóteses em que a Constituição exige comprovação de culpa ou dolo, tais elementos restam superados pelas teorias do risco;

(iv) O explorador de mão de obra deve arcar com o risco a que submete o trabalhador, corolário da concepção de trabalho digno como valor humano;

(v) As convenções da OIT imputam ao empregador obrigação contratual de zelo, sob pena de responsabilidade;

(vi) Os efeitos práticos da responsabilidade contratual e da responsabilidade objetiva são os mesmos: dispensa de necessidade de comprovação de culpa;

(viii) Os critérios da legislação trabalhista para fixação de danos expatrimoniais só são aplicados para a violação de bens jurídicos de forma individual, não sendo parâmetro para os danos morais coletivos.

3.2.5. A interpretação conforme propugnada

Feitas as considerações, a interpretação constitucional a ser defendida ao teor da regulamentação dos danos extrapatrimoniais pela CLT é a seguinte:

(i) O Título II-A, da CLT, deve ser submetido à interpretação constitucional;

(ii) A aplicação isolada da CLT aos danos extrapatrimoniais é afastada pela teoria do diálogo das fontes, segundo a qual o ordenamento jurídico deve ser interpretado de forma unitária e sistemática;

(iii) A impertinente exclusão de fontes normativas aduzida pelo termo "apenas" contido no art. 223-A, da CLT, deve ser suplantada em prol de interpretação coerente do ordenamento jurídico, evitando-se distinções injustas;

(iv) O Título II-A, da CLT, deverá ser aplicado em conjunto com outras normas jurídicas, ora mediante a complementação de uma norma a outra, ora por meio de aplicação subsidiária de uma norma a outra;

(v) Causará dano de natureza extrapatrimonial trabalhista a ação ou omissão que ofenda a esfera de valores personalíssimos do indivíduo perante si próprio, bem como perante o ambiente de trabalho em que inserido;

(vi) São espécies do gênero dano extrapatrimonial os danos moral, estético, existencial, socioambiental e o dano moral coletivo;

(vii) A etnia, a idade, a nacionalidade, a honra, a imagem, a intimidade, a liberdade de ação, a autoestima, o gênero, a orientação sexual, a saúde, o lazer e a integridade física são apenas exemplos de bens juridicamente tutelados inerentes à pessoa natural;

(viii) A imagem, a marca, o nome, o segredo empresarial e o sigilo da correspondência são apenas exemplos de bens juridicamente tutelados inerentes à pessoa jurídica;

(ix) O grau de dolo ou culpa é tão somente um dos elementos que podem ser levados em consideração para se qualificar o dano e se atribuir valor à indenização;

(x) Tendo causado dano extrapatrimonial ao empregado, o empregador será responsabilizado por violação de dever contratual estruturado no princípio da boa-fé;

(xi) Tendo causado dano extrapatrimonial ao empregado por conta de doença ou acidente ocupacional, o empregador será responsabilizado, dispensada culpa, pelas teorias do risco;

(xii) Não é passível de aferição nem de controle do grau do impacto da ação ou omissão para a configuração de um dano extrapatrimonial;

(xiii) Sendo a responsabilidade trabalhista contratual ou objetiva (para os casos de acidentes de trabalho), o nexo causal a ser demonstrado segue a teoria da equivalência das condições a considerar a totalidade dos agentes e circunstâncias que tenham permitido a produção dos efeitos danosos, tomada a lesão como una e indivisível;

(xiv) Todos os tomadores de serviço, diretos ou indiretos, deverão responder subsidiária ou solidariamente (a depender de previsão legal) pelos danos extrapatrimoniais causados ao trabalhador, ou seja, "quem usufrui do bônus deve suportar o ônus", de acordo com os arts. 455, da CLT[387], 16 da Lei n. 6.019/1974[388], 8º da Convenção 167 da OIT[389] e 8º e 9º da Lei n. 12.023/2009[390];

(xv) A reparação de todas e quaisquer espécies de danos extrapatrimoniais poderá ser pedida cumulativamente com a indenização pelos danos materiais decorrentes do mesmo ato lesivo, e o juiz deverá indicar a tutela referente a cada lesão ocorrida, não ficando limitado à determinação de apenas uma indenização referente ao dano de maior gravidade;

(xvi) Os elementos considerados para a tutela dos danos extrapatrimoniais não são taxativos ou exaustivos, mas devem restar expressos na decisão, sendo orientados pelo princípio do convencimento motivado;

(xvii) A tarifação pretendida pelo legislador é flexível, bastando que o julgador indique o motivo pelo qual tenha exorbitado o teto indicado pelo legislador, de acordo com os arts. 5º, V e X da CRFB/1988[391] e 12, 186, 187 e 944, do Código Civil Brasileiro[392].

---

(387) BRASIL. Consolidação das Leis Trabalhistas, art. 455. Nos contratos de subempreitada responderá o subempreiteiro pelas obrigações derivadas do contrato de trabalho que celebrar, cabendo, todavia, aos empregados, o direito de reclamação contra o empreiteiro principal pelo inadimplemento daquelas obrigações por parte do primeiro.
Parágrafo único – Ao empreiteiro principal fica ressalvada, nos termos da lei civil, ação regressiva contra o subempreiteiro e a retenção de importâncias a este devidas, para a garantia das obrigações previstas neste artigo.

(388) BRASIL. Lei n. 6.019, art. 16. No caso de falência da empresa de trabalho temporário, a empresa tomadora ou cliente é solidariamente responsável pelo recolhimento das contribuições previdenciárias, no tocante ao tempo em que o trabalhador esteve sob suas ordens, assim como em referência ao mesmo período, pela remuneração e indenização previstas nesta Lei.

(389) OIT. Convenção n. 167, art. 8º. Quando dois ou mais empregadores estiverem realizando atividades simultaneamente na mesma obra: a) a coordenação das medidas prescritas em matéria de segurança e saúde e, na medida em que for compatível com a legislação nacional, a responsabilidade de zelar pelo cumprimento efetivo de tais medidas recairá sobre o empreiteiro principal ou sobre outra pessoa ou organismo que estiver exercendo controle efetivo ou tiver a principal responsabilidade pelo conjunto de atividades na obra. Esta Convenção entrou em vigor no Brasil em 19 de maio de 2007. A ratificação ocorreu pelo Decreto Legislativo n. 61/2006 e promulgado pelo Decreto n. 6.271, de 22 nov. 2007.

(390) BRASIL. Lei n. 12.023/2009, art. 8º. As empresas tomadoras do trabalho avulso respondem solidariamente pela efetiva remuneração do trabalho contratado e são responsáveis pelo recolhimento dos encargos fiscais e sociais, bem como das contribuições ou de outras importâncias devidas à Seguridade Social, no limite do uso que fizerem do trabalho avulso intermediado pelo sindicato.
Art. 9º As empresas tomadoras do trabalho avulso são responsáveis pelo fornecimento dos Equipamentos de Proteção Individual e por zelar pelo cumprimento das normas de segurança no trabalho.

(391) BRASIL. Constituição Federal, art. 5º. Todos são iguais perante a lei, sem distinção de qualquer natureza, garantindo-se aos brasileiros e aos estrangeiros residentes no País a inviolabilidade do direito à vida, à liberdade, à igualdade, à segurança e à propriedade, nos termos seguintes:
V – é assegurado o direito de resposta, proporcional ao agravo, além da indenização por dano material, moral ou à imagem;
X – são invioláveis a intimidade, a vida privada, a honra e a imagem das pessoas, assegurado o direito a indenização pelo dano material ou moral decorrente de sua violação;

(392) BRASIL. Código Civil, art. 12. Pode-se exigir que cesse a ameaça, ou a lesão, a direito da personalidade, e reclamar perdas e danos, sem prejuízo de outras sanções previstas em lei. Parágrafo único. Em se tratando de morto, terá legitimação para requerer a medida prevista neste artigo o cônjuge sobrevivente, ou qualquer parente em linha reta, ou colateral até o quarto grau.

(xviii) Em nome dos princípios mais elevados emanados da Constituição Federal de 1988, entre eles, a isonomia, a segurança jurídica, bem como a previsibilidade das decisões judiciais, de modo a se evitar decisões colidentes, conflitantes ou contraditórias, é de bom alvitre que se estabeleçam critérios, de modo a parametrizar — e não precificar ou tarifar — os valores das reparações por danos extrapatrimoniais, sempre deixando que o magistrado, considerando as condições concretas e o convencimento motivado, fixe valor de forma de justa e fundamentada.

Art. 186. Aquele que, por ação ou omissão voluntária, negligência ou imprudência, violar direito e causar dano a outrem, ainda que exclusivamente moral, comete ato ilícito.

Art. 187. Também comete ato ilícito o titular de um direito que, ao exercê-lo, excede manifestamente os limites impostos pelo seu fim econômico ou social, pela boa-fé ou pelos bons costumes.

Art. 944. A indenização mede-se pela extensão do dano.

Parágrafo único. Se houver excessiva desproporção entre a gravidade da culpa e o dano, poderá o juiz reduzir, equitativamente, a indenização.

Capítulo 4

A Responsabilidade Contratual e as Obrigações do Empregador em Relação aos Direitos Personalíssimos do Trabalhador

4.1. A natureza e o escopo do contrato de trabalho

O contrato de trabalho, outrora regulado como contrato meramente mercantil no Código Comercial de 1850 e ignorado pelo Código Civil de 1916, restrito apenas à locação de serviços, à empreitada e à locação de coisas, teve sua concepção absolutamente recolocada pelo Tratado de Versalhes, logo após o término da Primeira Guerra Mundial.

Desde então, o direito do trabalho como um todo passou a ter papel significativo nos ordenamentos jurídicos pátrios, culminando, no Brasil, com a Constituição de 1988, a qual enuncia logo no art. 1º, incisos III e IV, os fundamentos da República Federativa do Brasil, quais sejam: a dignidade da pessoa humana e os valores sociais do trabalho e da livre iniciativa. Os arts. 170, *caput* e 193 do referido diploma dispõem, ainda, que a ordem econômica será "fundada na valorização do trabalho humano e na livre iniciativa" e que "a ordem social tem como base o primado do trabalho, e como objetivo o bem-estar e a justiça sociais".

Nas palavras de João de Lima Teixeira Filho, "A cristalização dessa doutrina, em nível constitucional, advém do Tratado de Versalhes e da Constituição de Weimar. A partir de então, todo o mundo capitalista passou a considerar o trabalho humano como uma emanação da personalidade e da dignidade humana, e não mais como simples energia física a ser vendida como coisa no mercado de serviços"[393].

Em junho de 1919, após a Primeira Guerra Mundial, foi realizada em Versalhes a Conferência de Paz, a qual originou o Tratado de Versalhes e a criação da Organização Internacional do Trabalho. O tratado tinha como objetivos promover a justiça e a paz sociais, além de enunciar a melhoria das relações empregatícias por meio dos princípios que regeriam a legislação internacional do trabalho e, em particular, respeitar os direitos humanos no mundo do trabalho. Desde a criação da OIT, portanto, está assente no direito internacional não poder haver paz universal duradoura sem justiça social.

No plano político, a OIT exsurgiu como importante organismo internacional, ficando responsável por assegurar bases sólidas para a paz mundial e obter melhores condições humanas para a classe trabalhadora.

Contudo, foi durante a Segunda Guerra Mundial que o passo decisivo se deu para elevar os direitos sociais ao patamar dos direitos fundamentais. Em 10 de maio de 1944, a OIT realizou sua Conferência Geral na cidade da Filadélfia, adotando o que posteriormente seria conhecido como a Declaração da Filadélfia.

A Constituição da OIT talvez seja a primeira manifestação internacional a elevar os direitos sociais ao nível dos demais direitos humanos, afirmando, dentre os princípios fundamentais sobre os quais se fundam a Organização, que "o trabalho não é uma mercadoria" e que "todos os seres humanos, qualquer que seja a sua raça, a sua crença ou o seu sexo, têm o direito de efetuar o seu progresso material e o seu desenvolvimento espiritual em liberdade e com dignidade, com segurança econômica e com oportunidades iguais", enunciando a concepção moderna dos direitos trabalhistas.

Também nesse contexto, foi assinada, em 1948, a Declaração Universal dos Direitos do Homem aprovada pela Assembleia Geral das Nações Unidas, que, em seu art. 23, enumera quatro itens relacionados ao direito do homem ao

---

(393) TEIXEIRA FILHO, João de Lima. *Instituições de direito do trabalho*. 21. ed. São Paulo: LTr, 2003. p. 236.

trabalho.[394] Dessa maneira, o acesso ao trabalho e sua realização digna são elencados no rol de direitos humanos fundamentais. Passa a ser reconhecido no trabalho algo além do que um mero meio de sobrevivência e sustento próprios, mas também um componente imaterial que confere dignidade àquele que labora.

Ainda por volta do final da Segunda Guerra Mundial, até mesmo países em desenvolvimento, como o Brasil, introduziram certos direitos sociais no arcabouço jurídico. Aqui foram implantados direitos como o salário-mínimo, a previdência social para os trabalhadores urbanos e o direito de organização sindical, que, apesar de já garantido mesmo antes de 1945, não era efetivo. Muitos desses direitos foram incluídos na Constituição de 1946, inclusive o direito de greve[395].

A eleição de Getúlio Vargas à Presidência permitiu nova expansão dos direitos sociais.

Entretanto, entre 1964 e 1984, o regime militar reprimiu grande parte destes direitos, que só foram reconquistados a partir de 1978, por meio dos sindicatos de trabalhadores da cidade e do campo que ganharam autonomia em relação ao Estado e estabeleceram uma extensa pauta de reivindicações de direitos sociais, muitos dos quais foram inseridos na Carta de 1988.

De volta ao âmbito internacional, em junho de 1998, a 86ª Conferência Internacional do Trabalho aprovou a Declaração da OIT sobre os Princípios e Direitos Fundamentais no Trabalho. Em seu item 2, ela reafirma o compromisso das nações pertencentes à OIT, mesmo que estas não tenham ratificado as convenções correspondentes, de respeitar os princípios relativos aos direitos fundamentais objeto da norma internacional, tais como: "a) a liberdade sindical e o reconhecimento efetivo do direito de negociação coletiva; b) a eliminação de todas as formas de trabalho forçado ou obrigatório; c) a abolição efetiva do trabalho infantil; e d) a eliminação da discriminação em matéria de emprego e ocupação[396][397]".

Em suma, é preciso pensar as relações trabalhistas para além do binômio trabalho-salário. O trabalho humano deve ser compreendido como uma forma de conquista de dignidade na sociedade atual e de acordo com o estágio internacional apresentado. É via este pensamento conscientizado que ganham sentido os aspectos extrapatrimoniais das relações de trabalho, seus adjetivos e, mais do que tudo, as obrigações dos detentores do modo de produção para com os que alienam a força de trabalho em contexto capitalista. É o conceito de trabalho digno que imprime deveres intrínsecos e essenciais ao contrato de trabalho equivalentes ao que a doutrina civilista denomina "deveres anexos ao contrato", derivados da boa-fé objetiva.

4.2. As obrigações do tomador de serviços derivadas do contrato de trabalho

O Brasil, como estado-membro da OIT, a partir da Constituição de 1988, vem tentando implementar os princípios trazidos pela Organização. Com o advento do Código Civil de 2002, percebe-se, na redação de seus arts. 421 e 422, aproximação salutar com o direito do trabalho em disposições tais como "A liberdade de contratar será exercida em razão e nos limites da função social do contrato" e "Os contratantes são obrigados a guardar, assim na conclusão do contrato, como em sua execução, os princípios de probidade e boa-fé" etc.

---

(394) ONU. Declaração Universal dos Direitos do Homem, art. 23.

1. Todo o homem tem direito ao trabalho, à livre escolha de emprego, a condições justas e favoráveis de trabalho e à proteção contra o desemprego.

2. Todo o homem, sem qualquer distinção, tem direito a igual remuneração por igual trabalho.

3. Todo o homem que trabalha tem direito a uma remuneração justa e satisfatória, que lhe assegure, assim como a sua família, uma existência compatível com a dignidade humana, e a que se acrescentarão, se necessário, outros meios de proteção social.

4.Todo o homem tem direito a organizar sindicatos e a neles ingressar para proteção de seus interesses.

(395) Porém, logo em seguida, os sindicatos foram colocados sob intervenção federal e só vieram a readquirir sua autonomia a partir de 1952.

(396) OIT. Declaração sobre os princípios e Direitos Fundamentais no Trabalho. Item 2. Disponível em: <http://www.ilo.org/public/english/standards/declaration/declaration_portuguese.pdf>. Acesso em: 11 jan. 2018.

(397) A 86ª Conferência Internacional do Trabalho elencou, dessa forma, algumas das Convenções fundamentais e que passaram a integrar a Declaração de Princípios Fundamentais e Direitos no Trabalho da OIT de 1998, são elas: Convenção n. 182, sobre as Piores Formas de Trabalho das Crianças, de 1999; Convenção n. 138, sobre a Idade Mínima, de 1973; Convenção n. 111, sobre a Discriminação (Emprego e Profissão), de 1958; Convenção n. 105, sobre a Abolição do Trabalho Forçado, de 1957; Convenção n. 100, sobre a Igualdade de Remuneração, de 1951; Convenção n. 98, sobre o Direito de Organização e Negociação Coletiva, de 1949; Convenção n. 87, sobre a Liberdade Sindical e a Proteção do Direito Sindical, de 1948 e a Convenção n. 29, sobre o Trabalho Forçado ou Obrigatório, de 1930.

Em suma, em razão da manifesta superação do tradicional conceito de que direito constitucional e direito privado ocupavam posições estanques, divorciadas entre si, e diante do fenômeno conhecido como "constitucionalização" dos demais ramos do direito, a reflexão sobre a aplicação dos direitos fundamentais nas relações entre particulares, romanticamente descrita por Von Münch, nos seguintes termos: "uma vez desmoronado o dique que, segundo a doutrina precedente, separava o direito constitucional do direito privado, os direitos fundamentais se precipitaram como uma cascata no mar do Direito privado"[398], o contrato, inclusive o de trabalho, passa a ser lido pela lente constitucional, o que importa reconhecer novos princípios de interpretação.

Diante de tal afirmação, revela-se a importância de ter-se em mente que as relações contratuais, de uma maneira geral, são regidas por princípios compromissados com a justiça das mesmas e que podem ser cumpridos em diferentes graus, a depender tanto das possibilidades jurídicas no momento do aperfeiçoamento contratual quanto das circunstâncias reais que circundam as partes.

Dentre os mais importantes princípios contratuais estão o da autonomia da vontade, o da função social, o da obrigatoriedade da convenção, o da relatividade das convenções e o da boa-fé objetiva.

O princípio da autonomia da vontade[399] significa que as partes têm liberdade para contratar ou não; decidir sobre o tipo do contrato; o tempo em que será realizado; o seu conteúdo etc.

Contudo, esse princípio não é absoluto. A liberdade contratual encontra alguns limites que devem ser respeitados para que o contrato seja considerado válido. Assim, o contrato deve ser exercido nos limites da lei e da ordem pública. Além disso, o contrato deve ser resultado da livre e consciente manifestação de vontade das partes contratantes, podendo ser anulados aqueles provenientes de erro, dolo, coação ou outros vícios. Por fim, o princípio da liberdade das partes encontra limites na função social do contrato.

Esse princípio, o da função social do contrato, tem raízes constitucionais e determina que os interesses individuais das partes devem ser exercidos em consonância com os direitos sociais[400]. Para Clóvis Beviláqua, esse princípio reside na capacidade que o contrato dispõe de compor e fazer convergir interesses inicialmente não coincidentes, associando a função social do contrato à sua utilidade como instrumento de expansão da atividade econômica[401].

O referido princípio é a razão e o limite da autonomia da vontade[402]. Quando tal autonomia se encontra em confronto com o interesse social, este deve prevalecer, ainda que essa limitação possa atingir a própria liberdade de contratar. Os contratantes, embora sejam livres para ajustar os termos do contrato, deverão agir sempre dentro dos limites que se fazem necessários para evitar que o seu negócio prejudique injustamente terceiros alheios ao contrato. Portanto, sua incidência no campo trabalhista é expressiva:

> Num sistema econômico caracterizado pela produção, distribuição e consumo de massa, o primeiro imperativo da função social do contrato, é, de fato, o de garantir a celeridade das contratações, a segurança jurídica e a estabilidade das relações. Contudo, esses objetivos demandam, justamente, que os negócios sejam tomados e disciplinados na sua objetividade, no seu desenvolvimento típico[403].

---

(398) MÜNCH, Ingo von. Drittwirkung de derechos fundamentales em Alemania, apud PEREIRA, Jane Reis Gonçalves. Apontamentos sobre a Aplicação das Normas de Direito Fundamental nas Relações Jurídicas entre particulares. In: BARROSO, Luís Roberto (Org.). *A nova interpretação constitucional*. Rio de Janeiro: Renovar, 2003. p. 121, apud *Revista Eletrônica*, set. 2013, Tribunal Regional do Trabalho do Paraná. Dano Existencial, p. 15.

(399) Segundo Maria Helena Diniz, o poder de autorregulamentação dos interesses das partes contratantes, condensado no princípio da autonomia da vontade, envolve liberdade contratual (*Gestaltungfreiheit*), que é a de determinação do conteúdo da avença e a de criação de contratos atípicos, e liberdade de contratar (*Abschlussfreiheit*), alusiva à de celebrar ou não o contrato e à de escolher o outro contratante. (DINIZ, Maria Helena. *Curso de direito civil brasileiro, volume 3*: teoria das obrigações contratuais e extracontratuais. 32. ed. São Paulo: Saraiva, 2016. p. 41)

(400) Para Mônica Yoshizato, o exercício do contrato dirige-se para a satisfação dos interesses sociais. BIERWAGEN, Mônica Yoshizato. *Princípios e regras de interpretação dos contratos no novo Código Civil*. 3. ed. São Paulo: Saraiva, 2007. p. 63.

(401) BEVILÁQUA, Clóvis. *Direito das obrigações*. Salvador: Livraria Magalhães, 1896, apud TEPEDINO, Gustavo; BARBOZA, Heloísa Helena; MORAES, Maria Celina Bodin. *Código Civil Interpretado conforme a Constituição da República*. Rio de Janeiro: Renovar, 2006. p. 9.

(402) BRASIL. Código Civil, art. 421. A liberdade de contratar será exercida em razão e nos limites da função social do contrato.

(403) SANTOS, Enoque Ribeiro dos. *A função social do contrato, a solidariedade e o pilar da modernidade nas relações de trabalho:* de acordo com o novo Código Civil brasileiro. São Paulo: LTr, 2003. p. 42.

Enoque dos Santos complementa:

> A função social do contrato de trabalho é exercida na prática no dia a dia das relações entre empregados e empregadores, dado o caráter diuturno de trato sucessivo desse negócio jurídico. Assim, atendendo à sua finalidade teleológica, o Direito da parte economicamente mais fraca será protegido e revestir-se-á de legitimação e eficácia, com arrimo nos mais altos preceitos da função social do contrato e da propriedade, desde que não venham ferir ou lesar os interesses das partes menos privilegiadas e atente para o aperfeiçoamento dos Direitos fundamentais da pessoa humana[404].

O princípio da obrigatoriedade de convenção é aquele que obriga as partes ao acordado de livre e espontânea vontade no contrato. Também é conhecido como *pacta sunt servanda*[405], atualmente mitigado, uma vez que não mais se reconhece a impossibilidade da revisão das cláusulas do contrato[406].

Para Maria Helena Diniz, o contrato, uma vez concluído livremente, incorpora-se ao ordenamento jurídico, constituindo uma verdadeira norma de direito, autorizando, portanto, o contratante a pedir a intervenção estatal para assegurar a execução da obrigação porventura não cumprida segundo a vontade que a constituiu[407]. Quanto ao princípio da relatividade da convenção, este afirma que o contrato somente obriga as partes contratantes, não devendo, assim, prejudicar terceiros.

O princípio do equilíbrio econômico, conhecido como *rebus sic stantibus* consiste na isonomia entre os contratantes no que toca às condições para defender seus interesses. Surgiu com o crescimento da indústria e de seu poderio econômico, época em que se passou a observar que o contratante mais forte acabava por se aproveitar de sua condição para extrair o máximo de vantagem do contrato, em detrimento da parte mais fraca. Assim, desde que respeitassem a lei, os contratantes tinham o direito de buscar a máxima realização de seus interesses, individualmente, mesmo que aquela relação contratual trouxesse sérios prejuízos para a parte economicamente menos favorecida. O referido princípio busca, justamente, evitar tal situação, extremamente comum nos contratos de trabalho. Tal princípio opõe-se ao da obrigatoriedade dos contratos. Permite aos contraentes recorrerem ao Poder Judiciário para alterar o contrato acordado anteriormente em situações específicas geradas por fatores externos que levem uma das partes a ter onerosidade excessiva ou enriquecimento sem causa que comprometam o equilíbrio entre as prestações da forma como foram originalmente estabelecidas. Nesse sentido, presume-se a existência de uma cláusula implícita nos contratos comutativos de trato sucessivo e execução diferida pela qual a obrigatoriedade gerada pressupõe a inalterabilidade da situação de fato[408].

---

(404) SANTOS, Enoque Ribeiro dos. *A função social do contrato, a solidariedade e o pilar da modernidade nas relações de trabalho*: de acordo com o novo Código Civil brasileiro. São Paulo: LTr, 2003. p. 61

(405) Sobre o princípio: "Como ninguém é obrigado a contratar, pelo princípio da autonomia da vontade, os que o fizerem serão obrigados a cumprir o contrato que celebraram se este for válido e eficaz, pois foram as partes que escolheram e aceitaram os termos e cláusulas descritos sem interferência do juiz. A força obrigatória significa a irreversibilidade da palavra empenhada, e tem por fundamentos a necessidade de segurança nos negócios jurídicos, que deixaria de existir se os contratantes tivessem a opção de não cumprir o que acordaram, e a intangibilidade ou imutabilidade do contrato. Nesse sentido, o contrato, desde que observados os requisitos legais, torna-se obrigatório para os contratantes, constituindo lei entre as partes, não se podendo desvincular se não por outro contrato que rescinda ou altere o anterior". LOTUFO, Renan; NANNI, Giovanni Ettore. *Teoria geral dos contratos*. São Paulo: Atlas, 2011. p. 87.

(406) Dessa forma, existem limitações excepcionais para o princípio da obrigatoriedade dos contratos. A primeira delas é a ocorrência de fato extraordinário e inevitável que torne impossível o cumprimento da obrigação, caso em que não cabe indenização à parte que não recebeu a obrigação. A desistência ou arrependimento é outra, caso em que o contratante pode se arrepender ou desistir de contrato firmado por meio de arras. Pode ser convencional, quando as partes estabelecem no contrato que qualquer uma delas pode se arrepender, ou legal, situação na qual o contrato não prevê desistência ou arrependimento das partes, mas a lei explicita no caso concreto. Fatos supervenientes inevitáveis são casos imprevisíveis que tornam o cumprimento da obrigação extremamente difícil de ser cumprida pelo devedor, mas sem torná-la impossível, não se encaixando nas situações de caso fortuito ou força maior.

(407) DINIZ, Maria Helena. *Curso de direito civil brasileiro, volume 3*: teoria das obrigações contratuais e extracontratuais. 32. ed. São Paulo: Saraiva, 2016. p. 48.

(408) TEPEDINO, Gustavo; BARBOZA, Heloísa Helena; MORAES, Maria Celina Bodin. *Código Civil interpretado conforme a Constituição da República*. Rio de Janeiro: Renovar, 2004. p. 129.

O princípio da boa-fé objetiva[409] é o corolário do comportamento leal entre as partes e está disposto no art. 422, do Código Civil[410], consubstanciando o dever de tratamento leal e cooperativo entre as partes do contrato na relação obrigacional ali imposta. Exige que as partes se comportem de forma correta não só durante as combinações, como também durante a formação e o cumprimento do contrato. O referido princípio liga-se não só à interpretação dos contratos, mas também ao interesse social de segurança das relações jurídicas. A boa-fé pode ocorrer tanto para se reclamar do contratante o cumprimento da obrigação, da melhor maneira possível para a outra parte, como para exonerá-lo dela. Também aparece quando alguma das partes é inadimplente absolutamente ou parcialmente, quando o contratante deixa de cumprir algum dever anexo ou lateral do contrato, que podem ser exemplificados por dever de proteção, dever de lealdade e dever de informação.

Assim, se os contratantes não agirem com a boa-fé objetiva em qualquer das fases do contrato, estarão descumprindo uma obrigação imposta por lei, incorrendo em ato ilícito, tendo como consequências as mesmas de qualquer ilicitude.

O art. 442, da Consolidação das Leis do Trabalho, define contrato de trabalho como todo acordo tácito ou expresso, correspondente à relação de emprego.

Sobre as condições das partes contratantes, Bernard Edelman sublinha crítica social relevante:

> Não sabemos nada verdadeiramente, afora as banalidades com que nos cumulam: o contrato de trabalho introduz uma "falsa" igualdade entre as partes, a "vontade" do operário é uma "ficção" [...] trivialidades com que nos contentamos preguiçosamente por falta de ir ver na prática como as coisas se passam de fato. E nossa ignorância é tão grande que nos esquecemos de que as críticas dos programas de Gotha e de Erfurt são apenas um extraordinário desmonte de todas as ilusões jurídicas com as quais se pode satisfazer impunemente um partido social-democrata. Vejam-se todas as críticas sobre a noção de "trabalho" ou de Estado livre; elas miram as ilusões jurídicas[411].

Para Délio Maranhão, contrato de trabalho *stricto sensu* é o negócio jurídico pelo qual uma pessoa física (empregado) obriga-se, mediante o pagamento de uma contraprestação (salário), a prestar trabalho não eventual em proveito de outra pessoa, física ou jurídica (empregador), a quem fica juridicamente subordinada[412]. Dessa concepção tradicional e clássica de contrato de trabalho, todavia, surgiriam apenas duas obrigações fundamentais para as partes comumente tratadas pela doutrina, quais sejam: a obrigação da prestação de trabalho por parte do empregado e a contraprestação de remuneração por parte do empregador.

Acerca da subordinação característica principal no contrato de trabalho convém salientar a lição de Délio Maranhão:

> O empregador, que exerce um empreendimento econômico, reúne, em sua empresa, os diversos fatores de produção. Esta, precisamente, sua função social. Desses fatores, o principal é o trabalho. Assumindo o empregador, como proprietário da empresa, os riscos do empreendimento, claro está que lhe é de ser reconhecido o direito de dispor daqueles fatores, cuja reunião forma uma unidade técnica de produção. Ora, sendo o trabalho, ou melhor, a força de trabalho, indissoluvelmente ligada à sua fonte, que é a própria pessoa do trabalhador, daí decorre, logicamente, a situação subordinada em que este terá de ficar relativamente a quem pode dispor do seu trabalho[413].

---

[409] A boa-fé objetiva é representada pela conduta do contratante que demonstre seu respeito à outra parte. COELHO, Fábio Ulhoa. *Curso de direito civil, 3: contratos*. 5. ed. São Paulo: Saraiva, 2012. p. 47. Ela tem três funções essenciais: a de cânon interpretativo-integrativo, de norma de criação de deveres jurídicos e de norma de limitação ao exercício de direitos subjetivos. WIEACKER, Franz. *El princípio general de la buena fe*. Apud TEPEDINO, Gustavo; BARBOZA, Heloísa Helena; MORAES, Maria Celina Bodin. *Código Civil Interpretado conforme a Constituição da República*. Rio de Janeiro: Renovar, ?ANO?. p. 17.

[410] BRASIL. Código Civil, art. 422. Os contratantes são obrigados a guardar, assim na conclusão do contrato, como em sua execução, os princípios de probidade e boa-fé.

[411] EDELMAN, Bernard. *A legalização da classe operária*. 1. ed. São Paulo: Boitempo, 2016. p. 27.

[412] MARANHÃO, Délio. *Instituições de direito do trabalho*. 21. ed. São Paulo: LTr, 2003. p. 237.

[413] *Ibidem*, p. 241.

E continua Maranhão:

> De um lado temos a faculdade do empregador de utilizar-se da força de trabalho do empregado — um dos fatores de produção de que dispõe — no interesse do empreendimento cujos riscos assumiu; de outro, a obrigação do empregado de se deixar dirigir pelo empregador, segundo os fins que este se propõe a alcançar no campo da atividade econômica[414].

Para Orlando Gomes e Elson Gottschalk, ao lado das duas obrigações principais que nascem do contrato, haveria ainda obrigações instrumentais ou acessórias e correspectivas pretensões. Em suas palavras,

> [...] poder de direção e correspondente estado de subordinação constituem os denominados poderes e deveres, os quais, permanecendo distintos do débito e do crédito do trabalho e de remuneração, constituem, todavia, necessariamente, a respectiva posição do empregador e do empregado".[415] [...] As obrigações da prestação do trabalho e da contraprestação da remuneração, pois, integradas por um complexo de deveres e poderes complementares, concorrem, conglobadamente, para individualizar, no negócio jurídico em exame, a posição jurídica de cada uma das partes: empregador e empregado[416].

Na lição de Alexandre Agra Belmonte: "Empregado e empregador têm deveres recíprocos, provenientes das características da bilateralidade, da pessoalidade, da alteridade, da fiduciariedade e da sucessividade"[417]. Reconhece Belmonte que o contrato de trabalho validamente formado gera seus próprios efeitos, principais e acessórios, e também efeitos conexos.[418] Em seu livro *Instituições Civis no Direito do Trabalho* — Curso de Direito Civil aplicado ao Direito do Trabalho, classifica ainda, considerando o conjunto das obrigações nas quais é centrado o ajuste, como principais: "a do empregado, de executar o serviço que o contrato individual de trabalho tem por objeto (prestação de fazer) e a do empregador, de remunerar a prestação do trabalho obreiro (prestação de dar)"[419].

Délio Maranhão defende que a subordinação ínsita ao contrato de emprego é fonte de direitos e deveres para ambos os contratantes. Assim, classifica os direitos do empregador em três tipos, que estariam presentes independentemente da forma de trabalho subordinado. São eles: a) de direção e de comando, uma vez que cabe ao empregador determinar as condições para a utilização e aplicação concreta da força de trabalho do empregado, nos limites do contrato; b) de controle, que seria o direito do empregador de verificar o exato cumprimento da prestação de trabalho; e c) de aplicar penas disciplinares, em caso de inadimplemento de obrigação contratual.

Ainda para Délio Maranhão, "Ao direito do empregador de dirigir e comandar a atuação concreta do empregado corresponde o dever de obediência por parte deste; ao direito de controle correspondem os deveres de obediência, diligência e fidelidade"[420]. O poder disciplinar consiste nos meios de que dispõe o empregador para realizar a *imediata tutela* de seus direitos, caso as obrigações assumidas pelo empregado não sejam cumpridas por este[421].

O contrato de trabalho, como qualquer outro, deve ser executado de boa-fé. Na visão de João de Lima Teixeira Filho, o Código Civil vigente dá maior ênfase à função social, à justiça, à ética e à boa-fé do contrato, por toda a sua duração, além de estar incluída nessa premissa maior a busca da intenção das partes mais que a da literalidade das cláusulas. A intenção das partes não pode se afastar, entretanto, da função social do contrato, que visa ao desenvolvimento dos negócios, dentro da ótica da boa-fé, da probidade, da segurança jurídica e da justiça[422].

Enoque dos Santos também pontua a relevância do instituto:

> Logo, se em alguma seara do Direito o conceito de função social do contrato pode ter alguma aplicação prática, é precisamente no Direito do Trabalho. Este ramo do Direito aparece como o ramo jurídico em

---

(414) MARANHÃO, Délio. *Instituições de direito do trabalho*. 21. ed. São Paulo: LTr, 2003. p. 241.
(415) GOMES, Orlando; GOTTSCHALK, Elson. *Curso de direito do trabalho*. 16. ed. Rio de Janeiro: Forense, 2004. p. 177.
(416) *Idem*.
(417) BELMONTE, Alexandre Agra. *Instituições civis no direito do trabalho*. 3. ed. Rio de Janeiro: Renovar, 2004. p. 418.
(418) *Idem*.
(419) *Idem*.
(420) CASSI, Vicenzo. *La subordinazione del lavoratore nel diritto del lavoro*. 1947. p. 158, apud Maranhão, Délio. *Instituições de direito do trabalho*. 21. ed. São Paulo: LTr, 2003. p. 243.
(421) MARANHÃO, Délio. *Instituições de direito do trabalho*. 21. ed. São Paulo: LTr, 2003. p. 243.
(422) TEXEIRA FILHO, João de Lima. *Instituições de direito do trabalho*. 21. ed. São Paulo: LTr, 2003. p. 253-254.

cujo âmago a função social do contrato de emprego deve alcançar o mais alto desenvolvimento, uma vez que nesse Direito a proteção da parte economicamente mais fraca encontra sua mais ampla dimensão, seja por sua especial importância — em face do caráter infungível e contínuo dessa relação, bem como por ser objeto de uma garantia jurídica especial.

Se a razão de ser do ordenamento jurídico é a pessoa humana, linha mestra seguida pela Carta Magna de 1988 que em seu art. 1º declara que entre os seus fundamentos inserem-se a cidadania e a dignidade da pessoa humana, nada mais certo afirmar que o trabalhador merece uma proteção ainda mais especial em face de sua posição de inferioridade e, virtualmente, de contínuo medo na execução do contrato laboral. Hoje, mesmo os trabalhadores qualificados militam sob o temor do desemprego, anátema desse novo século, especialmente pelas insuficientes condições de garantia no emprego prevalecentes no Direito laboral brasileiro, muito semelhante à doutrina do *employment at will* do sistema norte-americano, no qual prevalece o amplo poder de direção na dispensa do trabalhador[423].

Para Délio Maranhão, o princípio da execução contratual de boa-fé teria alto sentido moral. Daí o dever de colaboração que dele decorre ser bilateral, ou seja "à diligência, obediência e fidelidade do empregado é preciso que corresponda a compreensão do empregador de que seu 'colaborador' é uma criatura humana 'dotada de cérebro e coração', que como tal deve ser tratado, e não como máquina"[424] [425].

No que concerne aos deveres do empregador, Alexandre Agra Belmonte aduz que, de fato, este teria a obrigação básica de pagar o salário, contudo, dele exige-se também a observância de prestações acessórias e correlatas ao direito de cobrar do empregado a prestação do serviço. São obrigações do empregador:

Proporcionar trabalho ao empregado, notadamente em se tratando de contratos de experiência, de aprendizagem e naqueles em que a falta de serviço diminuem a notoriedade, a remuneração (trabalho por comissão) ou tem por fim criar situação incômoda[426]; deve fornecer os meios e instrumentos para a execução do serviço ajustado; deve limitar a exigência dos afazeres obreiros aos exatos limites da função e da qualificação profissional[427] do empregado; não pode, sem o consentimento do trabalhador, alterar as cláusulas contratuais essenciais; deve respeitar os direitos personalíssimos do empregado (honra, imagem, intimidade, vida privada, integridade física, saúde etc.); deve cumprir as normas legais e coletivas de melhoria das condições de trabalho, inclusive as de garantia da higiene e segurança do trabalho; deve remunerá-lo, integralmente, no tempo, modo, forma e lugar do pagamento"[428].

Dessa maneira, obrigação do empregador geralmente apontada como principal é mesmo a de pagar o salário ajustado. Outras obrigações acessórias do empregador previstas em lei e mais raramente tratadas nos manuais, referem-se, de um modo geral, à prevenção dos danos que o empregado possa sofrer tanto física como moralmente pela execução do trabalho; à assistência e indenização quando tais danos ocorrerem; à desconexão da vida laboral; às férias anuais para o restabelecimento de energias despendidas pelo empregado no curso da prestação etc.[429].

---

(423) SANTOS, Enoque Ribeiro dos. *A função social do contrato, a solidariedade e o pilar da modernidade nas relações de trabalho*: de acordo com o novo código civil brasileiro. São Paulo: LTr, 2003. p. 106-107.

(424) MARANHÃO, Délio. *Instituições de direito do trabalho*. 21. ed. São Paulo: LTr, 2003. p. 254.

(425) A nova filosofia existencialista de Kierkegaard, Heidegger, Sartre e Jaspers, entre outros filósofos, influenciou os juristas e conduziu a substituição da visão eminentemente individualista e patrimonialista do Direito, que tinha como objeto de preocupação as coisas, por uma concepção humanista, apontando para a necessidade de revisão dos fundamentos da responsabilidade civil, com a alteração da ideia de que era a propriedade o centro do sistema jurídico (modernidade) para a noção de que a pessoa humana é que deve ocupar referida posição nuclear (pós-modernidade), do que decorre que o núcleo de preocupação do jurista deve ser o conhecimento e a proteção unitária, preventiva e integral do ser humano [...]. (MOLINA, André Araújo. Dano moral à identidade pessoal do trabalhador. In: SOARES, Flaviana Rampazzo (Org.). *Danos extrapatrimoniais nas relações de trabalho*. 1. ed. São Paulo: LTr, 2017. p. 31)

(426) RODRIGUES, Américo Plá. *Curso de direito do trabalho*. São Paulo: LTr, 1982. p. 152, *apud* BELMONTE, Alexandre Agra. *Instituições civis no direito do trabalho*. 3. ed. Rio de Janeiro: Renovar, 2004. p. 420.

(427) Segundo Américo Plá Rodrigues, *apud Ibidem*, p. 420, "Qualificação profissional é competência resultante das aptidões, conhecimentos, habilidades e preparação do trabalhador para exercer as tarefas próprias de um ofício, especialidade ou profissão trabalhista. Cada trabalhador tem uma qualificação profissional, que, naturalmente, pode aperfeiçoar-se com o tempo, à medida que ele se capacita, adquire prática e habilidade e enriquece seus conhecimentos profissionais".

(428) *Ibidem*, p. 420.

(429) *Ibidem*, p. 255.

Para nós, acima de tudo e sempre, terá o empregador a obrigação de respeitar direitos personalíssimos do trabalhador, pela singela decorrência do estágio evolutivo da incidência do princípio da dignidade humana nas relações privadas, pela concepção de trabalho digno como valor e em razão do princípio geral da execução de boa-fé do contrato, base da disciplina jurídica contratual.

Muito bem. Contextualizados os posicionamentos doutrinários sobre as obrigações do empregador em decorrência do contrato de trabalho, registre-se que a responsabilidade contratual é informada principalmente pelo art. 389 do Código Civil[430], segundo o qual, caso não cumprida a obrigação, responderá o devedor por perdas e danos, mais juros e atualização monetária segundo índices oficiais regularmente estabelecidos, e honorários de advogado.

A responsabilidade por danos de qualquer natureza, inclusive extrapatrimoniais, havidos em razão da relação de trabalho será contratual, ressalvada a questão de o art. 7º, XXVIII, da CRFB/1988, excepcionalmente, exigir culpa para, além do direito do empregado de obter o benefício do INSS, o empregador também ter reconhecida a obrigação de indenizar.

Aparentemente, compartilha da tese Marcelo Rodrigues Prata, para quem o próprio assédio moral no trabalho consistiria numa infração contratual, uma vez que os arts. 7º, inciso XXVIII, da CRFB/1988 e o 483, da CLT[431], impõem ao empregador a proteção da saúde e da dignidade do trabalhador. Assim, conclui Prata que, "por sua vez, Frabizio Amato et alli, com fincas na doutrina e na jurisprudência italianas, entendem que o *mobbing*, como toda lesão a um direito personalíssimo do trabalhador, que afete a sua personalidade, oriunda da relação de trabalho, é também 'contratual', pois **não há aspecto da tutela da pessoa que reste fora do contrato de trabalho**"[432]. (grifos da autora)

4.3. As obrigações do tomador de serviços e os direitos personalíssimos do trabalhador: uma proposta de sistematização

O Brasil está um passo atrás, mas em tempo de se recuperar. A generalidade das ordens jurídicas europeias reconhece a plena eficácia dos direitos fundamentais da pessoa humana no âmbito das relações de trabalho. Em geral, as legislações estrangeiras assinalam limites ou "interesses legítimos" como instrumentos de contenção e ponderação dos direitos personalíssimos em face de interesses do empregador ou de terceiros, os quais consubstanciam critérios de concordância prática entre a liberdade civil do trabalhador e a autonomia contratual, por meio do princípio da proporcionalidade, em sua tripla dimensão (i) de necessidade (salvaguardar a correta execução do contrato), (ii) de adequação (entre o objetivo a alcançar com a limitação e o nível da mesma) e (iii) de proibição do excesso (devendo a restrição ser a menor possível, em função da finalidade a ser alcançada com a imposição)[433].

No Brasil pouco se fala acerca de quais seriam as obrigações do tomador de serviços voltadas especificamente a assegurar os direitos personalíssimos do trabalhador de modo a não lhe causar qualquer espécie de dano extrapatrimonial. Em verdade, trata-se de deveres inerentes ao contrato de trabalho, ou como preferem, tecnicamente, os civilistas, "deveres anexos" ao contrato. Para nós, entretanto, ganham *status* acima da categoria, uma vez que decorrem da fusão de dois fundamentos, quais sejam: (i) boa-fé objetiva e (ii) concepção internacional de trabalho digno como valor.

O direito interno traz algumas previsões indicativas dos deveres de observância às funções sociais do contrato, ou, propriamente, da empresa. A Lei das Sociedades Anônimas (Lei n. 6.404/1976) dispõe, no art. 154, que "o administrador deve exercer as atribuições que a lei e o estatuto lhe conferem para lograr os fins e no interesse da companhia, satisfeitas as exigências do bem público e da função social da empresa".

---

(430) BRASIL. Código Civil, art. 389. Não cumprida a obrigação, responde o devedor por perdas e danos, mais juros e atualização monetária segundo índices oficiais regularmente estabelecidos, e honorários de advogado.

(431) BRASIL. Consolidação das Leis Trabalhistas, art. 483. O empregado poderá considerar rescindido o contrato e pleitear a devida indenização quando: a) forem exigidos serviços superiores às suas forças, defesos por lei, contrários aos bons costumes, ou alheios ao contrato; b) for tratado pelo empregador ou por seus superiores hierárquicos com rigor excessivo; c) correr perigo manifesto de mal considerável; d) não cumprir o empregador as obrigações do contrato; e) praticar o empregador ou seus prepostos, contra ele ou pessoas de sua família, ato lesivo da honra e boa fama; f) o empregador ou seus prepostos ofenderem-no fisicamente, salvo em caso de legítima defesa, própria ou de outrem; g) o empregador reduzir o seu trabalho, sendo este por peça ou tarefa, de forma a afetar sensivelmente a importância dos salários.".

(432) PRATA, Marcelo Rodrigues. *Anatomia do assédio moral no trabalho*: uma abordagem transdisciplinar. São Paulo, LTr, 2008. p. 484.

(433) ABRANTES, José João. *Direitos fundamentais da pessoa humana no trabalho*: em especial, a reserva da intimidade da vida privada (algumas questões). 2. ed. Lisboa: Almedina, 2014. p. 11.

Também o Código de Ética Profissional do Administrador prevê como um de seus deveres o esclarecimento do seu cliente acerca da "função social da empresa", nos termos do art. 1º, inciso XX[434].

Mas, enfim, quais seriam esses deveres que atendem à função social da empresa? Ou melhor: à principal de suas funções, qual seja, de promoção de um trabalho digno?

É nessa perspectiva que se propõe a sistematização a seguir arquitetada. Seriam deveres anexos ao contrato, que, conforme advertido, diante do compromisso com a realização do conceito de trabalho digno e decente, de "anexos" restariam "promovidos" a principais ou inerentes ao contrato de trabalho. De toda sorte, derivam não só da boa-fé objetiva, mas do solidarismo e da concepção de tomada de trabalho como valor humano[435].

Os deveres contratuais do empregador vinculados aos direitos personalíssimos passam a ser divididos em dois grandes grupos: (i) direitos que consideram o indivíduo trabalhador ontologicamente e (ii) direitos que consideram o indivíduo trabalhador enquanto parte interativa de seu ambiente de trabalho.

4.3.1. Reconhecimento e respeito ao indivíduo trabalhador ontologicamente considerado

Não sendo o trabalho uma mercadoria, o trabalhador deve ter reconhecido seus valores enquanto indivíduo digno.

O dever de reconhecimento e respeito à dignidade intrínseca a esse trabalhador, enquanto atributo de sua própria condição humana de existência, será tanto maior em relação ao seu empregador, se comparado ao mesmo dever pertinente a qualquer cidadão.

A referência conceitual à dignidade da pessoa humana possui origem secular na filosofia, constituindo, em primeiro lugar, um *valor* axiológico, ligado à ideia de bom, justo, virtuoso. Nessa condição, situa-se ao lado de outros valores centrais para o Direito, como justiça, segurança e solidariedade[436].

Para muitos autores, é nesse plano ético que a dignidade se torna a justificação moral dos direitos humanos e dos direitos fundamentais. Em plano diverso, já com o advento da política, na visão de Luís Roberto Barroso, "ela passa a integrar documentos internacionais e constitucionais, vindo a ser considerada um dos principais fundamentos dos Estados democrático"[437].

Entretanto, num primeiro momento, a sua concretização foi vista como uma tarefa exclusiva dos Poderes Legislativo e Executivo. Somente nas décadas finais do século XX é que a dignidade se tornou um conceito jurídico, deontológico — expressão de um dever-ser normativo — e não apenas moral ou político. Nesse contexto, passou a ser sindicável perante o Poder Judiciário, ganhando *status* de princípio jurídico:

> Ao longo do tempo, consolidou-se a convicção de que nos casos difíceis, para os quais não há solução pré-pronta no direito posto, a construção da solução constitucionalmente adequada precisa recorrer a elementos extrajurídicos, como a filosofia moral e a filosofia política. E, dentre eles, avulta em importância a dignidade humana. Portanto, antes mesmo de ingressar no universo jurídico, positivada em textos normativos ou consagrada pela jurisprudência, a dignidade já desempenhava papel relevante, vista como valor pré e extrajurídico, capaz de influenciar o processo interpretativo. É fora de dúvida, todavia, que sua materialização em documentos constitucionais e internacionais sacramentou o processo de juridicização da dignidade, afastando o argumento de que o Judiciário estaria criando normas sem legitimidade democrática para tanto[438].

---

(434) BRASIL. Código de Ética do Administrador, art. 1º. São deveres do profissional de Administração: [...] inciso XX – esclarecer ao cliente sobre a função social da empresa.

(435) Nesse sentido: " [...] urge que se compreenda que o trabalho é meio de se ganhar a vida, e não perdê-la, e que o ser humano trabalhador é mais valioso do que a mais sofisticada máquina existente ou processo evolutivo; como ser humano ele é o sujeito-fim de qualquer atividade ou ato do homem." Associação Nacional dos Procuradores do Trabalho (Coords.). *Meio ambiente de trabalho*. São Paulo: LTr, 2002. p. 39.

(436) BARROSO, Luís Roberto Barroso. *A dignidade da pessoa humana no direito constitucional contemporâneo*: natureza jurídica, conteúdos mínimos e critérios de aplicação. Disponível em: <http://luisrobertobarroso.com.br/wp-content/uploads/2016/06/Dignidade_texto-base_11dez2010.pdf>. Acesso em: 26 dez. 2017.

(437) *Idem*.

(438) *Idem*.

A dignidade humana, portanto, é um valor fundamental que se viu convertido em princípio jurídico de estatura constitucional, seja por sua positivação em norma expressa, seja por sua aceitação como um mandamento jurídico extraído do sistema.

Como princípio jurídico constitucional e valor da democracia, goza de eficácia jurídica. Para Ana Paula de Barcellos[439], a identificação da eficácia jurídica de uma norma perpassa o exame dos seguintes elementos: "(i) a fundamentalidade social e jurídica da circunstância regulada pela norma; (ii) o texto da norma; (iii) o subsistema temático no qual a norma está inserida; (iv) o sistema geral do qual a norma faz parte; e (v) outros elementos de natureza metajurídica, no caso das normas de direito público". No que diz respeito ao princípio da dignidade da pessoa humana, especialmente quanto aos aspectos materiais da dignidade, a autora defende a respectiva eficácia nos seguintes termos: "O efeito pretendido pelo princípio da dignidade da pessoa humana consiste, em termos gerais, em que as pessoas tenham uma vida digna"[440].

Destaca Luís Roberto Barroso que a dignidade da pessoa humana é parte do conteúdo dos direitos materialmente fundamentais, não se confundindo com qualquer deles. Nem tampouco é a dignidade um direito fundamental em si, ponderável com os demais. Justamente ao contrário, ela seria o parâmetro da ponderação, em caso de concorrência entre direitos fundamentais, aplicável tanto nas relações entre indivíduo e Estado como nas relações privadas[441].

A irradiação do princípio da dignidade humana nos contratos de trabalho implica o reconhecimento de direitos personalíssimos do trabalhador, cuja não observância pelo empregador revelará descumprimento contratual e responsabilidade pela reparação dos danos extrapatrimoniais daí advindos.

Tais direitos personalíssimos ontologicamente considerados seriam os enumerados a seguir.

4.3.1.1. Direito à constituição de valores humanos: nome, honra, imagem, autodeterminação e privacidade

A origem histórica da aplicabilidade dos direitos fundamentais frente aos particulares remonta ao julgamento do caso Lüth pela Corte Constitucional Alemã, na década de 1950[442]. A decisão proferida nesse julgamento deixou como herança a compreensão de que os direitos fundamentais não se limitam às relações dos indivíduos com o Estado. Em 1950, o Presidente do Clube de Imprensa de Hamburgo, Erich Lüth, levantou um boicote contra o filme *Unsterbliche Geliebte*, do diretor Veit Harlan, desenvolvido em pleno regime nazista. Harlan obteve decisão favorável do Tribunal Estadual de Hamburgo, com base no § 826, do Código Civil Alemão (BGB), o qual determinou que Lüth parasse de conclamar o boicote contra o filme. Lüth então interpôs recurso constitucional (*Verfassungsbeschwerde*) perante a Corte Constitucional Alemã, sendo procedente tal recurso[443].

Em suma, os direitos fundamentais são plenamente exigíveis no âmago das relações entre indivíduos, por força da eficácia horizontal de tais direitos, especificamente nas relações de trabalho e, daí, consubstanciam o primeiro dos núcleos de direitos derivados dos deveres contratuais do empregador relacionados à personalidade.

---

(439) BARCELLOS, Ana Paula de. *A eficácia jurídica dos princípios constitucionais*: o princípio da dignidade da pessoa humana. Rio de Janeiro: Renovar, 2008. p. 352.

(440) *Idem*.

(441) BARROSO, Luís Roberto Barroso. *A dignidade da pessoa humana no direito constitucional contemporâneo*: natureza jurídica, conteúdos mínimos e critérios de aplicação. Disponível em: <http://luisrobertobarroso.com.br/wp-content/uploads/2016/06/Dignidade_texto-base_11dez2010.pdf>. Acesso em: 26 dez. 2017.

(442) Ver voto do Ministro Gilmar Ferreira Mendes no RE n. 201.819-8. Relatora: Ministra Ellen Gracie. Diário de Justiça da União, Brasília, 27 out. 2006.

(443) Em Portugal, a eficácia horizontal dos direitos humanos, máxime sua projeção laboral, chega com a expressa aceitação aposta na Constituição de 1976, art. 18/1, o qual aduz a uma eficácia "directa". Hoje, assiste-se ao reconhecimento generalizado da eficácia dos direitos fundamentais nas relações jurídicas privadas. O contrato de trabalho, porque implica o envolvimento integral do trabalhador, aumentando a probabilidade de ameaças aos seus direitos fundamentais enquanto pessoa humana, representou, desde sempre, por toda a parte nos ordenamentos democráticos, o âmbito natural para o desenvolvimento da eficácia dos preceitos e valores constitucionais. A preocupação se perfaz e diagnosticar até que ponto os interesses na base do poder do empregador exigem e justificam, no caso concreto, a limitação da liberdade do trabalhador. Ver ABRANTES, José João. *Direitos fundamentais da pessoa humana no trabalho*: em especial, a reserva da intimidade da vida privada (algumas questões). 2. ed. Lisboa: Almedina, 2014. p. 11-15.

O direito ao nome, como já referido, está previsto nos arts. 16 a 20, do Código Civil. De acordo com os arts. 17 e 18, do Código Civil, o nome da pessoa não pode ser empregado por outrem em publicações ou representações que a exponham ao desprezo público, ainda quando não haja intenção difamatória, bem como, sem autorização, não se pode usar o nome alheio em propaganda comercial. Nessa mesma esteira é garantido o direito do empregado de não ter seu nome exposto em propagandas realizadas pelo empregador, cabendo o direito de reparação previsto no art. 20 do mesmo código, por exemplo.

O direito à honra é garantido no art. 5º, X, segundo o qual "são invioláveis a intimidade, a vida privada, a honra e a imagem das pessoas, assegurado o direito a indenização pelo dano material ou moral decorrente de sua violação". A honra, na definição de Magalhães Noronha[444], pode ser "considerada como o complexo ou conjunto de predicados ou condições da pessoa que lhe conferem consideração social e estima de predicados ou condições da pessoa que lhe conferem consideração social e estimas de predicados ou condições da pessoa que lhe conferem consideração social e estima própria". Para Prata[445], a honra pode ser subjetiva, quando se tratar do conceito havido pela própria pessoa, o seu amor-próprio, decoro, dignidade, ou seja, aquilo que ela pensa a respeito de seus atributos morais, intelectuais, físicos etc. Já objetiva será quando se referir à reputação do homem, à fama perante a sociedade, tanto do ponto de vista pessoal quanto profissional.

Como já colocado, o direito à imagem compreende-se como imagem-retrato e imagem-atributo.

Como princípio fundamental dos direitos humanos, a autodeterminação significa a autonomia do ser humano e abrange autorresponsabilidade, autorregulação e livre-arbítrio do indivíduo. O direito à autodeterminação vem consagrado no Art. 1º da Convenção Internacional sobre Direitos Econômicos, Sociais e Culturais e na Convenção Internacional sobre Direitos Cívicos e Políticos. Ambas afirmam: "Todos os povos têm o direito à sua autodeterminação. Em virtude deste direito, podem livremente determinar o seu estatuto político e prosseguir livremente o seu desenvolvimento económico, social e cultural".

A Constituição, em seu art. 5º, inciso X, assegura como direito fundamental do ser humano a privacidade, que, se violada, enseja a reparação por danos morais. A privacidade ilustra, nada mais nada menos, que o poder da própria pessoa sobre o conjunto de elementos e ações que formam o seu círculo íntimo. Em outras palavras, ao tutelar a intimidade, o diploma constitucional protege o cidadão, incluindo os trabalhadores, essencialmente da ingerência de terceiros em sua esfera privada.

Délio Maranhão faz ressalva interessante a respeito dos limites de avanço dos poderes do empregador na esfera da individualidade do empregado:

> A subordinação do empregado é jurídica, porque resulta de um contrato: nele encontra seu fundamento e seus limites. O conteúdo desse elemento caracterizador do contrato de trabalho não pode assimilar-se ao sentido predominantemente na Idade Média: o empregado não é 'servo' e o empregador não é 'senhor'. Há de partir-se do pressuposto da liberdade individual e da dignidade da pessoa do trabalhador. [...] Tem razão, portanto, Sanseverino, quando frisa que a subordinação própria do contrato de trabalho não sujeita ao empregador toda a pessoa do empregado, sendo, como é limitada ao âmbito da execução do trabalho contratado. A subordinação não cria um *status subjectionis*; é, apenas, uma situação jurídica[446].

A Constituição de 1988 assegura a inviolabilidade da vida privada. Segundo Maria Helena Diniz[447], a privacidade, volta-se "a aspectos externos da existência humana como o recolhimento em sua residência, sem ser molestado, escolha do modo de viver, hábitos, comunicação via epistolar ou telefônica".

Em Portugal permite-se o colhimento de dados relativos à vida extraprofissional do trabalhador se tais informações estiverem estritamente vinculadas ao serviço exercido ou, ainda, caso possam causar prejuízos ao empregador ou terceiros. Nesse sentido, dispõe o Código do Trabalho:

---

(444) NORONHA, E. Magalhães. *Direito penal*. vol. II. 24. ed. São Paulo: Saraiva, 1990. p. 110.

(445) PRATA, Marcelo Rodrigues. *Anatomia do assédio moral no trabalho*: uma abordagem transdisciplinar. 1. ed. São Paulo: LTr, 2008. p. 316.

(446) Maranhão, Délio. *Instituições de direito do trabalho*. vol. 1. 21. ed. São Paulo: LTr, 2003. p. 242.

(447) DINIZ, Maria Helena. *Curso de direito civil brasileiro*. vol. 7. 19. ed. São Paulo: Saraiva, 2005. p. 154.

Art. 16º

Reserva da intimidade da vida privada

1 – O empregador e o trabalhador devem respeitar os direitos de personalidade da contraparte, cabendo-lhes, designadamente, guardar reserva quanto à intimidade da vida privada.

2 – O direito à reserva da intimidade da vida privada abrange quer o acesso, quer a divulgação de aspetos atinentes à esfera íntima e pessoal das partes, nomeadamente relacionados com a vida familiar, afetiva e sexual, com o estado de saúde e com as convicções políticas e religiosas.

Art. 17º

Proteção de dados pessoais

1 – O empregador não pode exigir a candidato a emprego ou a trabalhador que preste informações relativas:

a) À sua vida privada, salvo quando estas sejam estritamente necessárias e relevantes para avaliar da respetiva aptidão no que respeita à execução do contrato de trabalho e seja fornecida por escrito a respetiva fundamentação;

b) À sua saúde ou estado de gravidez, salvo quando particulares exigências inerentes à natureza da atividade profissional o justifiquem e seja fornecida por escrito a respetiva fundamentação.

2 – As informações previstas na alínea b) do número anterior são prestadas a médico, que só pode comunicar ao empregador se o trabalhador está ou não apto a desempenhar a atividade.

3 – O candidato a emprego ou o trabalhador que haja fornecido informações de índole pessoal goza do direito ao controlo dos respetivos dados pessoais, podendo tomar conhecimento do seu teor e dos fins a que se destinam, bem como exigir a sua retificação e atualização.

4 – Os ficheiros e acessos informáticos utilizados pelo empregador para tratamento de dados pessoais do candidato a emprego ou trabalhador ficam sujeitos à legislação em vigor relativa à proteção de dados pessoais.

5 – Constitui contraordenação muito grave a violação do disposto nos n.s 1 ou 2[448].

Sobre o tema, salienta Marcelo Rodrigues Prata[449] que o assédio moral no trabalho tem como estratégia comum a invasão injustificada da privacidade dos assalariados, ou seja, a monitoração de correspondência, conta bancária, de e-mails, de telefonemas etc.

Os danos extrapatrimoniais normalmente verificáveis em decorrência da violação ao dever de respeito à constituição de valores humanos do trabalhador tais como nome, honra, imagem, autodeterminação e privacidade serão a seguir apresentados.

4.3.1.1.1. A inclusão do nome do empregado em listas negras

Atentado, infelizmente, ainda comum, ao nome do trabalhador diz respeito às denominadas "listas negras" organizadas por empresas, contendo o registro dos trabalhadores que tenham ingressado com reclamações trabalhistas.

A prática não só atenta contra o direito ao nome, como viola a boa-fé objetiva e os deveres que dela irradiam, como a probidade, a lealdade, a honestidade, o respeito e a informação, todos correlatos ao contrato de trabalho.

Nesse particular, registre-se que o dano se constitui na própria inclusão do nome do empregado pelo empregador em lista que se refira a ele de forma desabonadora. Tal dano não se confunde com eventual distinto dano patrimonial correspondente à perda de possibilidade de novo emprego decorrente do ato do empregador de inclusão do nome do empregado na lista. Para este último caso, o nexo causal a ser comprovado dirá respeito ao liame entre a negativa de contratação do trabalhador e a divulgação da informação acerca de ajuizamento de reclamação trabalhista anterior[450].

---

(448) PORTUGAL. Lei n. 7/2009, de 12 de fevereiro, com as alterações introduzidas pelas Leis ns. 105/2009, de 14 de setembro, 53/2011, de 14 de outubro, 23/2012, de 25 de junho, 47/2012, de 29 de agosto, 69/2013, de 30 de agosto, e 27/2014, de 8 de maio.

(449) PRATA, Marcelo Rodrigues. *Anatomia do assédio moral no trabalho*: uma abordagem transdisciplinar. São Paulo: LTr, 2008. p. 319-320.

(450) BRASIL. Tribunal Regional do Trabalho da 3ª Região. Recurso Ordinário n. 00799201115103000, da 7ª Turma, rel. convocado: Antônio G. de Vasconcelos, Belo Horizonte, MG, 11 maio 2012. Disponível em: <https://trt-3.jusbrasil.com.br/jurisprudencia/124296618/recurso-ordinario-trabalhista-ro-799201115103000-0000799-8620115030151/inteiro-teor-124296628?ref=juris-tabs>. Acesso em: 13 mar. 2018.

No primeiro caso, o dano configurar-se-á simplesmente com o registro do nome do empregado em lista pretensamente desabonadora, tendo como causa o mero exercício do direito de ação garantido constitucionalmente, em flagrante violação ao seu direito ao nome e imagem[451].

4.3.1.1.2. As anotações desabonadoras na CTPS do trabalhador

A realização de anotações desabonadoras na CTPS do empregado importa dano extrapatrimonial da espécie moral. Trata-se de registro perene contra o nome e a honra do empregado, submetendo-o a constrangimentos inquestionáveis.

A carteira de trabalho e previdência social é documento pessoal do trabalhador. Na legislação brasileira, podemos encontrar menção à carteira de trabalho desde o vetusto Código Comercial, em seu art. 74[452]; contudo, tal determinação nunca foi exercida e o legislador decidiu revogá-la[453]. O Decreto n. 22.035, em sua exposição de motivos, aduzia à finalidade da identificação profissional e regulamentava o Decreto n. 21.175, de 21 de março de 1932, que instituiu a carteira profissional de trabalho para todos os trabalhadores do comércio e da indústria maiores de 16 anos. Dessa forma, nasceu a carteira de trabalho no ordenamento pátrio[454].

A CTPS[455] deve ser apresentada pelo trabalhador ao empregador que o admitiu, tendo este prazo de quarenta e oito horas para anotar as informações pertinentes ao contrato de trabalho, podendo as anotações ser feitas a qualquer tempo, caso seja assim solicitado pelo trabalhador, caso ocorra a rescisão do contrato de trabalho ou caso seja necessária comprovação perante a Previdência Social[456].

O Tribunal Superior do Trabalho já teve a oportunidade de reconhecer a prática de anotações desabonadoras como ilícita e ensejadora de danos morais, aparentemente filiando-se ao entendimento de que a responsabilidade do empregador seria contratual (sem referência à categoria, mas incorporando-lhe os efeitos), não tendo se ocupado de perquirir a intenção do empregador ou mesmo qualquer hipótese de culpa, com destaques:

> RECURSO DE REVISTA. INDENIZAÇÃO POR DANOS MORAIS. ANOTAÇÃO DESABONADORA NA CTPS. QUANTUM INDENIZATÓRIO. A higidez física, mental e emocional do ser humano são bens fundamentais de sua vida privada e pública, de sua intimidade, de sua autoestima e afirmação social e, nessa medida, também de sua honra. São bens, portanto, inquestionavelmente tutelados, regra geral, pela Constituição Federal (art. 5º, V e X). Agredidos em face de circunstâncias laborativas, passam a merecer tutela ainda mais forte e específica da CF, que se agrega à genérica anterior (art. 7º, XXVIII, CF/88). No caso concreto, **o dano moral**

Repare-se um julgado que equivocado justamente pela confusão do dano patrimonial com o extrapatrimonial: DANO MORAL. INCLUSÃO DO NOME DO EMPREGADO EM "LISTA NEGRA". PROVA. Deixando o reclamante de comprovar a alegação de que o ex-empregador inseriu o seu nome em "lista negra" com o fim de provocar sua exclusão do mercado de trabalho, é indevida a reparação pelo dano moral reivindicada com tal fundamento.

(451) BRASIL. Tribunal Regional do Trabalho da 3ª Região. Recurso Ordinário n. 00804201414603001, da 7ª Turma, Belo Horizonte, MG, 18 de agosto de 2015. Disponível em: <http://as1.trt3.jus.br/consulta/detalheProcesso1_0.htm>. Acesso em: 3 jan. 2018. Nesse sentido: FASE PRÉ-CONTRATUAL. DEVERES ANEXOS DO CONTRATO DE TRABALHO. LISTA NEGRA. REPARAÇÃO PECUNIÁRIA POR DANOS MORAIS. DEVIDA. São deveres anexos ao contrato de trabalho os de lealdade, probidade, honestidade, respeito e informação, os quais devem ser observados tanto na fase pós, como na pré-contratual, e decorrem do princípio da boa-fé objetiva, consagrado no art. 422, do CC, aplicado subsidiariamente ao Direito do Trabalho, por força do art. 8º, parágrafo único, da CLT. Havendo descumprimento de um destes deveres anexos do contrato, diz-se que ocorreu uma violação positiva do contrato, a qual poderá importar em ofensa a direitos extrapatrimoniais, atraindo a obrigação de indenizar, nos moldes dos arts. 186 e 927, do CC. Provado nos autos que os primeiro, segundo e quinto reclamados mantinham "lista negra", contendo nome de trabalhadores que ajuizaram ações trabalhistas em face de outros produtores rurais, bem como a negativa de contratação do reclamante por ter ajuizado reclamações trabalhistas anteriores, tem-se que os demandados praticaram conduta ilícita e discriminatória, porque eles frustravam o exercício do direito de ação garantido constitucionalmente, e desrespeitavam os deveres anexos do contrato de trabalho, com a consequente violação à dignidade do trabalhador, razão pela qual o reclamante faz jus à indenização por danos morais postulada.

(452) BRASIL. Código Comercial, art. 74. Todos os feitores, guarda-livros, caixeiros e outros quaisquer prepostos das casas de comércio, antes de entrarem no seu exercício, devem receber de seus patrões ou preponentes uma nomeação por escrito, que farão inscrever no Tribunal do Comércio (art. n. 10, n. 2); pena de ficarem privados dos favores por este Código concedidos aos da sua classe.

(453) VIANNA, Segadas. *Instituições de direito do trabalho*. vol. 2. Arnaldo Süssekind *et al.* 21. ed. São Paulo: LTr, 2003. p. 767.

(454) *Idem*.

(455) Contudo, a carteira de trabalho como a conhecemos hoje só veio a se manifestar com a vigência da CLT, uma vez que, no passado, a carteira podia levar anotações das autoridades policiais sobre condutas, o que é estritamente proibido com a CLT; em contrapartida ao cenário atual encontramos na carteira de trabalho somente dados sobre os empregos e a qualificação civil do trabalhador. *Ibidem*, p. 767-768.

(456) VIANNA, Segadas. *Instituições de direito do trabalho*. vol. 2. Arnaldo Süssekind *et al.* 21ª ed. São Paulo: LTr, 2003. p. 770-771.

configura-se na exposição do Reclamante a situação constrangedora, consubstanciada na anotação em sua CTPS de que fora reintegrado por decisão judicial, conforme consignado pelo TRT. A conduta da Reclamada é abusiva e desnecessária e está em nítido confronto com a regra descrita no art. 29, § 4º, da CLT, que veda ao empregador efetuar anotações desabonadoras à conduta do empregado em sua Carteira de Trabalho e Previdência Social. Os prejuízos advindos do ato são claros, como a provável restrição de oportunidades em empregos futuros e a dificuldade de reinserção no mercado de trabalho. Atente-se que o dano e o sofrimento psicológico vivenciados, nas circunstâncias relatadas, é evidente, pois a mácula inerente às anotações acompanhará o Autor durante toda a sua vida profissional e, obviamente, lhe causará transtornos de natureza íntima, principalmente quando for necessária a apresentação da CTPS na procura de novo emprego. Cuida-se de verdadeiro dano decorrente do próprio fato (*damnun in re ipsa*) e não há necessidade de prova de prejuízo concreto, até porque a tutela jurídica, neste caso, incide sobre um interesse imaterial (art. 1º, III, da CF). Nessa situação, é devido o pagamento da indenização por danos morais, em razão do preenchimento dos requisitos legais exigidos (dano — *in re ipsa* —, nexo causal e culpa empresarial). Quanto ao valor arbitrado para a reparação por dano moral (R$ 13.950,00), percebe-se não dissociado de parâmetros razoáveis, como a intensidade do sofrimento, a gravidade do dano, o grau de culpa do ofensor e a sua condição econômica, o não enriquecimento indevido da vítima e o caráter pedagógico da medida, não se configurando violação aos dispositivos apontados. Recurso de revista não conhecido[457]. (grifos da autora)

É através da CTPS que o trabalhador identifica-se, insere-se e transita no mercado de trabalho, razão pela qual é dever inerente ao contrato de trabalho o reconhecimento e respeito ao nome e honra do trabalhador, efetuando em seu documento pessoal apenas os registros pertinentes, de acordo com o art. 29, § 4º, da CLT[458].

4.3.1.1.3. A violação da esfera mais íntima do empregado: revistas íntimas, revistas realizadas em sacolas ou bolsas do trabalhador, uso de polígrafos

O art. 373-A, inciso VI, da CLT veda que o empregador ou preposto proceda a revistas íntimas nas empregadas. Tal comando deve ser projetado, em razão da isonomia, a qualquer gênero. É dizer: não se toleram revistas íntimas dos empregados, assim compreendidas aquelas que importem qualquer contato físico e/ou exposição visual de partes do corpo ou de objetos pessoais do trabalhador.

Todavia, em verdade, a jurisprudência pátria tem admitido a revista de sacolas e bolsas por parte do empregador com o argumento de que seria direito deste para acautelar-se contra eventual desvio de seu patrimônio, sustentando não caracterizar ofensa ao patrimônio imaterial do empregado a revista realizada com respeito e urbanidade, em ambiente restrito ao público, como se suficiente ao resguardo dos direitos da personalidade do trabalhador.[459]

---

(457) BRASIL. Tribunal Superior do Trabalho. Recurso de Revista n. 140700-68.2007.5.17.0006, da 3ª Turma, rel. Ministro Mauricio Godinho Delgado, Brasília, DF, 10 de maio de 2013. Disponível em: <http://aplicacao4.tst.jus.br/consultaProcessual/consultaTstNumUnica.do?consulta=Consultar&conscsjt=&numeroTst=140700&digitoTst=68&anoTst=2007&orgaoTst=5&tribunalTst=17&varaTst=0006&submit=Consultar>. Acesso em: 3 jan. 2018.

(458) O reconhecimento do dano e da responsabilidade também pode ser ilustrado em julgados regionais: BRASIL. Tribunal Regional do Trabalho da 2ª Região. Recurso Ordinário n. 00004917120145020022, da 14ª Turma, rel. Manoel Antônio Ariano, São Paulo, SP, 13 de outubro de 2015. Disponível em: <http://aplicacoes1.trtsp. jus.br/vdoc/TrtApp. action?viewPdf=&id=4278831>. Acesso em: 3 jan. 2018.
ANOTAÇÃO DESABONADORA EM CTPS. INDENIZAÇÃO POR DANOS MORAIS DEVIDA. É sabido que no mercado de trabalho há discriminação contra trabalhador que busca prestação jurisdicional em face de ex-empregador, sendo causa de não contratação. Por isso, muitos juízes impõem ao empregador multa diária em caso de não cumprimento da obrigação de fazer (anotação da CTPS), não dirigindo à Secretaria da Vara a referida anotação, para que não fique explícito o ajuizamento da ação. No caso, a anotação feita pela reclamada quanto à reintegração decorrente de reclamação trabalhista violou o § 4º do art. 29 da CLT, equivalendo à "conduta desabonadora do empregado", sendo devida a indenização, porque evidente o dano moral, ora arbitrada em R$ 10.000,00 (dez mil reais), considerada a extensão dos danos, a culpabilidade da reclamada e a dupla finalidade da indenização, reparatória/compensatória para o ofendido, e punitiva/exemplar para o ofensor.

(459) A questão não é pacífica. Para se ter uma ideia, compare-se distintos julgados, proferidos em um mesmo tribunal regional: BRASIL. Tribunal Regional do Trabalho da 1ª Região. Recurso Ordinário 00001346520135010051, da 6ª Turma, rel. Marcos Cavalcante, Rio de Janeiro, RJ, 1º de agosto de 2014. Disponível em: <http://consulta.trtrio.gov.br/portal/downloadArquivoPdf.do?sqDocumento=46621609>. Acesso em: 3 jan. 2018.
DANO MORAL. REVISTA DE SACOLAS E BOLSAS. NÃO CARACTERIZAÇÃO. Não se caracteriza como dano moral a simples revista de sacolas e bolsas, sem que haja qualquer contato físico, pois tal ato insere-se no poder de direção e fiscalização do empregador.
BRASIL. Tribunal Regional do Trabalho da 1ª Região. Recurso Ordinário 00105039820145010014, da 7ª Turma, relª. Desª. Sayonara Grillo Coutinho Leonardo da Silva, Rio de Janeiro, RJ, 2 de setembro de 2015. Disponível em: <https://trt-1.jusbrasil.com.br/jurisprudencia/227753797/recurso-ordinario-ro-105039820145010014-rj/inteiro-teor-227753873>. Acesso em: 13 mar. 2018.

A questão revela a ponderação de múltiplos interesses, tais como o princípio da dignidade da pessoa humana e da valoração social do trabalho (art. 1º, incisos III e IV, da CRFB/1988), o direito à inviolabilidade da intimidade e da vida privada do empregado (art. 5º, inciso X, da CRFB/1988) e princípio da presunção de inocência (art. 5º, inciso LVII, da CRFB/1988) em contraposição ao direito de propriedade (art. 5º, *caput* e XXII, da CRFB/1988) do tomador da mão de obra. Dados os interesses em jogo, conclui-se que a possibilidade de adoção, para a proteção de pessoas e do patrimônio, de medidas de segurança não deve ter o condão de impor constrangimento ao empregado, ou mesmo colocá-lo em situação vexatória ou atentatória de sua dignidade e intimidade, sob pena de configuração de danos morais.

Trata-se de dano decorrente da violação de sua intimidade.

Em relação ao reconhecimento da intimidade do trabalhador, interessante decisão do TST em relação ao uso de polígrafos, oportunidade em que a Corte reconheceu que a prática violaria direitos da personalidade do empregado, notadamente a honra, a vida privada e a intimidade, ensejando indenização por danos morais. O relator, Min. Cláudio Brandão, pontuou que se a utilização do polígrafo não é admitida nem mesmo no processo penal, conduzido pelo Estado e com participação do Ministério Público, fiscal da ordem jurídica por excelência, não haveria razão de se tolerar sua aplicação pelo empregador, no âmbito de uma relação particular e privada, relembrando ter tramitado no Congresso Nacional o Projeto de Lei n. 7.253/2002, arquivado em razão do encerramento da legislatura, o qual proibia expressamente o uso de polígrafo nas relações de trabalho por violação à liberdade, à dignidade e à privacidade do homem. Confira-se a emenda resumida e com destaques:

> INDENIZAÇÃO POR DANOS MORAIS. UTILIZAÇÃO DO POLÍGRAFO. AUSÊNCIA DE ELEMENTOS EPISTÊMICOS DE VALIDADE E DE FIABILIDADE PROBATÓRIA. VIOLAÇÃO AO DIREITO À INTIMIDADE. A aplicação das normas trabalhistas no espaço obedece aos Princípios da Territorialidade e da Soberania Nacional. Assim, o contrato de trabalho celebrado e executado no Brasil deve ser integralmente regido pelas regras e princípios do sistema pátrio, independentemente da nacionalidade da empregadora. É certo, ainda, que **entre os fundamentos da República Federativa do Brasil, a dignidade da pessoa humana e os valores sociais do trabalho (art. 1º, III e IV, da Constituição Federal), verdadeiros vetores que devem orientar quaisquer relações, públicas ou privadas, firmadas ou desenvolvidas no País**. A par dessas garantias, convivem, no mesmo sistema, a livre iniciativa e o direito constitucional à propriedade privada (art. 1º, IV, da Constituição Federal), embora esta última com função social. Porém, como proteção necessária à condição de hipossuficiência em que se encontra o empregado, o ordenamento jurídico impõe alguns limites intransponíveis a esse poder, em face da **necessidade de respeito aos direitos fundamentais dos empregados, uma vez que estes devem ser assegurados em qualquer ambiente e em todas as situações, em razão de sua eficácia horizontal.** Imperioso, assim, compreender que os direitos fundamentais, por serem indissociáveis da pessoa do empregado, não podem ser desconsiderados a partir do momento em que este ingressa no estabelecimento como se, nesse momento, todos os seus atributos pessoais se encontrassem ao alvedrio do empregador, independentemente de a empresa lidar com questões delicadas de segurança, como as concernentes ao transporte aéreo de passageiros. Por outro lado, é inquestionável a proibição de quaisquer investidas em aspectos referentes aos direitos fundamentais dos empregados ao mero argumento de que se está em lícito exercício do poder diretivo do **empregador.** [...] Assim, se a utilização do polígrafo não é admitida nem mesmo no processo penal, conduzido pelo Estado e com participação do Ministério Público, fiscal da ordem jurídica por excelência, não há por que tolerar a sua aplicação pelo empregador, no âmbito de uma relação particular e privada, sem que haja garantia de resguardo a um suposto "devido processo legal" ou a quaisquer outros direitos fundamentais do indivíduo. Nesse contexto, **seria possível afirmar que o empregador, ao fazer uso da aludida técnica de aferição da verdade, estaria investindo-se do exclusivo e indelegável Poder de Polícia, promovendo verdadeira persecução criminal que só pode ser levada a cabo pelo Estado.** [...] Mesmo em caso de existência de suspeitas veementes de crime praticado pelo empregado (p. ex., furto, ou apropriação indébita), sua utilização consiste em prática reprovável (além de bizarra), eis que o empregador não pode instituir por sua própria conta, um 'processo penal' travestido, pois cabe ao Estado a persecução penal". Sob o aspecto do prejuízo ao empregado, cumpre ressaltar que, antes do início do teste propriamente dito, é necessária a fase de calibragem do aparelho, onde são feitas diversas perguntas ao examinando, entre as quais podem ser indevidamente incluídas perguntas de ordem pessoal ou mesmo vexatórias, que geram exposição desnecessária e certamente não dizem respeito ao exercício da atividade laborativa, acarretando inevitável constrangimento, desconforto e abalo psíquico e moral. No caso, questiona-se se, em razão do nível de exposição a que está submetido o empregado, ao ter que responder perguntas relacionadas ao uso de bebidas alcoólicas, narcóticos, se tem antecedentes de desonestidade, se já se envolveu em atividade criminosa ou foi preso, por exemplo, além de outras de foro ainda mais particular ou até vexatórias, o polígrafo seria mesmo o meio que lhe causaria menor prejuízo, especialmente quando se considera sua esfera moral e o respeito aos direitos da personalidade ligados à intimidade

---

DANO MORAL. REVISTA ÍNTIMA. É cediço que a revista por parte do empregador, realizada de forma não abusiva, é permitida, fazendo parte de seu poder diretivo. O que se abomina são as revistas que afrontem, de alguma maneira, a dignidade humana ou a intimidade ou privacidade do trabalhador, princípios previstos na Constituição da República (art. 1º, III e 5º, X).

e à vida privada. O tema, aliás, não passou ao largo da jurisprudência do Supremo Tribunal Federal. Ao contrário, firmou a tese no tocante ao respeito às liberdades fundamentais, mesmo nas relações privadas, como se vê no RE n. 201.819, Redator para o acórdão o Min. Gilmar Mendes, publicado em 27.10.2006. Acrescente-se a previsão contida no art. 5º, LXIII, da Constituição da República, segundo o qual é assegurado aos acusados o direito ao silêncio, e normas internacionais de direitos humanos que aderem ao cenário constitucional pátrio – porque nele integradas -, consagradoras do princípio fundamental no sentido de que "ninguém é obrigado a produzir provas contra si mesmo", como o Pacto Internacional dos Direitos Civis e Políticos de 1966, ratificado pelo Brasil em 6.7.1992, art. 14, 3, "g"; e à Convenção Americana de Direitos Humanos, ratificada pelo Brasil em 6.11.1992, art. 8º, 2, "g". Diante de tudo do que foi exposto neste acórdão, conclui-se que a utilização do polígrafo nas relações laborais configura ato ilícito, que atinge a dignidade humana e os direitos da personalidade do empregado, notadamente a honra, a vida privada e a intimidade, o que dá ensejo ao pagamento de indenização por danos morais. Recursos de embargos de que se conhece e a que se nega provimento[460] (grifos da autora).

Eis um tema extremamente complexo que poderia ter sido objeto de regulamentação verdadeiramente intencionada à modernização das leis trabalhistas, descortinando para a sociedade, de forma transparente e racional, os limites do poder diretivo em face dos direitos fundamentais dos empregados e respectiva eficácia horizontal aos valores intrínsecos de sua personalidade.

De qualquer modo, a violação da esfera mais íntima do empregado, via prática de revistas íntimas, ou em perícia de bens pessoais do trabalhador, bem como o uso de polígrafos, gera dano moral a ser indenizado pelo empregador, independentemente da caracterização de culpa ou dolo, por violação direta de dever contratual.

4.3.1.1.4. O monitoramento de e-mails e outros dados pessoais do trabalhador

O advento da revolução tecnológica impactou as relações de trabalho, máxime por conta da natural introdução da informática no meio de produção corporativo. Diante da facilidade na interação proporcionada, aliada à rapidez no acesso às informações e simplicidade de manuseio, a internet e o correio eletrônico substituíram antigos instrumentos de comunicação, passando a ferramentas indispensáveis ao desempenho das atividades laborais[461]. Nesse ambiente, todavia, podem transitar dados pessoais do empregado, protegidos por seu respectivo direito à intimidade. Em suma, as questões básicas que se colocam são: pode o empregador controlar o acesso à internet e ao correio eletrônico utilizado pelo empregado durante a jornada de trabalho? O *e-mail* possui as garantias de sigilo, privacidade e inviolabilidade?[462]

A ausência de legislação específica e, aqui, outra oportunidade perdida no que diz respeito à regulamentação efetiva voltada à modernização das relações de trabalho, bem como a inexistência de uma linha jurisprudencial consolidada sobre a matéria, acaba por deixar a questão refém de parâmetros que possam ser extraídos da ponderação dos interesses em jogo.

O tema é fugidio aos nossos objetivos, que, nesta seara, limitam-se à arquitetura de sistematização dos direitos que, violados na esfera trabalhista, possam gerar danos morais. Todavia, sustenta-se, basicamente, que: (i) se o monitoramento recai sobre *e-mail* funcional, não se configura violação do direito à intimidade e ao sigilo de correspondência[463], pois

---

(460) BRASIL. Superior Tribunal do Trabalho. Embargos em Embargos de Declaração em Recurso de Revista n. 28140-17.2004.5.03.0092, da Subseção I Especializada em Dissídios Individuais, rel. Ministro Cláudio Mascarenhas Brandão, Brasília, DF, 15 de dezembro de 2017. Disponível em: <http://aplicacao4.tst.jus.br/consultaProcessual/consultaTstNumUnica.do?consulta=Consultar&conscsjt=&numeroTst=28140&digitoTst=17&anoTst=2004&orgaoTst=5&tribunalTst=03&varaTst=0092&submit=Consultar>. Acesso em: 3 jan. 2018.

(461) Ver BELMONTE, Alexandre Agra. *O monitoramento da correspondência eletrônica nas relações de trabalho*. São Paulo: LTr, 2004.

(462) Já tivemos a oportunidade de refletir acerca desse dilema em DUARTE, Juliana Bracks; TUPINAMBÁ, Carolina. Direito à intimidade do empregado X direito de propriedade e poder diretivo do empregador. *Revista de Direito do Trabalho*, São Paulo, v. 28, n. 105, p. 231-243, jan./mar. 2002.

(463) A questão é pacificada no TST:
BRASIL. Superior Tribunal do Trabalho. Agravo de Instrumento em Recurso de Revista n. 1130409520045020047, da 1ª Turma, Relator: Ministro Vantuil Abdala, Brasília, DF, 30 de novembro de 2007. Disponível em: <http://aplicacao4.tst.jus.br/consultaProcessual/consultaTstNumUnica.do?consulta=Consultar&conscsjt=&numeroTst=113040&digitoTst=95&anoTst=2004&orgaoTst=5&tribunalTst=02&varaTst=0047&submit=Consultar>. Acesso em: 3 jan. 2018.
AGRAVO DE INSTRUMENTO EM RECURSO DE REVISTA — DANO MORAL — JUSTA CAUSA. O julgado a quo registrou que não fere norma constitucional a quebra de sigilo de e-mail corporativo, sobretudo quando o empregador, previamente, avisa a seus empregados acerca das normas de utilização do sistema e da possibilidade de rastreamento e monitoramento de seu correio eletrônico. Agravo de instrumento desprovido.

o empregador é parte interessada e nada do que será lido ali poderá configurar uma invasão na esfera privada e íntima do funcionário. Ao contrário, a empresa tem total interesse em, por exemplo, responder e-mails endereçados a funcionários ausentes, evitar que entrem vírus na rede etc.; (ii) se o monitoramento recai sobre e-mail pessoal ou de uso misto, o empregador, caso não tenha advertido o empregado acerca do monitoramento, não deverá fazê-lo, sob pena de violar sua intimidade. [464]Em suma, o e-mail está protegido pelo mesmo sigilo destinado às cartas, tal qual assegura o art. 5º, inciso XII da Constituição que declara que "é inviolável o sigilo da correspondência e das comunicações telegráficas, de dados e das comunicações telefônicas, salvo, no último caso, por ordem judicial, nas hipóteses e na forma que a lei estabelecer para fins de investigação criminal ou instrução processual penal[465]". Assim sendo, consideradas as circunstâncias fruto da ponderação de direitos fundamentais, o empregador que invada a intimidade do empregado acarretará danos extrapatrimoniais, passíveis de reparação.

Igualmente deveria ocorrer nos casos de monitoramento de contas-correntes de empregados correntistas por empregadores bancos. Todavia, em contraposição, o Tribunal Superior do Trabalho tem permitido a prática entendendo inexistir afronta ao direito fundamental à privacidade. Segundo essa linha de pensamento, o monitoramento indiscriminado, promovido pelo banco empregador, das movimentações financeiras de seus empregados correntistas não constitui abuso, mas sim, exercício regular de direito, não havendo que se falar em violação ilícita do sigilo bancário quando respeitados os limites da legislação acerca da obrigatoriedade de prestação de informações, por parte das instituições bancárias, ao Conselho de Controle de Atividades Financeiras (COAF) e ao Banco Central do Brasil, conforme a Lei n. 9.613/1998 (alterada pela Lei n. 12.613/2012) e a Lei Complementar n. 105/2001.

Dessa maneira, em razão da previsão legal expressa, o empregador confundir-se-ia com a autoridade a quem o sistema normativo incumbe o direito-dever de guardar o sigilo bancário e, ao mesmo tempo, prestar aos órgãos de controle de informações acerca do conteúdo das movimentações de todos os correntistas, o que incluiria seus próprios empregados. Não disporiam os bancos, portanto, em face desse quadro, da alternativa de não monitorar as contas-correntes dos clientes, dentre os quais figuram seus empregados. Ao meramente atender determinação legal, o banco empregador não lesionaria o patrimônio moral dos empregados[466].

Discorda-se de tal ponto de vista. Em primeiro lugar, a ponderação de interesses parece pender ao prestígio da privacidade e da intimidade do empregado, direitos ínsitos à personalidade e à dignidade que preponderam sobre os

---

(464) DUARTE, Juliana Bracks; TUPINAMBÁ, Carolina. Direito à intimidade do empregador x direitos de propriedade e poder diretivo do empregador. *Revista de Direito do Trabalho*, n. 105, ano 28, jan./mar. 2002, Revista dos Tribunais. p. 235.

(465) O texto Constitucional é ainda regulamentado pela Lei n. 9.262/1996.

(466) BRASIL. Superior Tribunal do Trabalho, Recurso de Revista n. 13800004820095170007, da 4ª Turma, rel. Ministro Hugo Carlos Scheuermann, Brasília, DF, 18 de dezembro de 2015. Disponível em: <http://aplicacao4.tst.jus.br/consultaProcessual/consultaTstNumUnica.do?consulta=Consultar&conscsjt=&numeroTst=138000&digitoTst=48&anoTst=2009&orgaoTst=5&tribunalTst=17&varaTst=0007&submit=Consultar>. Acesso em: 3 jan. 2018.
RECURSO DE REVISTA. HORAS EXTRAS. BANCÁRIO. CARGO DE CONFIANÇA. GERENTE-GERAL DE AGÊNCIA. ART. 62, II, DA CLT 1. Virtuais limitações decorrentes do exercício de função de confiança, especialmente a submissão de decisões ao crivo de gerência regional, não desqualificam o gerente-geral de agência como alto empregado do Banco. Patente que, mesmo o alto empregado, pela própria condição de empregado, por definição, é um subordinado, em maior ou em menor medida. 2. Opõe-se à diretriz perfilhada na Súmula n. 287 do TST acórdão regional que mantém condenação em horas extras excedentes à oitava hora diária, em hipótese em que o óbice erigido ao reconhecimento do exercício das funções de gerente-geral de agência concerne unicamente à sujeição dos atos de gestão a órgão regional de controle da instituição bancária. 3. Recurso de revista do Reclamado conhecido, no particular, e provido. RECURSO DE REVISTA ADESIVO. DANO MORAL. EMPREGADO BANCÁRIO. MONITORAMENTO DE CONTA CORRENTE. VIOLAÇÃO DE PRIVACIDADE. QUEBRA ILEGAL DE SIGILO. NÃO CARACTERIZAÇÃO 1. O **monitoramento indiscriminado das contas-correntes de todos os empregados de instituição financeira não constitui violação ilícita do sigilo bancário se observados os limites da legislação vigente acerca da obrigatoriedade de prestação de informações, por parte das instituições bancárias, ao Conselho de Controle de Atividades Financeiras (COAF) e ao Banco Central do Brasil – Lei n. 9.613/1998 (alterada pela Lei n. 12.613/2012) e Lei Complementar n. 105/2001. 2. Em razão de previsão legal expressa, o empregador confunde-se com a autoridade a quem o sistema normativo incumbe o direito-dever de guardar o sigilo bancário e, ao mesmo tempo, prestar aos órgãos de controle informações acerca do conteúdo das movimentações de todos os correntistas, o que inclui seus próprios empregados. Não dispõe o Banco, em face desse quadro, da alternativa de não monitorar as contas-correntes dos clientes, dentre os quais figuram seus empregados. 3. Ao meramente atender determinação legal, o Banco empregador não lesiona o patrimônio moral dos empregados. Inexistência de afronta ao direito fundamental à privacidade.** 4. Recurso de revista adesivo do Reclamante não conhecido (grifos da autora).

deveres instrumentais à segurança pública nessas hipóteses em concreto. De qualquer modo, é preciso distinguir o acesso às informações referentes aos dados da conta bancária do empregado com o efetivo uso indevido das mesmas, este sim, evidentemente gerador de danos morais.

4.3.1.1.5. A exploração da imagem via uso de uniformes com logotipos sem o consentimento do empregado

A questão da obrigação do uso de uniformes sem o consentimento do empregado no que diz respeito à violação ao direito à imagem, assegurado pelo art. 5º, X, da CRFB/1988, sempre dividiu opiniões. No próprio Tribunal Superior do Trabalho, a conclusão variava a depender dos objetivos e do modo de contratação do trabalhador[467].

Com a reforma trabalhista, foi introduzido o art. 456-A, na Consolidação das Leis Trabalhistas, o qual assinala que o empregador pode definir o padrão de vestimenta no meio ambiente de trabalho, autorizada a inclusão no uniforme de logomarcas da empresa ou de empresas parceiras, bem como de outros itens de identificação, indicando inexistir violação ao direito de imagem com a prática.

Um texto de lei infraconstitucional não prevalece sobre um direito constitucionalmente assegurado, razão pela qual, mais prudente que, a despeito do novo cenário legislativo, tal qual anuncia o art. 20 do Código Civil, o empregador anuncie por ocasião da contratação a necessidade de uso de uniforme específico. Do contrário, o uso da imagem de uma pessoa, sem autorização, para fins comerciais, ainda que não haja ofensa, constituirá ato ilícito em virtude de violação a direito da personalidade constitucionalmente assegurado. Ao determinar o uso de camisetas ou coisa que o valha com logotipos de empresas ou de produtos comercializados, sem possibilidade de recusa pelo empregado e sem compensação pecuniária, o empregador viola a imagem do trabalhador. Não bastasse a exploração da imagem ter representação econômica, faz parte do direito de liberdade, constitucionalmente assegurado consentir, como também o ajuste do valor pela exploração econômica.

Além do mais, é importante diferenciar o uso do uniforme pura e simplesmente daqueles casos em que o empregado seja utilizado como propaganda ambulante ou mesmo nas hipótesesem que o uso da marca fira, por exemplo, convicções pessoais, filosóficas ou religiosas do trabalhador.

---

(467) BRASIL. Superior Tribunal do Trabalho, Agravo de Instrumento em Recurso de Revista n. 143000-10.2014.5.13.0025, da 8ª Turma, relª. Ministra Maria Cristina Irigoyen Peduzzi, Brasília, DF, 24 de junho de 2016. Disponível em: <http://aplicacao4.tst.jus.br/consultaProcessual/consultaTst-NumUnica.do?consulta=Consultar&conscsjt=&numeroTst=143000&digitoTst=10&anoTst=2014&orgaoTst=5&tribunalTst=13&varaTst=0025&-submit=Consultar>. Acesso em: 3 jan. 2018.
DANOS MORAIS — ASSÉDIO MORAL — USO INDEVIDO DA IMAGEM DO TRABALHADOR – NÃO OCORRÊNCIA. O fato de o empregador, no interesse do empreendimento, estimular a venda de produtos perecíveis próximos à data do vencimento, por si só, não é vexatório e não caracteriza assédio moral. Por sua vez, não caracteriza uso indevido da imagem do trabalhador, situações como a dos autos em que a contratação foi específica para a venda dos produtos divulgados nos uniformes, com o pagamento de comissões. A utilização de camiseta com logomarcas, nessa hipótese, guarda estrita relação com o objeto do contrato e se dá em benefício não só do empreendimento, mas do próprio trabalhador, que recebe contraprestação pela venda dos produtos estampados.
Em sentido contrário:
BRASIL. Superior Tribunal do Trabalho, Recurso de Revista n. 9558020135050464, da 2ª Turma, rel. Ministro José Roberto Freire Pimenta, Brasília, DF, 8 de maio de 2015. Disponível em: <http://aplicacao4.tst.jus.br/consultaProcessual/consultaTstNumUnica.do?consulta=Consultar&conscsjt=&numeroTst=955&digitoTst=80&anoTst=2013&orgaoTst=5&tribunalTst=05&varaTst=0464&submit=Consultar>. Acesso em: 3 jan. 2018.
DANO MORAL. UNIFORME COM PROPAGANDAS COMERCIAIS. USO INDEVIDO DA IMAGEM. No âmbito da Constituição Federal, o direito à imagem foi consagrado no art. 5º, inciso X, mas encontra expressa referência também no art. 5º, inciso V, em que está assegurado o direito à indenização por dano material, moral ou à imagem, e no art. 5º, inciso XXVIII, alínea a, em que está prevista a proteção contra a reprodução da imagem e voz humana. O direito à imagem, na condição de direito de personalidade, encontrou também proteção na esfera infraconstitucional, disposta no art. 20 do Código Civil. Com efeito, o direito à imagem consubstancia-se em direito autônomo, isto é, mesmo que, mediante o uso da imagem de alguém, se possa simultaneamente violar sua honra e intimidade, a proteção específica do direito à própria imagem persiste enquanto um dos mais típicos direitos da personalidade, ainda que não necessariamente com isso se tenha afetado concretamente a reputação ou o bom nome da pessoa. Nos precisos termos do art. 20 do Código Civil brasileiro, sempre que o juiz da causa verificar que a imagem de uma pessoa foi utilizada para fins comerciais, sem a sua autorização, essa prática poderá, a seu requerimento, ser proibida, "sem prejuízo da indenização que couber". Portanto, tendo em vista a normatização ora exposta do direito à imagem e sua característica de direito autônomo, tem-se que o uso indevido da imagem do trabalhador, que se vê obrigado a vestir uniformes com propagandas comerciais, sem nenhuma autorização do titular ou compensação pecuniária, constitui violação desse direito, a qual, por si só, gera direito à indenização reparatória. Nesse contexto, foi proferida decisão pela Subseção I Especializada em Dissídios Individuais do TST, nos autos do Processo n. E-RR-40540-81.2006.5.01.0049, qual foi juntado voto convergente por este Relator. Recurso de revista conhecido e provido.

Cabe ao empregador, em reconhecimento e respeito ao valor intrínseco do indivíduo empregado, pactuar com o mesmo as regras de uso de uniforme, isentando-se do respectivo risco de vir a ser condenado em obrigação de reparar o dano moral causado pelo uso indevido da imagem.

Muitos dirão que o empregado não terá tido escolha, vício de consentimento que não se presume, devendo ser objeto de prova. Outros, que o direito personalíssimo não poderia ser renunciado ou precificado, tal qual foi no caso do arremesso de anão[468]. O debate é rico, mas externo aos objetivos desse trabalho. Apenas para não se deixar a questão refém de qualquer comentário, parece que, ressalvadas as situações vexatórias ou eventualmente, humilhantes, o uso de marcas em uniforme pode ser consentido sem maiores traumas para ambas as partes.

4.3.1.1.6. A violação da honra e da imagem do empregado por conta de aplicação de justa causa abusiva

O direito à honra tutela o respeito, a consideração, a boa fama e a estima que a pessoa desfruta nas relações sociais, sendo de grande importância em se tratando de direito trabalhista, eis que a sua violação poderá ensejar a rescisão do contrato com justa causa em face do empregado (art. 482, alíneas J e K) ou mesmo a rescisão indireta pelo empregado (art. 483, alínea e, CLT), bem como o abalo acerca do bom nome, da reputação, ou seja, daquilo que as outras pessoas pensam acerca de um cidadão, a chamada "honra objetiva".

Outrossim, poderá se configurar o dano à honra quando ocorrer uma agressão a um sentimento que cada um tem a respeito de um atributo próprio, seja ele físico, intelectual ou moral, o que costuma ser referido como honra subjetiva.

Poderá ocorrer violação da honra e da imagem do empregado por conta de aplicação de justa causa abusiva, por exemplo.

Entretanto, no Recurso de Revista n. 1471-36.2012.5.01.0080, o TST viu-se instado a apreciar caso em que o autor postulara a reversão de justa causa imputada por suposto ato de improbidade. A modalidade de dispensa fora revertida em juízo. O dano moral havia sido concedido ao reclamante. O TST, em decisão publicada no DJET do dia 1º.9.2017, retirou a condenação por dano moral por entender que "no caso dos autos, deduz-se que a indenização extra-patrimonial questionada, derivada da abertura de inquérito policial, **só seria cabível se restasse comprovado que a instauração do citado procedimento foi requerida de forma maliciosa e/ou desproposidata**, e que teria havido repercussão na vida particular do arguido causadora de evidentes dissabores em seu conceito profissional ou no ambiente social e familiar que se encontra inserido, circunstâncias que não ficaram perfeitamente demonstradas na controvérsia em questão, de tal sorte que não se vislumbram os elementos essenciais para obtenção da indigitada indenização: o dano (dor), nexo causal (conexão entre o ato supostamente ilícito e o dano experimentado) e a culpa nos seus dois aspectos — dolo intencional e culpa derivada de negligência, imprudência ou imperícia. Há de se convir que a subjetividade de que se reveste a interpretação da conduta reprovável atribuída ao empregado, mesmo que essa tenha consistido na prática de crime, indica que a sua descaracterização pela decisão judicial, proveniente de mero insucesso probatório, não autoriza, por si só, a condenação em indenização por dano moral, exaurindo-se o direito do recorrido no âmbito da reparação prevista na Consolidação das Leis do Trabalho". (grifos da autora)

Também para Octávio Magano[469], a mera invocação de dispositivos configuradores da justa causa não ensejaria a obrigatoriedade de ressarcir danos morais, mesmo quando a alegação restar improvada. Somente seria indenizável, nesses termos, quando a justa causa figurasse como abusiva, com o objetivo real de ferir a honra, a dignidade, ou o bom nome do trabalhador.

A questão é de fato complexa, mas a coerência deste trabalho sustenta-se, em princípio, pelo entendimento de que se evidenciará dano moral quando o empregador, ao exercer seu poder punitivo em grau máximo, imputar ao empregado

---

(468) Trata-se de famoso caso ocorrido em uma cidade francesa, onde em uma danceteria acontecia infeliz "brincadeira" de "arremesso de anão", em que participantes competiam com o intuito de arremessar um anão à maior distância possível de um lado a outro do recinto. O anão recebia uma espécie de salário, prestando-se voluntariamente a ser arremessado. A casa foi interditada pelas autoridades competentes e a empresa, apoiada pelo próprio anão, judicializou o conflito, sustentando fundamentos como autonomia da vontade e salário condizente, que não foram acolhidos por todos os órgãos judicantes aos quais o caso foi submetido.

(469) MAGANO, Octávio Bueno. Dos Direitos da Personalidade e o Direito do Trabalho. *Revista do Direito do Trabalho*, n. 111. jul./dez. 2003. In: FERRARI, Irany; MARTINS, Melchíades Rodrigues. *Dano moral — múltiplos aspectos nas relações de trabalho*. São Paulo: LTr, 2005. p. 136.

conduta ilícita ou desabonadora de sua honra e imagem. O dano consubstancia-se pela mácula a valores intrínsecos à personalidade do trabalhador, como violação de dever contratual e o nexo causal advém pelo reconhecimento judicial do abuso de direito, com a reversão da justa causa aplicada.

4.3.1.1.7. Limitação de uso de sanitários ou precarização de condições de higiene

Os deveres do empregador quanto ao reconhecimento e respeito do trabalhador comportam, ainda, a garantia das condições de higiene e da liberdade de acesso a locais em que o empregado possa dar cabo de suas necessidades fisiológicas básicas.

A limitação de ida a sanitários acarreta violação ao direito do trabalhador à intimidade (art. 5º, X, CRFB/1988), bem como a sua própria dignidade, uma vez que fica privado ou restringido em demasia de realizar necessidades básicas do ser humano. Nos casos em que há advertências vexatórias por parte do empregador, será tanto mais grave, em razão da maior dimensão do dano sofrido, que poderá envolver até mesmo assédio moral.

Igualmente inaceitável será a ausência de instalações sanitárias apropriadas pelas mesmas razões[470].

4.3.1.2. Direito ao mínimo existencial: condições básicas de subsistência e pausas no tempo de trabalho para conquista de uma vida boa

A preocupação constitucional com o trabalho humano e os contemporâneos desafios da livre iniciativa, ambos valores vocacionados para a justiça social, clamam por uma nova ideia de equilíbrio entre as partes, voltado para um princípio protetor consciente, via tutela responsável e preservadora da autonomia da vontade livre, consciente e qualificada. O indivíduo tem de se realizar pelo trabalho, que deve ser humanamente útil e socialmente integrador, a fim de que ele participe da comunidade. O trabalho, ademais, atualmente, configura a principal via de acesso ao mínimo existencial.

Nesse aspecto, muitas vezes o "princípio de proteção ao trabalhador" mostra-se ineficiente e ilusório, uma vez que (i) não se coaduna com a Constituição, que coloca no mesmo patamar, como fundamento do Estado, a valorização do trabalho e da livre iniciativa e (ii) a sociedade não mais corresponde ao *locus* de um sistema binário, dicotômico ou estanque. Pelo contrário, traço marcante da contemporaneidade é a complexidade da interação do Estado com os indivíduos, e dos próprios entre si. Um sistema duro, que tenha como premissa uma hipossuficiência nem sempre real, não consegue dar conta de solucionar conflitos sociais de forma eficiente, tampouco promover, em caráter disciplinar, o desembaraço das linhas de estrangulamento entre capital e trabalho[471].

Nessa perspectiva, defende-se que o princípio protetor deve ceder lugar ao princípio da solidariedade, mais compreensivo e justo com as limitações socioeconômicas dos atores, respeitadas suas autonomias, se qualificadas[472]. O solidarismo significará compromisso e esforço máximo de realização dos direitos sociais, sem perda de contato com a

---

(470) Neste sentido: BRASIL. Tribunal Superior do Trabalho, Recurso de Revista n. 1098920135030053, da 1ª Turma, rel. Ministro Hugo Carlos Scheuermann, Brasília, DF, 13 de março de 2015. Disponível em <https://tst.jusbrasil.com.br/jurisprudencia/173815223/recurso-de-revista-rr-1098920135030053>. Acesso em: 9 jan. 2018.
RECURSO DE REVISTA. INDENIZAÇÃO POR DANO MORAL. AUSÊNCIA DE INSTALAÇÃO SANITÁRIA E REFEITÓRIO. 1. No caso dos autos, o e. TRT relatou que «a prova oral emprestada confirmou que não havia banheiros para os empregados fazerem suas necessidades fisiológicas, nem local próprio para realizarem as refeições, improvisada uma barraca quando as reclamadas eram previamente avisadas da fiscalização». Nesse contexto, manteve a condenação ao pagamento de indenização por danos morais arbitrado na origem em R$ 5.000,00 (cinco mil reais). 2. A prática descrita pelo Tribunal Regional configura descumprimento por parte da empregadora dos deveres decorrentes da boa-fé, do qual emana o dever de zelar pela segurança e bem-estar do empregado no ambiente de trabalho. Sua negligência frente às necessidades primárias de higiene e intimidade do empregado caracteriza a violação dos direitos de personalidade, à honra, à imagem, à própria dignidade da pessoa humana, constitucionalmente consagrada (art. 1º, III) que enseja a condenação ao pagamento de compensação por dano moral. 3. Aplicação do art. 896, § 4º, da CLT e da Súmula 333/TST, como óbices ao conhecimento do recurso. Recurso de revista não conhecido.

(471) TUPINAMBÁ, Carolina. *As garantias do processo do trabalho*. São Paulo: LTr, 2014. p. 228.

(472) "Ou seja, a igualdade absoluta de índole comunista na acepção do termo não ilustra um fim perseguido pela Constituição. Ao contrário, a Carta respeita os méritos, o livre arbítrio e a alteridade de cada ator social. Qual seria o limite de atuação do Estado equilibrista? Tem se firmado como ponto de convergência a consciência de que o Judiciário deverá intervir sempre que um direito fundamental estiver sendo descumprido, especialmente se vulnerado o mínimo existencial de qualquer pessoa". *Ibidem*, p. 39.

escassez natural como consequência última de realização integral de direitos a todo custo e às expensas de único polo. Daí, o solidarismo apenas aponta um caminho de cooperação em prol do equilíbrio, com um Estado atento, mas não necessariamente intrometido.

Em suma, o empregador terá certamente o dever mínimo de garantir que o trabalho permita ao empregado acesso ao mínimo existencial[473].

O direito ao mínimo existencial coincide com o dever do empregador de viabilizar condições materiais básicas para sua subsistência do empregado, bem como de promover, ao que lhe compete, a efetividade de seus direitos fundamentais sociais, principalmente os encartados no art. 6º da Carta Magna.

Nesse contexto, com respeito às teses em contrário, os direitos trabalhistas, assim como os demais direitos sociais, possuem um núcleo mínimo existencial intangível em torno do qual orbitariam direitos disponíveis.[474] [475]

No Brasil, a teoria do mínimo existencial criada por John Rawls, representada pela posição equitativa de oportunidades como um conjunto de condições materiais mínimas, como pressuposto não apenas do princípio da diferença, mas também do princípio da liberdade, uma vez que a carência daquele mínimo existencial inviabiliza a utilização pelo homem das liberdades que a ordem jurídica lhe assegura, foi desenvolvida por Ricardo Lobo Torres, que entende o mínimo existencial como o "conjunto imprescindível de condições iniciais para o exercício da liberdade"[476][477].

Verifica-se, hodiernamente, uma renovação do conceito de ordem pública no direito do trabalho, sendo possível distinguir normas que dispensam proteção aos interesses gerais superiores das normas que protejam interesses particulares. A função dos direitos fundamentais, em tal contexto, cresce de importância. O núcleo duro representado pela gama de direitos denominados fundamentais resiste ao embate dos novos acontecimentos de ordem econômica para reafirmar o império da necessidade de respeito à dignidade da pessoa humana[478]. Ainda que o direito do trabalho ilustre ramo de direito público, com preceitos de ordem pública, é possível destacar em seu arsenal de normas dispositivos não estanques e espaços legítimos de negociação, tal como reconhecido no novel art. 611-A, da CLT.

Dar elasticidade aos direitos laborais é compatibilizar o princípio da legalidade, estampado na intangibilidade da lei, com o da autonomia da vontade, reconhecendo, em certos casos, mediante a celebração do negócio jurídico derrogatório, a eficácia da renúncia voluntária a direitos concedidos por lei.

De fato, o conceito de mínimo existencial não tem dicção constitucional própria, nem conteúdo específico. Em verdade, seja no direito do trabalho ou em outros ramos, o mínimo existencial constitui o mínimo necessário à existência de um direito fundamental, visto que, sem ele, cessaria a possibilidade de sobrevivência do homem e desapareceriam as condições iniciais da liberdade. Ilustra parcela relevante de indisponibilidade dos direitos trabalhistas.

Na visão de Ana Paula de Barcellos, o mínimo existencial corresponderia a "fração nuclear da dignidade da pessoa humana à qual se deve reconhecer a eficácia jurídica"[479].

---

(473) Ver por todos GOMES, Fábio Rodrigues. *O direito fundamental ao trabalho:* perspectivas histórica, filosófica e dogmático-analítica. Rio de Janeiro: Lumen Juris, 2008.

(474) Na doutrina do Pós-Guerra, o primeiro jurista de renome a sustentar a possibilidade do reconhecimento de um direito subjetivo à garantia de recursos mínimos para uma existência digna foi o publicista Otto Bachof, que, já no início da década de 1950, considerou que o princípio da dignidade da pessoa humana (art. 1o, da Lei Fundamental da Alemanha) não reclama apenas a garantia da liberdade, mas também um mínimo de segurança social, já que, sem os recursos materiais para uma existência digna, a própria dignidade da pessoa humana ficaria sacrificada. Cerca de um ano depois da paradigmática formulação de Bachof, a teoria acabou por acatada pelo Tribunal Federal Administrativo da Alemanha, passando à paulatina expansão pelos estudiosos do tema.

(475) Ver BARCELLOS, Ana Paula de. *O princípio da dignidade da pessoa humana e o mínimo existencial.* 2. ed. Rio de Janeiro: Renovar, 2008.

(476) TORRES, Ricardo Lobo. *Direitos humanos e a tributação:* imunidades e isonomia. Rio de Janeiro: Renovar, 1995. p. 135.

(477) SANTOS, Enoque Ribeiro dos. *O microssistema de tutela coletiva:* parceirização trabalhista. 3. ed., rev. e atual. São Paulo: LTr, 2015. p. 56.

(478) Ver JUCÁ, Francisco Pedro. Os direitos individuais fundamentais do trabalhador. In: NASCIMENTO, Amauri Mascaro (Coord.). *A transição do direito do trabalho no Brasil — estudos em homenagem a Eduardo Gabriel Saad.* São Paulo: LTr, 1999. p. 280; BELTRAN, Ari Possidonio. *Direito do trabalho e direitos fundamentais.* São Paulo: LTr, 2002.

(479) BARCELLOS, Ana Paula de. *A eficácia jurídica dos princípios constitucionais:* o princípio da dignidade da pessoa humana. Rio de Janeiro: Renovar, 2008. p. 278.

A teoria do *mínimo existencial* ligada intrinsecamente com a reserva do possível e com as condições de liberdade, corresponde, conforme ensina Gotti[480] ao "núcleo material do princípio da dignidade da pessoa humana (art. 1º, III, CRFB/1988) e corporifica o conjunto de prestações fáticas básicas para uma vida digna". Apesar da inexistência de um consenso no que tange ao conceito de mínimo existencial, é possível identificar alguns pontos em comum nas diversas definições apresentadas pelos doutrinadores, dentre eles encontra-se a concepção de que esse princípio se relaciona às prestações materiais que assegurem condições mínimas de sobrevivência, com respeito à dignidade humana.

O Supremo Tribunal Federal tem utilizado a ideia do "mínimo existencial" para avaliar a proporcionalidade das condutas ou omissões do Estado consistentes em, sob o argumento da reserva do possível, restringir direitos fundamentais. Para Ana Paula de Barcellos[481], ao mínimo existencial se reconhece a modalidade de eficácia jurídica positiva ou simétrica – isto é, as prestações que compõem o mínimo existencial poderão ser exigidas judicialmente de forma direta – ao passo que ao restante dos efeitos pretendidos pelo princípio da dignidade da pessoa humana se haverá de reconhecer apenas as modalidades de eficácia negativas, interpretativa e vedativa do retrocesso, como preservação do pluralismo e do debate democrático. A autora arquiteta proposta de concretização do mínimo existencial, tendo em conta a ordem constitucional brasileira, incluindo em seu conteúdo os direitos à educação fundamental, à saúde básica, à assistência no caso de necessidade e ao acesso à justiça[482].

Voltando-se o trabalho para seu interesse específico, sustenta-se como conteúdo mínimo — ou "mínimo existencial de ordem trabalhista" — de direitos personalíssimos do trabalhador perante seu empregador, os quais, em verdade, justificam quaisquer dos incisos do novo art. 611-B da CLT: (i) contraprestação pelo labor que permita sustento digno com acesso a bens e condições básicas da vida; e (ii) descanso que permita recomposição física e mental.

Em outras palavras, por decorrência da boa-fé objetiva e do estágio civilizatório em que se compreenda o conceito de trabalho digno, é cláusula inerente a qualquer contrato de trabalho o dever de o empregador pagar contraprestação que permita ao empregado sustento qualificado, bem como conceder-lhe repouso suficiente à recomposição física e mental.

Os danos extrapatrimoniais normalmente verificáveis em decorrência da violação ao dever de garantir, ao que lhe compete, o mínimo existencial ao trabalhador serão a seguir apresentados e, em geral, representarão danos existenciais e/ou morais.

4.3.1.2.1. A impontualidade contumaz no pagamento ou a retenção de salários

O salário tem natureza alimentar reconhecida na Carta, com destaque para o art. 100, § 1º[483]. Nesse contexto, recebe proteção especial do ordenamento jurídico máxime em razão do papel socioeconômico que a parcela cumpre, sob a ótica do trabalhador. A Convenção n. 95 da OIT, ratificada pelo Brasil, também trata da proteção do salário, tal qual a legislação ordinária brasileira, que traz inúmeros dispositivos a garantir proteção à parcela, nas variadas esferas das relações jurídico-sociais, a exemplo da limitação de sua penhorabilidade preceituada no Código de Processo Civil[484].

---

(480) GOTTI, Alessandra. *Direitos Sociais*: fundamentos, regime jurídico, implementação e aferição de resultados. São Paulo: Saraiva, 2012. p. 75.

(481) BARCELLOS, Ana Paula de. *Op. cit.*, p. 353.

(482) BARCELLOS, Ana Paula de. *A eficácia jurídica dos princípios constitucionais*: o princípio da dignidade da pessoa humana. Rio de Janeiro: Renovar, 2008. p. 353.

(483) BRASIL. Constituição Federal, art. 100. Os pagamentos devidos pelas Fazendas Públicas Federal, Estaduais, Distrital e Municipais, em virtude de sentença judiciária, far-se-ão exclusivamente na ordem cronológica de apresentação dos precatórios e à conta dos créditos respectivos, proibida a designação de casos ou de pessoas nas dotações orçamentárias e nos créditos adicionais abertos para este fim.
§ 1º Os débitos de natureza alimentícia compreendem aqueles decorrentes de salários, vencimentos, proventos, pensões e suas complementações, benefícios previdenciários e indenizações por morte ou por invalidez, fundadas em responsabilidade civil, em virtude de sentença judicial transitada em julgado, e serão pagos com preferência sobre todos os demais débitos, exceto sobre aqueles referidos no § 2º deste artigo.

(484) BRASIL. Código de Processo Civil, art. 833. São impenhoráveis:
IV – os vencimentos, os subsídios, os soldos, os salários, as remunerações, os proventos de aposentadoria, as pensões, os pecúlios e os montepios, bem como as quantias recebidas por liberalidade de terceiro e destinadas ao sustento do devedor e de sua família, os ganhos de trabalhador autônomo e os honorários de profissional liberal, ressalvado o § 2º; IV – os vencimentos, os subsídios, os soldos, os salários, as remunerações, os proventos de aposentadoria, as pensões, os pecúlios e os montepios, bem como as quantias recebidas por liberalidade de terceiro e destinadas ao sustento do devedor e de sua família, os ganhos de trabalhador autônomo e os honorários de profissional liberal, ressalvado o § 2º;

O não pagamento, ou o atraso contumaz de salários por parte do empregador, importa em violação ao dever de garantia ao mínimo existencial. Mais: ao próprio valor social do trabalho, uma vez que impossibilita que o trabalhador tenha previsibilidade necessária para contrair obrigações e se portar socialmente do ponto de vista financeiro.

Examinando julgados mais atuais, o Tribunal Superior do Trabalho parece comungar do entendimento[485]. Confira-se, com destaques:

> DANO MORAL. CONFIGURAÇÃO. ATRASO NO PAGAMENTO DOS SALÁRIOS. DANO IN RE IPSA. DIREITO FUNDAMENTAL DE ORDEM SOCIAL. **Imperativo reconhecer que a mora do empregador gera ipso facto um dano também extrapatrimonial quando não se cuida, por exemplo, de verbas acessórias ou salário diferido, mas daquela parte nuclear do salário imprescindível para o empregado honrar suas obrigações mensais relativas às necessidades básicas com alimentação, moradia, higiene, transporte, educação e saúde.** O inevitável constrangimento frente aos provedores de suas necessidades vitais configura um dano *in re ipsa*, mormente quando consignado que era reiterada a conduta patronal em atrasar o pagamento dos salários. A ordem constitucional instaurada em 1988 consagrou a dignidade da pessoa humana como princípio fundamental da República, contemplando suas diversas vertentes — pessoal, social, física, psíquica, profissional, cultural etc., e alçando também ao patamar de direito fundamental as garantias inerentes a cada uma dessas esferas. Assim, o legislador constituinte cuidou de detalhar no artigo 5º, *caput* e incisos, aqueles direitos mais ligados ao indivíduo, e nos arts. 6º a 11 os sociais, com ênfase nos direitos

---

A convenção n. 95 da OIT também assegura tal garantia, dispondo o seguinte: "Art. 10, 1. O salário não poderá ser objeto de penhora ou cessão, a não ser segundo as modalidades e nos limites prescritos pela legislação nacional.

2. O salário deve ser protegido contra a penhora ou a cessão, na medida julgada necessária para assegurar a manutenção do trabalhador e de sua família.

(485) Apesar do julgado mais recente, o TST, aparentemente, não apresenta jurisprudência resolvida sobre a matéria:
BRASIL. Tribunal Superior do Trabalho. Recurso de Revista n. 6847620135090006, da 1ª Turma, Brasília, DF, 26 de junho de 2015. Disponível em: <http://aplicacao4.tst.jus.br/consultaProcessual/consultaTstNumUnica.do?consulta=Consultar&conscsjt=&numeroTst=684&digitoTst=76&anoTst=2013&orgaoTst=5&tribunalTst=09&varaTst=0006&submit=Consultar>. Acesso em: 4 jan. 2018.
DANOS MORAIS. MORA CONTUMAZ NO PAGAMENTO DE SALÁRIOS OU ATRASO REITERADO. EFEITOS. OFENSA À DIGNIDADE DO TRABALHADOR. A mora contumaz no pagamento dos salários — ou o atraso reiterado, que se prolonga demasiadamente no tempo, produzindo efeitos equivalentes — não atinge apenas a esfera patrimonial do empregado, diante do comprometimento da sua subsistência e de sua família, uma vez que o obreiro fica também limitado em sua capacidade de contrair obrigações financeiras com terceiros e de honrá-las no prazo avençado. Ademais, a condição de hipossuficiência do empregado inibe a exigência imediata do pagamento dos salários em atraso, porquanto de tal ato poderia resultar retaliação por parte da empresa, pondo em risco a própria incolumidade da relação de emprego, com sacrifício do seu único meio de sobrevivência. Nesse contexto, esse ato patronal atenta contra o valor social do trabalho — um dos princípios fundantes da República Federativa do Brasil. Inevitável, portanto, reconhecer que o atraso reiterado e prolongado no pagamento dos salários caracteriza afronta à dignidade do trabalhador, ensejando a reparação por danos morais. Recurso de revista conhecido e provido. [...]
Em sentido diametralmente oposto:
BRASIL. Tribunal Superior do Trabalho, Agravo de Instrumento em Recurso de Revista n. 1032008420085010003, da 1ª Turma, Brasília, DF, 23 de agosto de 2013. Disponível em: <http://aplicacao4.tst.jus.br/consultaProcessual/consultaTstNumUnica.do?consulta=Consultar&conscsjt=&numeroTst=103200&digitoTst=84&anoTst=2008&orgaoTst=5&tribunalTst=01&varaTst=0003&submit=Consultar>. Acesso em: 4 jan. 2018.
AGRAVO DE INSTRUMENTO EM RECURSO DE REVISTA DO RECLAMANTE. DANOS MORAIS. ATRASO CONTUMAZ NO PAGAMENTO DOS SALÁRIOS.1. Hipótese em que a e. Corte regional reputou indevida a indenização por danos morais, ao fundamento de que — não restou demonstrado que o não percebimento de salários tenha maculado a esfera pessoal do Reclamante e provocado situações que atingiram a sua imagem ou boa conduta, ou que o tenham exposto a constrangimentos, humilhações ou vexames que caracterizassem dano a sua moral. 2. Possível violação do art. 5º, X, da Lei Maior dá azo ao provimento deste agravo, nos moldes do art. 896, c, da CLT. Agravo de instrumento conhecido e provido. AGRAVO DE INSTRUMENTO EM RECURSO DE REVISTA DA RECLAMADA (VARIG LOGÍSTICA S.A.). DESERÇÃO. EMPRESA EM RECUPERAÇÃO JUDICIAL. SÚMULA N. 86/TST. Não se estendem às empresas em recuperação judicial os benefícios concedidos às massas falidas quanto ao recolhimento de custas e efetuação de depósito recursal. Inviável a aplicação da Súmula 86/TST, por analogia. Agravo de instrumento conhecido e não provido. RECURSO DE REVISTA DO RECLAMANTE. DANOS MORAIS. ATRASO CONTUMAZ NO PAGAMENTO DOS SALÁRIOS. 1. Hipótese em que a e. Corte regional reputou indevida a indenização por danos morais, ao fundamento de que – não restou demonstrado que o não percebimento de salários tenha maculado a esfera pessoal do Reclamante e provocado situações que atingiram a sua imagem ou boa conduta, ou que o tenham exposto a constrangimentos, humilhações ou vexames que caracterizassem dano a sua moral. 2. Embora os atrasos no cumprimento das obrigações trabalhistas, em regra, acarretem apenas danos patrimoniais, sanados com a condenação ao pagamento das parcelas correspondentes, no caso, configura-se também o dano moral porquanto comprovado o reiterado atraso no pagamento dos salários do reclamante. Esse procedimento não se limita a meros dissabores, já que deixa o trabalhador em total insegurança quanto ao futuro, sem poder se programar quanto à adimplência de seus compromissos financeiros.3. Logo, comprovado o atraso contumaz no pagamento dos salários, o procedimento adotado pela reclamada importou em abalo moral suficiente a caracterizar violação aos direitos da personalidade do reclamante, justificando a condenação da empresa no dever de indenizar. Recurso de revista conhecido e provido.

relativos à atividade laboral (arts. 7º a 11). Dessa forma, o exercício dessa dignidade está assegurado não só pelo direito à vida, como expressão da integridade física apenas. A garantia há de ser verificada nas vertentes concretas do seu exercício, como acima delineado, mediante o atendimento das necessidades básicas indispensáveis à concretização de direitos da liberdade e de outros direitos sociais, todos eles alcançáveis por meio do trabalho. **O direito fundamental ao trabalho (art. 6º, *caput*, da CF) importa direito a trabalho digno, cuja vulneração gera o direito, igualmente fundamental, à reparação de ordem moral correspondente (art. 5º, V e X, CF).** A exigência de comprovação de dano efetivo, tal como inscrição a nos órgãos de proteção ao crédito ou o pagamento de contas em atraso, não se coaduna com a própria natureza do dano moral. Trata-se de lesão de ordem psíquica que prescinde de comprovação. A prova em tais casos está associada apenas à ocorrência de um fato (atraso nos salários) capaz de gerar, no trabalhador, o grave abalo psíquico que resulta inexoravelmente da incerteza quanto à possibilidade de arcar com a compra, para si e sua família, de alimentos, remédios, moradia, educação, transporte e lazer. De tal forma, estando o acórdão embargado em harmonia com a jurisprudência da SDI-1, inviável é o conhecimento do recurso de embargos, nos exatos termos do art. 894, II, parte final, e § 2º da CLT. Precedentes. Correta, pois, a decisão agravada. Agravo regimental não provido[486]. (grifos da autora)

O TRT da 2ª Região arquivou o pedido de uniformização sobre o tema referente aos danos extrapatrimoniais quando do atraso no pagamento de salários por entender não ser a matéria passível de uniformização[487].

Em suma, a retenção indevida e os atrasos salariais ensejam danos morais e existenciais, afetando a dignidade, na perspectiva do direito à autodeterminação, bem como o direito ao mínimo existencial do trabalhador, completamente impossibilitado de combater de forma efetiva e imediata a situação degradante imposta pelo empregador.

4.3.1.2.2. O cancelamento indevido de plano de saúde do trabalhador

A saúde é direito de todos e dever do estado, reza a Constituição Federal, nos arts. 6º e 196. O diploma constitucional garante ainda "formulação e execução de políticas econômicas e sociais que visem à redução de riscos de doenças e outros agravos, e no estabelecimento de condições que assegurem acesso universal e igualitário às ações e aos serviços para a sua proteção e recuperação". Tais normas têm aplicabilidade direta e imediata e, evidentemente, irradiam alguma eficácia horizontal às relações trabalhistas.

Aos empregados que se demitem ou são demitidos sem justa causa é assegurado o direito de continuarem desfrutando de plano de saúde coletivo eventualmente oferecido pela empresa nas condições anteriores à rescisão do contrato com o empregador. Todavia, tal continuidade é possibilitada nos exatos termos da Lei n. 9.656/1998, combinada com a Resolução Normativa da DC/ANSS, de 24 de novembro de 2011. Após o desligamento da empresa, o beneficiário deverá arcar com o custo integral do plano de saúde, caso queira continuar coberto. Ainda assim, a possibilidade terá prazo determinado: o plano/seguro-saúde só poderá continuar sendo usado por mais um terço do tempo em que o ex-funcionário tenha ficado vinculado a ele. Esse prazo, de acordo com a lei, não pode ser inferior a seis meses nem superior a vinte a quatro. A mesma lei estipula prazo certo para que o empregado eventualmente exerça a faculdade de continuar vinculado às suas expensas. É dizer, o prazo para manifestar interesse pela manutenção do plano corresponde a 30 dias, a contar da data em que o beneficiário recebeu ou fez a comunicação de seu desligamento, sendo ônus do trabalhador a comprovação de que eventualmente tenha requerido a continuidade[488].

---

(486) BRASIL. Tribunal Superior do Trabalho, Agravo Regimental em Recurso de Revista n. 1615-95.2013.5.01.0006, da Subseção I Especializada em Dissídios Individuais, Publicado, Brasília, DF, 02 de junho de 2017. Disponível em: <http://aplicacao4.tst.jus.br/consultaProcessual/resumoForm.do?consulta=1&numeroInt=211392&anoInt=2014>. Acesso em: 4 jan. 2018.

(487) BRASIL. Tribunal Regional do Trabalho da 2ª Região. Disponível em: <http://www.trtsp.jus.br/images/CartaServico/IUJ/RO-1001618-88.2014.5.02.0422_Desistencia.pdf>. Acesso em: 10 jan. 2016.

(488) BRASIL. Lei n. 9.656/1998. Art. 30. Ao consumidor que contribuir para produtos de que tratam o inciso I e o § 1º do art. 1º desta Lei, em decorrência de vínculo empregatício, no caso de rescisão ou exoneração do contrato de trabalho sem justa causa, é assegurado o direito de manter sua condição de beneficiário, nas mesmas condições de cobertura assistencial de que gozava quando da vigência do contrato de trabalho, desde que assuma o seu pagamento integral. (Redação da MP n. 2.177-44/24.08.2001)
§ 1º O período de manutenção da condição de beneficiário a que se refere o *caput* será de um terço do tempo de permanência nos produtos de que tratam o inciso I e o § 1º do art. 1º, ou sucessores, com um mínimo assegurado de seis meses e um máximo de vinte e quatro meses.
[...]
§ 5º *A condição prevista no caput deste artigo deixará de existir quando da admissão do consumidor titular em novo emprego.* (grifos da autora)

O cancelamento de plano de saúde que não nessas situações autorizadas viola o direito do empregado à autodeterminação e ao mínimo existencial, pelo que configura danos morais e existenciais, ensejando direito a reparação, despicienda comprovação de culpa ou dolo, logicamente, por se tratar de violação de dever contratual[489].

4.3.1.2.3. O não repasse de contribuições previdenciárias aos órgãos competentes

O subsistema previdenciário da seguridade social, especificamente o Regime Geral de Previdência Social, tem função de proteção social dos trabalhadores em situação de risco – idade avançada, invalidez, morte, doença, maternidade, reclusão etc. Daí, ilustra relevante canal de acesso do trabalhador ao mínimo existencial.

Todo trabalhador que possui carteira assinada tem de 8% a 11% do salário recolhidos pelo empregador e destinados à Previdência Social.

O desconto regular deve ser consignado no contracheque como parcela referente ao INSS (Instituto Nacional do Seguro Social). Trata-se de obrigação legal da empresa, para garantir ao trabalhador o direito à contagem de tempo para a aposentadoria, ao auxílio-doença, ao salário-maternidade e a outros benefícios que certamente consubstanciam conteúdo do mínimo existencial.

Todavia, infelizmente, pode ocorrer de o empregador efetuar o desconto e não o repassar ao órgão previdenciário. Em verdade, tal prática pode configurar crime nos termos do art. 168-A do Código Penal[490].

O que importa, nesse contexto, é que o empregado poderá experimentar enorme dissabor ao necessitar de algum benefício previdenciário, tendo que comprovar ao INSS o vínculo empregatício, sua duração e o valor das contribuições. Em suma, enfrentará dificuldades e constrangimentos na obtenção do benefício previdenciário.

Nesse contexto, o dano extrapatrimonial consistirá em violação ao direito do empregado ao mínimo existencial. O nexo causal é comprovado de forma bastante simples, via exibição do CNIS (Cadastro Nacional de Informações Sociais) do segurado, uma espécie de extrato das contribuições disponível para o trabalhador interessado.

---

(489) BRASIL. Tribunal Superior do Trabalho, Recurso de Revista n. 4021920135010343, da 6ª Turma, Publicado, Brasília, DF, 14 de novembro de 2014. Disponível em: <http://aplicacao4.tst.jus.br/consultaProcessual/consultaTstNumUnica.do?consulta=Consultar&conscsjt=&numeroTst=402&digitoTst=19&anoTst=2013&orgaoTst=5&tribunalTst=01&varaTst=0343&submit=Consultar>. Acesso em: 4 jan. 2018.
RECURSO DE REVISTA. INDENIZAÇÃO POR DANOS MORAIS. CANCELAMENTO DO PLANO DE SAÚDE APÓS A APOSENTADORIA POR INVALIDEZ O cancelamento do plano de saúde justamente no momento em que o empregado se encontra afastado, em aposentadoria por invalidez, momento em que mais necessita do benefício, acarreta sentimento de angústia, pois inviabiliza os meios para tratar da sua saúde, a denotar ato ilícito do empregador, a ser reparado. Precedentes. Recurso de revista conhecido e provido.

(490) BRASIL. Código Penal, art. 168-A. Deixar de repassar à previdência social as contribuições recolhidas dos contribuintes, no prazo e forma legal ou convencional:
Pena – reclusão, de 2 (dois) a 5 (cinco) anos, e multa.
§ 1º Nas mesmas penas incorre quem deixar de:
I – recolher, no prazo legal, contribuição ou outra importância destinada à previdência social que tenha sido descontada de pagamento efetuado a segurados, a terceiros ou arrecadada do público; (Incluído pela Lei n. 9.983, de 2000)
II – recolher contribuições devidas à previdência social que tenham integrado despesas contábeis ou custos relativos à venda de produtos ou à prestação de serviços; (Incluído pela Lei n. 9.983, de 2000)
II – pagar benefício devido a segurado, quando as respectivas cotas ou valores já tiverem sido reembolsados à empresa pela previdência social. (Incluído pela Lei n. 9.983, de 2000)
§ 2º É extinta a punibilidade se o agente, espontaneamente, declara, confessa e efetua o pagamento das contribuições, importâncias ou valores e presta as informações devidas à previdência social, na forma definida em lei ou regulamento, antes do início da ação fiscal. (Incluído pela Lei n. 9.983, de 2000)
§ 3º É facultado ao juiz deixar de aplicar a pena ou aplicar somente a de multa se o agente for primário e de bons antecedentes, desde que: (Incluído pela Lei n. 9.983, de 2000)
I – tenha promovido, após o início da ação fiscal e antes de oferecida a denúncia, o pagamento da contribuição social previdenciária, inclusive acessórios; ou
II – o valor das contribuições devidas, inclusive acessórios, seja igual ou inferior àquele estabelecido pela previdência social, administrativamente, como sendo o mínimo para o ajuizamento de suas execuções fiscais.

A jurisprudência é bastante vacilante sobre o tema, ora reconhecendo o dano decorrente do não repasse de contribuições previdenciários ao INSS, ora negando a indenização por danos morais, que, segundo a sistematização proposta, configuraria, em verdade, inequívoco dano existencial por violação de dever contratual[491].

4.3.1.2.4. O inadimplemento de verbas rescisórias

O Egrégio Tribunal Regional do Trabalho da 1ª Região Tribunal instaurou o Incidente de Uniformização de Jurisprudência suscitado pela Presidente do Tribunal, nos autos do processo RO n. 0002751-81.2013.5.01.0202, a fim de que fosse unificado o entendimento prevalecente da Corte Regional sobre a indenização por dano moral, em decorrência do atraso ou da falta de pagamento das verbas resilitórias.

A empresa ré no processo constatou a existência de divergência, à época atual, entre as diversas turmas do Tribunal Regional do Trabalho da 1ª Região, suscitando o incidente. De fato, restou constatado que uma parcela dos desembargadores componentes do TRT da 1ª Região manifestava-se no sentido de que, salvo prova em contrário, o inadimplemento de haveres devidos em razão da ruptura do contrato de trabalho, ou sua quitação com atraso, por si só, não justificaria condenação ao pagamento de indenização por dano moral, porquanto, apesar de representar uma situação desfavorável ao trabalhador, violaria apenas seus direitos econômicos, sem ofender, contudo, sua moral. Tal entendimento seguia, basicamente, a seguinte linha de raciocínio, in *verbis*:

De início, saliento que a relação de emprego, por conta da natureza alimentar do salário, empresta matiz diferenciado ao contrato civil, ostentando regras e princípios próprios. Contudo, a frustração da expectativa de recebimento da contraprestação contratual, o que inclui o pagamento tempestivo das verbas rescisórias, mesmo que legítima, não ultrapassa os limites da mera perda pecuniária, eis que, salvo prova em contrário, não interfere diretamente no *status* social do trabalhador. O atraso no pagamento das verbas rescisórias, por si só, não é suficiente ao deferimento de indenização por dano moral. Ocorre que o comportamento omissivo do empregador, em seu desdobramento, pode vir a produzir efeitos danosos à vida do empregado, vindo, sim, a ensejar a responsabilidade pela compensação pecuniária desses danos. O dever de indenizar, *in casu*, não decorre da simples presunção — experiência do homem comum — de que o ato delituoso praticado pela empregadora mostra-se apto a afetar a honra, dignidade e a higidez psíquica do autor: "um autêntico direito à integridade ou à incolumidade moral, pertencente à classe dos direitos absolutos" (Processo: STF – RE- 447.584/RJ – Rel. Min. Cezar Peluso – DJ-16.3.2007). Ressalte-se que não se pode considerar despicienda a prova do dano experimentado pelo autor em seu patrimônio moral, eis que não decorrente, por si só, do próprio fato ofensivo (*in re ipsa* – violação à honra e dignidade – arts. 1º, III, e 5º, *caput* e incisos III, V e X da CRFB/1988; e arts. 186 e 927, do Código Civil)[492].

Por outro lado, parcela igualmente significativa dos desembargadores do mesmo Tribunal alinhava-se em sentido contrário, entendendo cabível a indenização por dano extrapatrimonial decorrente de inadimplemento das verbas trabalhistas devidas pelo término do pacto laboral. A linha de pensamento fundava-se em diversos fundamentos:

A primeira. Dizer, como faz uma das correntes jurisprudenciais, que o dano moral é *in re ipsa* não resolve o que estamos a julgar nesse Incidente, salvo se se sustentar, com pouco apego à melhor doutrina, que toda e qualquer situação de ilegalidade, de ilicitude, de antijuridicidade é capaz, de per si, de causar um abalo moral indenizável. A consequência dessa defesa de tese é que, para cada pedido julgado procedente, em qualquer demanda, de qualquer natureza, haverá sempre um dano moral que lhe corresponda. Um bom filtro hermenêutico é aquele que, ao fim e ao cabo, demonstra que a interpretação chega a uma conclusão absurda:

---

(491) Selecionado acordão condizente com o posicionamento sustentado:
BRASIL. Tribunal Regional do Trabalho da 1ª Região. Recurso Ordinário n. 00014679120125010017, da 5ª Turma, Rio de Janeiro, RJ, 9 de novembro de 2014. Disponível em: <http://bd1.trt1.jus.br/xmlui/bitstream/handle/1001/582867/00014679120125010017%2311-09-2014.pdf?sequence=1&isAllowed=y&themepath=PortalTRT1/>. Acesso em: 04 jan. 2018.
DANOS MORAIS. CONTRIBUIÇÕES PREVIDENCIÁRIAS. INEXISTÊNCIA DE REPASSE. CONFIGURAÇÃO. INDENIZAÇÃO DEVIDA. A prática patronal de não efetuar o correto recolhimento das contribuições previdenciárias, de forma contumaz, se encarta como ato ilícito/abusivo (arts. 186/187 do NCC), e, induvidosamente, causa abalo na esfera íntima da trabalhadora (danum in re ipsa), que viu sua principal (senão a única) fonte de sustento, ser reduzida drasticamente, repercutindo negativamente em todas as esferas de sua vida. Há, portanto, prejuízo inequívoco a ensejar a indenização, cujo objetivo é o de minimizar ou compensar o constrangimento oriundo do ato ilícito. Recurso a que se dá provimento.

(492) BRASIL. Tribunal Regional da 1ª Região. RO-0010087-66.2013.5.01.0079, Desembargadora relatora Márcia Leite Nery, 5ª Turma, publicado no Diário Oficial do dia 9.4.2015, Julgamento no dia 13.3.2015.

A segunda. A melhor doutrina, para evitar a banalização da indenização por dano moral, tem estabelecido como norte interpretativo a ideia, tão comum ao Direito, de presumir a conduta normal de uma média da população em situação correlata ou similar: a ideia do HOMEM MÉDIO. Assim, seria capaz de gerar o direito à indenização por dano moral a conduta ilícita que causa um abalo moral significativo no homem médio.

A terceira. A simples dispensa do empregado sem o pagamento dos títulos resilitórios não deveria ser capaz, sozinha, de dar suporte ao deferimento da indenização porque (a) há um sem número de situações que, a despeito de não excluírem o estado de ilegalidade, demonstram que o empregador não poderia ter conduta diversa naquele caso ou (b) o não pagamento da rescisão não causou transtorno algum ao empregado.

A quarta. Talvez a mais importante razão. O novo Incidente de Uniformização de Jurisprudência criado pela Lei n. 13.015/2014 traz uma mudança radical na forma de prestar a jurisdição, que também foi captada pelo Código de Processual Civil de 2015. A partir dessas leis, uma vez uniformizado o entendimento, essa uniformização passa a ser de aplicação compulsória para os julgadores. As palavras de ordem, no cenário normativo atual, são previsibilidade e uniformidade[493].

O Incidente de Uniformização de Jurisprudência não tratou de todo e qualquer caso de rescisão do contrato de trabalho nem de toda e qualquer conduta do empregador ao pôr fim ao contrato. Há várias situações em que, a despeito da uniformização também poderiam gerar direito a uma reparação extrapatrimonial, tais como: (a) retenção dolosa de salários por período que se entenda razoável ou atraso reiterado de salário; (b) assédio moral no ato da dispensa, com ofensas contra o empregado ou qualquer outra conduta opressiva etc. Frisa-se, portanto, que o objeto da divergência jurisprudencial era apenas a condenação em indenização por danos extrapatrimoniais pelo não pagamento tempestivo de verbas resilitórias. O TRT da 1ª Região estabeleceu a seguinte tese jurídica prevalecente:

DANO MORAL. INADIMPLEMENTO CONTRATUAL OU ATRASO NO PAGAMENTO DAS VERBAS RESILITÓRIAS. DANO *IN RE IPSA* E NECESSIDADE DE PROVA DE VIOLAÇÃO AOS DIREITOS DA PERSONALIDADE DO TRABALHADOR. Ainda que o dano moral seja *in re ipsa*, não é toda a situação de ilegalidade que é capaz de, automaticamente, causar um abalo moral indenizável. A situação de ilegalidade que constitui suporte para a indenização moral é aquela que impõe ao homem médio um abalo moral significativo. O dano moral não decorre, por si só, de mero Inadimplemento contratual ou da falta de pagamento das verbas resilitórias pelo empregador, a não ser que se alegue e comprove (CLT, art. 818 c/c do CPC/15, art. 373, inciso I) de forma inequívoca, o nexo de causalidade entre o inadimplemento e a superveniência de transtornos de ordem pessoal dele advindos[494].

O Tribunal Superior do Trabalho, nas oportunidades de decidir sobre o tema, estabeleceu que o dano moral não decorre diretamente do atraso no pagamento, sendo necessária a demonstração do dano sofrido[495]. Com acatamento

---

[493] BRASIL. Tribunal Regional da 1ª Região, IUJ 0000065-84.2016.5.01.0000, Des. rel. Marcelo Augusto Souto de Oliveira, Órgão Especial, publicado no Diário Oficial do dia 20.7.2016, julgamento no dia 29.6.2016. Disponível em: <http://bd1.trt1.jus.br/xmlui/handle/1001/793601>. Acesso em: 10 jan. 2018.

[494] BRASIL. Tribunal Regional da 1ª Região, IUJ 0000065-84.2016.5.01.0000, Des. rel. Marcelo Augusto Souto de Oliveira, Órgão Especial, publicado no Diário Oficial do dia 20.7.2016, julgamento no dia 29.6.2016. Disponível em: <http://bd1.trt1.jus.br/xmlui/bitstream/handle/1001/793820/00000658420165010000-DOERJ-20-07-2016.pdf?sequence=1&isAllowed=y&#search=0000065-84.2016.5.01.0000>. Acesso em: 10 jan. 2018.

[495] BRASIL. Tribunal Superior do Trabalho, Recurso de Revista n. 197-89.2014.5.04.0304, relª. Minª. Maria de Assis Calsing, 4ª Turma, publicado no Diário Oficial 16.9.2016, Julgamento 14.9.2016. Disponível em: <https://tst.jusbrasil.com.br/jurisprudencia/385227034/recurso-de-revista-rr-1978920145040304/inteiro-teor-385227066>. Acesso em: 10 jan. 2018.
RECURSO DE REVISTA. APELO ADMITIDO NA VIGÊNCIA DA RESOLUÇÃO N. 40/2016 DO TST. INDENIZAÇÃO POR DANOS MORAIS. ATRASO NO PAGAMENTO DAS VERBAS RESCISÓRIAS. NECESSIDADE DE DEMONSTRAÇÃO DO DANO SUPORTADO.
O entendimento que se firmou no âmbito desta Corte é o de que o inadimplemento de parcelas salariais ou de verbas rescisórias, quando não comprovado o efetivo dano sofrido pelo empregado, não enseja o pagamento de indenização por dano moral. Precedentes. Recurso de Revista conhecido e provido.
BRASIL. Tribunal Superior do Trabalho. Processo Recurso de Revista 001-65.2011.5.01.0039, relª. Minª. Maria de Assis Calsing, 4ª Turma, publicado no Diário Oficial 11.3.2016, Julgamento 9.9.2016. Disponível em: <https://tst.jusbrasil.com.br/jurisprudencia/321789168/recurso-de-revista-rr-10016520115010039>. Acesso em: 10 jan. 2018.
INDENIZAÇÃO POR DANOS MORAIS. INADIMPLEMENTO DE VERBAS TRABALHISTAS E ATRASO NO PAGAMENTO DAS VERBAS RESCISÓRIAS. NECESSIDADE DE DEMONSTRAÇÃO DO DANO SUPORTADO.

pelos que sustentam tese diversa, o não pagamento pontual de verbas rescisórias enseja danos morais e existenciais ao empregado, afetando-lhe a constituição de valores humanos, na perspectiva do direito à autodeterminação, bem como o direito ao mínimo existencial.

4.3.1.2.5. A denegação do direito ao descanso do empregado: jornadas extenuantes, restrição de intervalos e não cumprimento do direito a férias

Conforme sustentado, compõe-se o mínimo existencial, tocado como derivação das relações de trabalho estabelecidas, pelo dever de o empregador garantir ao trabalhador (i) contraprestação pelo labor que lhe permita sustento digno com acesso a bens e condições básicas da vida; e (ii) descanso que lhe permita recomposição física e mental.

Na medida em que haja violação do direito ao descanso do empregado, com submissão do trabalhador a jornadas extenuantes, intervalos insuficientes e descumprimento do direito a férias, abala-se direito personalíssimo ao mínimo existencial causando dano indenizável ao trabalhador.

A jornada de trabalho corresponde ao tempo diário em que o empregado coloca-se em disponibilidade perante seu empregador, em decorrência do contrato[496]. A relevância do tema justificou, inclusive, a inserção do seguinte preceito na Declaração Universal dos Direitos do Homem de 1948:

> Artigo XXVI – Todo homem tem direito a repouso e lazer, inclusive a limitação razoável das horas de trabalho e a férias remuneradas periódicas.

Mas quanto tempo pode o trabalhador permanecer à disposição do empregador? Ou, de forma mais técnica, qual o limite máximo de duração da jornada de trabalho? Em seu art. 7º, XIII, a Constituição sinaliza para uma resposta, fixando a jornada de trabalho em função do dia – 08 horas – e da semana – 44 horas, devendo-se interpretar a referida norma a partir da conjugação de ambos os parâmetros, do que resultarão combinações variadas[497]. Da própria leitura do art. 7º, inciso XVI, da Constituição Federal, já se antevê a possibilidade de prorrogação da jornada "normal" de trabalho, condicionada à compensação ou ao pagamento do denominado adicional de serviço extraordinário.

Em verdade, a questão é mais complexa do que parece.

No filme *O Preço do Amanhã* (originalmente *In Time*) a teoria do valor do trabalho e do tempo a ele dedicado é levada a sua máxima expressão. O enredo, basicamente, desenvolve-se em um contexto em que o tempo de trabalho

---

Demonstrada violação de ordem constitucional, nos termos do art. 896, c, da CLT, o provimento do Agravo de Instrumento, e consequente processamento do Recurso de Revista, é medida que se impõe. Agravo de Instrumento conhecido e provido. RECURSO DE REVISTA. INDENIZAÇÃO POR DANOS MORAIS. INADIMPLEMENTO DE VERBAS TRABALHISTAS E ATRASO NO PAGAMENTO DAS VERBAS RESCISÓRIAS. NECESSIDADE DE DEMONSTRAÇÃO DO DANO SUPORTADO. O entendimento que se firmou no âmbito desta Corte é o de que o inadimplemento de parcelas salariais ou de verbas rescisórias, quando não comprovado o efetivo dano sofrido pelo empregado, não enseja o pagamento de indenização por dano moral. Precedentes. Recurso de Revista parcialmente conhecido e provido.
BRASIL. Tribunal Superior do Trabalho, AIRR n. 1248-26.2013.5.15.0091, rel. Min. João Oreste Dalazen, 4ª Turma, publicado no Diário Oficial do dia 19.2.2016, julgamento 17.2.2016. Disponível em: <https://tst.jusbrasil.com.br/jurisprudencia/307221970/agravo-de-instrumento--em-recurso-de-revista-airr-12482620135150091>. Acesso em:10 jan. 2018,
AGRAVO DE INSTRUMENTO. RECURSO DE REVISTA. INTERPOSTO NA VIGÊNCIA DA LEI N. 13.015/2014. DANO MORAL. INADIMPLEMENTO DE VERBAS RESCISÓRIAS. NÃO CARACTERIZAÇÃO
1. O mero inadimplemento de verbas rescisórias não induz afronta aos direitos de personalidade do empregado, previstos no art. 5º, X, da Constituição Federal.
2. Para o acolhimento de indenização por dano moral, exige-se comprovação efetiva de algum fato objetivo a partir do qual se possa deduzir o abalo moral sofrido. Precedentes.
3. Agravo de instrumento do Reclamante de que se conhece e a que se nega provimento.

(496) Como elucida Mauricio Godinho Delgado, "o período considerado no conceito de jornada corresponde ao lapso temporal diário, em face de o verbete, em sua origem, referir-se à noção de dia (por exemplo: no italiano: giorno-giornata; e no francês: jour-journée)". DELGADO, Mauricio Godinho. *Jornada de trabalho e descansos trabalhistas*. 3. ed. São Paulo: LTr, 2003. p. 24.

(497) O Brasil seguiu a determinação contida no art. 2º da Convenção n. 1 da OIT, que dispõe sobre a limitação da duração do trabalho em oito horas diárias e quarenta e oito horas semanais. Após, a Recomendação n. 162, que propunha a diminuição gradativa da duração do trabalho até o marco de quarenta horas semanais. O Brasil reduziu, com a promulgação da Constituição de 1988, a jornada semanal para o limite de quarenta e quatro horas.

converte-se na moeda de troca, sendo que o relógio biológico de cada ser humano está submetido ao acúmulo de suas horas: quem não tem mais tempo, acaba morrendo.

No roteiro dessa ficção, os desprovidos dos meios de produção têm que trabalhar para continuar vivendo. Em suma, a produção do diretor Andrew Niccol permite refletir de maneira crítica sobre a sociedade atual, descortinando a Lei Geral da Acumulação Capitalista, é dizer que as trocas na sociedade capitalista são baseadas no seu valor, medido pelo tempo de trabalho socialmente necessário.

Enquanto esse penoso futuro não atropela o presente, há tempo de se desenvolver a consciência de que o trabalhador não se resume a uma engrenagem inerente ao modo de produção. O trabalho humano deve ser um valor em si mesmo. Pelo natural dispêndio de energia que exige, é necessária sua recomposição, ou seja, um período em que o trabalhador desconecte-se para desfrutar os ganhos obtidos com a venda de sua força de trabalho, sob pena de se engessar um ciclo insuperável de "coisificação" do trabalhador.

Nesse contexto de garantia ao mínimo existencial representado pela parcela consistente no direito ao descanso reparador, é imprescindível a ingerência do Estado tutelando as diversas finalidades do descanso apregoado, quais sejam: (i) de natureza biológica, uma vez que tal limitação da jornada tem por escopo combater os problemas psicofisiológicos oriundos da fadiga e da excessiva racionalização do serviço; (ii) de caráter social, pois que possibilita ao trabalhador viver, como ser humano, na coletividade a que pertence, gozando os prazeres materiais e espirituais criados pela civilização, entregando-se à prática de atividades recreativas, culturais ou físicas, aprimorando seus conhecimentos e convivendo, enfim, com sua família; e (iii) de cunho econômico, porquanto restringe o desemprego e acarreta, pelo combate à fadiga, um rendimento superior na execução do trabalho.[498]

Nesse contexto, mister reconhecer, à luz de todo o simbolismo que o princípio da dignidade da pessoa humana encerra, não há dúvidas de que a limitação do tempo em que o empregado permanece à disposição do empregador constitui vitória das mais importantes, fruto, aliás, de séculos de luta[499]. Obstaculizar o descanso do trabalhador é fazer regredir, em uma só cláusula, toda a história de conquistas trabalhistas. Ou seja, o trabalhador tem direito a uma jornada não exaustiva que lhe permita a existência digna e saudável. Esse conteúdo é indisponível, não admitindo qualquer ressalva[500]. É dizer, sendo a própria Constituição Federal a permitir que a jornada de trabalho seja objeto de negociação coletiva, certo é que haverá sempre um conteúdo mínimo a ser preservado intangível, uma vez componente do mínimo existencial.

A questão perpassa, ainda, danos relacionados ao estresse com o excesso de labor. Conforme o Manual de Procedimentos para os Serviços de Saúde do Ministério da Saúde[501], "a síndrome de esgotamento profissional é composta por três elementos centrais: exaustão emocional, despersonalização e diminuição do envolvimento pessoal no trabalho". Tal problema vem sendo referido como *burn-out*. A relação da síndrome de *burn-out* ou do esgotamento profissional com o trabalho costuma estar vinculada a fatores que influenciam o estado de saúde: riscos potenciais à saúde relacionados

---

(498) SÜSSEKIND, Arnaldo. *Instituições de direito do trabalho*. 18. ed. LTr: São Paulo, 1999. p. 801.

(499) "A primeira lei a limitar a jornada normal de trabalho foi a inglesa, de 1847, que a fixou em dez horas; a primeira a estabelecer a duração diária do trabalho em oito horas foi a australiana, de 1901. E a Organização Internacional do Trabalho (OIT), criada pelo Tratado de Paz da primeira grande guerra mundial, emprestou tanta importância ao tema que sua *Convenção n. 1*, aprovada na Conferência inaugural (Washington – 1919), dispôs sobre a jornada de oito horas e a semana de quarenta e oito horas, com restrições ao trabalho extraordinário. Em 1935, considerando que o desemprego havia atingido dimensões preocupantes e que o progresso técnico justificava a redução do tempo de trabalho, resolveu a OIT aprovar a *Convenção n. 47* sobre a semana de quarenta horas. Esse diploma, no entanto, só foi ratificado por quatro países. Por isso, objetivando atender ao postulado da *Declaração Universal dos Direitos do Homem*, preferiu a OIT adotar a *Recomendação n. 116/82*, que propõe a redução progressiva da duração do trabalho até alcançar a semana de quarenta horas, com severas restrições ao trabalho extraordinário". SÜSSEKIND, Arnaldo. *Direito constitucional do trabalho*. 3. ed. Rio de Janeiro: Renovar, 2004.

(500) A orientação n. 3 da Coordenadoria Nacional de Erradicação do Trabalho Escravo (Conaete), instituída pelo Ministério Público do Trabalho, dá, de forma aberta, a seguinte definição:"Jornada de trabalho exaustiva é a que, por circunstâncias de intensidade, frequência, desgaste ou outras, cause prejuízos à saúde física ou mental do trabalhador, agredindo sua dignidade, e decorra de situação de sujeição que, por qualquer razão, torne irrelevante a sua vontade." MINISTÉRIO PÚBLICO DO TRABALHO. Disponível em: <http://mpt.gov.br/portaltransparencia/download.php?tabela=PDF&IDDOCUMENTO=643>. Acesso em: 27 out. 2017.

(501) BRASIL. Ministério da Saúde do Brasil, Organização Pan-Americana da Saúde no Brasil; organizado por Elizabeth Costa Dias; colaboradores Idelberto Muniz Almeida *et al*. Doenças relacionadas ao trabalho: manual de procedimentos para os serviços de saúde. Brasília: Ministério da Saúde do Brasil, 2001.

com circunstâncias socioeconômicas e psicossociais, como ritmo de trabalho penoso e outras dificuldades físicas e mentais relacionadas ao trabalho.

No quadro clínico do dano-prejuízo podem ser identificados: história de grande envolvimento subjetivo com o trabalho, função, profissão ou empreendimento assumido, que muitas vezes ganha o caráter de missão; sentimentos de desgaste emocional e esvaziamento afetivo (exaustão emocional); queixa de reação negativa, insensibilidade ou afastamento excessivo do público que deveria receber os serviços ou cuidados do paciente (despersonalização); queixa de sentimento de diminuição da competência e do sucesso no trabalho etc.[502].

Em dezembro de 2017, a Terceira Turma do Tribunal Superior do Trabalho proveu recurso de um instalador de linhas telefônicas condenando o respectivo empregador e a empresa tomadora de seus serviços ao pagamento de indenização de R$ 5 mil a título de danos extrapatrimoniais. A decisão considerou que a jornada de 14 horas diárias, com 30 minutos de intervalo e finais de semana alternados, configura dano existencial, consistente para a Corte em lesão ao tempo razoável e proporcional assegurado ao trabalhador para que possa se dedicar às atividades sociais inerentes a todos. O processo N. TST-RR-1355-21.2015.5.12.0047 teve a relatoria do ministro Mauricio Godinho Delgado, para quem a gestão empregatícia que submete o indivíduo à reiterada jornada extenuante, muito acima dos limites legais, com frequente supressão do repouso semanal, agride princípios constitucionais e "a própria noção estruturante de Estado Democrático de Direito", por afastar o tempo destinado à vida particular. A decisão foi unânime e pode ser conferida pela ementa resumida nos seguintes termos, com destaques:

> DANO EXISTENCIAL. PRESTAÇÃO EXCESSIVA, CONTÍNUA E DEZARRAZOADA DE HORAS EXTRAS. CONFIGURAÇÃO. O excesso de jornada extraordinária, para muito além das duas horas previstas na Constituição e na CLT, cumprido de forma habitual e por longo período, tipifica, em tese, o dano existencial, por configurar **manifesto comprometimento do tempo útil de disponibilidade que todo indivíduo livre, inclusive o empregado, ostenta para usufruir de suas atividades pessoais, familiares e sociais**. A esse respeito é preciso compreender o sentido da ordem jurídica criada no País em cinco de outubro de 1988 (CF/88). É que a Constituição da República determinou a instauração, no Brasil, de um Estado Democrático de Direito (art. 1º da CF), composto, segundo a doutrina, de um tripé conceitual: a pessoa humana, com sua dignidade; a sociedade política, necessariamente democrática e inclusiva; e a sociedade civil, também necessariamente democrática e inclusiva (*Constituição da República e Direitos Fundamentais* – dignidade da pessoa humana, justiça social e Direito do Trabalho. 3ª ed. São Paulo: LTr, 2015, Capítulo II). Ora, a realização dos princípios constitucionais humanísticos e sociais (inviolabilidade física e psíquica do indivíduo; bem-estar individual e social; segurança das pessoas humanas, ao invés de apenas da propriedade e das empresas, como no passado; valorização do trabalho e do emprego; justiça social; subordinação da propriedade à sua função social, entre outros princípios) é instrumento importante de garantia e cumprimento da centralidade da pessoa humana na vida socioeconômica e na ordem jurídica, concretizando sua dignidade e o próprio princípio correlato da dignidade do ser humano. Essa realização tem de ocorrer também no plano das relações humanas, sociais e econômicas, inclusive no âmbito do sistema produtivo, dentro da dinâmica da economia capitalista, segundo a Constituição da República Federativa do Brasil. Dessa maneira, uma gestão empregatícia que submeta o indivíduo a reiterada e contínua jornada extenuante, que se concretize muito acima dos limites legais, em dias sequenciais, agride todos os princípios constitucionais acima explicitados e a própria noção estruturante de Estado Democrático de Direito. Se não bastasse, essa jornada gravemente excessiva reduz acentuadamente e de modo injustificável, por longo período, o direito à razoável disponibilidade temporal inerente a todo indivíduo, direito que é assegurado pelos princípios constitucionais mencionados e pelas regras constitucionais e legais regentes da jornada de trabalho. Tal situação anômala deflagra, assim, o **dano existencial, que consiste em lesão ao tempo razoável e proporcional, assegurado pela ordem jurídica, à pessoa humana do trabalhador, para que possa se dedicar às atividades individuais, familiares e sociais inerentes a todos os indivíduos, sem a sobrecarga horária desproporcional, desarrazoada e ilegal, de intensidade repetida e contínua, em decorrência do contrato de trabalho mantido com o empregador**. Logo, configurada essa situação no caso dos autos, deve ser restabelecida a sentença, que condenou a Reclamada no pagamento de indenização por danos morais no importe de R$ 5.000,00. Recurso de revista conhecido e provido no aspecto (grifos da autora).

Em geral, a abordagem referente ao dano existencial tem tido acolhida exclusivamente no que diz respeito às jornadas extenuantes, em conceituação mais restritiva do que a que ora se propõe a título de sistematização[503].

---

[502] Geralmente, estão presentes sintomas inespecíficos associados, como insônia, fadiga, irritabilidade, tristeza, desinteresse, apatia, angústia, tremores e inquietação, caracterizando síndrome depressiva e/ou ansiosa. O diagnóstico dessas síndromes associado ao preenchimento dos critérios acima leva ao diagnóstico de síndrome de esgotamento profissional. OLIVEIRA, Sebastião Geraldo de. *Proteção jurídica à saúde do trabalhador*. 5. ed., rev. ampl. e atual. São Paulo, LTr, 2010. p. 192-193.

[503] O Tribunal Regional do Trabalho da 4ª Região adotou como tese prevalecente sobre o tema, em 30.6.2016, a seguinte: "JORNADAS DE TRABALHO EXCESSIVAS. INDENIZAÇÃO POR DANO EXISTENCIAL. Não configura dano existencial, passível de indenização, por si só, a prática de jornadas de trabalho excessivas.". Disponível em: <https://www.trt4.jus.br/portal/portal/trt4/consultas/jurisprudencia/teseJurIdicaPrevalescente>. Acesso em: 10 jan. 2018.

Independentemente da pseudodiscordância teórico-conceitual, é importante registrar a franca evolução que o tema tem percorrido, máxime no TST[504][505].

---

(504) O descortino do tema também se faz sentir na jurisprudência dos Regionais:
BRASIL. Tribunal Regional do Trabalho da 3ª Região, Recurso Ordinário n. 01189201308603000, da 7ª Turma, Belo Horizonte, MG, 6 de junho de 2014. Disponível em: <http://as1.trt3.jus.br/consulta/detalheProcesso1_0.htm?conversationId=10825973>. Acesso em: 4 jan. 2018.
JORNADA EXAUSTIVA. PRIVAÇÃO DO LAZER E DA CONVIVÊNCIA FAMILIAR E SOCIAL. DANO MORAL. CONFIGURAÇÃO. A exposição do empregado, de forma habitual e sistemática, a carga extenuante de trabalho, em descompasso com os limites definidos na legislação, implica indébita deterioração das condições laboratoriais, a repercutir inclusive na esfera de vida pessoal e privada do trabalhador. Nessas circunstâncias, as horas extras quitadas durante o pacto representam válida contraprestação da força de trabalho vertida pelo obreiro, em caráter suplementar, em prol da atividade econômica. Todavia, não reparam o desgaste físico e psíquico extraordinário imposto ao empregado bem como a privação do lazer e do convívio familiar e social, sendo manifesto também, nessas condições, o cerceamento do direito fundamental à liberdade. O lazer, além da segurança e da saúde, bens diretamente tutelados pelas regras afetas à duração do trabalho, está expressamente elencado no rol de direitos sociais do cidadão (art. 6º da CR). A violação à intimidade e à vida privada do autor encontra-se configurada, traduzindo, em suma, grave ofensa à sua dignidade, a ensejar a reparação vindicada, porquanto não se pode lidar com pessoas da mesma forma como se opera uma máquina.
BRASIL. Tribunal Regional do Trabalho da 12ª Região, Recurso Ordinário 00004725920135120010, da 1ª Turma, Florianópolis, SC, 10 de setembro de 2015. Disponível em: <http://www.trt12.jus.br/SAP2/ProcessoListar.do?pnrProcCNJ=0000472&pnrDvCNJ=59&pnrAnoCNJ=2013&cdJusticaCNJ=5&pcdTribunalCNJ=12&pcdOrigemCNJ=0010&plocalConexao=sap2&toten=&pagina=0&processosPorPagina=100&pnprocesso=&pnano=2018&pnvara=&pnregiao=12&pnsequencial=&pndigito=&pnuprotrt=&pano=2001&pvfoabuf=&noab=&uf=&panoOab=>. Acesso em: 4 jan. 2018.
COMPENSAÇÃO POR DANO MORAL. JORNADAS DE TRABALHO MUITO ESTENDIDAS. OFENSA À DIGNIDADE DA PESSOA HUMANA. O trabalho realizado com jornadas muito estendidas retira do empregado o tempo disponível para o lazer, descanso, convívio com a família e atividades de seu interesse, além de gerar riscos de acidentes e doenças ocupacionais, em plena violação à dignidade da pessoa humana (CRFB, art. 1º, inc. III), o que, por certo, gera o direito à compensação por dano moral.
BRASIL. Tribunal Regional do Trabalho da 1ª Região, Recurso Ordinário 00014334720115010019, da 7ª Turma, Rio de Janeiro, RJ, 10 de fevereiro de 2014. Disponível em: <http://bd1.trt1.jus.br/xmlui/bitstream/handle/1001/543100/00014334720115010019%2310-02-2014.pdf?sequence=1&isAllowed=y&themepath=PortalTRT1/>. Acesso em: 4 jan. 2018.
VIOLAÇÃO A DIREITO CONSTITUCIONAL (ART. 7º, XVII, E ART. 6º, *CAPUT*, DA CRFB). REDUÇÃO DOS RISCOS INERENTES AO TRABALHO E DIREITO AO LAZER. DANOS EXTRAPATRIMONIAIS. LESÃO À INTEGRIDADE PSICOFÍSICA DO INDIVÍDUO TRABALHADOR. DEVER DE REPARAÇÃO. Na ordem constitucional brasileira a propriedade atenderá a uma função social (art. 5º, inciso XXIII, CRFB) e a atividade econômica tem por fim assegurar a todos existência digna, conforme os ditames da justiça social-, pois a ordem econômica e a livre iniciativa estão fundadas na valorização – e não degradação – do trabalho humano (art. 170, *caput*, CRFB). A violação ao direito constitucional às férias causa evidente dano moral, ficando a ré obrigada a repará-lo. Recurso conhecido e parcialmente provido.
BRASIL. Tribunal Regional do Trabalho da 1ª Região, Recurso Ordinário 00014334720115010019, da 10ª Turma, Rio de Janeiro, RJ, 07 de novembro de 2014. Disponível em: <http://bd1.trt1.jus.br/xmlui/bitstream/handle/1001/593716/00019559020135010282%2307-11-2014.pdf?sequence=1&isAllowed=y&themepath=PortalTRT1/>. Acesso em: 4 jan. 2018.
RECURSO ORDINÁRIO. DANO MORAL. FÉRIAS. PAGAMENTO ATRASADO. DANO IN RE IPSA. O pagamento das férias depois do seu período de concessão acarreta não apenas o dano patrimonial, mas o dano de ordem moral. A Constituição da República assegurou o pagamento de mais um terço do salário do trabalhador para que este pudesse usufruir o seu período viajando ou passeando a fim de repor suas energias. O dano moral em tais hipóteses é considerado in re ipsa, não sendo necessária a prova objetiva do sofrimento ou do abalo psicológico, uma vez que este reside na própria violação do direito da personalidade praticado pelo ofensor. O nexo de causalidade, por sua vez, consiste no próprio comportamento censurável do empregador, que impediu o empregado de programar o modo como fruiria suas férias ou a própria frustração dessa programação pela ausência do pagamento a tempo e modo. Configura o dano dessa natureza é devida uma compensação financeira ao trabalhador.
BRASIL. Tribunal Regional da 2ª Região, Recurso Ordinário 00014137120135020047, da 13ª Turma, de 27.10.2015. Disponível em: <https://trt-2.jusbrasil.com.br/jurisprudencia/312244735/recurso-ordinario-ro-14137120135020047-sp-00014137120135020047-a28>. Acesso em: 10 jan. 2018.
EXCESSO DE JORNADA DE TRABALHO. DANOS MORAIS. CONDENAÇÃO. POSSIBILIDADE. A indenização por danos morais arbitrada na origem não seu deu simplesmente em razão de haveres trabalhistas não cumpridos, mas em virtude do excesso de horas extras que acarretou lesão à saúde psíquica do obreiro. Evidenciado o dano moral, porque o trabalhador desenvolveu problemas psicológicos e necessitou de tratamento, situação que levou a sofrimento íntimo, com prejuízo de seu convívio familiar e em sociedade. Sendo a saúde um direito fundamental da pessoa humana, conforme o art. 6º da Constituição da República, esta deve ser garantida no ambiente de trabalho através de diversas medidas protetivas, o que não foi levado a efeito pelas recorrentes. Recurso Ordinário das reclamadas a que se nega provimento.

(505) Em sentido contrário, compila-se o seguinte acórdão da Primeira Região:
BRASIL. Tribunal Regional do Trabalho da 1ª Região. Recurso Ordinário 00022833720125010223, da 5ª Turma, Rio de Janeiro, RJ, 29 de abril de 2016. Disponível em: <http://bd1.trt1.jus.br/xmlui/bitstream/handle/1001/749173/00022833720125010223-DOERJ-29-04-2016.pdf?sequence=1&isAllowed=y&themepath=PortalTRT1/>. Acesso em: 4 jan. 2018.

Em suma, o reconhecimento e o respeito ao indivíduo trabalhador ontologicamente considerado é dever essencial (dever anexo) ao contrato de trabalho, em razão da boa-fé e da concepção de trabalho digno. Desse núcleo obrigacional, decorrem para o empregado os direitos (i) à constituição de valores humanos: nome, honra, imagem, autodeterminação e privacidade e (ii) ao mínimo existencial trabalhista referente às condições básicas de subsistência e pausas no tempo de trabalho para conquista de uma vida boa. A violação desses deveres pode provocar, e geralmente provocam, danos materiais que deverão ser ressarcidos. Todavia, sem prejuízo desses últimos, gerarão danos extrapatrimoniais em virtude do atingimento de direitos personalíssimos do trabalhador.

4.3.2. Reconhecimento e respeito ao indivíduo trabalhador no meio ambiente de trabalho em que inserido

O segundo grupo de direitos personalíssimos liga-se à alteridade, ou seja, implica que o empregador respeite e incentive a identidade e a personalidade do trabalhador, em uma relação baseada no diálogo e na valorização das diferenças existentes no meio ambiente de trabalho, tomado em um conceito amplo.

Pela doutrina, a definição de meio ambiente do trabalho observa-se com as mais variadas nuances. José Afonso da Silva, por exemplo, o define como "o local em que se desenrola boa parte da vida do trabalhador, cuja qualidade de vida está, por isso, em íntima dependência da qualidade daquele ambiente"[506].

Antônio Silveira Ribeira dos Santos, em uma definição menos empírica, diz que o ambiente de trabalho é "o conjunto de fatores físicos, climáticos ou qualquer outro que interligados, ou não, estão presentes e envolvem o local de trabalho da pessoa"[507].

Para Alexandre Agra Belmonte[508], o meio ambiente, sob o aspecto da segurança, deve ser tal que não coloque em risco a vida do trabalhador. Um meio ambiente de trabalho em que o obreiro labora sem a devida proteção e respeito às normas de segurança pode atingir-lhe a vida ou a integridade física ou psíquica, retirando-lhe a existência ou, parcial ou totalmente, temporária ou definitivamente, a capacidade laborativa.

Guilherme Guimarães Feliciano[509] apoia-se no art. 3º, I, da Lei n. 6.938/1981, definindo meio ambiente de modo bem mais amplo, como o "conjunto das condições, leis, influências e interações de ordem física, química e biológica, que permite, abriga e rege a vida em todas as suas formas". Em verdade, o meio ambiente do trabalho interage plenamente com o **meio ambiente natural** (constituído pelos elementos físicos e biológicos nativos do entorno: solo, água, ar atmosférico, flora, fauna e suas interações entre si e com o meio); o **meio ambiente artificial** (constituído pelo espaço urbano construído, que compreende o conjunto de edificações — **espaço urbano fechado** — e o dos equipamentos públicos — **espaço urbano aberto**; alguns autores se referem, ainda, ao **meio ambiente rural**, relativo ao espaço **rural** construído); e ao **meio ambiente cultural** (constituído pelo patrimônio histórico, artístico, arqueológico, paisagístico e turístico, que agregou valor especial pela inspiração de identidade junto aos povos). Na percepção do autor, todas as manifestações particulares da entidade meio ambiente devem ser concebidas como *Gestalt*[510].

DANOS MORAIS. LABOR EXCESSIVO. O labor em jornada excessiva não é, por si só, circunstância caracterizadora de violação a direito da personalidade, hábil a gerar direito a indenização por danos morais, ensejando apenas o pagamento das horas pelo trabalho extra prestadas, como ocorreu *in casu*. Muito embora seja conduta repugnante, o descumprimento das obrigações contratuais/legais pelo empregador não pode ensejar, *de per si*, dano moral, mas constitui dano material devendo ser reparado nesta esfera, quando devidamente comprovado, como ocorreu nestes autos. Provimento parcial do recurso patronal. Não provimento do recurso do autor.

(506) SILVA, José Afonso da. *Direito ambiental constitucional*. 2. ed. São Paulo: Malheiros, 1995. p. 5.

(507) SANTOS, Antônio Silveira R. dos. *Meio ambiente do trabalho*: considerações. Disponível em: <http://www1.jus.com.br/doutrina/texto.aps?id=1202>. Acesso em: 7 dez. 2017.

(508) BELMONTE, Alexandre Agra. *Tutela da composição dos danos morais nas relações de trabalho*: Identificação das ofensas morais e critérios objetivos para quantificação. São Paulo: LTr, 2014. p. 89.

(509) FELICIANO, Guilherme Guimarães. O meio ambiente do trabalho e a responsabilidade civil patronal: reconhecendo a danosidade sistêmica. In: FELICIANO, Guilherme Guimarães; URIAS, João (Coords.). *Direito ambiental do trabalho*: apontamentos para uma teoria geral. vol. 1. São Paulo: LTr, 2013. p. 12.

(510) *Idem*.

Nessa perspectiva, para Feliciano, os conceitos de meio ambiente do trabalho mais corriqueiros tendem a pecar em dois aspectos cruciais. A uma, porque não esclarecem a que "trabalhador" se referem (e bem se sabe que, no Direito do Trabalho, saber sua qualificação — se subordinado, autônomo, eventual, avulso, voluntário etc. — pode ser a pedra de toque para reconhecer-lhe todos ou nenhum direito). A duas, porque olvidam dimensão própria e inerente ao meio ambiente de trabalho, nas demais manifestações da *Gestalt* ambiental (natural, artificial, cultural), qual seja: a dimensão psicológica[511].

Nesse contexto, compactuando com a visão de Feliciano, as referências ao meio ambiente laboral neste trabalho dirão respeito ao sistema de condições, leis, influências e interações de ordem física, química, biológica e, principalmente, ao que mais interessa na presente tese, psicológica, que incidem sobre o homem em sua atividade laboral, esteja ou não submetido ao poder hierárquico de outrem[512].

Em sintonia, o pensamento de Ronaldo Lima dos Santos, com destaques:

A atual dimensão do meio ambiente de trabalho, por sua vez, não se restringe à fixação de normas de saúde e segurança do trabalho; direcionamento que norteou as principais normas nacionais e internacionais em relação à tutela do trabalho assalariado ao longo da história do seu desenvolvimento. O **enfoque meramente somático, fulcrado na relação homem/máquina, expandiu-se para abranger todas as dimensões da saúde e da segurança no local do trabalho, o que inclui as doenças decorrentes das próprias relações interpessoais de trabalho**, como depressão, estresse por pressão, transtorno do estresse pós-traumático, as neuropatias originárias de situações como os assédios moral individual e coletivo (organizacional) e o assédio sexual.

Atualmente, o meio ambiente do trabalho possui uma dimensão holística do homem-trabalhador muito mais abrangente que o reducionismo científico que havia marcado a medicina e a segurança do trabalho ao longo do seu desenvolvimento, os quais foram primordialmente centrados nos fatores individuais e biológicos do corpo físico do trabalhador, e estruturados em torno no médico do trabalho como principal agente, cuja atividade se restringia ao microambiente do trabalho e à análise da ação patogênica de determinados agentes na insalubridade das condições materiais de trabalho, bem como das condições físico-mecânicas de segurança. O conceito moderno de meio ambiente do trabalho afasta-se desse reducionismo científico para abranger, além das demandas físico-biológicas do trabalhador, as suas necessidades psicossociais[513]" (grifos da autora).

Assim, ponderada a análise conceitual e crítica do meio ambiente laboral, passa-se a elencar os direitos subjetivos e personalíssimos que realizam a garantia constitucional e legal a um meio ambiente laborativo equilibrado, cujo respeito e reconhecimento por parte do tomador de serviços preservará o trabalhador de danos extrapatrimoniais.

Eventual desequilíbrio ambiental[514], portanto, gerará responsabilidade de indenizar os danos extrapatrimoniais. Mais que isso, até: o ferimento aos direitos personalíssimos doravante apresentados, em geral, comprometerá potencialmente toda a coletividade de trabalhadores.

---

(511) FELICIANO, Guilherme Guimarães. O meio ambiente do trabalho e a responsabilidade civil patronal: reconhecendo a danosidade sistêmica. In: FELICIANO, Guilherme Guimarães; URIAS, João (Coords.). *Direito ambiental do trabalho*: apontamentos para uma teoria geral. vol. 1. São Paulo: LTr, 2013. p. 13.

(512) Em termos empíricos, não é difícil dar enfoque às manifestações mais pungentes de litigiosidade em torno do meio ambiente do trabalho. Debate-se o meio ambiente do trabalho ecologicamente equilibrado quando se discute a problemática do trabalho perverso (periculosidade, insalubridade e penosidade – art. 7º, XXIII, da CRFB; arts. 189 a 197 da CLT; Lei n. 7.369/85), como também em tema de acidentes de trabalho (art. 7º, XXVIII, da CRFB; arts. 19 e 21 da Lei n. 8.213/1991) e entidades mórbidas equivalentes (moléstias profissionais e doenças do trabalho – art. 20, I e II, da Lei n. 8.213/1991) e, em geral, riscos inerentes ao trabalho e à tutela da saúde, da higiene e da segurança do trabalho (art. 7º, XXII, da CRFB; arts. 154 a 201 da CLT). *Ibidem*, p. 13.

(513) SANTOS, Ronaldo Lima dos. *Sindicato e ações coletivas*: acessado à justiça, jurisdição coletiva e tutela dos interesses difusos, coletivos e individuais homogêneos. 4. ed., rev. e ampl. São Paulo: LTr, 2014. p. 115.

(514) "Os fundamentos da tutela do meio ambiente do trabalho exsurgem diretamente do princípio nuclear dos direitos humanos: o princípio da dignidade da pessoa humana; expressamente previsto como um dos fundamentos da ordem constitucional brasileira (art. 1º, inciso III), cujos vetores norteiam todo o nosso ordenamento jurídico" (*Ibidem*, p. 118).

Assim, quando a organização tomadora de serviços causa ofensa ou violação aos direitos personalíssimos do trabalhador, seus bens sujeitar-se-ão à reparação do dano extrapatrimonial causado, sem prejuízo das responsabilidades criminais e administrativas. Essa responsabilidade, como já construído, será contratual e, portanto, independente de culpa, devendo ser comprovado o dano e o nexo causal.

O dever de indenizar em caso de evidência do dano e nexo causal será deontológico, ética inerente à concepção de trabalho como valor humano, que liga capital e trabalho por fundamentos consubstanciados em deveres e normas morais.

Em termos contratuais, o empregador obriga-se a adotar medidas de segurança e a responder pelas normas que não venham a ser cumpridas, de acordo com o art. 157 da CLT[515] e o § 1º, do art. 19, da Lei n. 8.213/1991[516]. Ademais, é obrigação do poluidor-causador (art. 14, § 1º, da Lei n. 6.938/1981[517]) a reparação do dano, ainda que de natureza extrapatrimonial.

4.3.2.1. Direto à integridade física e psíquica com devida promoção da correção dos riscos ambientais

O direito à integridade física[518] consiste, como a própria nomenclatura externa, o direito de o cidadão de não ter o seu corpo violado fisicamente, danificado, agredido, ferido.

O conceito de integridade psíquica ou psicossomática é bem desenvolvido por Christophe Dejours:

A saúde mental não é, seguramente, a ausência de angústia, nem o conforto constante e uniforme. A saúde é a existência da esperança, das metas, dos objetivos que podem ser elaborados. É quando há o desejo. O que faz as pessoas viverem é o desejo e não só as satisfações. O verdadeiro perigo é quando o desejo não é mais possível. Surge, então, o espectro da depressão, isto é, a perda dos tônus, da pressão, do elã. A psicossomática mostra que esta situação é perigosa, não somente para o funcionamento psíquico, mas também para o corpo: quando alguém está em um estado depressivo, seu corpo se defende menos satisfatoriamente e ele facilmente fica doente[519].

Em suma, o ambiente laboral interage em uma relação simbiótica com um sistema social mais amplo o qual integra, do qual recebe e sobre o qual exerce influências. Danos físicos ou psicológicos, ou melhor, socioambientais, poderão decorrer do desequilíbrio desse sistema.

---

(515) BRASIL. Consolidação das Leis Trabalhistas, art. 157. Cabe às empresas:
I – cumprir e fazer cumprir as normas de segurança e medicina do trabalho;
II – instruir os empregados, através de ordens de serviço, quanto às precauções a tomar no sentido de evitar acidentes do trabalho ou doenças ocupacionais;
III – adotar as medidas que lhes sejam determinadas pelo órgão regional competente;
IV – facilitar o exercício da fiscalização pela autoridade competente.

(516) BRASIL. Lei n. 8.213, art. 19. Acidente do trabalho é o que ocorre pelo exercício do trabalho a serviço de empresa ou de empregador doméstico ou pelo exercício do trabalho dos segurados referidos no inciso VII do art. 11 desta Lei, provocando lesão corporal ou perturbação funcional que cause a morte ou a perda ou redução, permanente ou temporária, da capacidade para o trabalho.
§ 1º A empresa é responsável pela adoção e uso das medidas coletivas e individuais de proteção e segurança da saúde do trabalhador.

(517) BRASIL. Lei n. 6.931/81, art. 14. Sem prejuízo das penalidades definidas pela legislação federal, estadual e municipal, o não cumprimento das medidas necessárias à preservação ou correção dos inconvenientes e danos causados pela degradação da qualidade ambiental sujeitará os transgressores:
I – à multa simples ou diária, nos valores correspondentes, no mínimo, a 10 (dez) e, no máximo, a 1.000 (mil) Obrigações Reajustáveis do Tesouro Nacional – ORTNs, agravada em casos de reincidência específica, conforme dispuser o regulamento, vedada a sua cobrança pela União se já tiver sido aplicada pelo Estado, Distrito Federal, Territórios ou pelos Municípios.
II – à perda ou restrição de incentivos e benefícios fiscais concedidos pelo Poder Público;
III – à perda ou suspensão de participação em linhas de financiamento em estabelecimentos oficiais de crédito;
IV – à suspensão de sua atividade.
§ 1º – Sem obstar a aplicação das penalidades previstas neste artigo, é o poluidor obrigado, independentemente da existência de culpa, a indenizar ou reparar os danos causados ao meio ambiente e a terceiros, afetados por sua atividade. O Ministério Público da União e dos Estados terá legitimidade para propor ação de responsabilidade civil e criminal, por danos causados ao meio ambiente.

(518) Objeto de tutela do Direito Penal, que tipificou criminalmente como lesão corporal leve (Lei n. 9099/1995), grave ou gravíssima.

(519) DEJOURS, Christophe; DESSORS, Dominique; DESRIAUX, François. Por um trabalho, fator de equilíbrio. *Revista de Administração de Empresas*, São Paulo, v. 33, n. 3, p. 98-104, maio/jun. 1993.

A proteção à saúde física e mental do trabalhador ilustra aplicação direta e imediata do princípio da dignidade humana (art. 5º, *caput, in fine,* da CRFB/1988). Se por um lado o empregador tem a prerrogativa da organização dos meios de produção, formatando a equação econômica que arregimenta trabalho humano e os bens de produção para uma atividade profissional que visa ao lucro,[520] o trabalhador, por sua vez, insere-se nesse contexto como parte de uma organização preconcebida, sem poder ou autoridade para remodelá-la ou adequá-la às suas necessidades. A subordinação, por conseguinte, torna o empregado mais vulnerável aos malefícios que a organização viciada dos fatores de trabalho possa lhe causar. Na visão de Feliciano, ora integralmente compartilhada, será obrigação fundamental do empregador, com prelação sobre deveres pecuniários, tais como o próprio pagamento de adicionais de remuneração ou mesmo o recolhimento de FGTS, resguardar, de toda a forma possível (inclusive com a absorção de tecnologia referida no art. 9º, V, da Lei n. 6.938/1981), a vida e a integridade física e psicossomática dos trabalhadores ativados sob sua égide, sejam eles subordinados ou não. Nesse desiderato, apenas se e quando a atividade econômica não puder prescindir do trabalho insalubre, periculoso ou intensamente desgastante (caldeirarias, postos de combustíveis, distribuidoras de energia elétrica, hospitais, modos de produção ininterruptos etc.), caberá compensar o trabalhador, nos limites do razoável, com os consectários legais[521].

Em suma, o trabalhador tem direito a um ambiente de trabalho com os riscos neutralizados em máxima medida possível. Mais que isso, tem direito à ciência e à informação[522] a respeito dos riscos à integridade física e psíquica suportados, bem como a exigir e participar da minimização dos mesmos[523]. Sem isso, sente-se impotente e abandonado à própria sorte em contexto de trabalho indigno, é dizer: sofre dano socioambiental.

Não se pode negar aos empregados o direito de conhecer os riscos psicofísicos de sua atividade, sob pena de aliená-los e privá-los de qualquer possibilidade de participação, com ofensa ao princípio democrático.

Nessa ótica, como dispõe Paulo de Bessa[524], o princípio democrático (também conhecido como princípio da participação) "assegura aos cidadãos o pleno direito de participar na elaboração das políticas públicas ambientais"; ora, se assim no plano macrossocial, há de ser também em nível microssocial: "assegura-se, a todo trabalhador, o pleno direito de participar da elaboração e execução das políticas de saúde, higiene e segurança no trabalho promovidas pela empresa"[525].

Ademais, importa destacar que o direito à prevenção, informação e possibilidade de participação no que diz respeito aos riscos psicofísicos constitui desdobramento puro e simples do primado de responsabilidade social inserido no art. 225, *caput,* da CRFB/1988: "a proteção do meio ambiente, se se tornou uma obrigação do Estado, é antes de tudo um dever dos cidadãos" e, "para que esse dever se exerça na prática, os cidadãos devem, diretamente ou por seus agrupamentos, ter condições de se informarem e de participarem das decisões, podendo exercer uma influência sobre o seu meio ambiente"[526].

Os danos extrapatrimoniais normalmente verificáveis em decorrência da violação ao dever de promoção da correção dos riscos ambientais em respeito à integridade física e psíquica dos empregados, em geral, são os seguintes:

---

(520) REQUIÃO, Rubens. *Curso de direito comercial*. 20. ed. São Paulo: Saraiva, 1991. p. 52.

(521) FELICIANO, Guilherme Guimarães. O meio ambiente do trabalho e a responsabilidade civil patronal: reconhecendo a danosidade sistêmica. In: FELICIANO, Guilherme Guimarães; URIAS, João (Coords.). *Direito ambiental do trabalho:* apontamentos para uma teoria geral. vol. 1. São Paulo: LTr, 2013. p. 15.

(522) Em prol desse direito, na visão de Feliciano, o trabalhador deve ter acessado aos índices biológicos e às estatísticas de infortúnios da fábrica; deve ter ciência dos programas e das medidas que a empresa implementa ou planeja implementar; deve conhecer os níveis de concentração dos agentes agressivos presentes em cada uma das dependências do estabelecimento; deve ter acessado ao resultado das auditorias ambientais realizadas na empresa; e assim por diante. *Ibidem*, p. 16.

(523) O trabalhador, inclusive, pode denunciar à autoridade competente o trabalho em condições de riscos graves e iminentes, tencionando a eliminação ou controle, com vistas à realização dos princípios da prevenção e da precaução. *Ibidem*, p. 16.

(524) ANTUNES, Paulo de Bessa. *Direito ambiental*. Rio de Janeiro: Lumen Juris, 1996. p. 23.

(525) FELICIANO, Guilherme Guimarães. O meio ambiente do trabalho e a responsabilidade civil patronal: reconhecendo a danosidade sistêmica. In: FELICIANO, Guilherme Guimarães; URIAS, João (Coords.). *Direito ambiental do trabalho:* apontamentos para uma teoria geral. vol. 1. São Paulo: LTr, 2013. p. 16.

(526) SILVA, José Afonso da. *Direito ambiental constitucional*. 2. ed. São Paulo: Malheiros,1995. p. 3. Sobre meio ambiente rural, PRIEUR, Michel. *Droit de l'environnement*. 3. ed. Paris: Dalloz, 1996. p. 101.

4.3.2.1.1. Dano por doença ocupacional e acidente de trabalho: com perda da capacidade laborativa, perda estética, perda de membro e até com advento de morte

Conforme dispõe o art. 19 da Lei n. 8.213/1991, "acidente de trabalho é o que ocorre pelo exercício do trabalho a serviço da empresa ou pelo exercício do trabalho dos segurados referidos no inciso VII do art. 11 desta lei, provocando lesão corporal ou perturbação funcional que cause a morte ou a perda ou redução, permanente ou temporária, da capacidade para o trabalho".

Ao lado da conceituação acima, que ilustra a definição de acidente de trabalho típico, por expressa determinação legal, as doenças profissionais e/ou ocupacionais equiparam-se aos acidentes de trabalho.

Ademais, o art. 21 da mesma lei ainda confere *status* de acidente de trabalho a outras hipóteses. Assim:

Art. 21. Equiparam-se também ao acidente do trabalho, para efeitos desta Lei: [...]

II – o acidente sofrido pelo segurado no local e no horário do trabalho, em consequência de:

a) ato de agressão, sabotagem ou terrorismo praticado por terceiro ou companheiro de trabalho;

b) ofensa física intencional, inclusive de terceiro, por motivo de disputa relacionada ao trabalho;

c) ato de imprudência, de negligência ou de imperícia de terceiro ou de companheiro de trabalho;

d) ato de pessoa privada do uso da razão;

e) desabamento, inundação, incêndio e outros casos fortuitos ou decorrentes de força maior; [...]

A estes últimos eventos equiparados será impossível enquadrá-los à tese defendida acerca da responsabilidade objetiva do empregador. Isso porque trata-se de hipóteses completamente independentes da relação empregatícia, não cabendo tampouco se falar em violação a deveres anexos.

Teremos que ignorar a ficção jurídica tomada pela legislação a fim de preservar o raciocínio do presente trabalho. A caracterização ou não de determinado evento como acidente de trabalho é uma questão extremamente relevante com o potencial de impactar múltiplos aspectos do contrato de trabalho e mesmo externos a ele.

Para além de poder simplesmente representar um afastamento temporário do trabalhador, a despeito da obrigação do empregador de custeá-lo nos primeiros quinze dias, o acidente de trabalho poderá repercutir no cálculo do Fator Acidentário de Prevenção – FAP da empresa, nos termos do art. 10 da Lei n. 10.666/2003. Eventualmente, também será causa de acionamento do seguro de acidente de trabalho.

Para o Estado, também poderá significar custo, já que incumbe ao Instituto Nacional do Seguro Social — INSS administrar a prestação de benefícios, tais como auxílio-doença acidentário, auxílio-acidente, habilitação e reabilitação profissional e pessoal, aposentadoria por invalidez e pensão por morte.

O art. 7º, XXVIII, da Constituição Federal de 1988, já analisado, assegura como direito dos trabalhadores urbanos e rurais, além de outros que visem à melhoria de sua condição social, o seguro contra acidentes de trabalho, a cargo do empregador, sem excluir a indenização a que este esteja obrigado, quando incorrer em dolo ou culpa.

A aparente limitação da responsabilização do empregador tem prudência justificada, já que a lei previdenciária reza que o acidente de trabalho pode ser assim considerado, inclusive, pelo advento de ocorrências como desabamento, inundação, incêndio e outros casos fortuitos, hipóteses em que, certamente, o empregador será tão vítima quanto o empregado. Como dizer, nesses casos, que o empregador indenizaria mesmo sem culpa, sem ser cruel com quem já se encontra inserido no contexto dramático como personagem igualmente vitimizado[527]?

Assim, o acidente de trabalho indeniza-se a partir da responsabilidade contratual, com a excepcional exigência constitucional de configuração de culpa, enquanto os infortúnios a ele equiparados pela legislação previdenciária darão ensejo à reparação do dano pelo empregador apenas se caracterizado o nexo causal e a culpa, por ter a sua responsabilidade em origem contratual.

---

(527) O raciocínio de complacência nem é inédito. O Código Penal, por exemplo, extingue a punibilidade pelo perdão judicial quando, embora reconhecendo a prática do crime, deixa de aplicar a pena desde que se apresentem determinadas circunstâncias excepcionais. Equivale à despenalização do pai que, sem a intenção de abandonar incapaz, coloca o próprio filho em risco.

Novamente, a responsabilidade pelo acidente típico se justifica pelo parágrafo único do art. 927, do CC, o qual determina que haverá obrigação de reparar o dano, independentemente de culpa, quando a atividade normalmente desenvolvida pelo autor do dano implicar, por sua natureza, risco para os direitos do trabalhador, tal como representa a dinâmica de exploração de mão de obra vivenciada em um contexto capitalista[528].

Para esses casos de doenças ocupacionais e acidentes de trabalho, o que deve ficar claro é que, ao lado de indenização material devida, em virtude da perda parcial da capacidade de laborar (que pode até ensejar direito à percepção de pensão vitalícia[529]), da necessidade de compra de medicamentos, ou de outras vicissitudes típicas, delineia-se dano extrapatrimonial, no qual podem se identificar o dano moral, o estético e até o existencial, sempre se verificando a presença do dano socioambiental.

4.3.2.2. Direto a um tratamento probo e igualitário

Para Luís Roberto Barroso,

> A igualdade constitui um direito fundamental e integra o conteúdo essencial da ideia de democracia. Da dignidade humana resulta que todas as pessoas são fins em si mesmas, possuem o mesmo valor e merecem, por essa razão, igual respeito e consideração. A igualdade veda a hierarquização dos indivíduos e as desequiparações infundadas, mas impõe a neutralização das injustiças históricas, econômicas e sociais, bem como o respeito à diferença.[530]

O autor defende que a Constituição brasileira de 1988 contempla três dimensões da igualdade, quais sejam (i) a igualdade formal prevista no art. 5º, *caput*: "todos são iguais perante a lei, sem distinção de qualquer natureza"; (ii) o valor como redistribuição decorrente dos objetivos da República, como "construir uma sociedade livre, justa e solidária" (art. 3º, I) e "erradicar a pobreza e a marginalização e reduzir as desigualdades sociais e regionais" (art. 3º, III); e (iii) por fim, a igualdade como reconhecimento que tem seu lastro em outros dos objetivos fundamentais do país, por exemplo, "promover o bem de todos, sem preconceitos de origem, raça, sexo, cor, idade e quaisquer outras formas de discriminação" (art. 3º, IV)[531].

O valor é de suma importância no ambiente de trabalho[532]. Em quaisquer perspectivas que sejam. Em outras palavras, (i) no que tange à dimensão da igualdade formal, que veda privilégios e discriminações na lei e perante a lei, o empregador deve cuidar de ofertar vagas e regulamentar o modo de produção sem discriminações infundadas;

---

(528) Gustavo Tepedino destaca a dificuldade da conceituação do conceito "risco" "Também poderão servir de auxílio para a elaboração da noção de risco as elaborações formuladas, em tema de técnicas indenizatórias na responsabilidade civil extracontratual, pela análise econômica do direito, corrente majoritariamente adotada nos Estados Unidos, capitaneada por Ronald Coase e Richard Posner. Segundo a fórmula mais difundida, a fórmula de Hand (1947), o risco é "o produto da probabilidade do dano por sua magnitude" (B = P. L), equação que hoje tem uma aplicação muito mais abrangente, atingindo inclusive as hipóteses de negligência. Além do enfoque técnico, dado pela fórmula indicada, outros aspectos têm sido considerados, como o psicológico. Através da psicologia cognitiva aplicada ao direito engendrada por Cass Sunsteim e W. Kip Viscusi, demonstra que a percepção individual dos riscos é distorcida por uma série de dissonâncias cognitivas, gerando reações que, embora inapropriadas, são consideradas "normais", fazendo com que, por exemplo, as pessoas confiem muito mais em seus carros do que em viagens de avião, embora as estatísticas demonstrem ser muito mais arriscado um passeio de automóvel. Um último enfoque, levado em consideração quando se trata de conceber, concretamente, a atividade de risco, é o sociocultural segundo o qual não há qualquer observador que possa ser considerado "neutro" quando se trata de analisar e avaliar riscos, estando sua dimensão cultural e história mais do que comprovada." TEPEDINO, Gustavo. *Código Civil interpretado conforme a Constituição Federal*. Rio de Janeiro: Renovar, 2006. p. 810.

(529) [...] Quando se tratar de pensão vitalícia, o termo *ad quem* é o dia da morte do trabalhador, sendo possível a adoção da estimativa de sobrevida constante na Tábua Completa de Mortalidade do Instituto Brasileiro de Geografia e Estatística (IBGE), para cálculo do montante integral da indenização e pagamento de uma só vez, conforme o disposto no art. 950, parágrafo único do CC/2002. RODRIGUES, Deusmar José (Coord. e coautor). *Lei da reforma trabalhista*: comentada artigo por artigo. Leme (SP): JH Mizuno, 2017. p. 123.

(530) BARROSO, Luís Roberto; OSÓRIO, Aline. Sabe com quem está falando? Notas sobre o princípio da igualdade no Brasil contemporâneo. *Revista Direito & Práxis*, Rio de Janeiro, vol. 07, n. 13, p. 207, 2016.

(531) *Ibidem*, p. 208.

(532) Neste sentido, Cappelletti coloca que "uma vez mais demonstrou a igualdade burguesa representar um progresso importante, porém imparcial. Todos os cidadãos adquirem uma igualdade formal frente à lei; porém é bem claro que 'tratar como iguais' sujeitos que econômica e socialmente estão em desvantagem, não é outra coisa que uma ulterior forma de desigualdade e de injustiça" (livre tradução). CAPPELLETTI, Mauro. *Proceso, ideologias y sociedad*. Tradução: Santiago Sentís Melendo y Tomás A. Banzhaf. Buenos Aires: Ediciones Europa-America, 1984. p. 67.

(ii) no plano da igualdade material deve promover iniciativas de neutralização de desigualdades e (iii) no que diz respeito à igualdade como reconhecimento, que se destina à proteção das minorias, sua identidade e diferenças, deve cuidar para que os idosos, as mulheres, os homossexuais, os portadores de deficiência etc. tenham acesso às mesmas oportunidades, convivendo em harmonia com os demais trabalhadores.

Um ambiente promotor do valor igualdade é um ambiente onde impera a tolerância, ou seja, a capacidade de aceitação recíproca entre seres humanos e trabalhadores.

O direito a um tratamento probo e igualitário se contrapõe ao dever de o empregador observar e aceitar as características individuais componentes das respectivas personalidades de cada empregado. O ambiente de trabalho é um espaço, em geral, plural, onde convivem pessoas coordenadas pelos escopos da organização capitalista. Nesse cenário, as diferenças devem ser toleradas e prestigiadas. Ademais, as pessoas que trabalham em conjunto devem respeitar os espaços uma das outras, reconhecendo-as e respeitando-as condigna e mutuamente, sob pena de se caracterizar dano extrapatrimonial.

O constituinte originário, já no preâmbulo da Constituição[533], erigiu a igualdade, a fraternidade, o pluralismo, o bem-estar e a harmonia social como valores a serem perseguidos pelo Estado Democrático de Direito. Em outros termos, tais preceitos foram elevados a princípios constitucionais informadores do próprio ordenamento jurídico brasileiro.

Mais adiante, no art. 5º, da Constituição Federal[534], conferiu à isonomia o *status* jurídico de direito individual, sepultando de uma vez por todas qualquer possível discussão acerca da natureza jurídica da igualdade e de seu, hoje, irrefutável caráter normativo.

Assim, o princípio da isonomia traduz-se em direito público subjetivo fundamental. Os desdobramentos do preceito ao longo da Constituição[535] reafirmam seu caráter cogente e imperativo e conferem maior densidade à fluidez e subjetividade impregnadas no conceito igualitário. Abandona-se, pois, a visão estritamente programática da norma isonômica, buscando-se efetivá-la no plano prático. É justamente essa realização prática que será capaz de garantir a harmonia humanística no ambiente laboral.

Em âmbito internacional, à promulgação da já referida Declaração Universal dos Direitos do Homem e do Cidadão de 1948, seguiu-se a confecção de novas e complementares declarações, todas com detalhamentos e especificidades daquela, destinadas a tutelar os direitos e liberdades de sujeitos concretos, pontuais do homem-adjetivo. Como exemplos, inclusive alguns já descortinados em itens anteriores, pode-se citar a Declaração dos Direitos da Criança (1959); a Convenção sobre os Direitos Políticos da Mulher (1952); o Pacto sobre os direitos econômicos, sociais e culturais e o Pacto sobre os direitos civis e políticos (1966). Todos documentos complementares ao Documento-gênero, à matriz original, isto é, espécies da Declaração Universal dos Direitos do Homem e do Cidadão[536].

---

(533) BRASIL. Constituição Federal, Preâmbulo. O preâmbulo da Constituição, em algumas poucas linhas, condensa o conteúdo e objetivos do Estado Democrático de Direito; fundamentalmente, em efetivar os direitos ali consagrados com vistas ao atingimento de uma sociedade mais justa, igualitária, solidária e fraterna. Assim, antes de mais nada, premente situar normativamente o preceito isonômico na Constituição. Inicia-se, como não poderia deixar de ser, pelo próprio Preâmbulo Constitucional, o qual, como já acima referido, entremostra a forte carga valorativa inserida no conceito da igualdade, *verbis*: "Nós, representantes do povo brasileiro, reunidos em Assembleia Nacional Constituinte para instituir um Estado Democrático, destinado a assegurar o exercício dos direitos sociais e individuais, a liberdade, a segurança, o bem-estar, o desenvolvimento, a igualdade e a justiça como valores supremos de uma sociedade fraterna, pluralista e sem preconceitos, fundada na harmonia social e comprometida, na ordem interna e internacional, com a solução pacífica das controvérsias, promulgamos sob a proteção de Deus, a seguinte CONSTITUIÇÃO DA REPÚBLICA FEDERATIVA DO BRASIL".

(534) BRASIL. Constituição Federal, art. 5º. Todos são iguais perante a lei, sem distinção de qualquer natureza, garantindo-se aos brasileiros e aos estrangeiros residentes no País a inviolabilidade do direito à vida, à liberdade, à igualdade, à segurança e à propriedade, nos termos seguintes.

(535) Alguns exemplos de desdobramentos do preceito igualitário ao longo da Constituição são o inciso I, do próprio art. 5º; os incisos XXX, XXXI e XXXII, todos do art. 7º; o inciso III, do art. 19; art. 146, inciso III, alínea *"d"*; art. 151, inciso I; art. 170, incisos VII e IX; dentre muitos outros.

(536) "... a comunidade internacional se encontra hoje diante não só do problema de fornecer garantias válidas para aqueles direitos, mas também de aperfeiçoar continuamente o conteúdo da Declaração, articulando-o, especificando-o, atualizando-o, de modo a não deixá-lo cristalizar-se e enrijecer-se em fórmulas tanto mais solenes quanto mais vazias. Esse problema foi enfrentado pelos organismos internacionais nos últimos anos, mediante uma série de atos que mostram quanto é grande, por parte desses organismos, a consciência da historicidade do documento inicial e da necessidade de mantê-lo vivo fazendo-o crescer a partir de si mesmo. Trata-se de um verdadeiro desenvolvimento (ou talvez, mesmo, de um gradual amadurecimento) da Declaração Universal, que gerou e está para gerar outros documentos interpretativos, ou mesmo complementares, do documento inicial". BOBBIO, Norberto. *A era dos direitos*. 18. ed. Rio de Janeiro: Campus, 1992. p. 34.

Em resumo, todo ser humano em geral, e trabalhador em particular, tem direito a um tratamento probo e igualitário que o insira em um ambiente fraterno e solidário.

O meio ambiente de trabalho, nessa perspectiva e como um microssistema inserido em um ambiente maior, passa a caixa de ressonância para o ambiente democrático que lhe seja externo, ao ponto de, de ampliação em ampliação, ter o condão de contaminar todo o universo, a partir daquela máxima que diz que, antes de salvar o mundo, você deve ser capaz de ajudar o seu próximo.

Assim, episódios de discriminação, assédio e outros males do gênero decorrem do descumprimento da obrigação de o empregador, assumindo os riscos da gestão e exploração do trabalho humano como engrenagem central de seu meio de produção, manter vigília quanto à presença diuturna de valores inerentes a um trabalho recompensador do ponto de vista das interações sociais inerentes no meio. Tais episódios nocivos, sem prejuízo de causar danos extrapatrimoniais de subespécies moral e existencial, acarretarão, de qualquer modo, o que ora se tem referido como dano socioambiental.

Os danos extrapatrimoniais normalmente verificáveis em decorrência da violação do dever de se conferir tratamento probo e igualitário, tutelando e promovendo harmonia social no ambiente laboral, em geral, são os seguintes:

4.3.2.2.1. Práticas de assédio sexual

A prática do assédio sexual constitui violação ao direito à intimidade e à liberdade sexual, além de discriminação em razão do sexo, sendo punido como crime, previsto no art. 216-A do Código Penal[537], o qual foi introduzido pela Lei n. 10.224/2001.

Antes, a Lei das Contravenções Penais estipulava apenas o seguinte: "importunar alguém, em lugar público ou acessível ao público, de modo ofensivo ao pudor: Pena – multa, de duzentos mil réis a dois contos de réis"[538].

Ademais, conferindo-se coerência à tese sustentada, constitui violação do direito ao tratamento probo e igualitário, com produção de dano extrapatrimonial socioambiental.

Luiz Carlos Amorim Robortella[539] define o assédio sexual, no ambiente de trabalho, como sendo "o pedido de favores sexuais pelo superior hierárquico, com promessa de tratamento diferenciado em caso de aceitação e/ou de ameaças, ou atitudes concretas de represálias no caso de recusa, como a perda de emprego, ou de benefícios". Entende, com razão, que o assédio sexual pode ocorrer inclusive entre colegas de trabalho, ou seja, do mesmo nível hierárquico, ou até mesmo entre subordinado sobre o superior. Nesse sentido, faz referência à posição de Amauri Mascaro Nascimento, que admite o assédio em situações que excluem o clássico exercício abusivo do poder sobre o subordinado, admitindo a possibilidade de ocorrer também nessas hipóteses. Tal posicionamento apresenta justíssima sintonia com o que se propaga no sentido de promoção de ambiente fraterno como um todo para desincumbência do dever de tratamento probo e igualitário.

Marcus Vinícius Lobregat[540], por outro lado, preconiza que estará caracterizado o assédio apenas quando a intimidação ou a chantagem ocorrerem entre níveis hierárquicos diferentes ou entre empregador e empregado, pois, nesses casos, haverá um poder de determinação sobre a permanência, promoção ou carreira do empregado, gerando, aí sim, verdadeira humilhação e constrangimento, a ponto de permitir, de acordo com a doutrina tradicional, a reparação pelo dano moral. Seguindo este posicionamento, também Agra Belmonte.[541]

O assédio sexual poderá ser materializado de formas diversas. Poderá configurar-se pela chantagem, ou seja, pela prática de ato, físico ou verbal, formulada para que o trabalhador preste atividade sexual, sob pena da perda do emprego

---

(537) BRASIL. Código Penal, art. 216-A. Constranger alguém com o intuito de obter vantagem ou favorecimento sexual, prevalecendo-se o agente da sua condição de superior hierárquico ou ascendência inerentes ao exercício de emprego, cargo ou função.
Pena – detenção, de 1 (um) a 2 (dois) anos.
§ 2o A pena é aumentada em até um terço se a vítima é menor de 18 (dezoito) anos.

(538) BRASIL. Decreto-lei n. 3.688/1941. Art. 61.

(539) ROBORTELLA, Luis Carlos Amorim. O assédio sexual no trabalho — repressão penal e reparação civil. In: ZAINAGHI, Domingos Sávio; FREDIANI Yone (Coords.). *Novos rumos do direito do trabalho na América-Latina*. São Paulo: LTr, 2003. p. 210/-211.

(540) LOBREGAT, Marcus Vinícius. *Dano moral nas relações individuais do trabalho*. 2. ed. São Paulo: LTr, 2001. p. 93.

(541) BELMONTE, Alexandre Agra. *Danos morais na justiça trabalhista*. 2. ed. São Paulo: Renovar, 2002. p. 173.

ou de qualquer benefício trabalhista. Ocorrerá, ainda, por intimidação, com a criação de ambiente hostil, intolerável para a vítima, pressionando-a, a fim de atingir a sua dignidade, prejudicando a atuação laboral, através de comportamento chocante, ligado ao sexo, com exibição de material pornográfico etc. Destaca-se que não há necessariamente que ocorrer com base em relação hierárquica: basta a criação de um ambiente de pressão sexual, mesmo que entre funcionários de mesma hierarquia, para a configuração de danos extrapatrimoniais.

4.3.2.2.2. Práticas de assédio moral

O assédio moral é toda e qualquer conduta abusiva e permanente, consubstanciada em atos, comportamentos, palavras, gestos, realizados com o objetivo de humilhar, desprezar o trabalhador, violando a sua autoestima, bem como causando danos aos seus direitos personalíssimos, aqui, especificamente ao tratamento probo no ambiente de trabalho.

Marie-France Hirigoyen, a grande propulsora de estudos sobre o tema no mundo, define o assédio moral no trabalho como "qualquer conduta abusiva (gesto, palavra, comportamento, atitude...) que atente, por sua repetição ou sistematização, contra a dignidade ou integridade psíquica ou física de uma pessoa, ameaçando seu emprego ou degradando o clima de trabalho"[542].

Na França há lei proteção contra prática de *mobbing* no Código de Trabalho, comentada pela doutrina:

> Sobre el particular, el articulo 122-49 del Código del Trabajo francés estipula que "ningún trabajador dependiente debe sufrir conductas reiteradas de moléstias Morales, que tengan por objeto, o por efecto, um deterioramiento de las condiciones de trabajo, susceptibles de lesionar sus derechos y su dignidad, de lesionar su salud psico-física, o de comprometer su desempeño profesional". De tal modo, que los comportamentos constituyentes de *mobbing* deben reiterativos. Estos deben, asinismo, originar um deterioramiento de las condiciones de trabajo: um prejuicio actual no es necessario, em cuanto es suficiente que este deterioramiento sea susceptible de producirlo. Por ende, que no revise importância la subsistência de um elemento intencional, por cuanto es suficiente que los comportamentos y actos tengan por objeto provocar um deterioro en la vida de la víctima. [543]

Na Itália precedentes relevantes são ilustrados pelos casos Erriquez vs. Ergom[544] e Stomeo vs. Ziliani S.p. A.[545], tendo as respectivas decisões contatado que a caracterização do assédio moral se aperfeiçoa independentemente da

---

(542) HIRIGOYEN, Marie-France. *Mal-estar no trabalho*: redefinindo o assédio moral. Rio de Janeiro: Bertrand Brasil, 2002. p. 17.

(543) GONZÁLES, Carlos Antonio Agurto; MAMANI, Sonia Lidia Quequejana. In: SOARES, Flaviana Rampazzo (Org.). *Danos extrapatrimoniais nas relações de trabalho*. 1. ed. São Paulo: LTr, 2017. p. 56)

(544) **SENTENZE SUL *MOBBING* AZIENDALE. TRIBUNALE DI TORINO, 16 NOVEMBRE 1999 –Giudice Ciocchetti- Erriquez c. Ergom. Dipendente molestato dal diretto superiore con frasi offensive ed incivili – Postazione di lavoro angusta – Negazione di contatti con i colleghi – Configurabilità di tali comportamenti come *mobbing* – Danno psichico temporaneo – Risarcibilità ai sensi dell'art. 2087 c.c. e art. 32 Cost. [...] MOTIVI DELLA DECISIONE. ¾ 1. *Sul mobbing in azienda*. ¾ Prima di addentrarci nell›esame delle questioni specifiche di causa, occorre dare conto ¾ ai sensi del 2º comma dell›art. 115 c.p. c. e, quindi, nel quadro delle circostanze appartenenti al«fatto notorio», «acquisito alle conoscenze della collettività in modo da non esigere dimostrazione alcuna in giudizio» — di alcuni profili direttamente evocati dalla vicenda prospettata in ricorso. Da alcuni anni gli psicologi, gli psichiatri, i medici del lavoro, i sociologi e più in generale coloro che si occupano di studiare il sistema gerarchico esistente in fabbrica o negli uffici ed i suoi riflessi sulla vita del lavoratore, ne hanno individuato alcune gravi e reiterate distorsioni, capaci di incidere pesantemente sulla salute individuale.Si tratta di un fenomeno ormai internazionalmente noto come *mobbing*. Il termine, proviene dalla lingua inglese e dal verbo *to mob* [*attaccare, assalire*] e mediato dall'etologia, si riferisce al comportamento di alcune specie animali, solite circondare minacciosamente un membro del gruppo per allontanarlo.Spesso nelle aziende accade qualcosa di simile, allorché il dipendente è oggetto ripetuto di soprusi da parte dei superiori e, in particolare, vengono poste in essere nei suoi confronti pratiche dirette ad isolarlo dall'ambiente di lavoro e, nei casi più gravi, ad espellerlo; pratiche il cui effetto è di intaccare gravemente l'equilibrio psichico del prestatore, menomandone la capacità lavorativa e la fiducia in se stesso e provocando catastrofe emotiva, depressione e talora persino suicidio. Il fenomeno ha ormai assunto, a seguito delle denunce di numerosi esperti di settore (medici, sociologi ecc.) e delle stesse vittime, proporzioni senza dubbio rilevanti, così da coinvolgere, secondo la stima di un autorevole settimanale francese, in ogni paese europeo, percentuali non indifferenti di lavoratori (v. oltre, Tavola I).In base a tale stima, oltre il 4% dell'intera forza lavoro occupata in Italia è attualmente oggetto di pratiche di *mobbing*.Inoltre, secondo il *Centro di disadattamento* della prestigiosa Clinica del lavoro «Luigi Devoto» di Milano, che al tema del *mobbing* a fine febbraio 1999 ha dedicato un seminario nazionale, ogni dipendente ha il 25% di possibilità di trovarsi, nel corso della propria esperienza professionale, in tali condizioni, mentre il 10% dei casi di suicidio presenta come concausa una situazione di terrorismo psicologico sul posto di lavoro. P. Q.M. ¾ Il Tribunale ordinario di Torino in funzione di giudice del lavoro, [...] visto l'art. 429 c.p. c.;condanna parte convenuta a corrispondere a parte ricorrente l'importo netto di L. 10.000.000, oltre interessi legali dal gennaio 1997 al saldo; condanna parte convenuta a rifondere a parte ricorrente le spese di lite, che liquida in L. 6.000.000, oltre IVA e CPA; dichiara esecutiva la presente sentenza.** Disponível em: <https://www.diritto.it/osservatori/diritti_umani/mobbing/trib_to__16_11_99.html> Acesso em: 10 jan. 2018. (grifos da autora)

(545) **Tribunale di Torino sent. del 30.12.1999. Trib. Torino, sez. lav. 1º grado, 30 dicembre 1999 (ud. 11 novembre 1999) – Est. Ciocchetti – Stomeo (avv. Moi) c. Ziliani S.p. A. (avv. De Pasquale, De Bernardi di Valserra). [...] MOTIVI DELLA DECISIONE. 1. 1. Sul mobbing in azienda.** Prima di addentrarci nell'esame delle questioni specifiche di causa, occorre dare conto – ai sensi del 2º comma dell'art. 115 cpc e, quindi, nel

repetição de atos, contanto que a prática tenha efeito de atacar gravemente o equilíbrio psíquico da vítima, diminuindo sua capacidade laboral e confiança em si mesma. [546]

Na Espanha, há registros de que os partidos políticos e sindicatos venham debatendo sobre formas que possam coibir a conduta. No Congresso espanhol, inclusive, o partido socialista (PSOE) vem pedindo ao governo a adoção de medidas preventivas para evitar o assedio moral no trabalho, inclusive com a inclusão do assédio moral no catálogo de enfermidades profissionais, como reporta Gonzáles:

> En igual sentido, el Sindicato Único de Trabajadores (UGT) ha propuesto medidas para que ela coso psicológico en el trabajo sea tipificado como delito. En efecto, este sindicato propone que ela coso moral sea identificado y reconocido en la Ley de Prevención de Riesgos Laborales y sea reconocido como enfermedad profesional y acidente de trabajo en la Ley de Seguridade Social. Asimismo, ha solicitado que este fenómeno sea considerado como una vulneración de los derechos fundamentales en el Estatuto de los trabajadores e incluído en la Ley de Procedimiento Laboral, de forma tal que pueda originar un derecho a indenización en el consecuencias psicológicas y psicossomáticas y la nulidad del despido si se produce. [547]

No Perú, assim como na Espanha, não há legislação específica sobre o tema, não obstante a *Ley General de Salud* n. 2.6842 determinar ao empregador em seu art. 100 ser seu dever: "adoptar las medidas necessárias para garantizar la protección de la salud y la seguridade de los trabajadores y terceras personas em sus instalaciones o ambiente de trabajo".

Assim, o assédio moral no trabalho traduz-se em conduta abusiva que, por sua repetição ou sistematização, fere a dignidade ou integridade psíquica ou física do trabalhador, degradando o clima de trabalho.

Para a Comunicação da Comissão ao Conselho e ao Parlamento Europeu, "o assédio ocorre quando um ou mais trabalhadores ou quadros são repetida e deliberadamente intimidados, ameaçados e/ou humilhados em circunstâncias relacionadas com o trabalho"[548].

---

quadro delle circostanze appartenenti al "fatto notorio", "acquisito alle conoscenze della collettività in modo da non esigere dimostrazione alcuna in giudizio"(4) – di alcuni profili direttamente evocati dalla vicenda prospettata in ricorso. Da alcuni anni gli psicologi, gli psichiatri, i medici del lavoro, i sociologi e più in generale coloro che si occupano di studiare il sistema gerarchico esistente in fabbrica o negli uffici ed I suoi riflessi sulla vita del lavoratore, ne hanno individuato alcune gravi e reiterate distorsioni, capaci di incidere pesantemente sulla salute individuale. Si tratta di un fenomeno ormai internazionalmente noto come mobbing. Il termine, proveniente dalla lingua inglese e dal verbo to mob [attaccare, assalire] e mediato dall'etologia, si riferisce al comportamento di alcune specie animali, solite circondare minacciosamente un membro del gruppo per allontanarlo. Spesso nelle aziende accade qualcosa di simile, allorché il dipendente è oggetto ripetuto di soprusi da parte dei superiori e, in particolare, vengono poste in essere nei suoi confronti pratiche dirette ad isolarlo dall'ambiente di lavoro e, nei casi più gravi, ad espellerlo; pratiche il cui effetto è di intaccare gravemente l'equilibrio psichico del prestatore, menomandone la capacità lavorativa e la fiducia in se stesso e provocando catastrofe emotiva, depressione e talora persino suicidio(5). Il fenomeno ha ormai assunto, a seguito delle denunce di numerosi esperti di settore (medici, sociologi ecc.) e delle stesse vittime, proporzioni senza dubbio rilevanti, così da coinvolgere, secondo la stima di un autorevole settimanale francese, in ogni paese europeo, percentuali non indifferenti di lavoratori (v. oltre, tavola I, – omessa, n.d.r. -). In base a tale stima, oltre il 4% dell'intera forza lavoro occupata in Italia è attualmente oggetto di pratiche di mobbing. Inoltre, secondo il Centro di disadattamento della prestigiosa Clinica del lavoro "Luigi Devoto" di Milano, che al tema del mobbing a fine febbraio 1999 ha dedicato un seminario nazionale, ogni dipendente ha il 25% di possibilità di trovarsi, nel corso della propria esperienza professionale, in tali condizioni, mentre il 10% dei casi di suicidio presenta come concausa una situazione di terrorismo psicologico sul posto di lavoro (6). Visto **l'art. 429 c.p. c.; [...] – respinta la richiesta di CTU medico-legale; 1. 1. CONDANNA parte convenuta a corrispondere a parte ricorrente l'importo netto di L. 10.000.000=, oltre interessi legali dall'ottobre 1998 al saldo; 2. 2. CONDANNA parte convenuta a rifondere a parte ricorrente le spese di lite, che liquida in L. 6.000.000=,** oltre IVA e CPA; 3. 3. DICHIARA esecutiva la presente sentenza. Torino, 11 dicembre 1999. Disponível em: <https://www.diritto.it/osservatori/diritti_umani/mobbing/trib_to__30_12_99.html> Acesso em: 10 jan. 18. (grifos da autora)

(546) Em ambas decisiones, el Tribunal de turin há utilizado como premissa los desarrollos sobre el tema provenientes de la psicologia del trabajo y de la sociologia, deduciendo que em el mobbing, em cualquier caso, "el dependiente es objeto de conductas repetitivas de abusos" y, em particular, "es sometido a prácticas dirigidas a aislarlo del ambiente del trabajo y, en los casos más graves, a alejarlo; practicas cuyo efecto es de atacar gravemente el equilíbrio psíquico de la víctima, disminuyendo la capacidad laboral y la confianza em sí misma, provocando uma catástrofe emotiva, depresión e incluso suicídio. (GONZÁLES, Carlos Antonio Agurto; MAMANI, Sonia Lidia Quequejana. In: SOARES, Flaviana Rampazzo (Org.). *Danos extrapatrimoniais nas relações de trabalho*. 1. ed. São Paulo: LTr, 2017. p. 60)

(547) GONZÁLES, Carlos Antonio Agurto; MAMANI, Sonia Lidia Quequejana. In: SOARES, Flaviana Rampazzo (Org.). *Danos extrapatrimoniais nas relações de trabalho*. 1. ed. São Paulo: LTr, 2017. p. 62.

(548) Disponível em: <http://eur-lex.europa.eu/legal-content/PT/TXT/?uri=CELEX:52007DC0686>. Acesso em: 5 jan. 2018.

O Código de Trabalho português apresenta definição para assédio como "o comportamento indesejado, nomeadamente o baseado em fator de discriminação, praticado aquando do acesso ao emprego ou no próprio emprego, trabalho ou formação profissional, com o objetivo ou o efeito de perturbar ou constranger a pessoa, afetar a sua dignidade, ou de lhe criar um ambiente intimidativo, hostil, degradante, humilhante ou desestabilizador"[549].

Em geral, o assédio moral condiz com utilização tática de ataques repetitivos sobre a figura de outrem, seja com o intuito de desestabilizá-lo emocionalmente, seja com o intuito de se conseguir alcançar determinados objetivos empresariais. O objetivo pode ser apenas e tão somente a "perseguição" a uma pessoa específica, objetivando a sua iniciativa na saída dos quadros funcionais[550].

É possível, ainda, que se configure o assédio moral em ambiente de acirrada competição, busca por maiores lucros, instando os empregados à venda de produtos, ou seja, a uma produção sempre maior ou a metas impossíveis.

O assédio ocorre pelo abuso do direito do empregador de exercer o seu poder diretivo ou disciplinar: as medidas empregadas têm por único objetivo deteriorar, intencionalmente, as condições em que o trabalhador desenvolve seu trabalho, numa desenfreada busca para atingir os objetivos empresariais. O empregado, diante da velada ameaça constante do desemprego, se vê obrigado a atingir as metas sorrateiramente a ele impostas em ferimento ao decoro profissional[551].

É muito comum o assédio moral em face de trabalhador que goza de estabilidade ou de qualquer outra garantia do emprego, situação em que o empregador passa a tratá-lo com discriminação, rigor excessivo, provocações, obrigando-o a realizar tarefas que exigem esforço superior às suas forças, ou até mesmo humilhantes.

Nos casos de assédio moral poderá o empregador, ainda, rebaixar o empregado quanto à função exercida, adiar promoções, fazer constantes ameaças de dispensa, além de pôr em dúvida a capacidade do obreiro. Todos esses aspectos abalam de tal forma o empregado, que ele se vê prejudicado no exercício de seu labor.

A violação do dever de tratamento probo e igualitário dá azo à prática de atos desta natureza[552], ou seja, exposições de empregados a situações humilhantes (como xingamentos em frente dos outros empregados), metas inatingíveis, rigor excessivo, "apelidos" constrangedores etc.

O assédio moral chegou a ser definido no Projeto de Lei n. 2.369/2003 como o "constrangimento do trabalhador por seus superiores hierárquicos ou colegas, através de atos repetitivos, tendo como objetivo, deliberado ou não, ou como efeito, a degradação das relações de trabalho e que: I – atente contra sua dignidade ou seus direitos, ou II – afete sua higidez física ou mental, ou III – comprometa a sua carreira profissional"[553]. O último andamento do Projeto de Lei, no entanto, data de 2010.

4.3.2.2.3. Práticas discriminatórias

Práticas discriminatórias constituem violação direta do dever de tratamento igualitário, provocando, em geral, danos morais e danos socioambientais[554]. As práticas discriminatórias podem ocorrer na admissão, na demissão e até durante o curso do contrato de trabalho. A legislação pátria protege as vítimas de discriminação pela letra da Convenção n. 111 da Organização Internacional do Trabalho, ratificada pelo Brasil, bem como da Lei n. 9029/1995 que estabelece:

> Art. 1º Fica proibida a adoção de qualquer prática discriminatória e limitativa para efeito de acesso a relação de emprego, ou sua manutenção, por motivo de sexo, origem, raça, cor, estado civil, situação familiar ou idade, ressalvadas, neste caso, as hipóteses de proteção ao menor previstas no inciso XXXIII do art. 7º da Constituição Federal.

---

(549) PORTUGAL. Código de Trabalho. Art. 29.

(550) HIRIGOYEN, Marie-France. *Mal-estar no trabalho*: redefinindo o assédio moral. Rio de Janeiro: Bertrand Brasil, 2002. p. 43.

(551) *Idem*.

(552) *Ibidem*, p. 39.

(553) BRASIL. Projeto de Lei n. 2.369/2003. Disponível em: <http://www.camara.gov.br/proposicoesWeb/prop_mostrarintegra;jsessionid=FEAD3632B44CEF4E4FB0222A7A18E0F9.proposicoesWebExterno1?codteor=175690&filename=PL+2369/2003>. Acesso em: 5 jan. 2018.

(554) Uma das formulações do imperativo categórico kantiano tem a seguinte elocução: toda pessoa, todo ser racional existe como um fim em si mesmo, e não como meio para o uso arbitrário pela vontade alheia. KANT, Immanuel. *Fundamentação da metafísica dos costumes*. Trad. Leopoldo Holzbach. São Paulo: Martin Claret, 2004. p. 71.

Art. 4º. O rompimento da relação de trabalho por ato discriminatório, nos moldes desta Lei, além do direito à reparação pelo dano moral, faculta ao empregado optar entre:

I – a readmissão com ressarcimento integral de todo o período de afastamento, mediante pagamento das remunerações devidas, corrigidas monetariamente, acrescidas dos juros legais;

II – a percepção, em dobro, da remuneração do período de afastamento, corrigida monetariamente e acrescida dos juros legais.

Art. 5º Esta lei entra em vigor na data de sua publicação.

A discriminação geralmente acontece por diferenças de sexo[555], idade[556], estado civil, religião[557], cor[558], etnia,

---

(555) Confira-se a visão do TST:
BRASIL. Tribunal Superior do Trabalho da, Recurso de Revista n. 1005-88.2014.5.02.0033, da 2ª Turma, Brasília, DF, 22 de março de 2017. Disponível em: <http://aplicacao4.tst.jus.br/consultaProcessual/consultaTstNumUnica.do?consulta=Consultar&conscsjt=&numeroTst=1005&digitoTst=88&anoTst=2014&orgaoTst=5&tribunalTst=02&varaTst=0033&submit=Consultar>. Acesso em: 4 jan. 2018.
DE CONTEÚDO MACHISTA. CARACTERIZAÇÃO. POSSÍVEL VIOLAÇÃO DO ART. 5º, X, DA CONSTITUIÇÃO FEDERAL. Demonstrada a possível violação do art. 5º, X, da Constituição Federal, impõe-se o provimento do agravo de instrumento para determinar o processamento do recurso de revista. Agravo de instrumento provido. 1 – DANO MORAL. TRATAMENTO GROSSEIRO E DESCORTÊS. OFENSA DE CONTEÚDO MACHISTA. CARACTERIZAÇÃO. VIOLAÇÃO DO ART. 5º, X, DA CONSTITUIÇÃO FEDERAL. Depreende-se do acórdão regional, a partir do depoimento de testemunha, que a autora foi vítima de comentário ofensivo por parte do superior hierárquico, que a mandou "morder calcinha" e a chamou de "paquita erótica na presença de todos". Tal conduta não se coaduna com o comportamento desejado numa sociedade que respeita a mulher em sua dignidade, e denota séria intenção de rebaixamento do indivíduo, não pela sua postura profissional, mas por questão de gênero. O reconhecimento da integridade da mulher pela ordem jurídica impõe o repúdio e a condenação de práticas que desqualificam a mulher trabalhadora como forma de imprimir efetividade ao direito à igualdade, preconizado pela Constituição Federal. No caso concreto, é possível extrair, do quadro fático delimitado pela Corte de origem, que houve conduta desrespeitosa por parte do superior hierárquico, consistente no tratamento ofensivo ao lidar com uma subordinada, em evidente extrapolação do poder diretivo do empregador. Isso porque as relações do trabalho devem ser pautadas pelo respeito mútuo, pois, ainda que detenha poder de mando, ao empregador não é dado agir com falta de urbanidade, respeito e cortesia. O fato da ofensa se dar por ato único não descaracteriza o abuso do empregador, devido à gravidade da humilhação sofrida na presença de colegas de trabalho. Da mesma forma, o prosseguimento de tratativas entre a vítima e o agressor, no ambiente de trabalho, não demonstra nada mais do que a submissão da empregada à subordinação característica do contrato de trabalho, não significando perdão tácito. As críticas no ambiente de trabalho devem se pautar pela estrita observância do cumprimento das obrigações profissionais e contratuais e é dever da empresa observar e punir a conduta indesejada no meio ambiente de trabalho, assegurando a integridade física e mental dos trabalhadores e trabalhadoras e o respeito aos direitos fundamentais, à honra e à dignidade da mulher. Recurso de revista conhecido e provido.

(556) BRASIL. Tribunal Superior do Trabalho, Recurso de Revista n. 921002020105170003, da 3ª Turma, Brasília, DF, 22 de março de 2016. Disponível em: <http://aplicacao4.tst.jus.br/consultaProcessual/consultaTstNumUnica.do?consulta=Consultar&conscsjt=&numeroTst=140700&digitoTst=68&anoTst=2007&orgaoTst=5&tribunalTst=17&varaTst=0006&submit=Consultar>. Acesso em: 4 jan. 2018.
PLANO DE DESLIGAMENTO FUNDAMENTADO EM IDADE. DISPENSA DISCRIMINATÓRIA. APLICAÇÃO DO Art. 4º, II, DA Lei n. 9.029/1995. SÚMULA N. 333/TST. INDENIZAÇÃO POR DANO MORAL DEVIDA. O princípio antidiscriminatório está presente no Título I da Constituição da República (art. 3º, IV, in fine), no Título II, Capítulo I (art. 5º, caput, III e X) e no Título II, Capítulo II (art. 7º, XXX até XXXII), vinculando as entidades da sociedade política (Estado) e da sociedade civil (instituições, empresas e pessoas). Para a Constituição de 1988, não há dúvida de que os princípios, regras e direitos fundamentais constitucionais aplicam-se, sim, às relações entre particulares, inclusive às relações empregatícias (eficácia horizontal). Comprovada nos autos a conduta discriminatória do Reclamado, ao dispensar a Reclamante ao completar 30 anos de serviço, em razão de política de desligamento baseada unicamente em critério etário, incidem os preceitos constitucionais civilizatórios tendentes a assegurar um Estado Democrático de Direito, com as consequências normativas pertinentes, inclusive a indenização por danos materiais, nos termos do art. 4º, II, da Lei n. 9.029/1995. Precedentes. Recurso de revista não conhecido nos temas.

(557) BRASIL. Tribunal Regional do Trabalho da 19ª Região, Recurso Ordinário n. 69700200905619006, Brasília, DF, 24 de maio de 2010. Disponível em: <http://aplicacao4.tst.jus.br/consultaProcessual/consultaTstNumUnica.do?consulta=Consultar&conscsjt=&numeroTst=140700&digitoTst=68&anoTst=2007&orgaoTst=5&tribunalTst=17&varaTst=0006&submit=Consultar>. Acesso em: 4 jan. 2018.
DANO MORAL. EXISTÊNCIA. REPARAÇÃO PECUNIÁRIA. O deferimento de pedido de indenização por danos morais pressupõe conduta do empregador que tenha provocado dano ao empregado. Nos presentes autos, restou configurado o dano moral sofrido pelo reclamante por conta da discriminação de ordem religiosa praticada pelo empregador. [...] por maioria, dar provimento ao recurso ordinário para, alterando a sentença, acrescer à condenação a indenização por danos morais no valor de R$ 3.000,00 (três mil reais)

(558) BRASIL. Tribunal Superior do Trabalho, Recurso de Revista n. 8312420125090011, da 5ª Turma, Brasília, DF, 15 de maio de 2015. Disponível em: <http://aplicacao4.tst.jus.br/consultaProcessual/consultaTstNumUnica.do?consulta=Consultar&conscsjt=&numeroTst=831&digitoTst=24&anoTst=2012&orgaoTst=5&tribunalTst=09&varaTst=0011&submit=Consultar>. Acesso em: 4 jan. 2018.
RECURSO DE REVISTA. DISCRIMINAÇÃO RACIAL. INDENIZAÇÃO POR DANOS MORAIS. VALOR ARBITRADO. MAJORAÇÃO. Constatada a irrisoriedade do quantum arbitrado a título de indenização por danos morais (R$10.000,00 – dez mil reais), à luz do disposto no art. 5º, V, da Constituição Federal, é de se adequá-la ao correspondente agravo sofrido pela vítima, o que, tendo em vista a reprovável e repugnante natureza

deficiência, ajuizamento de ação trabalhista, aderência a movimento sindical, orientação sexual[559], aparência física do trabalhador, doença,[560] dentre outros vários motivos possíveis e encontradiços em um ambiente perverso.

Nesse sentido, foi editada a súmula 443, da Justiça do Trabalho, fixando o entendimento de que é discriminatória a dispensa do empregado portador do vírus HIV[561] ou doença grave, impondo sua reintegração caso haja a constatação

---

racial da discriminação sofrida pelo obreiro no ambiente de trabalho, bem como o caráter pedagógico-sancionatório da pena, recomenda a sua majoração para R$50.000,00 (cinquenta mil reais). Conhecido e provido.

BRASIL. Tribunal Superior do Trabalho, Recurso de Revista n. 300520125090013, da 1ª Turma, Brasília, DF, 29 de maio de 2015. Disponível em: <http://aplicacao4.tst.jus.br/consultaProcessual/consultaTstNumUnica.do?consulta=Consultar&conscsjt=&numeroTst=30&digitoTst=05&anoTst=2012&orgaoTst=5&tribunalTst=09&varaTst=0013&submit=Consultar>. Acesso em: 4 jan. 2018.

RECURSO DE REVISTA. CTPS. ANOTAÇÃO DA ADMISSÃO E DISPENSA NA MESMA DATA. DISCRIMINAÇÃO NO MEIO PROFISSIONAL. DANO MORAL. VALOR DA INDENIZAÇÃO. [...] II – A assertiva do reclamante de que ele fora vítima de discriminação racial e, nessa perspectiva, pretender a revisão da indenização para R$ 10.000,00 (dez mil reais), não encontra campo fático propício no acórdão recorrido, em ordem a inviabilizar o reconhecimento de violação inequívoca dos arts. 944, caput, do Código Civil e 5º, V, da Carta Magna . Recurso de revista de que não se conhece.

(559) BRASIL. Tribunal Superior do Trabalho, Agravo de Instrumento em Recurso de Revista n. 1610220125010401, da 2ª Turma, Brasília, DF, 18 de março de 2016. Disponível em: <http://aplicacao4.tst.jus.br/consultaProcessual/consultaTstNumUnica.do?consulta=Consultar&conscsjt=&numeroTst=161&digitoTst=02&anoTst=2012&orgaoTst=5&tribunalTst=01&varaTst=0401&submit=Consultar>. Acesso em: 4 jan. 2018.

INDENIZAÇÃO POR DANO MORAL. ASSÉDIO MORAL. VALOR ARBITRADO (R$ 10.000,00). CONDUTA DISCRIMINATÓRIA. EMPREGADA VÍTIMA DE OFENSAS POR PARTE DO PREPOSTO DA RECLAMADA EM RAZÃO DA SUA ORIENTAÇÃO SEXUAL. Trata-se de controvérsia a respeito do valor atribuído à indenização por danos morais decorrente de assédio moral, em que ficou comprovado que a reclamante foi alvo de ofensas por parte do preposto da reclamada relacionadas à sua orientação sexual. No caso, a Corte a quo deu parcial provimento ao recurso ordinário da autora para majorar o valor arbitrado à indenização por danos morais de R$ 2.000,00 (dois mil reais) para R$ 10.000,00 (dez mil reais). A Corte regional considerou que ficou provado que um dos prepostos da reclamada endereçava ofensas à reclamante em decorrência da sua orientação sexual (homossexual), bem como que "inadmissível possa o empregador tolerar condutas discriminatórias levadas a efeito por empregado seu em relação a orientação sexual adotada por companheiro (a) de trabalho". Salientou-se, ademais, que "a finalidade da indenização arbitrada ao dano moral, ao menos no que toca ao aspecto pedagógico, não foi alcançada em face do diminuto valor fixado para reprimir a intensidade e a gravidade da lesão ao direito da personalidade da vítima e sua repercussão no ambiente do trabalho". Dessa forma, não há dúvidas de que a empregada tenha sofrido ofensas, xingamentos ou constrangimentos efetivos, em razão de sua orientação sexual, provocando desconforto capaz de gerar um dano moral passível de ressarcimento. Diante dos parâmetros estabelecidos pelo Regional, observa-se que o arbitramento do valor especificado não se mostra desprovido de razoabilidade ou proporcionalidade, apresenta-se adequado à situação fática delineada nos autos e apto a amenizar a dor e as dificuldades cotidianas sofridas pela empregada. Dessa forma, verifica-se que o Tribunal Regional primou pela razoabilidade e proporcionalidade, não havendo falar em excesso na fixação do quantum indenizatório nem em violação do art. 5º, incisos V e X, da Constituição Federal. Agravo de instrumento desprovido.

(560) BRASIL. Tribunal Superior do Trabalho, Agravo de Instrumento em Recurso de Revista n. 14840020200065010057, da 7ª Turma, Brasília, DF, 12 de setembro de 2014. Disponível em: <http://aplicacao4.tst.jus.br/consultaProcessual/consultaTstNumUnica.do?consulta=Consultar&conscsjt=&numeroTst=148400&digitoTst=20&anoTst=2006&orgaoTst=5&tribunalTst=01&varaTst=0057&submit=Consultar>. Acesso em: 4 jan. 2018.

DANOS MORAIS — BOATO DE QUE O EMPREGADO ERA PORTADOR DE MOLÉSTIA GRAVE (AIDS) — DOENÇA ESTIGMATIZANTE — CONFIGURAÇÃO DE OFENSA AOS DIREITOS DA PERSONALIDADE DO TRABALHADOR — DANO MORAL. A indenização pelos danos morais destina-se a compensar a afronta a direito da personalidade da vítima para o qual o agente causador do dano concorreu com culpa lato sensu. Assim, a reparação moral pressupõe a violação de algum dos direitos fundamentais e personalíssimos do cidadão, como a honra, a imagem, o nome, a intimidade, a privacidade e a integridade física. No caso, os depoimentos das testemunhas comprovaram que, de fato, foi difundido na empresa o boato que o autor era portador do vírus da AIDS, notícia que posteriormente foi desmentida, em face da constatação de que seu real problema de saúde era de um tumor no crânio, sendo que uma das testemunhas afirmou ter ouvido comentário do Presidente das empresas nesse sentido. A circulação de boato a respeito de doença estigmatizante vulnera a imagem do autor e é passível de reparação moral – "considerando os contornos dos constrangimentos sofridos pelo reclamante, o tempo de vigência de seu contrato de trabalho, o porte da parte ofensora e o caráter pedagógico da medida, tem-se por razoável o valor de R$ 50.000,00 para a indenização pretendida". Acrescente-se que o estigma ou preconceito para o empregado portador de doença grave é presumível, conforme entendimento preconizado na Súmula n. 443 do TST, aplicável analogicamente ao presente caso. Agravo de instrumento desprovido. (grifo acrescentado) BRASIL. Tribunal Superior do Trabalho. Agravo de Instrumento em Recurso de Revista 1610220125010401, da 2ª Turma, Brasília, DF, 18 de março de 2016.

(561) Especificamente sobre a questão do HIV, registre-se um acórdão do Tribunal da Relação de Lisboa proferido em maio de 2007 e mais tarde confirmado pelo Superior Tribunal de Justiça. Tratava-se de um trabalhador que, na sequência dos exames médicos de praxe, foi considerado inapto para a profissão de cozinheiro, tendo então a entidade patronal (um hotel) o demitido. Veja trecho da decisão: "A nossa análise abordará 3 pontos: o primeiro é o de saber se o HIV gera, ou não, inaptidão para a profissão de cozinheiro; o segundo incide sobre se houve ou não violação dos deveres de lealdade e informação por parte do trabalhador ao não comunicar ao empregador que era portador daquele vírus; o terceiro sobre se o médico podia ou não comunicar ao empregador a doença de que padecia o trabalhador. A) os acórdãos em causa

de que houve dispensa sem justa causa em decorrência de estigma pessoal[562].

Na admissão, atos discriminatórios podem restar caracterizados com pedido de exames médicos específicos não ligados ao desempenho do cargo ou até mesmo na emissão de certidões de cunho estritamente pessoal, como Serasa e SPC.

4.3.2.2.4. Rebaixamentos funcionais injustificados

Rebaixamentos funcionais injustificados também podem caracterizar violação ao dever do empregador referente ao reconhecimento e respeito ao indivíduo trabalhador no meio ambiente de trabalho em que inserido, produzindo danos extrapatrimoniais. Isso porque práticas desta modalidade denunciam ausência de tratamento probo e igualitário no ambiente laboral.

O poder diretivo não significa completa ausência de estabilidade financeira e nem um poder soberano de produção de decisões surpreendentes a todo tempo, tomadas sem qualquer resquício de um diálogo mínimo entre as partes.

Nesse contexto, rebaixamentos discriminatórios ou derivados de práticas de assédio costumam encerrar danos morais, existenciais e, principalmente, de índole socioambiental, a serem reparados.

Nesses casos, a jurisprudência trabalhista considera a exposição do trabalhador a situações vexatórias, bem como o impacto da medida em sua carreira profissional. Além disso, a gravidade da lesão extrapatrimonial é mais repugnante quando sequer são fornecidos insumos para o desenvolvimento da atividade profissional, ainda que a de cargo mais baixo[563].

---

consideraram que o facto de o trabalhador ser portador de HIV positivo o tornava inapto para o exercício das funções de cozinheiro, dado ter de manipular alimentos e utilizar objetos cortantes, podendo o vírus ser transmitido no caso de haver, por exemplo, derrame de sangue sobre alimentos servidos em cru e consumidos por quem tenha ferida na boca.

Porém, além de não ter sido feita qualquer prova de que, na cozinha daquele hotel, frequentes situações dessas, as decisões assentaram em bases cientificamente incorrectas, pois já faz parte do conhecimento científico que a transmissão daquele vírus só se efetua através de relações sexuais não protegidas, por via endovenosa e por via materno-fetal – e não por manipulação de alimentos.

Não havia, pois, em nosso entender, base para sustentar que o contrato caducara, face à ausência de uma prova mínima de risco efetivo, concreto e objetivo de transmissão do vírus por parte de um cozinheiro no exercício das suas funções e por causa delas. B) Por estas mesmas razões, temos também por seguro que o trabalhador não violou qualquer deveres de lealdade informação ao não comunicar à entidade patronal que era portador desse vírus. C) Por sua vez, o médico não podia comunicar à entidade patronal a doença de que padecia o trabalhador. Não Havia *in casu* nenhuma causa justificativa para a quebra do segredo médico (nem consentimento do titular, nem lei a permitir a divulgação de informação clínica). Em caso algum é admissível divulgar a terceiros a doença de que o trabalhador padece, mesmo que essa doença fosse relevante para aferição da sua aptidão para o trabalho.

No caso concreto, o médico do trabalho tomou conhecimento do problema durante a consulta e seguidamente terá revelado o facto à direção do hotel. A divulgação desta informação clínica é ilícita. Está-se, pois, perante uma violação do direito à intimidade da vida privada (art. 26º. Da CRP) e a prática pelo referido médico de um ilícito criminal, civil e disciplinar (nos termos dos arts. 192º. e 195º. do Código Penal, 70º, 80º, 483º., e 496º. Do Código Civil, e 67º. E 68º. Do Código Deontológico dos médicos). A cessação do contrato foi ilícita"(ABRANTES, José João. *Direitos Fundamentais da Pessoa Humana no Trabalho:* Em Especial, a Reserva da Intimidade da Vida Privada (algumas questões), 2ª. ed. Lisboa: Almedina, 2014. p. 17/ 18.).

(562) BRASIL. Tribunal Superior do Trabalho. Súmula n. 443 do TST. DISPENSA DISCRIMINATÓRIA. PRESUNÇÃO. EMPREGADO PORTADOR DE DOENÇA GRAVE. ESTIGMA OU PRECONCEITO. DIREITO À REINTEGRAÇÃO – Res. 185/2012, DEJT divulgado em 25, 26 e 27.09.2012. Presume-se discriminatória a despedida de empregado portador do vírus HIV ou de outra doença grave que suscite estigma ou preconceito. Inválido o ato, o empregado tem direito à reintegração no emprego. Disponível em: < http://www3.tst.jus.br/jurisprudencia/Sumulas_com_indice/Sumulas_Ind_401_450.html#SUM-443>. Acesso em: 4 jan. 2018.

(563) Nesse sentido, decisões do TST:
BRASIL. Tribunal Superior do Trabalho, Agravo de Instrumento em Recurso de Revista n. 6772220115020371, da 1ª Turma, Brasília, DF, 9 de maio de 2014. Disponível em: <http://aplicacao4.tst.jus.br/consultaProcessual/consultaTstNumUnica.do?consulta=Consultar&conscsjt=&numeroTst=677&digitoTst=22&anoTst=2011&orgaoTst=5&tribunalTst=02&varaTst=0371&submit=Consultar>. Acesso em: 4 jan. 2018.
DANOS MORAIS. REBAIXAMENTO DE CARGO SEM MOTIVAÇÃO. CONDUTA HUMILHANTE DA EMPRESA. CONDIÇÕES DE TRABALHO IMPRÓPRIAS. 1. O e. TRT consignou que a reclamante foi rebaixada do cargo de supervisora para aquele anteriormente exercido, de operadora, – o que lhe causou inúmeros transtornos, passando a ser alvo de chacotas de seus colegas -, além de ter que conviver com seu superior hierárquico, – que lhe falava palavras de baixo calão -. Consta ainda que utilizava – cadeiras velhas sem encosto e banheiro feminino sem fechadura na porta -. A prova testemunhal corroborou as alegações da reclamante e, com isso, o TRT concluiu por evidenciada – a repercussão negativa na vida funcional da obreira, que após ter atuado como supervisora, passou, sem motivo, para o cargo que desempenhava anteriormente, sendo alvo

Em suma, o reconhecimento e o respeito ao indivíduo trabalhador no meio ambiente de trabalho em que inserido revela-se dever essencial (ou como a doutrina civil denominada: dever anexo) ao contrato de trabalho, em razão da boa-fé e da concepção de trabalho digno. Desse núcleo obrigacional, decorrem para o empregado os direitos: (i) à integridade física e psíquica com devida promoção da correção dos riscos ambientais e (ii) a um tratamento probo e igualitário. A violação desses deveres pode provocar, e geralmente provoca, danos materiais que deverão ser ressarcidos. Todavia, sem prejuízo desses últimos, gerarão danos extrapatrimoniais em virtude do atingimento de direitos personalíssimos do trabalhador.

---

de piada entre os colegas, bem como as ofensas proferidas por outro funcionário da empresa e as péssimas condições do ambiente laboral -. 2. Com efeito, a conduta acima referida configura descumprimento dos deveres do empregador, dentre eles o de zelar pela segurança, bem-estar e dignidade do empregado no ambiente de trabalho, gerando o dever de indenizar. Nesse contexto, resultam inviolados os arts. 5º, V, da Lei Maior; 186 do CC; 818, da CLT e 333, I, do CPC. Aresto inválido, a teor do art. 896, a, da CLT. DANOS MORAIS. VALOR DA INDENIZAÇÃO. 1. A Corte de origem ponderou que, — No que respeita à quantificação, os parâmetros são fixados pelo disposto no art. 944 e seu parágrafo único -. Registrou ainda que —, por não serem supostos legais do arbitramento —, não serão consideradas — assim a capacidade econômica da ofensora como as condições pessoais do ofendido —. Asseverou serem dois os elementos — considerados para a fixação do *quantum* da indenização: a extensão do dano e a proporção entre ele e a culpa, este último uma evidente homenagem à teoria do desestímulo. O dano é exuberante: a agressão à moral da Reclamante, com afronta à sua honra e dignidade, causando-lhe sofrimento e constrangimento —. Dito isso, houve por bem manter — a sentença originária que arbitrou a indenização em R$ 20.000,00 (vinte mil reais) -. 2. Considerando as circunstâncias da espécie, conclui-se que a condenação da empresa ré ao pagamento de R$ 20.000,00 (vinte mil reais), a título de compensação pelos danos morais, não se afigura notoriamente desproporcional ou irrazoável, sobretudo por pretender a reparação pelo dano decorrente do rebaixamento imotivado da função, do meio ambiente laboral impróprio e da conduta abusiva do preposto da empresa. Inviolados, portanto, os arts. 944 do CCB e 5º, V, da Constituição da República. Agravo de instrumento conhecido e não provido.
BRASIL. Tribunal Superior do Trabalho, Agravo de Instrumento em Recurso de Revista n. 24012007020085090006, da 7ª Turma, Brasília, DF, 6 de junho de 2014. Disponível em: <http://aplicacao4.tst.jus.br/consultaProcessual/consultaTstNumUnica.do?consulta=Consultar&conscsjt=&numeroTst=2401200&digitoTst=70&anoTst=2008&orgaoTst=5&tribunalTst=09&varaTst=0006&submit=Consultar>. Acesso em: 4 jan. 2018.
RECURSO DE REVISTA — REBAIXAMENTO FUNCIONAL — INDENIZAÇÃO POR DANOS MORAIS — GERENTE GERAL — APÓS RETORNO DE LICENÇA MÉDICA PASSOU A EXERCER ATIVIDADES DE ESCRITURÁRIO - VALOR DA INDENIZAÇÃO. É certo que a verba referente ao dano moral deve ser arbitrada em valor justo e razoável, levando em consideração o dano causado ao empregado, as condições econômicas do agressor e a gravidade da lesão aos direitos fundamentais da pessoa humana, da honra e da integridade psicológica e íntima. Devem, também, serem observados os princípios da razoabilidade, da equidade e da proporcionalidade, de modo que o ato ofensivo não fique impune e que, ao mesmo tempo, sirva de desestímulo à reiteração por parte do ofensor (aspecto punitivo e preventivo). Outrossim, a indenização fixada não deve ser irrisória, tampouco representar enriquecimento sem causa da vítima. No caso, o Tribunal Regional observou que o reclamante ocupante do cargo de gerente-geral, passou por momentos de humilhação e desvalorização profissional ao retornar de licença médica, quando lhe foram esvaziadas as suas atribuições, a ponto de não lhe ser fornecido sequer mesa de trabalho, exercendo funções típicas de escriturário em início de carreira, prestando esclarecimentos e serviços gerais no balcão, sem nenhuma função ou responsabilidade específica, culminando com sua demissão após dois anos de discriminação. Nesta situação, o caso em análise evidencia um procedimento constrangedor ao obreiro, o que conduz à conclusão de que houve um procedimento retaliatório por ter apresentado atestado médico. Assim, estando evidenciada a gravidade do dano experimentado pelo reclamante, tem-se por proporcional e razoável o valor de R$ 100.000,00 (cem mil reais), arbitrado a título de indenização por danos morais no acórdão objurgado, pois não acarreta o enriquecimento sem causa do reclamante, bem como atende ao caráter punitivo e preventivo da pena imposta. Recurso de revista não conhecido.

Parte III
A Quantificação da Indenização de Danos Extrapatrimoniais Derivados das Relações de Trabalho

Capítulo 5

Os Elementos Componentes da Reparação do Dano Extrapatrimonial

5.1. Os fundamentos da reparabilidade dos danos extrapatrimoniais

É possível destacar três correntes acerca da reparabilidade de danos extrapatrimoniais: a corrente negativista, a mista e a positivista[564].

A primeira, atualmente minoritária, nega a admissibilidade da reparação do dano extrapatrimonial sustentando a inviabilidade de sua quantificação. Nesse particular, salienta Xisto Tiago de Medeiros Neto que "é outra, pois, a natureza da reparação, já que a expressão do conteúdo do dano moral, realmente é intraduzível por um preço, assim como não se sujeita a uma tarifação prévia ou à adoção de um sistema universal de medidas"[565].

As principais objeções quanto à possibilidade de reparação do dano moral apoiavam-se, segundo o autor, nos argumentos segundo os quais (i) além de a dor não ter preço, constituindo uma imoralidade medir-se em dinheiro a sua expressão (*pretium doloris*), seria (ii) impossível a sua avaliação, já que inviável saber a exata extensão da lesão, pela ausência de critério de equivalência, ou até mesmo por eventual indeterminação das vítimas. Por fim, (iii) igualmente constituiria temeridade deixar a reparação (sua extensão e quantificação) ao arbítrio irrestrito de uma autoridade judicial[566].

Ainda sobre a corrente negativista, Rui Geraldo Camargo Viana afirma que "a maioria dos que assim pensam não admite que se possa dissociar o conceito de dano do de prejuízo material".[567] Zulmira Pires de Lima anuncia a existência de um elenco de nove objeções à tese de admissibilidade do dano moral, são elas: (i) a falta de um efeito penoso durável; (ii) a incerteza de se haver violado um direito; (iii) a dificuldade em descobrir a existência do dano moral; (iv) a indeterminação do número de pessoas lesadas; (v) a impossibilidade de rigorosa avaliação em dinheiro; (vi) a imoralidade de compensar a dor com dinheiro; (vii) o excesso de arbítrio concedido ao juiz; (viii) a impossibilidade jurídica do pedido e, por fim, (ix) o enriquecimento sem causa[568]".

A primeira objeção, "falta de um efeito penoso durável", parece absolutamente equivocada, uma vez que não se pode diagnosticar um evento como dano ou não a partir do período de duração de seu efeito penoso. Ademais, acrescenta Sérgio Severo, que "todo o dano é uma ofensa e como tal deve ser reparado, na medida dos efeitos que causar".[569] Ora, a questão da duração em maior ou menor tempo do dano diz respeito à maneira como será sua reparação e apenas a isso.

A segunda objeção à possibilidade de reparação do dano moral, que se sustenta em suposta "incerteza de se haver violado um direito" parte do pressuposto de que para haver ressarcibilidade seria indispensável a existência de um direito violado. Porém, para os adeptos dessa objeção, há dúvidas quanto à legitimidade da reparação dos danos morais por parecer que, em tais casos, não haja um verdadeiro direito que mereça proteção da ordem jurídica. Em posição contrária,

---

(564) SANTOS, Enoque Ribeiro dos. *Dano moral na dispensa do empregado*. 5. ed. São Paulo: LTr, 2015. p. 73.

(565) MEDEIROS NETO, Xisto Tiago de. *Dano moral coletivo*. 4. ed. São Paulo: LTr, 2014. p. 77.

(566) *Ibidem*, p. 76.

(567) VIANA, Rui Geraldo Camargo. *Aulas proferidas no curso de especialização em direito privado "Dom Agnello Rossi" na PUC — Campinas, no 2º Semestre*. 1998. p. 7.

(568) LIMA, Zulmira Pires de. Algumas considerações sobre a responsabilidade civil por danos morais. *Boletim da Faculdade de Direito*, 15:221 e ss. Coimbra, 2º Suplemento, 1940. p. 240.

(569) SEVERO, Sérgio. *Os danos extrapatrimoniais*. 1. ed. Saraiva, 1996. p. 62.

Minozzi[570] compreende que o dano moral não é a lesão abstrata de um direito, mas o efeito não patrimonial da lesão de um direito concreto. Nessa linha, igualmente, conclui Sérgio Severo que os danos extrapatrimoniais se denotam a partir dos efeitos de um determinado evento[571].

A terceira objeção, qual seja, aquela relativa à suposta "dificuldade em descobrir a existência do dano moral", fundamenta-se na impossibilidade de aferir se o ofendido realmente sofreu uma dor ou se, por trás de sua pretensão, não há uma hipocrisia dissimulada. Gabba[572] destaca a problemática da subjetividade da questão. Zulmira Pires de Lima[573], por sua vez, entende e concorda que em determinadas situações é difícil verificar a existência do sofrimento, porém, considera que tal motivo não poderá implicar na negação da ressarcibilidade desse tipo de dano.

A quarta objeção, "indeterminação do número de pessoas lesadas", também possui Gabba como seu autor, segundo quem o "padecimento moral pode verificar-se não só no sujeito como em terceira pessoa, além dos parentes do ofendido ou defunto. Porém, admitindo a dor de terceiros estranhos à ação de dano, que possam agir jure proprio, em busca de ressarcimento, introduz-se qualquer coisa de novo e de inaudito na doutrina civil do dano, um critério aberrante ao infinito"[574]. Ao enfrentar essa objeção, Zulmira Pires de Lima manifesta-se no sentido de que para a resolução desta dificuldade não se deve exigir um critério rígido, consagrado em uma lei, mas deixar ao julgador a faculdade de, em cada caso concreto, e segundo as circunstâncias, verificar quem são as pessoas cuja dor mereça ser reparada.[575] Sérgio Severo, por sua vez, destaca que essa preocupação vem diminuindo com o tempo, porém, certo é que se trata de interesses juridicamente protegidos, independentemente do número de lesados; do contrário, os interesses difusos nunca seriam indenizáveis[576].

A quinta objeção, ou seja, a suposta "impossibilidade de rigorosa avaliação em dinheiro", possui também como seu adepto Gabba, o qual, segundo Wilson Melo da Silva, preconiza que "o ressarcimento é, por natureza, pecuniário, sendo impossível traduzir em dinheiro os interesses lesados por aqueles danos. Entre dor e o dinheiro falta a *unitá di misura*, que a lógica exige seja a mesma, quando se trata de estabelecer confronto entre duas ou mais coisas"[577]. Essa objeção é o ponto nuclear da discussão em que se antagonizam as correntes positivistas e negativistas.

Wilson Melo da Silva entende que a falta de reparação mais adequada do dano moral não pode ser pior do que deixar a vítima sem reparação alguma, posto que o contrário consistiria na negação dos próprios postulados superiores da Justiça. Destaca, por fim, que a dificuldade não pode se levantar como impossibilidade de reparação.[578]

A sexta objeção, "impossibilidade de rigorosa avaliação em dinheiro", acusa as doutrinas que aceitam a indenização pecuniária dos danos morais (aqui referidos como extrapatrimoniais) como absurdas e imorais. Zulmira Pires de Lima, em contraposição, entende que o dinheiro recebido pelo ofendido a título de dano moral não é o preço do bem lesado, mas uma compensação, a única possível, de se oferecer pelo dano causado.[579] Por fim, importa destacar o posicionamento de Minozzi,[580] o qual constitui posição que se coaduna com o entendimento atual da matéria e afasta a objeção de imoralidade da satisfação dos danos extrapatrimoniais, à medida que considera que o dano moral enseja uma satisfação à vítima e uma punição ao ofensor.

---

(570) MINOZZI, A. *Studio sul danno patrimoniale*. Milão: Società Editore Librarie, 1917. p. 58.

(571) SEVERO, Sérgio. *Os danos extrapatrimoniais*. 1. ed. São Paulo: Saraiva, 1996. p. 63.

(572) SILVA, Wilson Melo da. *O dano moral e sua reparação*. 3. ed., rev. e ampl. Rio de Janeiro: Forense, 1983. p. 230.

(573) LIMA, Zulmira Pires de. Algumas considerações sobre a responsabilidade civil por danos morais. *Boletim da Faculdade de Direito*, 15:221 e ss. Coimbra, 2º Suplemento, p. 240, 1940.

(574) SILVA, Wilson Melo da. O dano moral e sua reparação. 3. ed., rev. e ampl. Rio de Janeiro: Forense, 1983. p. 233.

(575) LIMA, Zulmira Pires de. *Op. cit.*, p. 241.

(576) SEVERO, Sérgio. *Os danos extrapatrimoniais*. 1. ed. Saraiva, 1996. p. 62.

(577) SILVA, Wilson Melo da. *Op. cit.*, p. 243.

(578) *Idem*.

(579) LIMA, Zulmira Pires de. Algumas considerações sobre a responsabilidade civil por danos morais. *Boletim da Faculdade de Direito*, 15:221 e ss. Coimbra, 2º Suplemento, p. 243, 1940.

(580) MINOZZI, A. *Studio sul danno patrimoniale*. Milão: Società Editore Librarie, 1917. p. 86.

A sétima objeção, "demasiado arbítrio concedido ao juiz", tem como adeptos Chironi e Lacantinerie et Barde[581], os quais reconhecem que em todas as decisões judiciais há sempre uma parcela de arbítrio, sendo elemento absolutamente pleno nas indenizações por danos extrapatrimoniais. Sérgio Severo destaca sobre o tema que a própria experiência jurídica já viria destruindo o medo de uma ditadura dos juízes. "Tem-se observado que a lei não possui a mobilidade da jurisprudência para acompanhar o processo social na resolução de determinados problemas, daí a importância crescente das cláusulas gerais e dos conceitos indeterminados nos sistemas jurídicos contemporâneos"[582]. Rebatendo a teoria negativista, Valdir Florindo[583] afirma que, "ao fixar o valor a ser pago pelo ofensor, não se estará concedendo excessivo poder ao juiz", eis que o magistrado deverá ser responsável, "sopesando todos os elementos pousados nos autos e sentenciando de forma moderada e com motivação. Estará o juiz utilizando-se do seu poder discricionário, que é importante instrumento de que dispõe o julgador, em decorrência da incessante mobilidade social".

A oitava objeção, "impossibilidade jurídica do pedido", é objeção de Gabba, que, segundo informa Wilson Melo da Silva, consistiria na síntese de seu trabalho contra a doutrina da reparabilidade do dano moral. Sérgio Severo, em contrapartida, destaca que esse posicionamento restou vencido devido à realidade jurídica de muitos países, uma vez que, na atualidade, poucas nações não admitem a indenização dos danos extrapatrimoniais[584].

A nona objeção, "o enriquecimento sem causa", consistiria no entendimento de que o pretendido credor teria, na reparação, um aumento de seu patrimônio sem que antes tivesse havido qualquer redução dele[585]. O equívoco dessa perspectiva é singelo: tomar o patrimônio de alguém unicamente como o conjunto de seus bens materiais.

Terminada a análise da teoria negativista, passa-se para o estudo das teorias mistas ou ecléticas. Consideram-se três vertentes de tal classificação: (i) aquela que só admite a indenização quando os danos morais forem causa eficiente de dano material; (ii) aquela que só admite a indenização por danos morais quando originados de crime e, por fim, (iii) aquela que só admite a indenização em caso de ofensa a determinados interesses[586].

A lógica comum de tais doutrinas é interligar a reparabilidade do dano extrapatrimonial a outro fundamento, seja crime, seja dano material. Ora, o dano extrapatrimonial deve ser reparado por si só, independentemente de estar ligado a qualquer outra circunstância.

A corrente favorável à tese de admissibilidade da reparação no dano extrapatrimonial é a que prevalece no direito brasileiro. Segundo seus defensores, se o dano existe, deve ser reparado, ainda que de forma imperfeita. Na lição de Clóvis Bevilácqua: "Se o interesse moral justifica a ação para defendê-lo e restaurá-lo, é claro que tal interesse é indenizável, ainda que o bem moral se não exprima em dinheiro. É uma necessidade dos nossos meios humanos, sempre insuficientes, e não raro grosseiros, que o direito se vê forçado a aceitar que se compute em dinheiro o interesse de afeição e os outros interesses morais"[587].

Na concepção da maioria dos juristas e doutrinadores, a reparação do dano extrapatrimonial sinaliza claramente a evolução do direito, que, gradualmente, posiciona o materialismo em seu devido lugar, enaltecendo os sentimentos de paz e justiça social. O que se deve buscar é a *restitutio in integrum*, após a ocorrência do dano. Todavia, se tal não for possível, deve-se buscar aperfeiçoá-la da forma mais plena e próxima possível daquela situação anterior[588].

O dano moral constitui-se como qualquer outro dano de natureza material. Portanto, uma vez configurado o ilícito e o nexo de causalidade, recai para o lesante o dever de indenizar. Carlos Alberto Bittar manifesta-se no sentido de que "faz *jus* o lesado, assim, à compensação por todos os prejuízos havidos em concreto e em toda a respectiva extensão, com o alcance, portanto, de eventuais reflexos outros, como por exemplo, os de caráter patrimonial, estes como intuitivo,

---

(581) SILVA, Wilson Melo da. *O dano moral e sua reparação*. 3. ed., rev. e ampl. Rio de Janeiro: Forense, 1983. p. 233.

(582) SEVERO, Sérgio. *Os danos extrapatrimoniais*. 1. ed. Saraiva: 1996. p. 67.

(583) FLORINDO, Valdir. *Dano moral e o direito do trabalho*. 4.ed. São Paulo: LTr, 2002. p. 280.

(584) SEVERO, Sérgio. *Os danos extrapatrimoniais*. 1. ed. São Paulo: Saraiva, 1996. p. 68.

(585) SANTOS, Enoque Ribeiro dos. *Dano moral na dispensa do empregado*. 5. ed. São Paulo: LTr, 2015. p. 81.

(586) *Idem*.

(587) BEVILÁCQUA, Clóvis. *Teoria geral do direito civil*. 4. ed. Rio de Janeiro: Francisco Alves, 1954. p. 30.

(588) SANTOS, Enoque Ribeiro dos. *Dano moral na dispensa do empregado*. 5. ed. São Paulo: LTr, 2015. p. 83.

sob as correspondentes fórmulas de recomposição"[589]. Essa diretriz já se encontra assentada na doutrina por meio do princípio da reparação integral, conceito que constitui uma das pilastras básicas da teoria da responsabilidade civil. Tal fundamento orienta o sistema jurídico para o ideal de se buscar a mais ampla e justa tutela, em quaisquer casos em que interesses amparados pelo direito sejam violados[590].

Destaca-se, porém, que, tratando-se de danos extrapatrimoniais, pela própria natureza do interesse lesado, o princípio da reparação integral exige mais abertura e profundidade de percepção do julgador. Dessa forma, na visão de Xisto Tiago de Medeiros Neto, "a par dos aspectos objetivos detectados em cada situação, equidade e prudência serão os guias necessários para a fixação do valor da condenação e de medidas outras, de caráter reparatório, que se façam devidas"[591].

Nesse contexto, em termos de responsabilidade extrapatrimonial, mais vale a pena se falar em "reparação adequada", capaz de recompor a vítima, reprimir o ofensor e ofertar resposta social, do que propriamente "reparação integral".

Não obstante o que parece impropriedade, a doutrina clássica tem defendido a reparação do dano extrapatrimonial sob a ótica do princípio da reparação integral, devendo se atender o quanto possível, ao imperativo de satisfazer ou compensar o lesado pelo prejuízo sofrido, em toda a sua extensão, sancionando o ofensor em medida justa, no objetivo também de conferir caráter preventivo à condenação[592].

Considerando-se a essência do dano extrapatrimonial, verifica-se, como regra, a impossibilidade de uma reparação natural, no rumo de propiciar ao lesado o retorno ao *status quo ante*, tal como pode ser observado em face dos danos patrimoniais, nas hipóteses em que se obtém a restauração plena do bem atingido, tornando-se indene o prejuízo. Em algumas situações, porém, como nos danos atinentes à honra, por exemplo, a reparação *in natura* pode mostrar-se absolutamente adequada[593].

Em consonância ao princípio da reparação integral, deve-se buscar, na esfera do agente, os elementos necessários para a composição dos interesses lesados. Assim, por ações ou omissões, por meio de comportamentos pessoais ou despojamentos patrimoniais, conforme a hipótese, cabe ao lesante assumir, e sem limites, salvo lei em contrário, os ônus decorrentes de sua atuação até que se consiga a plena satisfação do lesado[594].

Defende-se, nessa seara, ser, todavia, mais apropriado sustentar objetivo de "reparação adequada", voltada para máxima recomposição possível da vítima, associada à repressão do ofensor e ao intuito pedagógico e social.

5.1.1. O fundamento da reparabilidade dos danos extrapatrimoniais coletivos

A atuação do Ministério Público do Trabalho e de sindicatos, entes legitimados para a tutela de direitos coletivos, tem gerado grandes resultados nas ações coletivas no campo trabalhista. Interessante destacar que a atuação de forma coletiva mitiga a dificuldade de acesso individual à Justiça, permite plena compreensão da dimensão social da demanda e garante uma decisão unitária para todas as vítimas, sem riscos de tratamentos conflitantes a casos idênticos, como é costumeiro na justiça individual[595].

Apesar de seu conceito ser altamente controvertido, o dano moral coletivo atinge, ao mesmo tempo, vários direitos da personalidade, de pessoas determinadas ou determináveis,[596] ou seja, o patrimônio imaterial de uma coletividade[597].

---

(589) BITTAR, Carlos Alberto. *Reparação civil por danos morais*. São Paulo: Revista dos Tribunais, 1993. p. 102.

(590) MEDEIROS NETO, Xisto Tiago de. *Dano moral coletivo*. 4. ed. São Paulo: LTr, 2014. p. 90.

(591) *Ibidem*, p. 91.

(592) *Ibidem*, p. 92.

(593) MEDEIROS NETO, Xisto Tiago de. *Dano moral coletivo*. 4. ed. São Paulo: LTr, 2014. p. 93.

(594) SANTOS, Enoque Ribeiro dos. *Dano moral na dispensa do empregado*. 5. ed. São Paulo: LTr, ?ANO?. p. 94.

(595) SCHREIBER, Anderson. Responsabilidade civil e direito do trabalho. In: TEPEDINO, Gustavo et al (Coords.). *Diálogos entre o direito do trabalho e o direito civil*. São Paulo: Revista dos Tribunais, 2013. p. 412.

(596) TARTUCE, Flávio. *Manual de direito civil*: volume único. 2. ed. São Paulo: Método, 2012. p. 466.

(597) DALLEGRAVE NETO, José Affonso. *Responsabilidade civil no direito do trabalho*. 3. ed. São Paulo: LTr, 2005. p. 156.

A aceitação do dano moral coletivo dependeu do alargamento da tese de reparação de danos morais para permitir figurar no polo passivo um ente jurídico. Essa subclassificação é fundamental para abarcar fenômenos que transcendem a individualidade[598].

Nesse contexto, se a reparação por danos extrapatrimoniais se fundamenta na centralidade e na singularidade do ser humano, o que dizer para justificar a condenação por danos coletivos sem perder a coerência do argumento? Leonardo Roscoe Bessa destaca que "o objetivo de se prever, ao lado da possibilidade de indenização pelos danos materiais, a condenação por dano moral coletivo, só encontra justificativa pela relevância social e interesse público inexoravelmente associados à proteção e tutela dos direitos metaindividuais"[599].

Para Enoque Ribeiro dos Santos,

> a finalidade da reparação pelo dano moral coletivo é dupla: prevenir futura conduta ilícita por parte dos infratores, que irão sentir no bolso os efeitos de sua incúria, e, dessa forma, obstar práticas reincidentes, bem como servir de exemplo para os demais empresários, no sentido de que o comportamento do infrator é a tal ponto condenável que veio merecer uma sanção complementar e pedagógica[600].

Com razão. Diferentemente da lógica da reparação do dano individual, a reparação dos danos coletivos e difusos enseja tratamento próprio específico no que tange à responsabilização do agente causador, seja quanto à forma, seja quanto à função que a orienta[601]. No campo da tutela dos direitos coletivos, o mecanismo de reparação de danos dá-se por meio da condenação do ofensor ao pagamento de uma parcela pecuniária, com finalidade específica.

Segundo Xisto de Medeiros Neto, "a imposição dessa parcela ao ofensor corresponde à forma de responsabilização concebida pelo sistema jurídico, equivalente ao que se convencionou chamar de reparação por dano moral coletivo, e que tem o objetivo de atender, com primazia, à função sancionatória e pedagógica reconhecida à tutela desta categoria de danos"[602]. Como pode ser observado, não se trata, propriamente, de uma reparação típica, de finalidade compensatória, nos moldes do que se observa em relação aos danos extrapatrimoniais individuais.

A relevância da previsão legal dessa reparação é facilmente percebida quando se defrontam hipóteses de violação grave a direitos coletivos e se constata que a simples cessação da conduta danosa ilícita ou o cumprimento, a partir de um dado momento, da obrigação legal até então negligenciada, deixaria impune o ofensor, em relação ao tempo em que se deu a violação, sem qualquer meio hábil que pudesse responsabilizá-lo pela lesão havida na maior parte das vezes irreversível. Ademais, em tais hipóteses de danos à coletividade, a ausência ou mesmo a não admissão de uma forma própria de reparação representaria fator de incentivo à prática de novas condutas antijurídicas, em que o violador auferiria vantagem indevida, principalmente de ordem econômica.

No âmbito do direito do trabalho é comum o dano moral coletivo em casos de dispensas discriminatórias, de exploração de trabalho infantil, de submissão de trabalho à condição análoga à de escravo, danos ao meio ambiente do trabalho etc.[603]. Em linhas gerais, configurar-se-á dano moral coletivo a exposição de grupos de trabalhadores a situações vexatórias, humilhantes ou constrangedoras, bem como o descumprimento, por parte dos empregadores, dos direito sociais trabalhistas difusos, individuais homogêneos ou coletivos, exemplificados como o direito à realização periódica de exames médicos; direito ao piso salarial ou normativo da categoria; direito à saúde, higiene e segurança do trabalho, bem como proteção a discriminações que envolvam gênero, idade, saúde e ideologia na admissão do emprego ou na vigência do contrato de trabalho[604].

---

(598) MELO, Nehemias Domingos de. *Dano moral trabalhista*. 3. ed. São Paulo: Atlas, 2015. p. 30-31.

(599) BESSA, Leonardo Roscoe. Dano moral coletivo. *Conteúdo Jurídico*, Brasília, 21 nov. 2008. Disponível em: <http://www.conteudojuridico.com.br/?artigos&ver=2.21683&seo=1>. Acesso em: 3 jan. 2018.

(600) SANTOS, Enoque Ribeiro dos. *Processo coletivo do trabalho*: tutela do dano moral trabalhista. 1. ed. Rio de Janeiro: Forense, 2016. p. 86.

(601) Enoque dos Santos traz crítica importante nesse sentido: Na fixação do valor indenizatório do dano moral coletivo, os magistrados estão considerando, em linhas gerais, os mesmos parâmetros utilizados para a fixação do dano moral individual, levando-se em conta os preceitos do art. 944 do Código Civil, utilizado de forma subsidiária. (SANTOS, Enoque Ribeiro dos. *O dano moral na dispensa do empregado*. 6. ed. São Paulo: LTr, 2017. p. 278.)

(602) MEDEIROS NETO, Xisto Tiago de. *Dano moral coletivo*. 4. ed. São Paulo: LTr, 2014. p. 196.

(603) DALLEGRAVE NETO, José Affonso. *Responsabilidade civil no direito do trabalho*. 3. ed. São Paulo: LTr, 2005. p. 157.

(604) MELO, Nehemias Domingos de. *Dano moral trabalhista*. 3. ed. São Paulo: Atlas, 2015. p. 32.

A lesão a bens e interesses da coletividade deve ensejar uma reparação adequada e eficaz a esta peculiar modalidade de dano extrapatrimonial, que se efetiva sob a forma de uma condenação em dinheiro imposta ao ofensor em valor que reflita, necessária e prevalentemente, o caráter sancionatório e pedagógico da medida.

Tendo em vista as características próprias do dano moral coletivo, a condenação pecuniária reparatória deve apresentar natureza preponderantemente sancionatória, em relação ao ofensor. Com isso, realça-se, também, a intenção de dissuadir o violador de praticar novamente tais ofensas, inclusive em face de terceiros, aspecto que aviva a finalidade preventiva de tal forma de responsabilização.

Portanto, como dito anteriormente, o que se almeja, nessa órbita de danos extrapatrimoniais, tendo como sujeito passivo a coletividade, é impor ao ofensor condenação pecuniária que signifique sanção pela prática da conduta ilícita. De forma secundária, concebe-se alguma finalidade compensatória em sede de reparação do dano moral coletivo, considerando ser a coletividade o sujeito passivo da violação, e a parcela da condenação imposta judicialmente ter como objetivo a "reconstituição dos bens lesados", conforme previsto no art. 13 da Lei n. 7.347/1985 (Lei de Ação Civil Pública).[605] Todavia, essas anotações têm objetivo singular de preservação da orientação lógica de justificação da reparabilidade dos danos extrapatrimoniais, não sendo cabível, no escopo desse trabalho, o tratamento dos danos morais coletivos.

5.1.2. O fundamento da reparabilidade dos danos extrapatrimoniais sofridos pela pessoa jurídica

Sem poder desviar ao objetivo do trabalho, de tratamento dos danos extrapatrimoniais perpetrados contra empregados, uma derradeira advertência se faz necessária, pela preservação da coerência do trabalho.

O art. 52 do Código Civil,[606] reforçado pelo Enunciado 189 do Conselho da Justiça Federal[607], aprovado na III Jornada de Direito Civil evidencia a possibilidade de a pessoa jurídica sofrer dano moral.

Importante destacar que a jurisprudência alargou tanto seu entendimento acerca da possibilidade de reparação do dano moral que o próprio Superior Tribunal de Justiça, no enunciado de Súmula n. 227[608], entendeu ser possível a indenização por dano moral de pessoa jurídica. As pessoas jurídicas sofrem dano moral de ordem objetiva, ou seja, atinente à dimensão moral da pessoa em seu meio social,[609] pois é óbvio que uma empresa teme por sua reputação perante a coletividade. Porém, inimaginável a violação da honra subjetiva de uma pessoa jurídica, visto que ela não tem autoestima[610].

Contudo, apesar da referida súmula, a doutrina ainda diverge muito sobre o tema. Gustavo Tepedino, Maria Celina Bodin e Heloísa Helena Barboza[611] defendem que a pessoa jurídica não pode sofrer danos morais, por esses serem oriundos de lesões à dignidade humana, característica própria de pessoa naturais. Tais autores entendem que os danos às pessoas jurídicas seriam institucionais e não morais. Tal posicionamento foi, inclusive, seguido pelo Enunciado n. 286 da IV Jornada de Direito Civil[612].

Em suma, não obstante o Código Civil destacar que a pessoa jurídica possua sim, direitos da personalidade, como o direito à imagem e à honra objetiva que devem ser respeitados, parece mais apropriado o tratamento conferido pelo art. 223-D da CLT, que enumerou exemplificativamente bens juridicamente tuteláveis inerentes à pessoa jurídica. Tais bens ou direitos, se violados, ensejam danos extrapatrimoniais, reparáveis em prol da conservação institucional da pessoa jurídica.

---

(605) MELO, Nehemias Domingos de. *Dano moral trabalhista*. 3. ed. São Paulo: Atlas, 2015. p. 206.

(606) BRASIL. Código Civil, art. 52. Aplica-se às pessoas jurídicas, no que couber, a proteção dos direitos da personalidade.

(607) BRASIL. Conselho da Justiça Federal, Enunciado n. 189. Na responsabilidade civil por dano moral causado à pessoa jurídica, o fato lesivo, como dano eventual, deve ser devidamente demonstrado.

(608) BRASIL. Superior Tribunal de Justiça, Súmula n. 227. A pessoa jurídica pode sofrer dano moral.

(609) DALLEGRAVE NETO, José Affonso. *Responsabilidade civil no direito do trabalho*. 3. ed. São Paulo: LTr, 2005. p. 151.

(610) TARTUCE, Flávio. *Manual de direito civil*: volume único. 2. ed. São Paulo: Método, 2012. p. 458.

(611) TEPEDINO, Gustavo; BARBOZA, Heloísa Helena; MORAES, Maria Celina Bodin. *Código Civil interpretado conforme a Constituição da República*. Rio de Janeiro: Renovar, 2004. v. I, p. 130-135.

(612) BRASIL. IV Jornada de Direito Civil, Enunciado n. 286. Os direitos da personalidade são direitos inerentes e essenciais à pessoa humana, decorrentes de sua dignidade, não sendo as pessoas jurídicas titulares de tais direitos.

5.2. A tutela jurisdicional voltada à reparação dos danos morais

Somente com o advento da Constituição da República Federativa de 1988 ficou patente o direito à indenização por dano moral (aqui referido como dano extrapatrimonial), no ordenamento brasileiro. Mesmo assim, foi alvo de infindáveis discussões a existência autônoma do dano extrapatrimonial e a possibilidade de sua reparação sem a cumulação com o dano material.

O Código Civil assegurou a reparação do ato ilícito por aquele que tenha violado direito e causado dano a outrem, ainda que exclusivamente moral (*sic*)[613].

A reparação por danos extrapatrimoniais pode ser entendida como um todo e deve abarcar viés compensatório, punitivo e preventivo, apresentando-se *in natura* ou *in pecunia*.

Atualmente, a compensação pecuniária tem sido prevalecente na jurisprudência. A indenização *in pecunia* ocorre mediante o pagamento de indenização, ou seja, condenação do réu em obrigação de pagar quantia certa pelo agravo.

Não obstante a inviabilidade de retomada do *status quo*, pelo que praticamente impossível imaginar-se reparação "*in natura*" capaz de entregar ao lesado coisa nova da mesma espécie, qualidade e quantidade, em substituição àquela que tenha sido danificada, é possível cogitar a instituição de obrigações de fazer por sentença como mecanismo de tutela de reparação do dano extrapatrimonial. Em outras palavras, via de regra, será inviável a tutela "*in natura*", pela singela razão de não haver como se pretender o retorno ao *status quo ante*, uma vez tratar-se de violação a direitos imateriais. Assim, não poderá ser desfeito o dano causado à integridade psicológica do sujeito e tampouco a ofensa poderá ser apagada. No entanto, plausível a pretensão de o agressor retratar-se publicamente do mal que tenha causado ao bom nome da vítima, por exemplo. A este tipo de solução faz-se referência como tutela "*in natura*", mecanismo afinado com o objetivo de "reparação adequada".

A seguir, serão enfrentados os fundamentos da tutela reparatória, seja pela instituição de obrigação de pagar ou de fazer.

5.2.1. O elemento compensatório da tutela jurisdicional voltada à reparação dos danos extrapatrimoniais

A principal perspectiva da reparação dos danos morais diz respeito a compensar a dor da vítima da lesão. O componente compensatório, portanto, é voltado para a pessoa, seja física, individual ou coletiva, ou jurídica lesionada em sua esfera de direitos personalíssimos. Nesse viés, não se pretende propriamente reparar o dano, nem recompor o patrimônio lesado, mas, sim, realmente, compensar a vítima.

5.2.1.1. As principais críticas da doutrina a respeito da tutela compensatória voltada à reparação dos danos extrapatrimoniais

A resistência referente à aceitação do elemento compensatório no escopo da quantificação da reparação por danos extrapatrimoniais correlaciona-se a argumento pueril, qual seja, o pressuposto de que a dor e o sofrimento decorrentes de eventual violação a direito não patrimonial teriam que ser comensuráveis, além de serem intrinsecamente variáveis a depender da vítima, suas respectivas condições psicológicas e arcabouço da personalidade. Em única indagação crítica: como pagar por aquilo que não tem preço?

A filosofia acima esboçada assinou crítica relevante de doutrina autorizada acerca do caráter compensatório da reparação de danos morais, dada sua latente iniciativa de atribuição de preço à dor, conhecida, na prática, como *pretium*

---

(613) BRASIL. Código Civil, art. 186. Aquele que, por ação ou omissão voluntária, negligência ou imprudência, violar direito e causar dano a outrem, ainda que exclusivamente moral, comete ato ilícito.
BRASIL. Código Civil. Art. 187. Também comete ato ilícito o titular de um direito que, ao exercê-lo, excede manifestamente os limites impostos pelo seu fim econômico ou social, pela boa-fé ou pelos bons costumes.
BRASIL. Código Civil. Art. 927. Aquele que, por ato ilícito (arts. 186 e 187), causar dano a outrem, fica obrigado a repará-lo.
Parágrafo único. Haverá obrigação de reparar o dano, independentemente de culpa, nos casos especificados em lei, ou quando a atividade normalmente desenvolvida pelo autor do dano implicar, por sua natureza, risco para os direitos de outrem.

doloris. Por conta de tal percepção, diversas vítimas de danos à sua esfera personalíssima acabaram por não receber qualquer compensação correspondente pelos danos sofridos[614].

Além da ponderação sobre a impossibilidade de se pagar o que não tem preço, outra concepção desafiava o reconhecimento do caráter compensatório das indenizações por danos morais. O conceito de reparação integral, também denominado *restitutio in integrum*, um dos princípios basilares da responsabilidade civil ao lado do *neminem laedere*, não se conforma à ideia de reparação de danos incomensuráveis. Em termos mais simples: como reparar integralmente um dano sem a sua medida exata? A tentativa de adequar a reparação dos danos extrapatrimoniais aos paradigmas clássicos da responsabilidade civil desde sempre representou, e ainda representa, substanciosa barreira na evolução das técnicas jurídicas utilizadas para avaliar a possibilidade de compensação de danos extrapatrimoniais bem como sua respectiva mensuração.

Vários estudiosos reagiam à visão simplista do tema. Para Cavalieri, o ressarcimento do dano moral não tenderia propriamente à *restitutio in integrum* do dano causado, tendo mais uma genérica função satisfatória, com a qual se procura um bem que recompense, de certo modo, o sofrimento ou a humilhação sofrida. Substitui-se, assim, o conceito de equivalência, próprio do dano material, pelo de compensação, que se obtém atenuando, de maneira indireta, as consequências do sofrimento. Em suma, a composição do dano moral realizar-se-ia através do conceito de compensação, absolutamente diverso do de ressarcimento, baseando-se naquilo que Ripert chamava de "substituição do prazer, que desaparece, por um novo".[615] Nos dizeres de Stoco, "[...] tal paga em dinheiro deve representar para a vítima uma satisfação, igualmente moral, ou seja, psicológica, capaz de neutralizar ou 'anestesiar' em alguma parte o sofrimento impingido".[616]

As justificativas são servis, ainda, a responder o viés crítico resultante de silogismo no sentido de que, se o direito violado não tem cunho patrimonial, impingir obrigação de indenizar ao agressor, no final da linha, representará enriquecimento sem causa do lesionado.

As críticas, não obstante racionais, não se sustentam em meio a uma sociedade formatada por relações múltiplas e complexas, onde mister que se ponderem custos diante de riscos e opções plurais dos agentes, com vista a permissão de prognoses práticas e objetivas.

5.2.1.2. A atual concepção do caráter compensatório

É preciso ter-se claro que a real função da tutela judicial em prol da reparação de danos extrapatrimoniais, em seu componente compensatório, consiste em conceder à vítima crédito obrigacional que lhe permita compensar, de alguma forma, os danos suportados[617].

O conceito de compensação é justamente esse, qual seja, diante da impossibilidade natural de simples troca de sentido do vetor que causou o dano do agente contra a vítima, bem como em razão da impossibilidade de desfazimento sem marcas da lesão, confere-se à vítima bem material capaz, na sociedade de consumo, de ser transformado em conforto tão positivo ao seu ser, quanto negativo fora o impacto recebido.

Interessante notar que o caráter compensatório em geral será expresso em pecúnia, mas nem sempre, ou não somente. Partindo-se de leitura conforme a preceitos da boa-fé objetiva, o pagamento em dinheiro servirá apenas como lenitivo. Poderá o julgador integrar o elemento compensatório da reparação do dano extrapatrimonial por obrigação

---

(614) O dano extrapatrimonial deixou de ser reparado em virtude de ser considerado inacumulável com dano material ou pela simples "fórmula de *pretium doloris*" nos seguintes julgados do Supremo Tribunal Federal: RE n. 84.244/RJ, julgado em 16.11.1976; RE n. 95.266/RJ, julgado em 30.10.1981; RE n. 97.672/RJ, julgado em: 10.12.1982; RE n. 100.290/RJ, julgado em: 28.6.1983; RE n. 109.083/RJ, julgado em 5.8.1986 e RE n. 113.705/MG, julgado em: 30.6.1987.

(615) CAVALIERI FILHO, Sérgio. *Programa de responsabilidade civil*. 6ª ed. São Paulo: Malheiros, 2005. p. 102.

(616) STOCO, Rui. *Tratado de responsabilidade civil*. 6. ed. São Paulo: Revista dos Tribunais, 2004. p. 1683.

(617) A maior parte das vezes a vítima da falta, avaliando ela própria a importância pecuniária do prejuízo moral que sofreu, pede perdas e danos em compensação desse prejuízo. Não há hoje nenhuma hesitação na jurisprudência sobre o princípio da reparação do prejuízo moral. Os contornos da teoria continuam indecisos, mas o princípio está estabelecido: é preciso uma reparação. RIPERT, Georges. *A regra moral nas obrigações civis*. Campinas: Bookseller, 2000. p. 336-337.

de pagar quantia certa, por obrigação de fazer, ou mesmo pela cumulação de ambas, razão pela qual, mais uma vez, a interpretação literal do art. 223-G da CLT não se sustenta.

É possível que se confira à parte o direito de obter do ofensor, por exemplo, uma carta de recomendação para o próximo emprego. Os elogios formalizados não farão com que a ofensa sofrida não tenha existido, mas poderão ser um instrumento capaz de compensar, pela sensação de reconhecimento, a sensação de humilhação outrora gerada, com eventual prática de assédio moral, por exemplo.

Afirma-se além. Reparações compensatórias "*in natura*" poderão até ser mais eficientes, consubstanciando tutelas diferenciadas, mais apropriadas à verdadeira superação do conflito que se apresenta.

Aliás, nem sempre interessará à própria vítima obter apenas compensação monetária com a ação de reparação por danos extrapatrimoniais. Para se ilustrar melhor, tome-se como exemplo uma vítima economicamente abastada. Qualquer consolo pecuniário poderá ser reputado irrelevante para a parte lesionada que tenha recursos financeiros em abundância.

Finalmente, tenha-se em conta que a própria tutela jurisdicional, se adequada, tempestiva e eficaz, cumprirá função compensatória. Isso acontece porque a condenação judicial em geral terá o condão de aplacar o sentimento da vítima.

Em suma, o elemento compensatório da tutela jurisdicional voltada à reparação dos danos extrapatrimoniais poderá ser integralmente representado por obrigação de fazer, de pagar, ou mesmo por ambas cumuladas.

A própria concretização da tutela cumprirá papel compensatório na medida em que a vítima sentir-se-á confortada pelo acolhimento de terceiro imparcial que confirme publicamente o abalo de bem não material a ser reparado.

A índole compensatória da indenização, no contexto apresentado, encontra-se em franca empatia com a proteção do trabalhador, em destaque à observância dos deveres do tomador de serviços, tanto em perspectiva isolada, como na derivada de sua alteridade no ambiente de trabalho.

5.2.2. O elemento punitivo ou sancionador da tutela jurisdicional voltada à reparação dos danos extrapatrimoniais

A função punitiva dos danos extrapatrimoniais baseia-se na ideia de que reparar o dano extrapatrimonial objetiva, além de atenuar os sofrimentos experimentados, retribuir todo o mal um dia causado ao ofendido. Com isso, o ofensor não se sentiria inclinado a cometer o mesmo comportamento, ou, ainda, comportamentos semelhantes, servindo também de exemplo aos que pretendam da mesma forma agir. O aspecto punitivo do dano extrapatrimonial, seria, portanto, "penalidade exemplar" àquele que provoca o ilícito, consistindo na transferência de parcela de seu patrimônio ao do ofendido.

Com base na teoria do desestímulo e da lição aprendida desde criança de que os castigos servem como exemplos, a quantia a reparar os prejuízos sofridos deve ser de tal monta que desestimule o ofensor a praticar novamente o ato sempre com o cuidado de evitar o enriquecimento ilícito por parte do ofendido. A reparação funcionaria como espécie de *pena privada*[618] em benefício da vítima, vez que serviria de exemplo e de desestímulo à pratica dos atos ilícitos.

Maria Celina Bodin de Moraes[619] destaca que a tese da função punitiva dos danos morais ganhou muito destaque por servir de argumento para a reparabilidade dos danos extrapatrimoniais na época em que a ideia de reparar o dano desta natureza com pecúnia era considerada imoral.

Os Estados Unidos fixaram, desde os anos 1970, indenizações de monta exorbitante quando presente o caráter punitivo. Diversos estados, inclusive, determinaram tetos remuneratórios, devido à crise na responsabilidade civil nos Estados Unidos, a partir dos anos 1990, originada em grande parte pelo problema da quantificação dos danos punitivos.

A fim de estabelecer indenizações plausíveis, são critérios a serem levados em consideração na imposição e na quantificação dos *punitive damages*: (i) o nexo entre o dano e o prejuízo experimentado; (ii) a eventual prática anterior de

---

(618) CAVALIERI FILHO, Sérgio. *Programa de responsabilidade civil*. 6. ed. São Paulo: Malheiros, 2005. p. 78-79.

(619) MORAES, Maria Celina Bodin de. *Danos à pessoa humana*: uma leitura civil-constitucional dos danos morais. Rio de Janeiro: Renovar, 2007. p. 193 e ss.

condutas semelhantes; (iii) o lucro obtido com a prática ofensiva – quando o valor do ressarcimento deverá ser maior que eventual benefício econômico experimentado; (iv) a situação econômica do ofensor; (v) o valor das custas judiciais, as quais devem estar abrangidas pelo valor da condenação, a fim de que as vítimas sejam estimuladas a recorrer à Justiça e; (vi) a consideração das sanções penais que eventualmente já tenham sido aplicadas, reduzindo proporcionalmente diminuída[620].

Em nosso sistema, o *punitive damages* é figura que transita entre o direito civil e o direito penal, já que visa punir o ofensor através de pena pecuniária a ser paga ao ofendido, colocando em risco valores fundamentais do ordenamento, isso porque passa-se a entender que a função de reparar não é mais o fim da responsabilidade civil, sendo incluídas funções de punição e de dissuasão.

Por fim, no que concerne à função preventiva dos danos morais e de sua reparação, ensina Maria Celina Bodin que há quem distinga a função punitiva da preventiva, a qual teria um objetivo utilitarista sob a perspectiva de prevenir danos futuros, não limitando seu campo de atuação apenas a danos já ocorridos. Nesse sentido, condutas menos gravosas, mas que seriam de fácil imitação, como se refere a autora, seriam merecedoras de condenações maiores.

Enoque Ribeiro dos Santos[621], por sua vez, discorre sobre a aplicação dos *punitive damages* como um híbrido entre a responsabilidade civil e a penal, porque enquanto a primeira tem como objetivo recompor o *status quo ante*, a segunda visa prevenir sua ocorrência.

Carlos Alberto Bittar[622], inclusive, traz definição baseada no direito comparado da função punitiva da indenização por dano moral:

> adotada a reparação pecuniária vem-se cristalizando orientação na jurisprudência nos Direitos norte-americano e inglês. É a da fixação de valor que serve como desestímulo a novas agressões, coerente com o espírito dos referidos *punitive* ou *exemplary damages* da jurisprudência daqueles países", expõe que *exemplary damages* são também denominados de *punitive damages*, uma vez que os primeiros indicam indenizações tão elevadas para que sirvam de exemplos aos outros membros da coletividade.

5.2.2.1. Breves referências históricas

A responsabilidade civil com fins punitivos, como sistema de restauração decorrente do ato ilícito, tem aporte histórico na Lei de Talião (Código de Hamurabi), que previa penas para atos danosos a terceiros e estabelecia adequação entre o dano sofrido e a vingança. Mais adiante, a *Lex Aquilia* do Direito Romano inaugurou a concepção de se compensar o dano pecuniariamente de forma direcionada ao patrimônio do causador.

O elemento punitivo da reparação, *punitive damages*, desenvolveu-se em países da *Common Law*. Vale narrar o ilustre caso Wilkes v. Wood ocorrido em 1763, na Inglaterra, em geral apontado como possivelmente o primeiro caso de aplicabilidade dos *punitive damages*[623]. Trata-se de episódio em que o jornal semanal *The North Briton* publicou artigo anônimo cujo conteúdo ofenderia a honra do então Rei George III e de seus ministros. A partir do referido fato, o secretário de Estado teria expedido mandado de prisão genérico contra absolutamente todos os suspeitos no envolvimento da divulgação do tal artigo, sem qualquer identificação nominal. Foram presas quase cinquenta pessoas, entre elas o autor do artigo, Wilkes, que teve sua casa invadida e revirada, e diversos livros e papéis privados apreendidos. Wilkes ajuizou ação contra Wood, subsecretário de Estado, que havia controlado pessoalmente a execução do mandado.

Em sua ação, Wilkes demandou *exemplary damages*, sob o argumento de que, caso houvesse apenas uma indenização de pequeno valor, isso não seria suficiente para impedir novas práticas semelhantes, tese acolhida pelo júri, tendo se estabelecido considerável soma para a época, no valor de mil libras, como forma de *punitive damages*.

---

(620) MORAES, Maria Celina Bodin de. *Danos à pessoa humana:* uma leitura civil-constitucional dos danos morais. Rio de Janeiro: Renovar, 2007. p. 236.

(621) SANTOS, Enoque Ribeiro dos. *Dano moral na dispensa do empregado.* 5. ed. São Paulo: LTr, 2015. p. 242 e ss.

(622) BITTAR, Carlos Alberto. *Reparação civil por danos morais.* São Paulo: Revista dos Tribunais, 1993. p. 220.

(623) ANDRADE, André Gustavo Corrêa de. *Dano moral e indenização punitiva:* os punitive damages na experiência do *common law* e na perspectiva do direito brasileiro. 2. ed. Rio de Janeiro: Lumen Juris, 2009. p. 178-179.

O objetivo das indenizações vultosas concedidas volta-se para a punição do ofensor pela conduta ilícita e reprovável. A bem da verdade, existe substancial distinção entre a função punitiva da tutela contra lesões a direitos imateriais no Brasil e a doutrina da *punitive damages,* tal como aplicada principalmente nos Estados Unidos da América. Enquanto nos EUA a técnica jurídica é relevada ante o clamor social, com a utilização do júri popular para fixação dos montantes indenizatórios, no Brasil é o magistrado que conduz a lide, submetido aos princípios e garantias constitucionais do processo, tornando a prática bem menos "escandalosa", por assim dizer, ou seja, com fixação de indenizações bem mais modestas do que as havidas em históricos precedentes do Direito norte-americano[624].

Em verdade, nos EUA esse tipo de demanda vem sendo questionado, máxime quando travestido de ação coletiva.

O Instituto RAND para Justiça Civil[625] realizou um estudo de casos qualitativo e quantitativo analisando algumas das controvérsias que giram em tornos das ações de classes com postulação de indenização por danos; entre elas, umas das questões indagadas é se as referidas ações valeriam os seus custos para a sociedade e para os negócios. A conclusão, basicamente, foi a de que o custo das ações coletivas costuma superar em muito o próprio benefício solicitado[626].

Em suma, a antiga febre de ações versando sobre *punitive damages* vem sendo paulatinamente desmascarada, máxime em ações coletivas que se revelam oportunistas, em muitos casos narrando meros aborrecimentos, ou pedidos com base em teses triviais.

5.2.2.2. As principais críticas da doutrina a respeito da tutela punitiva voltada à reparação dos danos extrapatrimoniais

Clayton Reis afirma que o sistema jurídico da responsabilidade civil no Brasil não permite a adoção da função punitiva ao lado da compensatória, em razão da intuitiva separação entre o direito civil e o direito penal. Nesse contexto, o princípio da legalidade que orienta o direito penal (*nullum crime, nulla poena sine praevia lege*) seria motivo suficiente para afastar qualquer pretensão punitiva no âmbito da responsabilidade civil, uma vez que não haveria previsão legal para punição dos agentes causadores do dano extrapatrimonial[627].

Os argumentos não se sustentam. No campo penal, a taxatividade é absolutamente necessária em razão do empoderamento estatal em relação à privação da liberdade dos indivíduos. É dizer: a atuação do Estado é imperativa na repressão dos ilícitos penais. No direito privado, por outro lado, a responsabilização dos agentes causadores de dano diz respeito, maioria das vezes, às relações estabelecidas entre particulares. Ademais, a iniciativa de se buscar a tutela jurisdicional, no campo privado, ao contrário do penal, parte do agente interessado, segundo sua conveniência. Finalmente, na jurisdição não penal a enorme gama de relações existentes não comportaria a aplicação inflexível dos princípios da legalidade e da taxatividade tal qual se apresentam no direito penal.

Sobre o tema, a percepção de Eduardo Talamini parece irretocável quando observa o seguinte:

> A sanção retributiva negativa (punitiva), que se constitui pela imposição de uma desvantagem para o transgressor da norma, recebe também o nome de pena. Aflige-se um mal ao sancionado, ou priva-se-lhe de um

---

(624) No direito norte-americano, o mais célebre dos casos acerca da exacerbação da função punitivo-preventiva e da desproporção dos valores das indenizações determinadas: uma senhora de 79 anos, Stella Liebeck, derramou um café comprado no *drive-through* de uma lanchonete do *McDonald's* e, como indenização punitiva pelas queimaduras, o júri determinou a seu favor o pagamento de quantia equivalente R$ 2.7 milhões de dólares.

(625) The mission of the RAND Institute for Civil Justice is to improve private and public decision making on civil legal issues by supplying policy-makers and the public with the results of objective, empirically based, analytic research. The ICJ facilitates change in the civil justice system by analyzing trends and outcomes, identifying and evaluating policy options, and bringing together representatives of different interests to debate alternative solutions to policy problems. The Institute builds on a long tradition of RAND research characterized by an interdisciplinary, empirical approach to public policy issues and rigorous standards of quality, objectivity, and independence. (HENSLER, Deborah R; PACE, Nicholas M; *et al. Class action dilemmas:* pursuing public goals for private gain. Santa Monica, RAND: 2000. p. 402)

(626) *Idem.*

(627) Segundo o autor: "[...] a função essencial da norma civil, diversamente da norma penal, é basicamente a de indenizar o dano na esfera do direito privado. Não obstante a interação entre os dois institutos, eles, no entanto, se situam em planos diversos que são autônomos. Assim, a princípio, ocorre inevitável incoerência entre os dois segmentos do direito, quando se atribui função punitiva ao processo de indenização de danos no plano da responsabilidade civil". REIS, Clayton. *Os novos rumos da indenização do dano moral.* Rio de Janeiro: Forense, 2003. p. 215.

bem, em reprovação pela conduta ilícita. A sanção punitiva não opera só na esfera criminal — ainda que geralmente se reserve o termo "pena" à consequência da conduta ilegalmente tipificada como crime. Enquadram-se igualmente na categoria, por exemplo, as punições administrativas, as penas fiscais, diversas sanções no direito de família e das sucessões etc. Também há, portanto, sanção punitiva civil. O liame unificador de todas essas punições — civis e criminais — está no seu escopo aflitivo: pune-se como reprovação pelo ilícito, e não com o escopo primordial de obter situação equivalente a que existiria se não houvesse a violação[628].

Contudo, para muitos autores, os *punitive damages* aplicados em sistemas como o nosso constituiriam uma anormalidade.

Embora existam muitos adeptos do instituto dos danos punitivos no Brasil, os argumentos utilizados para sua rejeição também são diversos, dentre os quais se observa a falta de regra prevendo a sanção pelos danos extrapatrimoniais. Ora, a tutela punitiva é resultado da mudança de paradigma da responsabilidade civil, objetivando tanto dissuadir novos comportamentos quanto punir, propriamente, o agente responsável.

Maria Celina Bodin defende que, para fins reparatórios em sede civil, não importaria se a conduta ofensiva fosse mais ou menos grave, mas, sim, as consequências materiais ou imateriais experimentadas pelo ofendido em toda a sua extensão. A proteção deve ser providenciada sempre que as lesões sejam provenientes de violação a dever, específico ou genérico de respeito aos outros. Incumbiria à responsabilidade civil buscar todos os meios para reparar, da maneira mais completa possível, o dano extrapatrimonial sofrido com o fim de restabelecer o equilíbrio, uma vez perturbado. Justamente por isso não caberia reconhecer função punitiva à reparação do dano extrapatrimonial[629].

A negação à função punitiva, sobretudo, visa evitar a "loteria forense", diminuindo a insegurança e a imprevisibilidade das decisões judiciais prolatadas, inibindo a tendência de mercantilização das relações existenciais e dos direitos da personalidade. Maria Celina Moraes reforça que o Código Civil não prevê punição de um dano cometido, havendo, inclusive, indícios fortemente contrários a juízo dessa natureza, como se pode apreender pela leitura do parágrafo único do art. 944, do CC,[630] que alude à redução do valor da indenização. Daí, não existiria espaço no ordenamento jurídico para tutela com caráter punitivo, juízo baseado em sistema normativo com finalidade ético-político-jurídica, de justiça retributiva, contraposta à concepção brasileira de justiça distributiva.

Anderson Schreiber[631] propõe, como alternativa aos *punitive damages*, que a jurisprudência apresente quantificações maiores quando da mensuração das indenizações puramente compensatórias, já que uma reparação mais personalizada tutelaria de forma mais eficiente a dignidade humana do que a aplicação generalizada de indenizações punitivas a qualquer hipótese de dano extrapatrimonial. Em casos de microlesões existenciais, como é destacado em sua obra, provocadas por conduta maliciosa e repetitiva, poderiam ser adotadas propostas alternativas, como multas e suspensões a serem fixadas pelos órgãos reguladores da atividade que o ofensor exerça.

Na percepção do autor, aplicar o instituto da reparação punitiva em sistemas da *civil law* é medida inadequada. Primeiro, pelos próprios resultados negativos apresentados pela experiência norte-americana. Segundo, pela incompatibilidade com os conceitos da tradição romano-germânica. Por último, por esse instituto estar na contramão da evolução mais recente e já citada da responsabilidade civil — *o avanço da responsabilidade civil objetiva e as alterações na própria noção de culpa tem conduzido a responsabilidade civil a um campo dissociado de preocupações subjetivistas e cada vez menos sensível a ideia de culpabilidade*. A ideia dos *punitive damages* seria contrária a essa perspectiva, já que se funda justamente no grau de culpabilidade do ofensor, na reprovação moral e no castigo exemplar do mesmo.

Não apenas a doutrina diverge acerca do cabimento do elemento punitivo na tutela reparatória de danos extrapatrimoniais. A jurisprudência também oscila. O Superior Tribunal de Justiça chegou a julgar recurso repetitivo no

---

(628) TALAMINI, Eduardo. *Tutela relativa aos deveres de fazer e de não fazer:* CPC, art. 461; CDC art. 84. São Paulo: Revista dos Tribunais, 2001. p. 178-179.

(629) MORAES, Maria Celina Bodin de. *Danos à pessoa humana: uma leitura civil-constitucional dos danos morais.* Rio de Janeiro: Renovar, 2007. p. 236.

(630) BRASIL. Código Civil, art. 944. A indenização mede-se pela extensão do dano.
Parágrafo único. Se houver excessiva desproporção entre a gravidade da culpa e o dano, poderá o juiz reduzir, equitativamente, a indenização.

(631) SCHREIBER, Anderson. *Novos paradigmas da responsabilidade civil:* da erosão dos filtros da reparação à diluição dos danos. São Paulo: Atlas, 2007. p. 199.

qual afirmou que o caráter punitivo da indenização por dano moral não seria compatível com o ordenamento jurídico pátrio. O julgado foi proferido em matéria de Direito Ambiental, mas tem sido parâmetro para combater condenações excessivamente elevadas e desproporcionais fundadas em propósito punitivo[632].

O Código de Defesa do Consumidor havia acolhido a versão dos *punitive damages* em seu art. 16, o qual foi objeto de veto. Tratava-se da previsão de multa civil aplicada pelo juiz, em ações ajuizadas em defesa do consumidor por agentes legitimados, cujo patamar máximo equivalia a um milhão de vezes o valor do Bônus do Tesouro Nacional, de acordo com a gravidade e a extensão do dano, bem como a capacidade econômica do agente causador da lesão. No mesmo sentido, os arts. 15 e 45 foram vetados[633].

5.2.2.3. Uma proposta de concepção de tutela jurisdicional voltada à reparação dos danos extrapatrimoniais em associação de elementos preventivo e sancionatório

A função punitiva, como já se pontuou, consiste em punir o agente lesante pela ofensa cometida, mediante a condenação ao pagamento de um valor indenizatório capaz de demonstrar que o ilícito praticado não será tolerado pela justiça.

O feixe preventivo da tutela jurisdicional, por sua vez, também pretende dissuadir o causador do dano a cometer novamente a mesma modalidade de violação, associando-se ao escopo de prevenção de que qualquer outra pessoa pratique ilícito semelhante. Tal prevenção passa pela função pedagógica ou educativa da tutela, conservando estreita simbiose com o objetivo útil da tutela sancionatória.

De modo simplista, seria possível afirmar que o elemento compensatório se volta para a tutela da vítima, enquanto o punitivo se prende à repressão do agente, contendo-o em relação a novas condutas lesivas, bem associando-se ao elemento

---

(632) BRASIL. Superior Tribunal de Justiça, Recurso Especial n. 1.354.536, da 2ª Seção, Brasília, DF, 26 de março de 2014. Disponível em: <https://ww2.stj.jus.br/processo/revista/documento/mediado/?componente=ATC&sequencial=35174776&num_registro=201202466478&data=20140505&tipo=5&formato=PDF>. Acesso em: 4 jan. 2018.
DIREITO CIVIL E AMBIENTAL. CARÁTER DA RESPONSABILIDADE POR DANOS MORAIS DECORRENTES DE ACIDENTE AMBIENTAL CAUSADO POR SUBSIDIÁRIA DA PETROBRAS. RECURSO REPETITIVO (Art. 543-C DO CPC E RES. 8/2008 DO STJ).
Relativamente ao acidente ocorrido no dia 5 de outubro de 2008, quando a indústria Fertilizantes Nitrogenados de Sergipe (Fafen), subsidiária da Petrobras, deixou vazar para as águas do rio Sergipe cerca de 43 mil litros de amônia, que resultou em dano ambiental provocando a morte de peixes, camarões, mariscos, crustáceos e moluscos e consequente quebra da cadeia alimentar do ecossistema fluvial local: é inadequado pretender conferir à reparação civil dos danos ambientais caráter punitivo imediato, pois a punição é função que incumbe ao direito penal e administrativo. O art. 225, § 3º, da CF estabelece que todos têm direito ao meio ambiente ecologicamente equilibrado, bem de uso comum do povo e essencial à sadia qualidade de vida, e que "as condutas e atividades consideradas lesivas ao meio ambiente sujeitarão os infratores, pessoas físicas ou jurídicas, a sanções penais e administrativas, independentemente da obrigação de reparar os danos causados". Nesse passo, no REsp n. 1.114.398/PR, (julgado sob o rito do art. 543-C do CPC, DJe 16.2.2012) foi consignado ser patente o sofrimento intenso de pescador profissional artesanal, causado pela privação das condições de trabalho, em consequência do dano ambiental, sendo devida compensação por dano moral, fixada, por equidade. A doutrina realça que, no caso da compensação de danos morais decorrentes de dano ambiental, a função preventiva essencial da responsabilidade civil é a eliminação de fatores capazes de produzir riscos intoleráveis, visto que a função punitiva cabe ao direito penal e administrativo, propugnando que os principais critérios para arbitramento da compensação devem ser a intensidade do risco criado e a gravidade do dano, devendo o juiz considerar o tempo durante o qual a degradação persistirá, avaliando se o dano é ou não reversível, sendo relevante analisar o grau de proteção jurídica atribuído ao bem ambiental lesado. Assim, não há falar em caráter de punição à luz do ordenamento jurídico brasileiro — que não consagra o instituto de direito comparado dos danos punitivos (*punitive damages*) –, haja vista que a responsabilidade civil por dano ambiental prescinde da culpa e que, revestir a compensação de caráter punitivo propiciaria o bis in idem (pois, como firmado, a punição imediata é tarefa específica do direito administrativo e penal). Dessa forma, conforme consignado no REsp n. 214.053-SP, para "se estipular o valor do dano moral devem ser consideradas as condições pessoais dos envolvidos, evitando-se que sejam desbordados os limites dos bons princípios e da igualdade que regem as relações de direito, para que não importe em um prêmio indevido ao ofendido, indo muito além da recompensa ao desconforto, ao desagrado, aos efeitos do gravame suportado" (Quarta Turma, DJ 19.3.2001). Com efeito, na fixação da indenização por danos morais, recomendável que o arbitramento seja feito com moderação, proporcionalmente ao grau de culpa, ao nível socioeconômico dos autores e, ainda, ao porte da empresa recorrida, orientando-se o juiz pelos critérios sugeridos pela doutrina e jurisprudência, com razoabilidade, valendo-se de sua experiência e do bom senso, atento à realidade da vida e às peculiaridades de cada caso. Assim, é preciso ponderar diversos fatores para se alcançar um valor adequado ao caso concreto, para que, de um lado, não haja nem enriquecimento sem causa de quem recebe a indenização e, de outro lado, haja efetiva compensação pelos danos morais experimentados por aquele que fora lesado.

(633) Embora persista o veto do art. 16 da Legislação Consumerista, há alguns projetos de lei cujo centro das atenções é a possibilidade da reparação civil adicional no código.

preventivo preocupado com a manutenção do bem-estar da sociedade. Ou seja, o elemento preventivo compromete-se em evitar futuros danos em geral (não só em relação ao mesmo agente), via tutela reparatória não relacionada diretamente com a extensão do dano, mas com o intuito de prevenir a prática de novos comportamentos ilícitos.

Admite-se a prevenção por incremento pecuniário no valor arbitrado à condenação, mas também via instituição de obrigação de tomar, por exemplo, decisão que determine o treinamento de gestores da empresa em técnicas e práticas trabalhistas positivas de modo a prevenir o ambiente empresarial da incidência de assédio moral perpetrado por cargos de confiança.

A fusão da tutela preventiva com a sancionatória parece o modelo ideal na medida em que, em vez de tão somente sacrificar o agressor, pretende-se educá-lo, com relevante impacto social.

A questão é emblemática para o direito do trabalho, máxime para a repressão de danos coletivos, costumeiramente referidos pela doutrina como "danos sociais". Nesse passo, revela-se absolutamente inaceitável que uma empresa simplesmente decida descumprir em série direitos trabalhistas, submetendo-se intencionalmente ao pagamento do baixo "preço" jurídico da sua ilicitude, correspondente à aplicação eventual de multas administrativas ou ao mero risco de condenação em ações individuais, por considerar ser tal conduta, estratégica e economicamente, vantajosa, em desprezo insolente a direitos fundamentais de trabalhadores[634].

A tutela que funde escopo punitivo e preventivo parece servil ao desestímulo de novas infrações, a fim de se evitar a sensação de impunidade do lesante que faz com que acredite ter obtido vantagem com o ilícito (como de fato obtém, na maioria das vezes). Assim, a agregação de elemento punitivo-preventivo à tutela de reparação dos danos extrapatrimoniais terá o condão de impedir que a indenização fixada seja meramente simbólica, num patamar tão insignificante que não represente agravo ao agente lesante.

De fato, a tutela meramente compensatória contra danos extrapatrimoniais tem se mostrado ineficiente no que diz respeito ao escopo educativo e disciplinar do processo. O desrespeito a direitos trabalhistas parece estratégia vantajosa, na medida em que os juros são baixos e sempre haverá, em hipótese de ajuizamento de ação trabalhista, a possibilidade de se fazer um acordo com depreciação do débito, ou mesmo se vencer o processo por circunstância externa ao seu mérito. Em se tratando dos deveres do empregador em observar os direitos personalíssimos dos empregados, quais sejam, (i) direito à constituição de valores humanos: nome, honra, imagem, autodeterminação e privacidade, (ii) direito ao mínimo existencial: condições básicas de subsistência e pausas no tempo de trabalho para conquista de uma vida boa; (iii) direito à integridade física e psíquica com devida promoção da correção dos riscos ambientais e, finalmente (iv) direito a um tratamento probo e igualitário, raciocínio nesse molde deve ser por completo revertido, como forma de se assegurar um sistema verdadeiramente voltado para o prestígio do trabalho como forma de dignificação do ser humano.

A tutela punitivo-preventiva, tal como se defende, não se funda abstratamente no grau de culpabilidade do ofensor (embora esse elemento ganhe notoriedade, como desenvolveremos adiante), na reprovação moral e no seu castigo exemplar. Não mesmo. Seu compromisso é com a prevenção de danos morais, existenciais[635], socioambientais e coletivos em espaço de tensão de direitos assegurado constitucionalmente, bem como por documentos internacionais.

---

(634) A jurisprudência tem reprimido vorazmente esse tipo de estratégia empresarial:
BRASIL. Tribunal Regional do Trabalho da 18ª Região, Recurso Ordinário n. 00539-2009-191-18-00-7, da 3ª Turma, Goiânia, GO, 23 de novembro de 2009. Disponível em: <https://sistemas.trt18.jus.br/visualizador/pages/conteudo.seam?p_tipo=2&p_grau=2&p_tab=sap290&p_id=639713&p_num=3919&p_ano=2009&p_cid=RO&p_tipproc=RO&p_datut=09/06/2009&p_npag=x>. Acesso em: 4 jan. 2018.
DUMPING SOCIAL. INDENIZAÇÃO. DANO SOCIAL. *A contumácia da Reclamada em descumprir a ordem jurídica trabalhista atinge uma grande quantidade de pessoas, disso se valendo o empregador para obter vantagem na concorrência econômica com outros empregadores, o que implica dano àqueles que cumprem a legislação.* Esta prática, denominada 'dumping social', prejudica toda a sociedade e configura ato ilícito, por tratar-se de exercício abusivo do direito, já que extrapola os limites econômicos e sociais, nos termos dos arts. 186,187 e 927 do Código Civil. A punição do agressor, contumaz com uma indenização suplementar, revertida a fundo público, encontra guarida no artigo 404, parágrafo único, do Código Civil, e tem caráter pedagógico, com o intuito de evitar-se a reincidência na prática lesiva e surgimento de novos casos. TRT 18ª Região, RO 00539-2009-191-18-00-7, 1ª Relª Desª Elza Cândida da Silveira, DJe 23.11.2009. (grifos acrescentados)

(635) Segundo Marco Bona, "à quantificação do dano existencial deve-se aplicar as mesmas regras atinentes à quantificação dos danos não patrimoniais, já que o tema ora versado é espécie deste". BONA, Marco. Il *quantum* dei danni non patrimoniali da *mobbing*. In: BONA et al. *Accertare il mobbing*: profili giuridici, psichiatrici e medico legali. 2007. p. 180.

Assim, em defesa da tutela adequada dos danos extrapatrimoniais, não obstante divergências doutrinárias e jurisprudenciais, é correto afirmar ser plenamente cabível o elemento punitivo, máxime associado ao preventivo, no escopo de ressarcimento do dano extrapatrimonial derivado das relações de trabalho. Os fundamentos podem ser dispostos em tópicos didáticos, no intuito de contraposição às críticas doutrinárias apresentadas, quais sejam:

(i) A tutela punitivo-preventiva resulta diretamente dos novos paradigmas da responsabilidade civil;

(ii) A responsabilização do agente causador do dano deve ter por escopo tanto recompensar quanto dissuadir novos comportamentos, o que se dá via tutela punitivo-preventiva do responsável;

(iii) O sujeito que causa dano por culpa ou dolo deve ser tratado de forma mais severa;

(iv) O parágrafo único do art. 944, do Código Civil, preocupa-se com o componente compensatório, não significando exclusão do punitivo ou preventivo, muito pelo contrário;

(iv) O elemento punitivo-preventivo do ressarcimento não se realiza nos moldes dos "*punitive damages*", podendo ser concebido por tutelas diferenciadas como multas, suspensões de atividades, obrigação de realização de curso com o condão de capacitar o agente em técnicas que impliquem não reincidência em causar o dano etc;

(v) O elemento punitivo-preventivo do ressarcimento não deve representar ganho econômico para a vítima, neutralizando por completo os efeitos deletérios das chamadas "loterias";

(vi) *De lege ferenda*, o elemento punitivo-preventivo do ressarcimento, se consubstanciado em obrigação de pagar, deve ser direcionado a fundo ou instituição voltada ao prestígio do direito personalíssimo violado ou à prevenção de danos da natureza do ocorrido.

Sobre essa última ponderação, apregoa-se que, tal como ocorre na tutela de direitos coletivos, é possível o direcionamento da condenação voltada para prevenção de novos danos ou dissuasão de reincidência.

No campo da tutela coletiva a questão é praticamente pacífica e tem avançado.

Rodrigo de Lacerda Carelli, assinalando que "dentre as funções do FAT por lei impostas não está nenhuma que possa reconstituir os bens lesados protegidos pela atuação do Ministério Público do Trabalho" explica, com clareza:

> O seguro-desemprego tem como destinatários, por óbvio, desempregados, além de remunerar contratos suspensos para requalificação profissional. O abono salarial, por sua vez, é uma quantia de auxílio ou incremento da renda do trabalhador, pago anualmente àqueles que percebem até dois salários-mínimos. Já os programas de desenvolvimento econômico podem, indiretamente, gerar empregos, mas a qualidade destes, ou o respeito às leis trabalhistas não são protegidos, exigidos ou fiscalizados pelo Fundo, nem mesmo é exigida essa contrapartida. **A regra, então, é que os benefícios das verbas arrecadadas pelo FAT vão para os desempregados, e não para os empregados. Visa à criação de renda para os desempregados ou a geração de atividade econômica que possa, em tese, criar empregos**[636]. (grifos da autora)

Dessa maneira, por força da aplicação dos princípios fundamentais da adequação e efetividade da tutela jurisdicional e da reparação ampla e adequada dos danos extrapatrimoniais trabalhistas, além do inegável reconhecimento dos amplos poderes do juiz na condução e solução eficaz do processo, propugna-se que, sob a égide do novo arcabouço constitucional, em interpretação com ele coerente e conforme, seja possibilitada destinação de eventual parcela pecuniária da condenação referente ao elemento punitivo-preventivo, para atendimento de finalidades específicas, estabelecidas no caso concreto, no desiderato cumprimento dos escopos modernos do processo.

Em seara coletiva, o próprio TST houve por bem a destinação da tutela pecuniária a outros desígnios que não o Fundo de Amparo ao Trabalhador, como no RR 927-68.2011.5.03.0099[637] que determinou em seu acórdão:

---

(636) Transação na ação civil pública e na execução do termo de compromisso de ajustamento de conduta e a reconstituição dos bens lesados. CARELLI, Rodrigo de Lacerda. In: *Revista do Ministério Público do Trabalho*, LTr, ano XVII, n. 33, p. 125, mar. 2007. Disponível em: <http://www.anpt.org.br/attachments/article/2708/Revista%20MPT%20-%20Edi%C3%A7%C3%A3o%2033.pdf>. Acesso em: 10 jan. 2018.

(637) BRASIL. Tribunal Superior do Trabalho, RR n. 927-68.2011.5.03.0099, da 6ª Turma, Brasília, DF, julgado em 16.12.2015. Disponível em: <http://aplicacao4.tst.jus.br/consultaProcessual/resumoForm.do?consulta=1&numeroInt=220181&anoInt=2013&qtdAcesso=76946889>. Acesso em: 10 jan. 2018.

Não se nega a relevância das atividades do Instituto Nosso Lar, na cidade de Governador Valadares (MG), o qual tem atuação significativa em projetos na área social. Também não se ignora a jurisprudência predominante nesta Corte Superior, que, interpretando a legislação federal que disciplina a matéria, adota o entendimento de que a quantia deve ser revertida ao FAT. Entretanto, a matéria está a merecer reflexão mais detida. [...] A destinação ao FAT atende aos requisitos da lei quando se trata de condenações de repercussão nacional, e o FAT não é o único fundo ou instituição habilitado para tanto. 10 – No caso concreto, há na cidade de Governador Valadares – MG, o Fundo dos Direitos da Criança e do Adolescente, que atende a todos os requisitos, pois é previsto em lei (art. 88, IV, da Lei n. 8.069/90 – Estatuto da Criança e do Adolescente), sendo vinculado ao Conselho Municipal dos Direitos da Criança e do Adolescente (com participação da comunidade e do Ministério Público), parte de uma política nacional garantida pela Constituição Federal, em seu art. 227, que obriga o Estado, a família e a sociedade à proteção integral e absolutamente prioritária às crianças e adolescentes. 11 – Deste modo, os valores deste feito reverterão do Fundo Municipal dos Direitos da Criança e do Adolescente, condicionada sua liberação a projetos voltados ao combate do trabalho infantil, a proteção de direitos trabalhistas e sociais, educação e profissionalização de adolescentes, a serem aprovados, inclusive, pelo Ministério Público do Trabalho e pelo Juizado da Infância e da Adolescência.

O Enunciado n. 12 aprovado na Primeira Jornada de Direito Material e Processual na Justiça do Trabalho parte exatamente da mesma premissa, não obstante restringir-se à tutela coletiva:

12. AÇÕES CIVIS PÚBLICAS. TRABALHO ESCRAVO. REVERSÃO DA CONDENAÇÃO ÀS COMUNIDADES LESADAS. Ações civis públicas em que se discute o tema do trabalho escravo. Existência de espaço para que o magistrado reverta os montantes condenatórios às comunidades diretamente lesadas, por via de benfeitorias sociais tais como a construção de escolas, postos de saúde e áreas de lazer. Prática que não malfere o art. 13 da Lei n. 7.347/1985, que deve ser interpretado à luz dos princípios constitucionais fundamentais, de modo a viabilizar a promoção de políticas públicas de inclusão dos que estão à margem, que sejam capazes de romper o círculo vicioso de alienação e opressão que conduz o trabalhador brasileiro a conviver com a mácula do labor degradante. Possibilidade de edificação de uma Justiça do Trabalho ainda mais democrática e despida de dogmas, na qual a responsabilidade para com a construção da sociedade livre, justa e solidária delineada na Constituição seja um compromisso palpável e inarredável.

Assim, propugna-se seja viabilizada tutela punitivo-preventiva em prol da reparação adequada dos danos extrapatrimoniais trabalhistas.

Fato é que o aspecto punitivo-preventivo do valor da indenização por danos extrapatrimoniais tem por função não satisfazer a vítima, mas servir de freio ao infrator e a outros agentes detentores de meios de produção para que não haja incidência de igual erro nas relações trabalhistas que estabelecem. A desconsideração do elemento punitivo-preventivo — acredita-se — poderá até estimular a prática de novas agressões que gerem ganhos secundários aos empregadores.

A tutela sancionatória e preventiva, assim, é legítima resposta a determinados comportamentos do ofensor que podem se reproduzir ou contaminar via concorrência outros agentes econômicos, máxime quando o elemento compensatório não se demonstre satisfatório nem exerça força intimidativa. Neste contexto, o elemento punitivo-preventivo deve estar presente como um dos espectros da tutela jurisdicional voltada à reparação de danos a bens imateriais, traduzindo-se em obrigação de pagar, ou mesmo de fazer, a qual represente advertência, ao lesante e à sociedade, contra o comportamento assumido e a lesão decorrente.

Como destacado, os tribunais se utilizam de critérios punitivos na determinação do *quantum* compensatório, por exemplo: (i) a gravidade do dano; (ii) a capacidade econômica da vítima; (iii) o grau de culpa do ofensor e; (iv) a capacidade econômica do ofensor. Maria Celina Bodin destaca que esses dois últimos critérios refletem uma função exclusivamente punitiva, pois não se referem ao dano em si, mas à conduta e à figura do ofensor[638].

Contudo, não é costume dos juízes indicarem o quanto esses critérios foram importantes na determinação do valor a ser reparado. Isso contribui para que seja criada forma de punição ou prevenção na qual o ofensor não consiga delimitar ao certo pelo que está sendo punido e em que medida está compensando o dano que eventualmente tenha originado. A falta de delimitação e clareza, por sua vez, pode esvaziar o próprio objetivo da função punitivo-preventiva que é o efeito dissuasivo. Se o empregador, por exemplo, não compreende que a indenização determinada levou em conta, de forma significativa, a intenção de se evitar danos futuros, não foi cumprida a função punitiva e preventiva da reparação civil.

---

(638) MORAES, Maria Celina Bodin de. *Danos à pessoa humana:* uma leitura civil-constitucional dos danos morais. Rio de Janeiro: Renovar, 2007. p. 173.

Por tal motivo, quando da mensuração do *quantum* indenizatório, deve-se sempre levar em consideração a análise econômica da responsabilidade civil para que haja coerência e efetividade do sistema, em decisão cuja fundamentação exponha o escopo punitivo-preventivo e sua respectiva medida ou formato[639].

---

(639) Para Enoque dos Santos, "retrair a função pedagógica das condenações por dano moral, especificamente o coletivo, estimula que novas condutas ilícitas sejam praticadas, violando direitos coletivos em áreas de fundamental importância social, como o meio ambiente. Em sede de tutela coletiva, o sistema de responsabilidade civil somente será eficaz se a reparação pecuniária representar valor superior ao do custo da prevenção do dano ou se a quantia da condenação for superior ao proveito econômico ou vantagem obtida com a conduta ilícita. Por tal motivo, quando da mensuração do *quantum* indenizatório, deve-se sempre levar em consideração a análise econômica da responsabilidade civil para que haja coerência e efetividade do sistema. Em eventuais desrespeitos a esses preceitos, haverá um descompasso evidente, bem como o desgaste do conteúdo ético e de justiça da responsabilidade civil, levando à própria incredulidade da sociedade quanto ao descumprimento das normas legais, ainda que sempre haja o risco de ocorrer discrepância entre os valores arbitrados pelos magistrados em casos semelhantes." SANTOS, Enoque Ribeiro dos. *O dano moral na dispensa do empregado*. 6. ed. São Paulo: LTr, 2017. p. 65.

Capítulo 6

Os Critérios e Limites para a Quantificação dos Danos Extrapatrimoniais

6.1. As referências legislativas pretéritas à Lei n.13.467/2017

A tarifação dos danos morais pretendida na seara trabalhista pela Lei n. 13.467/2017 não é exatamente uma novidade no sistema brasileiro.

Algumas experiências legislativas merecem referência, neste particular.

O art. 1.553 do Código Civil[640] anterior previa genericamente critério para arbitramento da indenização.

No Código atual, vale citar os arts. 944[641], 945[642] e 948[643], que trazem parâmetros para a fixação da indenização, bem como os dispositivos 953[644] e 954[645], que adotam o critério da equidade, o primeiro versando sobre a indenização devida em razão de atentado à honra do sujeito de direito, o segundo, por sua vez, referindo-se ao dano moral decorrente de violação à liberdade pessoal, cujo montante também deve ser alcançado equitativamente pelo juiz da causa.

O Projeto de Lei n. 6.960/2002, de autoria do Deputado Ricardo Fiúza, propôs a transformação do atual parágrafo único do art. 944, em § 1º, com inserção de um § 2º que consagraria a chamada teoria do desestímulo, nova roupagem do caráter punitivo, nos seguintes termos: "§2º. A reparação do dano moral deve constituir-se em compensação ao lesado e adequado desestímulo ao lesante[646]".

Em verdade, já houve, inclusive, projeto de lei abrangente sobre o tema da quantificação n. 150/1999, que chegou a ser aprovado no Senado Federal. O relator do projeto na Câmara, Deputado Regis de Oliveira, em 2008, sustentou sua inconstitucionalidade nos seguintes termos:

> Entretanto, s.m.j., os Projetos de Leis ns. 7.124/2002 e 1.443/2003, pela forma que foram concebidos, indiretamente, tolhem o direito à manifestação do pensamento. De fato, na hipótese de aprovação dos projetos

---

(640) BRASIL. Código Civil de 1916, art. 1.553. Nos casos não previstos neste capítulo, se fixará por arbitramento a indenização.

(641) BRASIL. Código Civil, art. 944. A indenização mede-se pela extensão do dano.
Parágrafo único. Se houver excessiva desproporção entre a gravidade da culpa e o dano, poderá o juiz reduzir, equitativamente, a indenização

(642) BRASIL. Código Civil, art. 945. Se a vítima tiver concorrido culposamente para o evento danoso, a sua indenização será fixada tendo-se em conta a gravidade de sua culpa em confronto com a do autor do dano.

(643) BRASIL. Código Civil, art. 948. No caso de homicídio, a indenização consiste, sem excluir outras reparações: I – no pagamento das despesas com o tratamento da vítima, seu funeral e o luto da família; II – na prestação de alimentos às pessoas a quem o morto os devia, levando-se em conta a duração provável da vida da vítima.

(644) BRASIL. Código Civil, art. 953. A indenização por injúria, difamação ou calúnia consistirá na reparação do dano que delas resulte ao ofendido.
Parágrafo único. Se o ofendido não puder provar prejuízo material, caberá ao juiz fixar, equitativamente, o valor da indenização, na conformidade das circunstâncias do caso.

(645) BRASIL. Código Civil, art. 954. A indenização por ofensa à liberdade pessoal consistirá no pagamento das perdas e danos que sobrevierem ao ofendido, e se este não puder provar prejuízo, tem aplicação o disposto no parágrafo único do artigo antecedente.
Parágrafo único. Consideram-se ofensivos da liberdade pessoal: I – o cárcere privado; II – a prisão por queixa ou denúncia falsa e de má-fé; III – a prisão ilegal.

(646) O referido projeto foi arquivado em 31.1.2007, com base no voto do relator Deputado Luiz Antônio Fleury, que entendeu ser o PL "injusto para o consumidor brasileiro". Disponível em: <http://www.camara.gov.br/proposicoesWeb/fichadetramitacao?idProposicao=56549>. Acesso em: 10 jan. 2018.

epigrafados, em razão das suas excessivas regras de responsabilização por danos morais, as pessoas se sentirão pressionadas por tais preceitos, restringindo, assim, o direito à liberdade de expressão, assegurado pelos incisos IV e IX, do art. 5º, da Constituição Federal.

[...]

Entretanto, com a devida vênia, defendo opinião que o projeto de lei n. 7.124/2002, do Senado Federal, não pode prosperar, porque tenta conceituar o dano moral e estabelecer os bens juridicamente tutelados, trabalho impossível, que o legislador não deve se arriscar.

[...]

Da mesma forma, defendo posição contrária à aprovação do projeto de lei n. 7.124/2002, porque busca indevidamente fixar valores para a recomposição do dano moral. De fato, não entendo justo estabelecer valores para cada ofensa cometida, antes da ocorrência da lesão.

[...]

O correto seria deixar a fixação do *quantum* para a apreciação de cada caso, não sendo coerente criar parâmetros legais, com valores preestabelecidos[647].

O parecer foi aprovado por unanimidade em 2010, quando então o PLS n. 150/1999 foi definitivamente arquivado. A iniciativa histórica visava propor tarifar danos extrapatrimoniais, a depender do grau da ofensa. Para ofensas leves, arbitrava-se indenização no valor de até cinco mil e duzentos reais; para a ofensa média, previa-se de cinco mil, duzentos e um reais a quarenta mil reais. A ofensa grave oscilava entre quarenta mil e um reais a cem mil reais, enquanto as ofensas gravíssimas seriam reparadas com valores acima de cem mil reais. Registre-se, ainda, que, de acordo com o referido projeto de lei, havia possibilidade de o juiz elevar ao triplo o valor de indenização em caso de reincidência ou "indiferença do ofensor"[648].

Ao lado de previsões genéricas, algumas referências legislativas específicas ganharam destaque.

O Código Brasileiro de Telecomunicações, Lei Federal n. 4.117, de 27 de agosto de 1962, em seu art. 84, § 1º ao 3º[649], parcialmente revogado pelo Decreto-lei n. 236, de 28 de fevereiro de 1967, previa tarifação do dano moral estipulando como limites máximo e mínimo, respectivamente, as quantias correspondentes a cinco e cem vezes o maior salário mínimo vigente no país. Admitia-se, ademais, a duplicação do valor da indenização quando o ofensor fosse reincidente em ilícito contra a honra. O Código Brasileiro de Telecomunicações sofreu revogação pela Lei Federal n. 9.472, de 16 de junho de 1997[650], remanescendo apenas a disciplina penal não tratada na lei nova, bem como os preceitos relativos à radiodifusão.

O Código Eleitoral, Lei Federal n. 4.737, de 15 de julho de 1965, em seu art. 243, § 2º[651], dispositivo introduzido pela Lei Federal n. 4.961, de 4 de maio de 1966, ao regular a propaganda partidária, determinava que, nos casos de

---

(647) BRASIL. Senado Federal, Projeto de Lei n. 150/1999. Disponível em: <https://www25.senado.leg.br/web/atividade/materias/-/materia/1459>. Acesso em: 2 jan. 2018.

(648) Na Itália existem propostas objetivas de valoração do dano, não como tabela fixa em *quantum* indenizatório, mas como escalas de valoração de dano psíquico e de dano existencial. BONA, Marco. Il *quantum* dei danni non patrimoniali da *mobbing*. In: BONA *et al. Accertare il* mobbing: profili giuridici, psichiatrici e medico legali. Milão: Giuffrè Editore, 2007. p. 180.

(649) BRASIL. Lei Federal n. 4.117, de 27 de agosto de 1962. Art. 84. Na estimação do dano moral, o Juiz terá em conta, notadamente, a posição social ou política do ofendido, a situação econômica do ofensor, a intensidade do ânimo de ofender, a gravidade e repercussão da ofensa.

§ 1º O montante da reparação terá o mínimo de 5 (cinco) e o máximo de 100 (cem) vezes o maior salário-mínimo vigente no País.

§ 2º O valor da indenização será elevado ao dobro quando comprovada a reincidência do ofensor em ilícito contra a honra, seja por que meio for.

§ 3º A mesma agravação ocorrerá no caso de ser o ilícito contra a honra praticado no interesse de grupos econômicos ou visando a objetivos antinacionais.

(650) BRASIL. Lei Federal n. 9.472, de 16 de junho de 1997. Dispõe sobre organização dos serviços de telecomunicações, a criação e funcionamento de um órgão regulador e outros aspectos institucionais, nos termos da Emenda Constitucional n. 8, de 1995. Disponível em <http://www.planalto.gov.br/ccivil_03/leis/L9472.htm>. Acesso em: 2 jan. 2018.

(651) BRASIL. Código Eleitoral, art. 243, § 2º. No que couber aplicar-se-ão na reparação do dano moral, referido no parágrafo anterior, os arts.. 81 a 88 da Lei n. 4.117, de 27 de agosto de 1962.

calúnia, injúria ou difamação, o ofendido pudesse buscar a reparação civil do dano moral, nos moldes disciplinados pelos arts. 81 a 88 do Código Brasileiro de Telecomunicações[652]. Nesse contexto, inoperante a tarifação do dano moral no pleito eleitoral, já que, conforme alinhado acima, os aludidos dispositivos foram revogados pelo Decreto-lei n. 236, de 28 de fevereiro de 1967.

O Código Brasileiro de Aeronáutica, Lei Federal n. 7.565, de 19 de dezembro de 1986, ao disciplinar a responsabilidade civil do transportador aéreo, fixava no art. 257[653] o valor máximo da indenização devida por dano extrapatrimonial. Dessa forma, em razão de morte ou lesão de consumidor ou tripulante motivada por acidente verificado na execução do serviço, seja a bordo de aeronave ou no curso das operações de embarque e desembarque, o valor máximo da indenização previsto para a reparação do dano deveria corresponder a três mil e quinhentas Obrigações do Tesouro Nacional (OTN), enquanto, no caso de atraso do transporte aéreo, o valor máximo estipulado foi fixado em cento e cinquenta Obrigações do Tesouro Nacional (OTN). O Supremo Tribunal Federal afastou a tarifação do dano moral, consoante voto do Ministro Marco Aurélio Mello, relator por ocasião do julgamento do RE n. 172.720. Confira-se:

---

(652) BRASIL. Código de Telecomunicações, art. 81. Independentemente da ação penal, o ofendido pela calúnia, difamação ou injúria cometida por meio de radiodifusão, poderá demandar, no Juízo Cível, a reparação do dano moral, respondendo por este solidariamente, o ofensor, a concessionária ou permissionária, quando culpada por ação ou omissão, e quem quer que, favorecido pelo crime, haja de qualquer modo contribuído para ele.

§ 1º A ação seguirá o rito do processo ordinário estabelecido no Código do Processo Civil.

§ 2º Sob pena de decadência a ação deve ser proposta dentro de 30 (trinta) dias, a contar da data da transmissão caluniosa, difamatória ou injuriosa.

§ 3º Para exercer o direito à reparação é indispensável que no prazo de 5 (cinco) dias para as concessionárias ou permissionárias até 1kw e de 10 (dez) dias para as demais, o ofendido as notifique, via judicial ou extrajudicial, para que não desfaçam a gravação nem destruam o texto, referidos no art. 86 desta lei.

§ 4º A concessionária ou permissionária só poderá destruir a gravação ou o texto objeto da notificação referida neste artigo, após o pronunciamento conclusivo do Judiciário sobre a respectiva demanda para a reparação do dano moral.

Art. 82. Em se tratando de calúnia, é admitida, como excludente da obrigação de indenizar, a exceção da verdade, que deverá ser oferecida no prazo para a contestação. Parágrafo único. Será sempre admitida a exceção da verdade, aduzida no prazo acima, em se tratando de calúnia ou difamação, se o ofendido exercer função pública na União, nos Estados, nos Municípios, em entidade autárquica ou em sociedade de economia mista.

Art. 83. A crítica e o conceito desfavorável, ainda que veementes, ou a narrativa de fatos verdadeiros, não darão motivo a qualquer reparação.

Art. 84. Na estimação do dano moral, o Juiz terá em conta, notadamente, a posição social ou política do ofendido, a situação econômica do ofensor, a intensidade do ânimo de ofender, a gravidade e repercussão da ofensa.

§ 1º O montante da reparação terá o mínimo de 5 (cinco) e o máximo de 100 (cem) vezes o maior salário-mínimo vigente no País.

§ 2º O valor da indenização será elevado ao dobro quando comprovada a reincidência do ofensor em ilícito contra a honra, seja por que meio for.

§ 3º A mesma agravação ocorrerá no caso de ser o ilícito contra a honra praticado no interesse de grupos econômicos ou visando a objetivos antinacionais.

Art. 85. A retratação do ofensor, em juízo ou fora dele, não excluirá a responsabilidade pela reparação.

Parágrafo único. A retratação será atenuante na aplicação da pena de reparação.

Art. 86. As concessionárias ou permissionárias deverão conservar em seus arquivos, os textos dos programas, inclusive noticiosos, devidamente autenticados pelos responsáveis durante 10 (dez) dias.

Parágrafo único. Os programas de debates ou políticos, bem como pronunciamentos da mesma natureza não registrados em textos, excluídas as transmissões compulsoriamente estatuídas por lei, deverão ser gravados para que sejam conservados em seus arquivos até 5 (cinco) dias depois de transmitidos para as concessionárias ou permissionárias até 1kw e até 10 (dez) dias para as demais.

Art. 87. Os dispositivos, relativos à reparação dos danos morais, são aplicáveis, no que couber, ao caso de ilícito contra a honra por meio da imprensa, devendo a petição inicial ser instruída, desde logo, com o exemplar do jornal ou revista contendo a calúnia, difamação ou injúria.

Art. 88. A prescrição da ação penal nas infrações definidas nesta lei e na Lei n. 2.083, de 12 de novembro de 1953, ocorrerá 2 (dois) anos após a data da transmissão ou publicação incriminadas, e a da condenação no dobro do prazo em que for fixada.

Parágrafo único. O direito de queixa ou de representação do ofendido, ou seu representante legal, decairá se não for exercido dentro do prazo de 3 (três) meses da data da transmissão ou publicação incriminadas.

(653) BRASIL. Código de Aeronáutica, aArt. 257. A responsabilidade do transportador, em relação a cada passageiro e tripulante, limita-se, no caso de morte ou lesão, ao valor correspondente, na data do pagamento, a 3.500 (três mil e quinhentas) Obrigações do Tesouro Nacional — OTN, e, no caso de atraso do transporte, a 150 (cento e cinquenta) Obrigações do Tesouro Nacional — OTN.

§ 1º Poderá ser fixado limite maior mediante pacto acessório entre o transportador e o passageiro.

§ 2º Na indenização que for fixada em forma de renda, o capital par a sua constituição não poderá exceder o maior valor previsto neste artigo.

INDENIZAÇÃO – DANO MORAL — EXTRAVIO DE MALA EM VIAGEM AÉREA — CONVENÇÃO DE VARSÓVIA — OBSERVAÇÃO MITIGADA — CONSTITUIÇÃO FEDERAL — SUPREMACIA. O fato de a Convenção de Varsóvia revelar, como regra, a indenização tarifada por danos materiais não exclui a relativa aos danos morais. Configurados esses pelo sentimento de desconforto, de constrangimento, aborrecimento e humilhação decorrentes do extravio de mala, cumpre observar a Carta Política da República – incisos V e X do art. 5º, no que se sobrepõe a tratados e convenções ratificados pelo Brasil[654].

A Lei de Imprensa, Lei Federal n. 5.250, de 9 de fevereiro de 1967, no art. 49, dispunha sobre a responsabilidade civil, tanto moral quanto material, daquele que, no exercício da liberdade de manifestação de pensamento e de informação, mediante dolo ou culpa, viole direito ou cause prejuízo a outrem. A referida legislação indicava casuisticamente os suportes fáticos considerados como dano moral indenizável. Em seu art. 51 impunha limites ao valor de toda espécie de dano, inclusive o dano moral (ou extrapatrimonial), enquanto no art. 52 estabelecia que a responsabilidade civil da empresa exploradora do meio de informação ou divulgação estaria limitada a dez vezes o valor máximo estabelecido no art. 51 da Lei.

Conforme já diversas vezes referido, a responsabilidade tarifada tal qual prevista na Lei de Imprensa não foi recepcionada pela CF/1988, uma vez que o valor de indenização por danos morais não se sujeita aos limites ali previstos. Além do STF, o Superior Tribunal de Justiça no REsp n. 513.057-SP também se pronunciou; confira-se:

RESPONSABILIDADE CIVIL. LEI DE IMPRENSA. NOTÍCIA JORNALÍSTICA. REVISTA VEJA. ABUSO DO DIREITO DE NARRAR. ASSERTIVA CONSTANTE DO ARESTO RECORRIDO. IMPOSSIBILIDADE DE REEXAME NESTA INSTÂNCIA. MATÉRIA PROBATÓRIA. ENUNCIADO N. 7 DA SÚMULA/STJ. DANO MORAL. RESPONSABILIDADE TARIFADA. INAPLICABILIDADE. NAO-RECEPÇAO PELA CONSTITUIÇÃO DE 1988. PRECEDENTES. *QUANTUM*. EXAGERO. REDUÇAO. RECURSO PROVIDO PARCIALMENTE.

I – Tendo constado do aresto que o jornal que publicou a matéria ofensiva à honra da vítima abusou do direito de narrar os fatos, não há como reexaminar a hipótese nesta instância, por envolver análise das provas, vedada nos termos do enunciado n. 7 da súmula/STJ.

II – A responsabilidade tarifada da Lei de Imprensa não foi recepcionada pela Constituição de 1988, não se podendo admitir, no tema, a interpretação da lei conforme a Constituição.

III – O valor por dano moral sujeita-se ao controle por via de recurso especial e deve ser reduzido quando for arbitrado fora dos parâmetros fixados por esta Corte em casos semelhantes[655]. (grifos da autora)

A Súmula n. 281 do Superior Tribunal de Justiça, inclusive, aduz que "a indenização por dano moral não está sujeita à tarifação prevista na Lei de Imprensa"[656].

Posteriormente, como se sabe, o Supremo Tribunal Federal, na decisão da Arguição de Descumprimento de Preceito Fundamental n. 130, declarou a incompatibilidade da Lei de Imprensa com a Constituição vigente.

O art. 49 do Código Penal[657], de certa forma, também estabelece critérios para fixação da pena de multa, os quais parte da doutrina alude para aplicação subsidiária em esfera cível e trabalhista.

6.2. As referências no direito comparado em danos indenizáveis e alguns critérios de quantificação

Não são todos os países que admitem danos extrapatrimoniais derivados de descumprimento de deveres contratuais. Na Alemanha, na Áustria, na Inglaterra e nos Estados Unidos, via de regra, violação de obrigação contratual não acarreta danos morais indenizáveis, admitindo-se algumas exceções.

---

(654) BRASIL. Supremo Tribunal Federal, Recurso Extraordinário n. 172.720, da 2ª Turma, Brasília, DF, 21 de fevereiro de 1997. Disponível em: <http://portal.stf.jus.br/processos/detalhe.asp?incidente=1580732>. Acesso em: 8 jan. 2018.

(655) BRASIL. Superior Tribunal de Justiça, Recurso Especial n. 513.057, da 4ª Seção, Brasília, DF, 19 de dezembro de 2003. Disponível em: <https://ww2.stj.jus.br/processo/revista/documento/mediado/?componente=ATC&sequencial=917780&num_registro=200300475238&data=20031219&tipo=5&formato=PDF>. Acesso em: 4 jan. 2018.

(656) BRASIL. Superior Tribunal de Justiça, Súmula n. 281. Disponível em: <https://ww2.stj.jus.br/docs_internet/revista/eletronica/stj-revista-sumulas-2011_21_capSumula281.pdf>. Acesso em: 4 jan. 2018.

(657) BRASIL. Código Penal, art. 49. A pena de multa consiste no pagamento ao fundo penitenciário da quantia fixada na sentença e calculada em dias-multa. Será, no mínimo, de 10 (dez) e, no máximo, de 360 (trezentos e sessenta) dias-multa.
§ 1º O valor do dia-multa será fixado pelo juiz não podendo ser inferior a um trigésimo do maior salário mínimo mensal vigente ao tempo do fato, nem superior a 5 (cinco) vezes esse salário.
§ 2º O valor da multa será atualizado, quando da execução, pelos índices de correção monetária.

Os ordenamentos espanhol, argentino, belga e francês, contudo, mostram-se mais flexíveis reconhecendo o dever de indenizar derivado de mero descumprimento de uma obrigação contratual, tal como se defende.

6.2.1. Na Espanha

No ordenamento jurídico espanhol a apuração do quantum indenizatório por danos extrapatrimoniais dá-se, regra geral, em consideração às circunstâncias do caso, tendo como base o critério da prudência e da razoabilidade na determinação do mesmo.

Entretanto, foram introduzidos na Espanha, pela Lei n. 30/1995, posteriormente substituída pelo Real Decreto n. 8/2004, e, em 2015, atualizado pela Lei n. 35/2015, os chamados baremos de daño, ou seja, um tabelamento objetivo dos danos causados às pessoas envolvendo acidentes de veículos automotores.

À época, a alteração legislativa justificou-se em razão da necessidade de desenvolvimento de critério objetivo para fixação uniformizada de indenizações aplicáveis aos casos semelhantes derivados de acidentes automobilísticos. O cálculo da compensação, por danos materiais e extrapatrimoniais, a que uma pessoa teria direito como vítima de acidente de trânsito, basear-se-ia em tabelas anualmente atualizadas pelo legislador[658].

Para Marcelo Barrientos Zamorano, o que teria dado origem ao sistema de baremos foi a insuficiência e a ineficácia de critérios ou diretrizes quantificadoras do dano indenizável em geral e do dano extrapatrimonial em particular. Dessa maneira, o que teria levado o legislador espanhol a implementar tal sistema teria sido propriamente a insegurança jurídica, substituindo a absoluta discricionariedade judicial por baremo estático a ditar quaisquer espécies de indenizações devidas[659].

No sistema de baremos os juízes não teriam qualquer discricionariedade para valorar a prova, devendo apenas aplicar os valores previamente estabelecidos pelo legislado, eventualmente se fazendo necessário aferir relatório médico ajustado às regras do sistema para determinar e medir as sequelas e lesões temporárias[660].

Apenas dois critérios servem para a individualização dos danos sujeitos ao sistema de baremos: (i) o tipo de dano e (ii) a imputação da responsabilidade. Dessa maneira, infere-se que estão sujeitos a esse sistema os danos pessoais, que compreendem a morte, os danos corporais e o dano moral, bem como os danos de conteúdo econômico que compreendem os lucros cessantes até as despesas associadas como a necessidade de adequar a moradia ou assistência a outra pessoa, conforme apartados 5 e 7 do art. 1º do anexo do RDL n. 8/2004[661].

Com a Lei n. 35/2015, para calcular a indenização devida, passou a ser necessário diferenciar as modalidades de dano em: (i) danos com lesões temporárias; (ii) danos com lesões permanentes e (iii) morte.

Alguns argumentos contrários ao sistema de *baremos de daño* espanhol foram utilizados para alegar a sua inconstitucionalidade, principalmente: (i) que o sistema contraria o princípio constitucional da igualdade, elencado no art. 14 da Constituição Espanhola,[662] com o argumento de que as vítimas de acidentes aéreos e marítimos, por exemplo, seriam tratadas de maneira diferente; (ii) que o sistema contraria também o direito à vida e à integridade física, elencado no art. 15 da Constituição Espanhola,[663] pois limita a extensão da compensação dos danos sofridos pela

---

(658) COUTINHO, Juliana Fehrenbach. *Dano moral*: do reconhecimento à problemática da quantificação. Tese de doutorado apresentada à Universidade de Granada, Espanha, 2012. p. 422.

(659) ZAMORANO, Marcelo Barrientos. *El resarcimiento por daño moral em España y Europa*. ed. Ratio Legis, Salamanca, 2007. p. 468. *Apud* COUTINHO, Juliana Fehrenbach. *Dano moral*: do reconhecimento à problemática da quantificação. Tese de doutorado apresentada à Universidade de Granada, Espanha, 2012. p. 331.

(660) COUTINHO, Juliana Fehrenbach. *Dano moral*: do reconhecimento à problemática da quantificação. Tese de doutorado apresentada à Universidade de Granada, Espanha, 2012. p. 332.

(661) *Idem*.

(662) ESPANHA. Constituição, Artículo 14. Los españoles son iguales ante la ley, sin que pueda prevalecer discriminación alguna por razón de nacimiento, raza, sexo, religión, opinión o cualquier otra condición o circunstancia personal o social.

(663) ESPANHA. Constituição, Artículo 15. Todos tienen derecho a la vida y a la integridad física y moral, sin que, en ningún caso, puedan ser sometidos a tortura ni a penas o tratos inhumanos o degradantes. Queda abolida la pena de muerte, salvo lo que puedan disponer las leyes penales militares para tiempos de guerra.

vítima; e (iii) que o sistema afronta o art. 24 da Constituição,[664] uma vez que restringe a discricionariedade dos juízes e tribunais, bem como o direito das partes receberem resposta jurisdicional plena e fundamentada.

O Tribunal Supremo espanhol havia entendido inconstitucional o sistema de baremos, pela Sentença n. 280/1997, de 26 de março de 1997, afastando sua aplicação, em prol da livre apreciação da prova pelo julgador e fixação do *quantum* indenizatório de acordo com ela.

Contudo, o Tribunal Constitucional espanhol decidiu pela constitucionalidade do sistema de *baremos de daño*, obrigando o Tribunal Supremo a modificar seu entendimento e aplicar de forma vinculante o sistema de baremos para os acidentes de trânsito de veículos automotores. Os argumentos que levaram ao Tribunal Constitucional a entender pela constitucionalidade do sistema de baremos foram basicamente os seguintes: (i) que o sistema não violaria o direito à vida e nem mesmo a integridade física e moral, (ii) que não violaria o princípio da igualdade, uma vez que não distingue categorias de pessoas e (iii) que não restringiria as faculdades dos juízes e tribunais já que a eles caberia o enquadramento dos fatos. A Corte ressaltou, ainda, que o arbitramento sistematizado levara em consideração o alto número de acidentes, a natureza dos danos e sua relativa homogeneidade, o seguro obrigatório de risco, a criação de fundos de garantia e a tendência de unificação das normas dos distintos Estados membros da União Europeia[665].

A partir da decisão do Tribunal Constitucional, o sistema de baremos passou a ter caráter vinculante para os casos que envolvem acidente de veículos automotores, desde que não haja dolo, passando a ser perceptível tendência da jurisprudência espanhola de, em caráter orientativo, aplicar o sistema de baremos para casos análogos[666].

No âmbito contencioso-administrativo, igualmente verificam-se sistemas de baremos aplicáveis sem qualquer resistência a casos de responsabilidade civil, sem qualquer ligação com acidentes automotores.

6.2.2. No Reino Unido

Como regra geral não haverá indenização por danos extrapatrimoniais nos casos de descumprimento contratual no Reino Unido, tendo em vista a natureza predominantemente comercial das relações no país. Nesse contexto, a jurisprudência tem encarado como mero risco contratual o descumprimento de cláusulas do contruais.

O melhor exemplo desse entendimento é o caso *Addis v. Gramophon Co. Ltd* ([1909] AC 488, HL), em que um trabalhador teve negado o pedido de indenização por danos morais, depois de ser demitido de forma cruel e humilhante

---

(664) ESPANHA. Constituição, Artículo 24. 1. Todas las personas tienen derecho a obtener la tutela efectiva de los jueces y tribunales en el ejercicio de sus derechos e intereses legítimos, sin que, en ningún caso, pueda producirse indefension.

2. Asimismo, todos tienen derecho al Juez ordinario predeterminado por la ley, a la defensa y a la asistencia de letrado, a ser informados de la acusación formulada contra ellos, a un proceso público sin dilaciones indebidas y con todas las garantías, a utilizar los medios de prueba pertinentes para su defensa, a no declarar contra sí mismos, a no confesarse culpables y a la presunción de inocencia.

La ley regulará los casos en que, por razón de parentesco o de secreto profesional, no se estará obligado a declarar sobre hechos presuntamente delictivos.

(665) ESPANHA. Tribunal Constitucional Espanhol, Sentencia 181/2000, julgado em 29.6.2000. Disponível em: <http://hj.tribunalconstitucional.es/en/Resolucion/Show/4165#extractos>. Acesso em:10 jan. 2018.

1. El sistema tasado o de baremo introducido por la cuestionada Ley 30/1995 vincula a los Jueces y Tribunales en todo lo que atañe a la apreciación y determinación, tanto en sede de proceso civil como en los procesos penales, de las indemnizaciones que, en concepto de responsabilidad civil, deban satisfacerse para reparar los daños personales irrogados en el ámbito de la circulación de vehículos a motor. Tal vinculación se produce no sólo en los casos de responsabilidad civil por simple riesgo (responsabilidad cuasi objetiva), sino también cuando los daños sean ocasionados por actuación culposa o negligente del conductor del vehículo. 2. La decisión del legislador de establecer, con carácter vinculante, un sistema legal de predeterminación y cuantificación tasada de las indemnizaciones por los daños corporales producidos como consecuencia de la circulación de vehículos a motor, ha de situarse en un momento de renovación del instituto de la responsabilidad civil, especialmente significativo en su proyección al sector del automóvil. [...] 7. La decisión del legislador, en el sentido de establecer un específico estatuto legal para los daños ocasionados en el ámbito de la circulación de vehículos a motor, no puede tacharse de arbitraria y, por lo tanto, privada objetivamente de toda justificación racional, por lo que no vulnera, considerada en su globalidad como tal sistema, el principio de proscripción de la arbitrariedad del art. 9.3 de la Constitución. 8. Tampoco puede tacharse de arbitrario el sistema legal de baremación por la circunstancia de limitar su ámbito de aplicación a los daños a las personas, con exclusión de los ocasionados en los bienes. [...]

(666) COUTINHO, Juliana Fehrenbach. *Dano moral*: do reconhecimento à problemática da quantificação. Tese de doutorado apresentada à Universidade de Granada, Espanha, 2012. p. 338.

por seu empregador. Foi concedida indenização somente pela perda de seu salário e comissões, mas não pelo sofrimento que a atitude de seu empregador lhe causara[667].

Na atualidade, algumas exceções têm sido admitidas pela jurisprudência, como hipóteses de descumprimento contratual com lesões ou moléstias físicas ao contratante, sendo eventualmente aceitos pedidos de indenização em casos em que a decepção ou frustração sentidas pelo contratante lesionado sejam acompanhadas de moléstia física ou lesão corporal.

Todavia, tanto a jurisprudência quanto a doutrina admitem que, eventualmente, se o comportamento das partes constituir infração contratual e, ao mesmo tempo, ilícito que acarrete responsabilidade extracontratual, o ofendido poderá reclamar a indenização pelos danos extrapatrimoniais com base nas normas de direito extracontratual[668].

6.2.3. Nos Estados Unidos

Como nos casos da Alemanha e do Reino Unido, os Estados Unidos têm entendimento restritivo no que concerne aos danos extrapatrimoniais derivados do descumprimento contratual.

Da mesma maneira que no Reino Unido, aduzem que as desilusões e frustrações sofridas no âmbito da relação contratual são comuns ao negócio, sendo um risco da própria natureza dos mesmos. Aduzem que conceder indenizações por danos extrapatrimoniais nesses casos geraria o direito de as partes pleitearem indenizações em face de qualquer descumprimento, causando problemas ainda maiores, sendo certo que na maioria das vezes o objeto do contrato tem finalidades exclusivamente econômicas, devendo, portanto, as indenizações se restringirem aos danos patrimoniais.

Outro argumento para a não concessão de danos extrapatrimoniais seria o art. 351 do *Restatement (Second) of Contracts* de 1981,[669] que assegura que os danos não serão indenizáveis quando a parte que não cumpriu com a obrigação não tiver podido prevê-los como resultado provável do descumprimento. A regra aduz que o lesado pode reclamar indenização pelos danos que surgirem de forma natural, que considerar justos e razoáveis para o fato e que puderam ser supostos por ambas as partes quando levaram a cabo o contrato, ou seja, os danos previsíveis para os contratantes.

Exceção a tal regra encontra-se no art. 353[670] do mesmo código citado, que prevê a possibilidade de indenização por danos extrapatrimoniais pelo descumprimento do contrato quando também advierem moléstias físicas e corporais, ou quando o dano tiver causado graves moléstias emocionais.

Outras exceções podem ser citadas: admite-se indenização por dano extrapatrimonial quando a vítima sofrer em razão de ato intencional ou conduta negligente grave do devedor, bem como quando — e aqui particularmente nos interessa muitíssimo — o descumprimento se der em contrato que tenha por objeto a satisfação de interesses não patrimoniais e cujo descumprimento cause à vítima frustração, moléstias, abalo emocional etc. É dizer, a tese ora defendida seria perfeitamente aceita nos Estados Unidos, afinados que estão os respectivos fundamentos.

6.2.4. Na França

Com ordenamento jurídico mais flexível, a França admite a indenização por danos extrapatrimoniais resultantes do descumprimento de contratos, aproximando-se dos sistemas brasileiro e espanhol.

No caso francês, a indenização por danos extrapatrimoniais oriundos do descumprimento do contrato é praticamente irrestrita, assim como fazem com a responsabilidade pelos danos extracontratuais.

---

[667] COUTINHO, Juliana Fehrenbach. *Dano moral:* do reconhecimento à problemática da quantificação. Tese de doutorado apresentada à Universidade de Granada, Espanha, 2012. p. 240.

[668] *Ibidem*, p. 241-242.

[669] § 351. Unforeseeability and Related Limitations on Damages (1) Damages are not recoverable for loss that the party in breach did not have reason to foresee as a probable result of the breach when the contract was made. (2) Loss may be foreseeable as a probable result of a breach because it follows from the breach (a) in the ordinary course of events, or (b) as a result of special circumstances, beyond the ordinary course of events, that the party in breach had reason to know. (3) A court may limit damages for foreseeable loss by excluding recovery for loss of profits, by allowing recovery only for loss incurred in reliance, or otherwise if it concludes that in the circumstances justice so requires in order to avoid disproportionate compensation.

[670] § 353. Loss Due to Emotional Disturbance Recovery for emotional disturbance will be excluded unless the breach also caused bodily harm or the contract or the breach is of such a kind that serious emotional disturbance was a particularly likely result.

Segundo o art. 1147 de seu Código Civil[671], o devedor fica obrigado a reparar o dano caso haja descumprimento do contrato ou atraso em seu cumprimento, ainda que não tenha havido má-fé da parte inadimplente, exceto se o descumprimento derive de causa estranha e não imputável a ela. Já o art. 1149[672] do mesmo código traz as espécies de danos indenizáveis, dentre as quais estão presentes também o dano emergente e o lucro cessante.

O magistrado possui uma liberdade enorme para decidir no caso concreto se o descumprimento ensejaria ou não reparação por dano extrapatrimonial[673].

Em relação propriamente a critérios de quantificação, um relatório com lista de danos indenizáveis foi publicado em julho de 2005, por um grupo de trabalho liderado por Jean Pierre Dintilhac, presidente da Segunda Câmara Civil do Tribunal de Cassação. Trata-se de um resumo com as principais lesões verificáveis, com respectivas descrições e indicações de critérios de aferição de graus de relevância. As propostas da Nomenclatura Dintilhac não são vinculativas, é dizer, não se trata de lei nem de norma regulatória, não obstante bastante utilizada pelos magistrados desde então[674].

6.2.5. Na Argentina

Com o código civil vigente promulgado em 2014, o ordenamento jurídico argentino integra o rol dos ordenamentos flexíveis, admitindo a indenização por danos extrapatrimoniais derivada do não cumprimento contratual na maioria das situações, tendo o magistrado amplos poderes de decisão no caso concreto, tal como no arbitramento.

6.2.6. Em Portugal

Em Portugal não há tarifação de dano para os casos vinculados ao labor. O Código Civil/1966 traz em seu art. 496º (Danos não patrimoniais) apenas parâmetros subjetivos:

1 – Na fixação da indemnização deve atender-se aos danos não patrimoniais que, pela sua gravidade, mereçam a tutela do direito.

2 – Por morte da vítima, o direito à indemnização por danos não patrimoniais cabe, em conjunto, ao cônjuge não separado de pessoas e bens e aos filhos ou outros descendentes; na falta destes, aos pais ou outros ascendentes; e, por último, aos irmãos ou sobrinhos que os representem.

3 – Se a vítima vivia em união de facto, o direito de indemnização previsto no número anterior cabe, em primeiro lugar, em conjunto, à pessoa que vivia com ela e aos filhos ou outros descendentes.

4 – O montante da indemnização é fixado equitativamente pelo tribunal, tendo em atenção, em qualquer caso, as circunstâncias referidas no art. 494º; no caso de morte, podem ser atendidos não só os danos não patrimoniais sofridos pela vítima, como os sofridos pelas pessoas com direito a indemnização nos termos dos números anteriores[675].

6.3. As múltiplas construções doutrinárias existentes acerca dos critérios de quantificação de danos extrapatrimoniais

A problemática da fixação da indenização por danos morais perpassa questões singelas e intuitivas, tais como (i) não ser possível mensurar precisamente a extensão do dano e (ii) não ser possível restaurar os bens jurídicos lesados ao *status quo ante*[676].

---

(671) FRANÇA. Código Civil, Artículo 1.147. El deudor será condenado, si hubiera lugar, al pago de daños y perjuicios, bien en razón del incumplimiento de la obligación, o bien en razón del retraso en el cumplimiento, siempre que no justifique que el incumplimiento proviniera de una causa extraña a él y que no le pueda ser imputada, sin que hubiera habido mala fe por su parte.

(672) FRANÇA. Código Civil, Article 1.149.
Les actes courants accomplis par le mineur peuvent être annulés pour simple lésion. Toutefois, la nullité n'est pas encourue lorsque la lésion résulte d'un événement imprévisible.
La simple déclaration de majorité faite par le mineur ne fait pas obstacle à l'annulation.
Le mineur ne peut se soustraire aux engagements qu'il a pris dans l'exercice de sa profession.

(673) COUTINHO, Juliana Fehrenbach. *Dano moral*: do reconhecimento à problemática da quantificação. Tese de doutorado apresentada à Universidade de Granada, Espanha, 2012. p. 245.

(674) O relatório tem 64 páginas e pode ser baixado no endereço: <http://www.justice.gouv.fr/publications-10047/rapports-thematiques-10049/elaboration-dune-nomenclature-des-prejudices-corporels-11945.html>. Acesso em: 9 jan. 2018.

(675) PORTUGAL. Código Civil, Decreto-lei n. 47.344/1966, de 25 de Novembro.

(676) NASCIMENTO, Sônia Mascaro. *Assédio moral no trabalho*. 3. ed. São Paulo: LTr, 2015. p. 181.

Antes da entrada em vigor da Lei n. 13.467/2017, a doutrina já se esforçava no sentido de estabelecer parâmetros para a quantificação das indenizações por danos extrapatrimoniais.

Marcelo Freire Sampaio da Costa observa que, por construção doutrinária e jurisprudencial, a reparação civil de danos, seja ela patrimonial ou extrapatrimonial, tem as funções outrora já apresentadas, tais como (i) compensatória do dano à vítima; (ii) punitiva do ofensor, persuadindo-o a não mais lesar; (iii) dissuasória ou socioeducativa, uma vez que torna público que condutas semelhantes não serão mais toleradas.[677] O mesmo autor destaca que, na seara do dano coletivo, as vertentes punitiva e preventivo-pedagógica ou socioeducativa se destacam. Além disso, defende ser o sistema de tarifação inadequado para a mensuração do dano extrapatrimonial, por "amordaçar a distribuição da justiça", razão pela qual sua avaliação deve ser orientada pelos princípios da razoabilidade e da proporcionalidade[678].

Quanto ao tema, Amaury Rodrigues Pinto Júnior, mesmo antes da promulgação da Lei n. 13.467/2017, destacava que a ausência de parâmetros concretos para mensuração do dano moral possibilitava o surgimento de teorias doutrinárias que, ao buscarem critérios quantificadores da indenização, enxergavam na reparação do dano funções para além da compensatória ou indenizatória, como a punitiva ou dissuasória[679], acima referenciadas. Nesse contexto, ilustrando o ponto de vista, compilou acórdãos, inclusive dos Tribunais Superiores, reconhecendo e aplicando critérios punitivos quando da fixação indenizatória, mesmo diante da completa ausência de autorização legal e sequer sendo pacífico o entendimento sobre o direito brasileiro ter incorporado ou não tais funções da responsabilidade civil[680].

De qualquer modo, com a finalidade de se evitar que discricionariedade fosse sinônimo de arbitrariedade, bem como possibilitar maior racionalidade à prestação jurisdicional, garantindo obediência mínima ao princípio da isonomia, doutrina e jurisprudência trabalhista, vinham tentando fixar critérios que promovessem maior objetividade na fixação das indenizações por danos extrapatrimoniais, em razão da então absoluta ausência de critério legal, tarifado e objetivo. Nesse sentido, aliás, Sônia Mascaro Nascimento lembrava costumar lançar mão de dispositivos de leis que, embora não pudessem ser usados diretamente como critérios de arbitramento da indenização, aludiam a indicadores plausíveis de serem invocados quando dessa avaliação[681].

Xisto Tiago Medeiros Neto[682], por sua vez, sustenta que a reparação adequada, cujo valor deve ser arbitrado pelo juiz observando quantia suficiente para dissuadir outras condutas danosas semelhantes, para os danos morais coletivos opera-se por meio de imposição judicial ao ofensor de uma parcela em dinheiro, cumprindo função sancionatória e pedagógica. Para o autor, a decisão judicial deveria trazer adequada motivação usando como argumentos elementos criteriosos para a composição do *quantum*, dada a exigência da cláusula constitucional do devido processo legal. Para Xisto Neto, a fixação da indenização deve considerar (i) a natureza, a gravidade e a repercussão da lesão — aqui, verifica-se o dano ocorrido, a essência e a relevância do interesse ofendido, o valor que representa para a sociedade, bem como a gravidade do dano, a extensão dos seus efeitos e se é reversível ou não; (ii) a situação econômica do ofensor — trata-se de verificação de ordem objetiva da condição financeira e patrimonial do ofensor, para alcance da função sancionatória e pedagógica que verdadeiramente deverá representar o valor a ser estabelecido em relação a conduta e em relação a terceiros; (iii) o proveito eventualmente obtido com a conduta ilícita — análise de eventuais benefícios ou vantagens auferidos pelo ofensor com a prática do ato ilícito, o que sinaliza a existência de motivação para realizar o dano; (iv) se a conduta é única ou retrata prática reiterada; (v) o grau de culpa ou do dolo, se presentes; (vi) o quanto a conduta seria reprovável socialmente — o magistrado aqui funciona como intérprete da realidade social, considerada para traduzir-se o critério de justiça exigido para a quantificação do dano.

Walmir Oliveira da Costa[683] divaga inicialmente ressalvando que, diante das dificuldades apresentadas para a mensuração e liquidação dos danos morais (aqui, extrapatrimoniais), alguns doutrinadores foram contrários à ideia

---

(677) COSTA, Marcelo Freire Sampaio. *Dano moral (extrapatrimonial) coletivo*. Leitura constitucional, civil e trabalhista: estudo jurisprudencial. São Paulo. LTr, 2009. p. 73-74.

(678) *Ibidem*, p. 75.

(679) PINTO JÚNIOR, Amaury Rodrigues. *A quantificação do dano:* acidente de trabalho e doenças ocupacionais. São Paulo. LTr., 2016. p. 139.

(680) *Ibidem*, 139-140.

(681) NASCIMENTO, Sônia Mascaro. *Assédio moral no trabalho*. 3. ed. São Paulo. Ed. LTr, 2015. p. 181.

(682) MEDEIROS NETO, Xisto Tiago de. *Dano moral coletivo*. 4. ed. São Paulo: LTr, 2014. p. 210 – 217.

(683) COSTA, Walmir Oliveira. *Dano moral nas relações laborais:* competência e mensuração. 2. ed. Curitiba: Juruá, 2013. p. 118-140.

de ressarcimento, uma vez que o dano moral não poderia ser expresso em dinheiro, não podendo ser atribuído valor econômico ao mesmo. Alerta, em seguida, que a insuficiência de recursos materiais abriria espaço para que diversas postulações desonestas fossem feitas sob a égide de eventuais sentimentos afetivos agredidos, situação que permitiria ao magistrado a aplicação de sanção por litigância de má-fé. A circunstância, porém, não pode servir como desestímulo para os que realmente façam jus ao ressarcimento pelos prejuízos uma vez experimentados. Quanto à discussão sobre os critérios de fixação do valor para os danos existentes, o legislador (à época da edição) traçaria parâmetros em pouquíssimos casos, motivo pelo qual o autor levara em consideração a doutrina de Carlos Alberto Bittar[684], a qual volta-se à apreciação das circunstâncias do caso concreto.

Bittar defende como ideia central do escopo de fixação do dano o sancionamento do ofensor (objetivando que o mesmo não volte a praticar atos que firam a personalidade de outrem), similar ao outrora defendido[685]. Nesse contexto, o ofendido faria jus à reparação por danos morais com componentes reparatório e punitivo. É dizer, visando compensar e atenuar o seu sofrimento, bem como atingir o patrimônio do ofensor em tal monta, que o mesmo não reitere a conduta de práticas agressoras de direitos personalíssimos.

Para Maria Helena Diniz,[686] a fixação do *quantum* deve competir, inexoravelmente, ao prudente arbítrio do magistrado. Ou seja, sustenta que, não havendo critérios legais, a fixação deva se dar por arbitramento.

Para Ives Gandra Martins,[687] na formulação do pedido de indenização por danos morais, todo aquele que pretenda receber dinheiro pela honra ferida deve quantificar a lesão, pelo que defende que a liquidação da indenização deve ser realizada por artigos e não por arbitramento, justificando, ainda, que não caberia ao magistrado definir quanto vale a dor da vítima. Para o autor, indenizações fixadas com base no pagamento de tantos salários ao empregado, ou mesmo que vincule de alguma forma ao tempo de serviço, não guardam a menor coerência, já que a natureza e a finalidade da indenização nada têm a ver com a duração do contrato ou com a remuneração recebida, exceto nos casos de práticas discriminatórias vedadas pela Lei n. 9.029/1995, que prevê reparação material no equivalente à contraprestação salarial.

Para casos de imputações graves que se configurem como crime, alerta o autor[688], poderão ser utilizados os critérios veiculados no Código Penal, com aplicação subsidiária ao processo do trabalho. Os critérios do art. 49 do Código para a fixação da pena de multa seriam basicamente os seguintes: (i) multa no grau máximo, 360 dias-multa, multiplicado pelo valor máximo do dia-multa, que corresponde a 5 vezes o salário mínimo; e (ii) o dobro da multa no grau máximo (1800 x 2 = 3.600 salários-mínimos).

Ives Gandra Martins[689] defende a utilização desses indicadores de modo geral, a partir da autorização do art. 8º da CLT. Aduz que, na ausência de normatização trabalhista específica (já que seu artigo tem data bem anterior à reforma trabalhista), os parâmetros constantes do Código Civil poderiam ser combinados às regras do Código Penal pertinentes aos crimes contra a honra para a determinação do valor compensatório do dano extrapatrimonial trabalhista. Ademais, indica também o art. 53, da Lei n. 5.260/1967[690] como fonte de subsídios importantes para o magistrado na tarefa de fixação de *quantum*.

---

(684) BITTAR, Carlos. Reparação civil por danos morais: a questão da fixação do valor. *Revista de Doutrina do Jornal Tribuna da Magistratura*, jul. 96. p. 34.

(685) *Ibidem*, p. 34.

(686) DINIZ, Maria Helena. A responsabilidade civil por danos morais. *Revista Literária de Direito*, p. 89, jan./fev. 1996.

(687) MARTINS, Ives Gandra. *Consultas e pareceres (cível)*. São Paulo: Revista dos Tribunais, 1995. p. 112-119.

(688) *Idem*.

(689) *Idem*.

(690) BRASIL. Lei n. 5.260/1967, art. 53. No arbitramento da indenização em reparação de dano moral o Juiz terá em conta, notadamente:

I – a intensidade do sofrimento do ofendido, a gravidade, a natureza e repercussão da ofensa e a posição social e política do ofendido;

II – a intensidade do dolo ou o grau da culpa do responsável, sua situação econômica e sua condenação anterior em ação criminal ou cível fundada em abuso no exercício da liberdade de manifestação do pensamento e informação;

III – a retratação espontânea e cabal, antes da propositura da ação penal ou cível, a publicação ou transmissão da resposta ou pedido de retificação, nos prazos previstos na lei e independentemente de intervenção judicial, e a extensão da reparação por esse meio obtida pelo ofendido.

Para Martins, os parâmetros da Lei n. 5.260/1967 seriam meramente indicativos e não determinantes, cabendo ao magistrado, ao analisar o caso concreto e suas singularidades, fixar a indenização pecuniária mais justa e eficaz à lesão moral experimentada, ainda que em monta superior.

Cláudio Antônio Soares Levada,[691] apesar de defender pensamento já superado, traz visão curiosa, pelo que vale ser mencionada. Para o autor, a melhor solução diante da falta de critérios legais para a fixação de danos morais (leia-se, extrapatrimoniais) seria a semelhante à do Código do Peru, de 1984. O referido diploma estabelece que o dano moral é indenizado considerando sua magnitude e o prejuízo causado ao ofendido e a sua família. São aspectos salientados pelo autor: (i) a necessidade de se demonstrar claramente a natureza do dano moral, qual seja, indenizatória; (ii) a necessidade de o magistrado considerar os motivos, as circunstâncias e as consequências da ofensa; (iii) a consideração não apenas do ofendido, mas também de sua família; (iv) a influência da situação social, cultural e econômica do ofensor e do ofendido; (v) a preocupação na fixação de limites mínimos e máximos para evitar o locupletamento indevido; (vi) a ponderação acerca da possibilidade de a situação ser reparada de forma diferente, que não indenização em pecúnia, quando, então, o magistrado terá maior flexibilidade; (vi) a completa independência e autonomia da indenização por eventual dano material.

Mauro Schiavi[692] afirma que o limite pecuniário da lesão experimentada pelo ofendido é tema dos mais delicados quando se aborda a questão do dano moral (igualmente, em sede do presente trabalho, referido como extrapatrimonial). A dificuldade residiria no fato de ser da própria essência do dano não haver expressão econômica, problema que não faz desaparecer o resultado causado, e muito menos dispensar a obrigação de reparação devida.

Para Schiavi,[693] a indenização deve ter, para o ofendido, caráter compensatório e, para o ofensor, função sancionatória. O desafio residiria no arbitramento de quantia eficaz ao atendimento de ambas as funções acima referidas. As liquidações por cálculo ou por artigo são descartadas pelo autor, já que impossível se provar o prejuízo moral. Para ele, o valor da indenização deveria ser veiculado logo na sentença. Isso porque o magistrado que julgou o processo é aquele que teve o sentimento da causa, que colheu os depoimentos, viu as partes e, certamente, quem terá elementos mais seguros para a fixação da indenização. Além disso, referir-se à fixação do dano extrapatrimonial na sentença é desde logo torná-la líquida, possibilitando ao tribunal *ad quem* apreciar em eventual recurso também o montante fixado e o valor da indenização.

Schiavi[694] rememora os arts. 59 do Código Penal[695] e o art. 84 do Código de Telecomunicação[696], criticando a jurisprudência favorável à aplicação analógica do art. 478[697] da CLT, a qual fixa a indenização por danos morais em um salário por ano de serviço, critério que, segundo o autor, revelar-se-ia injusto na maioria dos casos, podendo alçar indenizações excessivas, e em outros, irrisórias. Seguindo o mesmo entendimento da Súmula n. 281 do STJ[698], o

---

(691) LEVADA, Cláudio Antônio Soares. *Liquidação de danos morais.* 2. ed. Campinas: Copola, 1997. p. 73-83.

(692) SCHIAVI, Mauro. *Ações de reparação por danos morais decorrentes da relação de trabalho.* 4. ed. São Paulo: LTr, 2011. p. 275-283.

(693) Idem.

(694) Idem.

(695) BRASIL. Código Penal, art. 59. O juiz, atendendo à culpabilidade, aos antecedentes, à conduta social, à personalidade do agente, aos motivos, às circunstâncias e consequências do crime, bem como ao comportamento da vítima, estabelecerá, conforme necessário e suficiente para reprovação e prevenção do crime:

I – as penas aplicáveis dentre as cominadas;

II – a quantidade de pena aplicável dentro dos limites previstos;

III – o regime inicial de cumprimento da pena privativa de liberdade;

IV – a substituição da pena privativa da liberdade aplicada, por outra espécie de pena, se cabível

(696) BRASIL. Código de Telecomunicação, art. 84. Na estimação do dano moral, o juiz terá em conta, notadamente, a posição social ou política do ofensor, a intensidade do ânimo de ofender, a gravidade e a repercussão da ofensa.

(697) BRASIL. Consolidação das Leis do Trabalho, art. 478. A indenização devida pela rescisão do contrato por prazo indeterminado será de um mês de remuneração por ano de serviço efetivo, ou por ano e fração igual ou superior a seis meses.

(698) BRASIL. Superior Tribunal de Justiça, Súmula n. 281. A indenização por dano moral não está sujeita à tarifação prevista na Lei de Imprensa

autor refere-se ao Enunciado n. 51[699] da Primeira Jornada de Direito Material e Processual do Trabalho realizada no TST. Schiavi[700] desenvolve os seguintes critérios para a fixação do *quantum*: (i) o dano moral não pode ser valorado economicamente; (ii) o dano deve ser avaliado no caso concreto, segundo suas peculiaridades de tempo e o lugar onde o mesmo ocorreu; (iii) devem ser analisados o perfil do ofensor e do ofendido; (iv) a conduta do ofensor, ou seja, se incorreu em dolo ou em culpa, e em que nível, deve ser levada em consideração; (v) mister considerar os danos atuais e os prejuízos futuros; (vi) o magistrado deve orientar-se por razoabilidade, equidade e justiça; (vii) a proteção efetiva da dignidade da pessoa humana deve ser buscada; (viii) o tempo de serviço do trabalhador deve ser considerado; (ix) necessário atender à função social do contrato de trabalho, da propriedade e da empresa; (x) buscar inibir que o ato ilícito se repita; (xi) ainda que se reconheça a impossível exatidão quanto à fixação da indenização, deve-se chegar ao mais próximo possível; (xii) é preciso considerar a economia do país, bem como o custo de vida de onde o ofendido reside. Como os demais autores, Schiavi se preocupa com o subjetivismo atribuído ao magistrado quando da fixação do *quantum* indenizatório, salientando que o magistrado deve ter em mente que o Judiciário não pode se tornar local onde ações para enriquecimento sem causa sejam facilitadas, defendendo o autor, na edição de 2011, a necessidade de se regulamentar os critérios objetivos para a mensuração do dano moral, visando restringir tal subjetivismo.

João Oreste Dalazen[701] também desenvolve critérios e prioridades a serem observados na fixação da indenização por danos extrapatrimoniais. Seriam eles: (i) compreender que o dano moral em si é incomensurável e, por isso, impossível a aplicação de fórmulas matemáticas com vistas a prefixar um número, sendo ilusória a apuração de soma pecuniária que corresponda ao valor intrínseco preciso dos bens morais ofendidos; (ii) considerar a gravidade objetiva do dano, o que significa analisar a extensão e a profundidade da lesão, tomando-se em conta os meios empregados na ofensa, as sequelas deixadas, a intencionalidade do agente etc.; (iii) levar em consideração a intensidade do sofrimento experimentado pelo ofendido, que é um indicador individual e variável. Lesões igualmente graves objetivamente podem provocar sofrimentos diferentes às pessoas, segundo a maior ou menor sensibilidade física ou moral de cada um. Importa, sempre, a personalidade da vítima; (iv) considerar a personalidade – antecedentes, grau de culpa, índole etc. e o maior ou menor poder econômico do ofensor; (v) levar em consideração o contexto econômico do país, sendo inconcebível que o magistrado fixe valor de dano moral isolado dessa realidade; (vi) considerar a razoabilidade e a equitatividade. Isso evita que um valor exagerado seja arbitrado, ao ponto de levar a casos de enriquecimento sem causa ou à ruína financeira do ofensor ou que, de outro lado, seja fixado valor tão baixo a ponto de não cumprir com a função inibitória.

Paulo Roberto Benasse[702] expõe ao longo de sua obra o contraste entre os sistemas tarifado e o não tarifado de indenização, defendendo a fixação de parâmetros que limitem máximo e mínimo a ser observado nas indenizações, sem engessamento dos valores propriamente ditos. O referido autor registra sua discordância quanto ao entendimento propagado na época do IX Encontro dos Tribunais de Alçada do Brasil, realizado em São Paulo, que concluiu que a indenização por danos morais devesse ter caráter exclusivamente compensatório, levando em consideração os critérios da proporcionalidade e da razoabilidade.

Alexandre Agra Belmonte[703] propõe a utilização de três métodos para a fixação dos danos morais: consensual – quando decorrente de acordo entre as partes; judicial – quando resulta da fixação pelas vias judiciais próprias; e por arbitramento privado – quando as partes lançam mão de árbitro para fixar a indenização, que pode, por sua vez, ser *in natura* ou *in pecunia*.

Em sua obra, Agra Belmonte confessa acreditar que a melhor solução para a questão seja a análise do caso concreto e o arbitramento judicial, considerando as diversas singularidades possivelmente presentes na ofensa, defendendo, porém, o estabelecimento de parâmetros que guiem a fixação do *quantum* do dano moral em pecúnia.

---

(699) BRASIL. Primeira Jornada de Direito Material e Processual do Trabalho realizada no TST, Enunciado n. 51. RESPONSABILIDADE CIVIL. DANOS MORAIS. CRITÉRIOS PARA ARBITRAMENTO. O valor da condenação por danos morais decorrentes da relação de trabalho será arbitrado pelo juiz de maneira equitativa, a fim de atender ao seu caráter compensatório, pedagógico e preventivo.

(700) SCHIAVI, Mauro. *Ações de reparação por danos morais decorrentes da relação de trabalho*. 4. ed. São Paulo: LTr, 2011. p. 275-283.

(701) DALAZEN, João Oreste. Aspectos do dano moral trabalhista. Revista do TST, Brasília, vol. 65, n. 1, p. 78, out./dez. 1999.

(702) BENASSE, Paulo Roberto. *A personalidade, os danos morais e sua liquidação de forma múltipla*. Rio de Janeiro: Forense, 2003. p. 117-161.

(703) BELMONTE, Alexandre Agra. *Tutela da composição dos danos morais nas relações de trabalho*. Identificação das ofensas morais e critérios objetivos para quantificação. São Paulo: LTr, 2014. p. 222-238.

Para o autor, as condições econômicas dos envolvidos devem importar aumento ou diminuição do *quantum* da indenização, devendo a mesma ser significativa para quem paga e cumpridora de caráter pedagógico. Ademais, propõe que sejam avaliados como critérios gerais o poder ofensivo do ato violador, consideradas a natureza e efeitos da ofensa, bem como as circunstâncias em que ela tenha ocorrido[704]. Cada um desses itens irá considerar subitens internos que poderão, por sua vez, servir de atenuantes ou agravantes na fixação da indenização. Agra Belmonte alerta para que a gravidade objetiva da ofensa seja sempre apreciada: ofensa mais grave deve desafiar resposta maior, indenização mais elevada.

Em relação aos efeitos da ofensa, destaca os subitens relacionados à dor da vítima, quais sejam, intensidade ou grau de sofrimento, privação ou humilhação presumidos, reflexos pessoais e sociais do ato, extensão e duração das consequências, permanência ou temporalidade do dano, possibilidade de superação física ou psicológica da ofensa. Dependendo dos instrumentos utilizados ou do ambiente em que a ofensa seja perpetrada, o dano pode ter maior ou menor repercussão. A situação econômica do ofensor deverá servir de elemento atenuante ou agravante. Agra Belmonte não releva as condições sociais e econômicas do ofendido que, excepcionalmente, poderão influir no valor da indenização, bem como a popularidade e a posição ocupada pela vítima diante da repercussão de uma agressão à honra ou à imagem, que igualmente deverão ser considerados na avaliação do valor arbitrado. Deverá ser levada em consideração, ainda, a própria atitude do empregador diante do dano produzido, podendo servir, inclusive, como circunstâncias atenuantes à retratação espontânea e o efetivo esforço para minimizar a ofensa ou lesão, bem como o perdão, tácito ou expresso[705].

Outra circunstância a ser considerada no caso concreto é a originalidade ou reincidência da conduta. Conduta reincidente corresponde não só a circunstância agravante, como também à constatação de que o valor anteriormente fixado pelo mesmo fato não serviu para coibir novas práticas de ilícitos[706].

Belmonte apresenta classificação tríplice de tipologia de ofensas: as físicas – limitações originadas de lesões físicas; as estéticas — deformidades aparentes e; as morais e psicológicas — atos de discriminação, assédios moral e sexual, ofensas à intimidade, privacidade, honra e imagem etc.[707].

Para os danos morais individuais, propõe o seguinte método de mensuração da indenização: (i) uso de parâmetros gerais para avaliar o poder ofensivo, tal como preceitua o art. 944 do Código Civil: integralidade da indenização, avaliada segundo os critérios da proporcionalidade e da razoabilidade; (ii) critérios de ordem objetiva para avaliação da proporcionalidade e da razoabilidade; (iii) fixação de indenização-base em duas vezes o salário médio do brasileiro, evitando, assim, que o trabalhador que recebe menos tenha, como ponto de partida na avaliação, indenização inferior à daquele que tem ganhos maiores; (iv) consideração de agravantes e atenuantes para majoração ou minimização da indenização, com atribuição de multiplicadores e divisores segundo as variáveis do poder ofensivo; e (v) respeito ao princípio da razoabilidade, para adequação às finalidades punitiva e pedagógica conforme as possibilidades do ofensor, a originalidade ou reincidência da conduta e eventual retratação espontânea ou efetivo esforço para minimizar a ofensa ou lesão, para mediante a equidade atender às finalidades punitiva e pedagógica em concreto[708].

O método proposto por Belmonte preserva o poder discricionário do magistrado na análise do caso concreto e na mensuração do *quantum*, uniformizando, porém, as bases de conhecimento do poder ofensivo e dos efeitos do dano, segundo o porte da empresa[709].

---

(704) BELMONTE, Alexandre Agra. *Tutela da composição dos danos morais nas relações de trabalho*. Identificação das ofensas morais e critérios objetivos para quantificação. São Paulo: LTr, 2014. p. 222-238.

(705) *Idem*.

(706) Para Enoque dos Santos: "Quanto à reincidência, por motivos óbvios, demonstra maior desprezo do ofensor pelas regras e princípios integrantes do ordenamento jurídico, o que constitui aspecto inaceitável para qualquer sistema que visa erigir como valor importante a justiça, incrementando o *quantum* reparatório." SANTOS, Enoque Ribeiro dos. *O dano moral na dispensa do empregado*. 6. ed. São Paulo: LTr, 2017. p. 67.

(707) BELMONTE, Alexandre Agra. *Tutela da composição dos danos morais nas relações de rrabalho*. Identificação das ofensas morais e critérios objetivos para quantificação. São Paulo: LTr, 2014. p. 222-238.

(708) *Idem*.

(709) *Idem*.

Sinteticamente, seriam circunstâncias agravantes do poder ofensivo: a natureza da ofensa, o grau de culpa do ofensor e o tempo de exposição ou efeitos da ofensa; a possibilidade econômica do ofensor e a originalidade ou reincidência da conduta.

Já em relação aos efeitos da ofensa, os elementos a serem ponderados seriam: a dor presumida da vítima, a repercussão do ato lesivo, a extensão e duração das consequências da ofensa.

Para a apuração do valor moderado, seriam variáveis a originalidade ou reincidência do ato violador e a retratação espontânea ou efetivo esforço para minimizar a ofensa ou lesão e o perdão, tácito ou expresso[710].

Maria Francisca Carneiro[711] propõe discussão sobre os danos morais (extrapatrimoniais) e possível quantificação, partindo de ponto de observação diverso. Critica o fato de que atualmente prevaleçam métodos quantitativos sobre qualitativos, propondo novel metodologia complementar e estruturada nas categorias kantianas de modo e relação.

Em verdade, o método proposto não seria servil a propriamente quantificar o dano moral, etapa posterior resultante das tarefas conjuntas daqueles que executam e aplicam o Direito. A tarefa seria descobrir e falar mais sobre os danos morais, produzindo conhecimentos mais diversificados, alcançando a possibilidade de obter, por sua vez, novos métodos mais efetivos para a mensuração dos danos. A autora ressalta que a quantificação e a objetivação não se confundem. Esta última deve preceder àquela no processo. Em suma, o objetivo da autora seria conhecer e falar mais sobre o dano moral, e não propor critérios para quantificação. Usando linguagem comparativa, a autora aborda que é falsa a oposição entre qualidade e quantidade, critérios que devem ser complementados, dependendo da condução discursiva-argumentativa que se adote. Propõe um esquema puramente teórico, sem sequer citar exemplos práticos, sugerindo uma valoração modal e relacional do dano moral, a cumprir as etapas diferenciadas. Primeiramente, analisa um caso concreto de dano moral, nada impedindo que outrora tenha sido submetido aos métodos de valoração já usados pelo direito. A partir de então, apresenta algumas classes que correspondem a diversos estágios da personalidade humana, suscetíveis de perturbação por dano moral; são elas: (i) *stéresis*, privação do que nos é necessário; (ii) *ataraxia*, equilíbrio psíquico pela ausência de paixões, sejam elas positivas ou negativas; (iii) *autenticidad*, vida pessoal, de onde a voz *biós* é empregada com rigor; (iv) *eleútheros*, por fazer bem, se basta em si mesmo, é independente; e (v) *andreía*, que pode ser entendida como a capacidade de reação, valentia e enfrentamento das circunstâncias, é o estado de alerta em uma situação posta[712].

Nessa etapa, o caso concreto de dano moral analisado deve ser submetido à valoração em relação às perturbações de múltiplos estágios da personalidade[713].

Por fim, a autora trata de elementos lógico-racionais que devem ser incluídos em um esquema de classes e modos, cujas categorias aludidas são: *reflexividad, simetria, transitividade* e *conexidad*. Tal relação deve ser descritiva, uma vez que o objetivo é produzir falas alternativas sobre o dano moral e propor que, ao fim da descrição por relações, as propriedades acabem por integrar-se umas com as outras. Tal método pode ser usado tanto nos casos de dano moral puro como nos que se acumulam com prejuízos de outra ordem[714].

Maria Celina Bodin de Moraes[715] informa que a jurisprudência, ao aumentar as hipóteses que protegem o dano moral e entender que os danos morais se presumem prescindindo da concreta verificação e avaliação dos prejuízos

---

(710) BELMONTE, Alexandre Agra. *Tutela da composição dos danos morais nas relações de trabalho*. Identificação das ofensas morais e critérios objetivos para quantificação. São Paulo: LTr, 2014. p. 222-238.

(711) CARNEIRO, Maria Francisca. *Un procedimiento para colaborar con la valuación del daño moral (o modos, relaciones y espesura del lenguaje en la valuación del daño moral*. Dano moral e direitos fundamentais: uma abordagem multidisciplinar. Curitiba: Juruá, 2013. p. 269-277.

(712) *Idem*.

(713) A *stéresis*, analisada de forma substancial ou acidental em virtude do dano moral produzido quanto às privações e necessidades. A *ataraxia* como consequência do ato danoso, pode dar-se por *apatheia* — desânimo para atuar — ou por *abstine* — abstenção. A *autenticidad* poder ser perturbada no seu aspecto *bios* — vida anatômica e fisiológica — ou no âmbito da *psiché* — vida psíquica e espiritual. A *eleútheros* pode ser prejudicada na sua manifestação como *poiésis* — capacidade referencial dos segmentos da vida — ou como *ergon* — perda da capacidade concreta da atividade social e laboral. A *andreía*, por fim, ao ser afetada pelo dano moral, deve ser levada em conta quanto a sua perspectiva de recuperação, se pode ser transformada pela *áskesis* — exercícios e terapias, ou pela *circunstantia* — curso natural da vida. Ibidem, p. 269-277.

(714) CARNEIRO, Maria Francisca. *Un procedimiento para colaborar con la valuación del daño moral (o modos, relaciones y espesura del lenguaje en la valuación del daño moral*. Dano moral e direitos fundamentais: uma abordagem multidisciplinar. Curitiba: Juruá, 2013. p. 269-277.

(715) MORAES, Maria Celina Bodin de. *Danos à pessoa humana*: uma leitura civil-constitucional dos danos morais. Rio de Janeiro: Renovar, 2007. p. 265 e ss.

causados, contribui para a tendência de proteção humana. Qualquer violação de um direito extrapatrimonial serve para substantificar o princípio da dignidade da pessoa humana, fazendo nascer o dever de indenizar, uma vez que o interesse do ofendido não deve ser ignorado.

Fazendo leitura constitucional do instituto, observa que a reparação do dano moral não poderá ser limitada e direcionada por imposição de limites máximos por legislação infraconstitucional (cada lesão deve ser avaliada separadamente, analisada em relação à pessoa do ofendido), bem como em relação à prova do dano. Entretanto, Maria Celina sustenta que uma parcela componente da indenização pelo dano extrapatrimonial deverá dizer respeito às condições pessoais da vítima como meio de se alcançar a reparação integral. Essa parcela deve ser minuciosamente provada, ou seja, sempre que existirem danos especiais àquela vítima será necessária prova especial. [716] Somente os elementos atinentes às condições pessoais da vítima e à dimensão do dano – tanto na repercussão social quanto na sua gravidade, devem ser considerados. Esse é o método adequado pra determinar o *quantum* de forma eficiente em relação ao caso concreto, atentando sempre às singularidades apresentadas [717].

A necessidade de reparação de um dano moral surge quando um interesse de ordem extrapatrimonial ora protegido pelo ordenamento jurídico sofre injusta agressão, momento no qual o próprio ordenamento confere ao magistrado ampla liberdade para arbitrar o *quantum* indenizatório, vez que adotado o sistema do livre arbitramento, que tem sido o mais indicado por apresentar menos problemas e por trazer maior justiça e segurança. Para isso (a quantificação), a autora elenca alguns critérios costumeiramente repassados pela doutrina (extensão do prejuízo, grau de culpa etc.). Os parâmetros propostos pela autora são: (i) o grau de culpa e a intensidade do dolo do ofensor ou a dimensão da culpa, sugerindo mais um juízo de punição do que de compensação, ressaltando que o ofensor deve pagar mais se agiu com dolo ou com culpa em maior grau, independente da extensão do dano; (ii) a situação econômica do ofensor, a qual configura o verdadeiro indicador da punição, devendo sempre ser lido em conjunto com o porte econômico do ofendido, para que não haja enriquecimento sem causa de um às custas do outro; (iii) a natureza, a gravidade e a repercussão da ofensa; (iv) as condições pessoais do ofendido e (v) a intensidade de seu sofrimento[718].

Mauricio Godinho Delgado faz alusão a cinco critérios orientadores da valoração do dano moral, quais sejam, (i) o ato ofensivo; (ii) a relação do ato ofensivo com a comunidade; (iii) a relação com a pessoa do ofendido; (iv) a relação com a pessoa do ofensor e (v) a existência ou não de retratação espontânea.[719] Com relação ao ato ofensivo, o autor entende que devem ser consideradas sua forma, gravidade e extensão temporal. Quanto ao ato ofensivo e sua repercussão na comunidade, deve-se atentar para a intensidade de sua repercussão. Em relação à pessoa do ofendido, analisa-se o nível e a intensidade de seu sofrimento, além do seu grau de instrução, fazendo-se o mesmo em relação ao ofensor[720].

Por sua vez, Rui Stocco defende a possibilidade de fixação de parâmetros monetários mínimos e máximos dentro dos quais deveria ser arbitrado o valor da indenização dos danos morais[721]. O autor defende a adoção, pelo Código Civil, de um sistema tarifado, estabelecendo-se margens mínimas e máximas, ainda que elásticas, de modo que o julgador tenha certa liberdade e discricionariedade limitadas na fixação do valor. Além disso, defende a previsão de causas de aumento e diminuição, expressas em salários-mínimos, bem como a existência de circunstâncias particularizadoras[722].

Sônia Mascaro Nascimento destaca que a jurisprudência do Superior Tribunal de Justiça e dos Tribunais Regionais do Trabalho, considerando os critérios cunhados pela doutrina, consideram que a valoração da indenização por danos morais deve se pautar pelos princípios da razoabilidade e da proporcionalidade, bem como pela (i) extensão e gravidade do dano; (ii) extensão da dor do ofendido; (iii) repercussão social do dano; (iv) possibilidade econômica do ofensor; (v) análise do dolo ou culpa com que o ato foi cometido; (vi) reincidência; (vii) retratação espontânea e (viii) caráter

---

(716) MORAES, Maria Celina Bodin de. *Danos à pessoa humana:* uma leitura civil-constitucional dos danos morais. Rio de Janeiro: Renovar, 2007. p. 265 e ss.

(717) *Idem.*

(718) *Idem.*

(719) DELGADO, Mauricio Godinho. *Curso de direito do trabalho.* 16. ed. São Paulo: LTr, 2017. p. 712-719.

(720) *Idem.*

(721) Conforme entendimento de STOCCO, Rui. *Tratado de responsabilidade civil.* 6. ed. São Paulo: RT, 2004.

(722) *Idem.*

didático da condenação.[723] Além disso, a mesma autora entende que a aplicação por analogia do art. 7º, da Lei n. 12.846/2013[724] e, em especial, do seu inciso VIII, pode contribuir para a complementação desses critérios. Tal dispositivo legal considera a cooperação da pessoa jurídica para a apuração das infrações, além da existência de mecanismos internos de *compliance* que, desde que adaptados ao direito do trabalho, consistem em mecanismos objetivos aptos a auxiliarem no arbitramento da indenização por danos morais[725].

6.3.1. Os critérios de quantificação de danos extrapatrimoniais por Enoque Ribeiro dos Santos: edição anterior e posterior à reforma

Enoque Ribeiro dos Santos, em sua obra "Dano moral na dispensa do empregado"[726], dispõe existir subsidiariedade do direito civil em relação ao direito do trabalho e por isso a querela tão sempre tormentosa para a fixação do *quantum* da indenização pode ser resolvida pela aplicação de alguns dos dispositivos constantes do Código Civil tais quais os arts. 944, 950, 951, 953 e 954[727]. A indenização paga ao trabalhador deveria ser plena, podendo abranger, inclusive, o dano material (se existente).

Na quinta edição de sua obra, pretérita à reforma, Enoque apresentava alguns critérios que deveriam orientar o magistrado na tentativa de apuração do *quantum* do dano moral devido, quais sejam: (i) as condições econômicas, sociais e culturais do ofensor e, principalmente, do ofendido; (ii) a intensidade do sofrimento do ofendido; (iii) a gravidade da repercussão da ofensa; (iv) a posição do ofendido; (v) a intensidade do dolo ou, ainda, o grau de culpa do ofensor; (vi) se existente ou não arrependimento (evidenciado por fatos concretos); (vii) ter havido ou não retratação espontânea; (viii) a equidade; (ix) experiência e bom-senso; (x) a situação econômica dos pais e dos litigantes; (xi) o discernimento do ofendido e do ofensor; e (xii) em casos de indenização trabalhista, a personalidade do empregado ofendido.

---

(723) NASCIMENTO, Sônia Mascaro. *Assédio moral no trabalho*. 3. ed. São Paulo: LTr, 2015. p. 185.

(724) BRASIL. Lei n. 12.846/2013, art. 7º. Serão levados em consideração na aplicação das sanções:

I – a gravidade da infração;

II – a vantagem auferida ou pretendida pelo infrator;

III – a consumação ou não da infração;

IV – o grau de lesão ou perigo de lesão;

V – o efeito negativo produzido pela infração;

VI – a situação econômica do infrator;

VII – a cooperação da pessoa jurídica para a apuração das infrações;

VIII – a existência de mecanismos e procedimentos internos de integridade, auditoria e incentivo à denúncia de irregularidades e a aplicação efetiva de códigos de ética e de conduta no âmbito da pessoa jurídica;

IX – o valor dos contratos mantidos pela pessoa jurídica com o órgão ou entidade pública lesados;

Parágrafo único. Os parâmetros de avaliação de mecanismos e procedimentos previstos no inciso VIII do *caput* serão estabelecidos em regulamento do Poder Executivo federal.

(725) NASCIMENTO, Sônia Mascaro. *Assédio moral no trabalho*. 3. ed. São Paulo: LTr, 2015. p. 185.

(726) SANTOS, Enoque Ribeiro dos. *Dano moral na dispensa do empregado*. 5. ed. São Paulo: LTr, 2015. p. 244-255 e 268-269.

(727) BRASIL. Código Civil, art. 944. A indenização mede-se pela extensão do dano.

Parágrafo único. Se houver excessiva desproporção entre a gravidade da culpa e o dano, poderá o juiz reduzir, equitativamente, a indenização.

BRASIL. Código Civil, art. 950. Se da ofensa resultar defeito pelo qual o ofendido não possa exercer o seu ofício ou profissão, ou se lhe diminua a capacidade de trabalho, a indenização, além das despesas do tratamento e lucros cessantes até o fim da convalescença, incluirá pensão correspondente à importância do trabalho para que se inabilitou, ou da depreciação que ele sofreu.

Parágrafo único: O prejudicado, se preferir, poderá exigir que a indenização seja arbitrada e paga de uma só vez.

BRASIL. Código Civil, art. 951. O disposto nos arts. 948, 949 e 950 aplica-se ainda no caso de indenização devida por aquele que, no exercício de atividade profissional, por negligência, imprudência ou imperícia, causar a morte do paciente, agravar-lhe o mal, causar-lhe lesão, ou inabilitá-lo para o trabalho.

BRASIL. Código Civil, art. 953. A indenização por injúria, difamação ou calúnia consistirá na reparação do dano que delas resulte ao ofendido.

Parágrafo único: Se o ofendido não puder provar prejuízo material, caberá ao juiz fixar, equitativamente, o valor da indenização, na conformidade das circunstâncias do caso.

BRASIL. Código Civil, art. 954. A indenização por ofensa à liberdade pessoal consistirá no pagamento das perdas e danos que sobrevierem ao ofendido, e se este não puder provar prejuízo, tem aplicação o disposto no parágrafo único do artigo antecedente.

A reparação do dano extrapatrimonial laboral, portanto, deveria ser pautada pelo *status* social do empregado, levando em consideração também a imagem que goza perante a sociedade e o mercado de trabalho. Ademais, o magistrado, no arbitramento do valor indenizatório deveria levar em conta o grau de culpa do agente, a extensão do dano causado à vítima e também a sua família, bem como se tenha havido participação do ofendido no próprio resultado danoso. Desde sempre o autor repelia o sistema tarifado como solução para os problemas de quantificação, pelo natural afastamento do juiz da possibilidade de considerar filigranas e peculiaridades no caso concreto.

Para Enoque dos Santos, enquanto o dano moral individual se pautaria pelo art. 944 CC[728], o dano moral coletivo, com natureza objetiva, em determinados casos, pode ser quantificado pelo valor mínimo pecuniário do que o empregador eventualmente tenha auferido ou economizado[729] com a conduta lesiva.

Para a fixação dos danos morais individuais o autor propunha o seguinte: (i) valor mínimo da reparação por dano moral individual seria a consideração de cinco vezes a remuneração mensal do empregado ou, ainda, R$ 5.000,00 (cinco mil reais), devendo ser considerado o maior valor entre ambas as quantias; (ii) valor médio da reparação por dano moral individual seria 10 vezes a remuneração mensal do empregado ou, ainda, R$ 30.000,00 (trinta mil reais), considerado o maior valor entre as quantias; (iii) valor máximo, por sua vez, seria deixado ao prudente arbítrio do magistrado, a considerar a gravidade da ofensa, os danos morais e estéticos, bem como as consequências originadas da lesão.

O doutrinador entende que o estabelecimento de critérios objetivos, como ora proposto pela Reforma Trabalhista, promoverá uma parametrização do valor da reparação aos magistrados e aplicadores do direito, bem como uma maior previsibilidade e segurança jurídica aos atores sociais[730].

Contudo, o autor faz a pertinente ressalva de que a dignidade humana não é mensurável, portanto, não considera ponderável a utilização de idênticos parâmetros para todos os indivíduos[731].

6.3.2. Os critérios de quantificação de danos extrapatrimoniais por Amaury Rodrigues Pinto: empatia com aportes para uma sistematização consciente e objetiva

Em que pesem os mais diversos critérios até aqui apontados, nas palavras de Amaury Rodrigues Pinto Júnior:

> Se a doutrina ainda não encontrou a fórmula adequada, a jurisprudência também parece muito longe de fazê-lo. O princípio da razoabilidade tem sido invocado de forma simplória e simplista para justificar a fixação ou modificação de valores, sem comprometimento com uma sistematização coerente de critérios e parâmetros. Fala-se, ainda, em equidade como critério para quantificação de danos extrapatrimoniais, mas esse conceito é tão vago e subjetivo que não possibilita a menor definição em termos de fixação de valores. É apenas mais um rótulo para justificar o arbitramento destituído de critério objetivo[732].

Diante da realidade tão bem observada, o autor procura elencar critérios para quantificação da indenização por dano moral que ofereçam um mínimo de objetividade, recorrendo, inclusive, ao direito comparado, primordialmente ao direito francês, ressaltando, contudo, ser um contrassenso pretender quantificar patrimonialmente o dano moral, razão pela qual o princípio da reparação integral seria inaplicável para a fixação monetária de danos não patrimoniais, uma vez impossível medir a extensão do dano e, consequentemente, conhecer sua integralidade[733].

Assim, o autor, tal como defendido no presente trabalho, também se posiciona no sentido contrário até mesmo da doutrina que propugna a aplicação mitigada do princípio da reparação integral na seara indenizatória dos danos extrapatrimoniais. Além disso, observa que a fixação do *quantum* indenizatório não pode se nortear por princípios

---

(728) BRASIL. Código Civil, art. 944. A indenização mede-se pela extensão do dano.
Parágrafo único. Se houver excessiva desproporção entre a gravidade da culpa e o dano, poderá o juiz reduzir, equitativamente, a indenização.

(729) O valor economizado é justamente o que pode servir como parâmetro mínimo de fixação do dano moral coletivo, objetivando inibir a atitude empresarial de economizar recursos financeiros, descumprindo normas de ordem pública.

(730) SANTOS, Enoque Ribeiro dos. *Dano moral na dispensa do empregado.* . ed. São Paulo: LTr, 2017. p. 300.

(731) *Ibidem*, p. 301.

(732) PINTO JÚNIOR, Amaury Rodrigues. *A quantificação do dano*: acidente de trabalho e doenças ocupacionais. São Paulo: LTr., 2016. p. 137.

(733) *Idem*.

e raciocínios próprios da reparação dos prejuízos materiais, uma vez que a característica imaterial do dano impede a objetivação de valores, de modo que o arbitramento judicial se mostra como solução inevitável, levando-se em conta, como critério fundamental, a gravidade da lesão, ainda que se tenha de substituir medidas aritméticas por uma ponderação axiológica[734].

Visando ao equilíbrio e à coerência necessários na fixação dos valores compensatórios, Amaury Rodrigues Pinto Junior propõe uma hierarquização axiológica dos prejuízos extrapatrimoniais, que deverá ser realizada em duas etapas sucessivas, quais sejam, (i) objetiva, considerando-se a relevância do bem jurídico lesado e dos prejuízos sofridos pela vítima, e (ii) subjetiva, levando-se em conta peculiaridades do caso submetido à análise jurisdicional[735].

Nesse sentido, destaca que a primeira etapa, de matiz objetivo, consistiria na hierarquização principal, que fornecerá a base fundamental do arbitramento médio ao se considerar a proposta sistematizadora dos bens jurídicos com base na tradicional Nomenclatura Dintilhac, de origem francesa. Outrossim, entende que será necessária a fixação de valores monetários harmônicos a essa hierarquização objetiva, estabelecendo-se "patamares compensatórios com razoável margem de discricionariedade, que possibilite ao magistrado fazer adequação do *quantum* às peculiaridades do caso concreto", ou seja, a partir do matiz subjetivo[736].

Com o objetivo de evitar maior abstração em uma matéria já deveras sujeita a discricionariedade, Amaury Rodrigues Pinto Júnior ressalta que, mesmo na segunda etapa de hierarquização, ou seja, na de viés subjetivo, só devem influir no arbitramento do valor compensatório as peculiaridades do caso concreto que estejam associadas à gravidade da lesão (extensão do dano)[737]. Assim, nas palavras desse autor, "a compensação deverá observar a exata medida (ainda que medida axiológica) da gravidade da lesão (extensão do dano) e, portanto, só as peculiaridades que influenciarem esse fator ponderativo poderão ser consideradas na ocasião da segunda etapa do arbitramento"[738].

Se, por um lado, o patrimônio do lesado não deve ser ponderado como fator apto a influenciar no *quantum* indenizatório, por outro, devem ser considerados, pelo órgão julgador, fatores como a idade da vítima, suas ocupações habituais e seu estado de saúde.[739] Em todo caso, diante da situação concreta, caberá ao magistrado ponderar se determinada circunstância tem influência na gravidade da lesão e, em caso positivo, relacioná-la, explicitando de que forma e em que intensidade ela influi na configuração do dano, de modo a fundamentar minuciosamente seu trabalho de arbitramento. Além disso, não pode deixar de considerar a natureza dos prejuízos decorrentes da lesão.[740]

Ainda visando trazer maior objetividade à fixação da indenização por danos extrapatrimoniais, Amaury Rodrigues Pinto Júnior evoca a diferenciação entre dano-evento e dano-prejuízo, ambos contidos na noção de dano como gênero[741], consistindo em dois momentos distintos – ainda que ocorram concomitantemente – imprescindíveis à configuração da responsabilidade civil, uma vez que sem prejuízo não há dano e sem dano não há obrigação de indenizar[742]. O primeiro momento (dano-evento) consiste na lesão ao direito subjetivo que atinja bens jurídicos extrapatrimoniais. O segundo, por sua vez, que pode ocorrer ou não de forma imediata ao primeiro, refere-se aos prejuízos derivados da lesão. Desse modo, "em razão de lesão a bem jurídico (dano-evento) podem surgir múltiplas consequências relevantes (dano-prejuízo)"[743]. O mesmo autor observa que, na prática judiciária brasileira, mesmo que as sentenças reconheçam

---

(734) PINTO JÚNIOR, Amaury Rodrigues. *A quantificação do dano*: acidente de trabalho e doenças ocupacionais. São Paulo: LTr., 2016. p. 138.

(735) *Ibidem*, p. 144.

(736) *Idem*, p. 144.

(737) *Idem*.

(738) *Idem*.

(739) *Ibidem*, p. 145-146.

(740) *Idem*, p. 146-148.

(741) Para se entender o conceito: conforme apregoa Renato Muçouçah, "a lesão aos direitos humanos fundamentais dos trabalhadores, ainda que não acarretem prejuízos na esfera moral ou psíquica de seus empregados, por si só, causam um dano existencial. A lesão, neste caso, é evento; a consequência é o dano existencial". (MUÇOUÇAH, Renato de Almeida Oliveira. *Assédio Moral Coletivo nas Relações de Trabalho*: uma análise sob a perspectiva dos direitos humanos fundamentais dos trabalhadores. 2009. Dissertação [Mestrado] – Faculdade de Direito, Universidade de São Paulo, São Paulo, 2009. p. 170)

(742) PINTO JÚNIOR, Amaury Rodrigues. *Op. cit.*, p. 146-147.

(743) *Ibidem*, p. 147.

de maneira suficiente o dano-evento, na maioria das vezes, costumam não ser bem fundamentadas em relação ao dano-prejuízo, reunindo sob uma única rubrica e arbitrando em relação a todos um valor genérico. Na contramão dessa realidade que tolhe o direito constitucional das partes a ter uma decisão jurídica suficientemente fundamentada, Amaury Rodrigues Pinto Júnior defende que os prejuízos extrapatrimoniais sejam discriminados e individualizados, de maneira que o arbitramento seja pormenorizado para que as partes e a sociedade em geral possa tomar conhecimento do que e por quanto se está indenizando. Para tanto, ele propõe uma sistematização dos prejuízos extrapatrimoniais[744].

Assim, diante da ausência de propostas legislativas consistentes para a fixação de parâmetros objetivos que auxiliem no arbitramento dos danos morais, bem como pela falta de sistematização e coerência entre os mais diversos julgados na matéria, Amaury Rodrigues Pinto Júnior propõe uma sistematização de prejuízos extrapatrimoniais com base nas experiências italiana e francesa de discriminação dos danos, ainda que adaptada ao direito nacional, calcada na distinção entre dano-evento e dano-prejuízo, bem como no detalhamento dos prejuízos ressarcíveis[745].

Nesse sentido, a partir das categorias criadas pela Nomenclatura Dintilhac, alude aos prejuízos extrapatrimoniais da vítima direta, que se dividem entre prejuízos temporários, consistentes em todos os sofrimentos físicos e morais experimentados pela vítima desde o momento da lesão até sua consolidação, e os prejuízos permanentes, que se verificam após a consolidação da lesão e consistem nas consequências definitivas do sinistro. Ressalta-se, contudo, que aqui se trabalha com um conceito relativo de definitividade, de modo a se entender como definitivo o prejuízo que **normalmente** acompanhará o lesionado por toda a vida[746].

Na categoria de prejuízos temporários estão inseridos o prejuízo funcional temporário, que incluiria a impossibilidade temporária do exercício da atividade profissional e de outras atividades lucrativas, bem como a incapacidade para o desenvolvimento de atividades cotidianas e de lazer; os sofrimentos físicos e psíquicos vividos pela vítima por ocasião da lesão e no período imediatamente subsequente, até sua consolidação, que deverão ser avaliados por perícia médica e o prejuízo estético temporário, cujos efeitos deverão ser enquadrados nos prejuízos psicológicos antes referidos, sob pena de *bis in idem*[747].

No campo dos prejuízos permanentes, é reconhecido o prejuízo funcional permanente, consistente em incapacidade física ou mental definitiva constatada por meio de exame clínico. São abrangidos pela categoria de prejuízo funcional permanente tanto o déficit físico e psíquico quanto os sofrimentos físicos e psicológicos que subsistirem à consolidação das lesões, indenizados no direito inglês em razão da perda da qualidade de vida (*pain and suffering and loss of amenities*)[748].

Ressalta-se que todos esses aspectos deverão ser constatados por perícia médica, que indicará a taxa de incapacidade funcional permanente, conforme tabela apropriada, que orientará o juiz na fixação da indenização, sem jamais vinculá-lo. Além disso, o magistrado deverá considerar os aspectos subjetivos da repercussão de tais prejuízos na psique do lesionado, com base nos fatos e circunstâncias descritas no laudo pericial.[749]

Classificam-se como prejuízos permanentes, ainda, os de amenidades, consistentes na perda da possibilidade de exercer atividades prazerosas antes rotineiramente desenvolvidas. São, portanto, de cunho eminentemente individual e não se confundem com o prejuízo funcional permanente, uma vez que esse último inclui a perda da qualidade do padrão de vida.[750]

Há, outrossim, o prejuízo estético permanente, que, por ser o único com autonomia reconhecida pelo Superior Tribunal de Justiça, é individualizado na prática judiciária em relação aos demais danos extrapatrimoniais sofridos. Porém, em razão da ausência de costume em se pormenorizar os prejuízos, a jurisprudência assim procede somente

---

(744) PINTO JÚNIOR, Amaury Rodrigues. *A quantificação do dano*: acidente de trabalho e doenças ocupacionais. São Paulo: LTr., 2016. p. 150.
(745) *Ibidem*, p. 159-160.
(746) *Ibidem*, p. 161-163.
(747) *Ibidem*, p. 162-163.
(748) *Ibidem*, p. 163-164.
(749) *Ibidem*, p. 164-165.
(750) *Ibidem*, p. 166.

diante de danos estéticos expressivos, o que não significa que os de menor monta não possam ser mensurados para o arbitramento de um valor compatível[751].

Os prejuízos sexuais e ao projeto de vida familiar são, igualmente, reconhecidos como danos permanentes. O primeiro compreende não só o dano físico ocasionado ao aparelho sexual, mas também disfunções psicológicas que impossibilitem ou dificultem a prática do ato sexual e a possibilidade de procriação, todos constatados por perícia específica. Os prejuízos que afetam o projeto de vida familiar, por sua vez, relacionam-se aos planos de constituir família, ou seja, casar e ter filhos, e devem ser sopesados não como categoria autônoma, mas, sim, no âmbito dos prejuízos funcionais, que englobam a perda de uma situação adquirida e já constituída, ou seja, a degradação da qualidade de vida, sob pena de duplicidade de compensações[752].

Na categoria de danos permanentes ocasionados à vítima direta, inserem-se também os prejuízos por contaminação, nas hipóteses em que, apesar de ocorrido o evento danoso, suas consequências físicas não se verificam de pronto no organismo da vítima e podem nem mesmo ocorrer; contudo, há danos psicológicos decorrentes da incerteza quanto ao desenvolvimento de doenças que poderão afetar a qualidade de vida e até mesmo a expectativa de vida do lesionado[753].

Em seu trabalho de sistematização dos prejuízos extrapatrimoniais, Amaury Rodrigues Pinto Júnior propõe a criação de tabelas que levem em consideração conhecimentos médicos e jurídicos e fixem parâmetros flexíveis dentro dos quais a indenização deverá ser arbitrada. Contudo, o juiz deve ser livre para fixar *quantum* que não se encaixe nesses patamares, desde que o faça de maneira fundamentada, até porque não cogitar tal flexibilidade importaria na adoção de um verdadeiro tabelamento de indenizações, tão ou mais prejudicial do que a ausência de critérios sistematizadores[754].

Assim, tal doutrinador destaca a importância do trabalho pericial na averiguação das lesões e na colheita de informações que, em um sistema de arbitramento global e arbitrário, não se mostravam necessárias, a fim de prover o juiz de elementos técnicos e fáticos suficientes para a mensuração dos prejuízos verificados.

Dessa forma, o que Amaury Rodrigues Pinto Júnior propõe é uma "padronização por aproximação, consistente em um tabelamento estatístico dos valores médios arbitrados pelos tribunais para cada um dos prejuízos extrapatrimoniais, consideradas determinadas circunstâncias fáticas de casos concretos"[755]. A partir de tais circunstâncias fáticas, criar-se-iam níveis ou graus de importância de prejuízos, sendo estabelecidos, com base nos precedentes dos tribunais, valores médios para cada qual, dentro dos quais haveria razoável espaço de variação quando do arbitramento.

O mesmo autor ainda defende que o tabelamento por ele proposto não poderia ser realizado por meio de legislação, dadas a evidente limitação trazida ao poder de convencimento do magistrado e a ausência de inflexibilidade dos diplomas legais, cujo rígido processo de alteração impossibilitaria a atualização periódica (e necessária) das tabelas[756].

Assim, diante da proposta de padronizar por aproximação em âmbito nacional, caberia ao Tribunal Superior do Trabalho, amparado por grupos de estudo e pesquisa, fixar os valores médios das tabelas estatísticas, uma vez que é o órgão jurisdicional, no âmbito da justiça do trabalho, com competência constitucional para realizar tal tarefa. Dessa forma, alcançar-se-iam as tão necessárias objetividade e sistematização em matéria de arbitramento de compensação por danos extrapatrimoniais na justiça do trabalho, reduzindo-se a subjetividade, bem como as desigualdades e insegurança jurídica dela derivadas.

6.4. Os critérios de quantificação dos danos extrapatrimoniais elencados no art. 223-G da CLT

6.4.1. A iniciativa legal de tarifação dos danos extrapatrimoniais trabalhistas

Basicamente, existem dois sistemas de quantificação de danos extrapatrimoniais, a saber: (i) o sistema aberto ou subjetivo, quando a fixação do *quantum* devido é tomada em critérios subjetivos pelo magistrado, que determina o

---

[751] PINTO JÚNIOR, Amaury Rodrigues. *A quantificação do dano*: acidente de trabalho e doenças ocupacionais. São Paulo: LTr., 2016. p. 166.

[752] *Ibidem*. p. 167-168.

[753] *Ibidem*, p. 168.

[754] *Ibidem*, p. 185.

[755] *Idem*.

[756] *Ibidem*, p. 186.

valor que considera adequado à reparação da lesão, levando-se em conta as circunstâncias do caso, a gravidade do dano, a situação do agente, a condição do lesado, etc. e (ii) o sistema tarifário ou objetivo, quando o valor da indenização é predeterminado segundo critérios estabelecidos pela lei. A indenização por acidente de trabalho, estipulada pelo INSS, é um exemplo desse sistema tarifário[757].

O modelo adotado pelo ordenamento jurídico era de sistema aberto, o qual atribuía ao juiz a competência para a fixação do *quantum* que correspondesse à satisfação da lesão causada.

Entretanto, conforme já anunciado, quis o legislador reformista, com a edição da Lei n. 13.467/2017, estabelecer a tarifação da indenização por danos extrapatrimoniais no âmbito das relações de trabalho regidas pela CLT. É possível se sustentar, ainda, que nosso modelo tenderá a um sistema "médio" ou "misto", já que é preciso admitir que o juiz possa flexibilizar a tarifação legal, conforme será defendido adiante.

Pelos defensores da reforma, a iniciativa legal foi aplaudida, uma vez que o campo da reparação civil fortemente construído pela jurisprudência seria de todo imprevisível e inseguro, máxime devido à falta de uniformidade e segurança nos julgados, o que comumente denominava-se de "loteria das indenizações"[758].

Parte do voto do relator do projeto na Câmara dos Deputados, Rogério Marinho, trouxe exatamente essa fundamentação, com destaques:

Vivemos hoje, no Judiciário brasileiro, um fenômeno que cresce dia após dia, que é o ajuizamento das ações visando à indenização por danos morais. E, além do dano moral, temos, ainda, uma figura que tem sido pleiteada – e concedida – com razoável constância pelo juízo trabalhista, que é o dano existencial.

Reconhecemos a importância do tema, mesmo porque o pagamento de indenização quando verificado o dano está previsto na Constituição Federal, nos termos do inciso X do art. 5º. Com o que não podemos concordar, todavia, é a **total falta de critério na sua fixação**.

Na Justiça do Trabalho, segundo dado do próprio TST, em torno de 1% a 2% das ações ajuizadas no ano de 2016 tratavam, exclusivamente, de indenização por dano moral ou existencial. Entretanto esses dados não levam em consideração o fato de que quase todas as ações trabalhistas trazem um pedido acessório de indenização por danos morais, fundada, muitas vezes, em mero descumprimento da legislação trabalhista.

Como há um vácuo nas leis do trabalho quanto ao tratamento da matéria, os pedidos são formulados com base na legislação civil, a qual também não oferece critérios objetivos para lidar com o tema.

A ausência de critérios objetivos e o **alto nível de discricionariedade conferidos ao magistrado na fixação judicial dessas indenizações trazem insegurança jurídica, lesando a isonomia de tratamento que deve ser dada a todos os cidadãos**. Não é raro que se fixem indenizações díspares para lesões similares em vítimas diferentes. Do mesmo modo, são comuns indenizações que desconsideram a capacidade econômica do ofensor, seja ele o empregado ou o empregador, situação que se mostra agravada no caso dos empregadores, porquanto ações de prepostos podem gerar valores que dificultem, ou mesmo inviabilizem, a continuidade do empreendimento.

Diante desses fatos, estamos propondo a inclusão de um novo Título à CLT para tratar do dano extrapatrimonial, **o que contempla o dano moral, o dano existencial e qualquer outro tipo de dano que vier a ser nominado**. A inserção desses dispositivos na CLT evitará que tenhamos decisões díspares para situações assemelhadas, como temos vistos com alguma frequência no Judiciário. Acreditamos que essa medida **facilitará a atuação dos magistrados do trabalho**, que terão critérios objetivos para definir o valor da indenização, sem que tenham a sua autonomia decisória ferida.

Nesse contexto de necessidade de fixar limites para as indenizações por danos morais, foram atacadas, ao menos parcialmente, as Emendas: 622, do Deputado Paulo Abi-Ackel (PSDB/MG); 399, do Deputado João Gualberto (PSDB/BA) e 430, do Deputado Vitor Lippi (PSDB/SP)[759]. (grifos da autora)

No Senado, o relatório partiu mais diretamente do íntimo e da sensação de justiça individual do parlamentar, com pouquíssimos registros de dados objetivos:

---

(757) O Supremo Tribunal Federal destacou a dupla indenização nos casos de acidente de trabalho na Súmula n. 229: A indenização acidentária não exclui a de direito comum, em caso de dolo ou culpa grave do empregador.

(758) SCHREIBER, Anderson. Responsabilidade civil e direito do trabalho. In: TEPEDINO, Gustavo *et al* (Coords.). *Diálogos entre o direito do trabalho e o direito civil*. São Paulo: Editora Revista dos Tribunais, 2013. p. 409.

(759) BRASIL. Câmara dos Deputados, Projeto de Lei n. 7.124/2002. Disponível em: <http://www.camara.gov.br/proposicoesWeb/fichadetramitacao?idProposicao=64880> Acesso em: 8 jan. 2018.

Como buscar a equação ideal? Quais seriam os valores que melhor atenderiam aos fins da proposição? Dever-se-ia, ou não, estabelecer um teto para as indenizações? Estas, entre outras questões, são preocupações inquietantes que afligem a alma do legislador.

A partir da Carta Política de 1988, os juízes e os Tribunais passaram a receber um grande número de ações e recursos, versando sobre as indenizações por danos morais. No âmbito recursal, os pedidos foram percorrendo os seus caminhos. Tribunais diferentes passaram a impor indenizações sobre fatos semelhantes em valores díspares. Estava aberta a possibilidade de recurso especial ao Superior Tribunal de Justiça com funda mento no art. 105, III, letra c da Constituição Federal. Os julgamentos passaram a ser em série. **A 4ª Turma do STJ fixou um teto de 500 salários-mínimos – R$90.000,00, conforme informa a revista Veja, edição n. 1.722, p. 154, de 17 de outubro de 2001.**

Entendi por bem alterar, por via do substitutivo que ora apresento, os valores constantes da proposição, elevando o teto da ofensa de natureza leve para R$ 20.000,00; fixando a ofensa de natureza média de R$20.000,00 a R$90.000,00, e ainda, fixando a ofensa de natureza grave de R$ 90.000,00 a R$ 180.000,00. Suprimi a ofensa gravíssima, por entender que o superlativo fazia-se desnecessário. O juiz poderá dosar a indenização sem recorrer a ele.

As alterações procedidas na fixação dos valores tiveram a finalidade dar ao juiz o poder máximo de interpretação sobre os casos concretos que virão a sua análise, mas afigurou-me conveniente a adoção de um valor máximo – R$ 180.000,00, ou 1.000 salários-mínimos. A falta de fixação de um valor máximo deixaria a proposição sem sentido. Não é outra a opinião do consagrado jurista Ovídio Baptista sobre a importância da fixação do teto máximo para as indenizações por dano moral.

Não nos aproximamos demais do direito norte-americano, que admite, em alguns dos seus estados, as indenizações por danos morais sem qualquer limite. No entanto, o teto ora fixado no Substitutivo vai além do que os, Tribunais têm admitido — o dobro do valor que a Egrégia 4ª Turma do STJ adota nos seus julgamentos.

O § 4º, do art. 11 ficou prejudicado, uma vez que o art. 9º foi suprimido por força do substitutivo ora apresentado [760]. (grifos da autora)

Doutrina defensora da reforma aplaude especialmente essa iniciativa:

O excesso de pedidos indevidos de reparação moral em ações trabalhistas auxiliava na manutenção de ambiente hostil para negócios no País, contribuindo para afastar investimentos de empreendedores domésticos e estrangeiros. Não houve "tarifação" de dano moral, como pretenderam alguns. A "tarifação" pressupõe que a conduta "A" deve ter a reparação de "X" reais. Não é siso que a lei faz. Diferentemente, a lei cria bandas[761].

A pretexto de corrigir o cenário de pretensa insegurança jurídica e desigualdade, o § 1º, do art. 223-G, incoerentemente veda a cumulação de indenizações e classifica as ofensas a direitos extrapatrimoniais em leve, média, grave e gravíssima.

Para a ofensa de natureza leve, a compensação será de até três vezes o último salário contratual do ofendido; no caso de ofensa de natureza média, até cinco vezes o último salário contratual do ofendido; sendo de natureza grave, até vinte vezes o último salário contratual do ofendido; e, finalmente, para ofensa de natureza gravíssima, até cinquenta vezes o último salário contratual do ofendido.

A tarifação da indenização por danos morais adotada é de todo desconcertante. É dizer, institui um tirânico sistema de castas de trabalhadores que, em razão de seus salários, têm maior ou menor valor atribuído a seus direitos personalíssimos, em repugnante e manifesta violação do princípio constitucional isonômico.

De fato, o critério do porte econômico da vítima como parâmetro de indenização é inusitado. Se o entendimento é o de que o dano extrapatrimonial é o sofrimento experimentado pela pessoa, daí impossível de ser mensurado; ora, considerar as condições econômicas da vítima apenas tem o efeito de atribuir menos a quem tem menos, e mais a quem tem mais. O fato de a vítima mais desfavorecida receber menos pelo mesmo dano sofrido não responde a qualquer princípio de justiça ou equidade.

Para tentar corrigir o desacerto, a Medida Provisória n. 808 alterou o parâmetro da tarifa. Pelo texto sobreposto, durante o período de sua vigência, cada um dos ofendidos deveria receber (i) para ofensa de natureza leve, até três vezes o valor do limite máximo dos benefícios do Regime Geral de Previdência Social; (ii) para ofensa de natureza média, até cinco vezes o valor do limite máximo dos benefícios do Regime Geral de Previdência Social; (iii) para ofensa de

---

(760) BRASIL. Senado Federal, Projeto de Lei n. 150/1999. Disponível em: <http://legis.senado.leg.br/diarios/BuscaDiario?tipDiario=1&datDiario=26/06/2002&paginaDireta=13104> Acesso em: 8 jan. 2018.

(761) MELEK, Marlo Augusto. Trabalhista! O que mudou? Reforma Trabalhista 2017. Curitiba: Estudo Imediato Editora, 2017. p. 194.

natureza grave, até vinte vezes o valor do limite máximo dos benefícios do Regime Geral de Previdência Social; ou (iv) para ofensa de natureza gravíssima, até cinquenta vezes o valor do limite máximo dos benefícios do Regime Geral de Previdência Social. Ou seja, os valores, atualmente, os valores, no período de vigência da MP, variaram entre R$ 16.593,93 a R$ 276.565,50[762].

O caso brasileiro guarda algumas semelhanças com o francês. O governo de François Hollande (2012-2017) promoveu profunda reforma trabalhista no país. Lá foram editadas várias leis e decretos, sob alegação de gerar maior segurança, diálogo e modernização às relações de trabalho. Três leis, em particular, modificaram o Código de Trabalho Francês: a lei de 14 de junho de 2013, relativa à salvaguarda do emprego, a lei de 17 de agosto de 2015, relativa ao diálogo social e ao emprego e a lei de 8 de agosto de 2016, relativa ao trabalho, à modernização do diálogo social e a do seguro Des parcours professionnels, conhecida como "*loi El Khomri*", nome do então Ministro do Trabalho[763]; esta última, especialmente, suscitou bastante hostilidade por parte do movimento sindical, que realizou várias manifestações.

A lei de agosto de 2015, anunciada para promover o crescimento, a atividade e a igualdade de oportunidades econômicas, afetou seriamente o Código do Trabalho, inicialmente tendo incluído limitação do montante da compensação em caso de demissão injusta, preceito que chegou a ser declarado inconstitucional.

O aspecto central da reforma francesa diz respeito a reconhecer e atribuir um papel central à negociação coletiva, instalar novas organizações de diálogo social nas empresas e proporcionar mais segurança jurídica nas rescisões entre empregadores e trabalhadores[764].

Dentre as mudanças trazidas com a reforma francesa, alguns pontos importantes merecem destaque, dada a correlação com temas afetos à presente tese, quais sejam: (i) reconhecimento do direito do empregado a se desconectar (aparelhos eletrônicos, *laptops*, entre outros)[765] e (ii) parametrização das indenizações, o que tem sido visto como uma

---

[762] Sobre a fixação do valor no arbitramento de danos extrapatrimoniais:
BRASIL. Superior Tribunal de Justiça, Súmula n. 362. A correção monetária do valor da indenização do dano moral incide desde a data do arbitramento.
BRASIL. Superior Tribunal de Justiça, Súmula n. 314. Na composição do dano por acidente do trabalho, ou de transporte, não é contrário à lei tomar para base da indenização o salário do tempo da perícia ou da sentença.
BRASIL. Superior Tribunal de Justiça, Súmula n. 54. Os juros moratórios fluem a partir do evento danoso, em caso de responsabilidade extracontratual.
BRASIL. Tribunal Superior do Trabalho, Súmula n. 439. DANOS MORAIS. JUROS DE MORA E ATUALIZAÇÃO MONETÁRIA. TERMO INICIAL – Res. n. 185/2012, DEJT divulgado em 25, 26 e 27.9.2012. Nas condenações por dano moral, a atualização monetária é devida a partir da data da decisão de arbitramento ou de alteração do valor. Os juros incidem desde o ajuizamento da ação, nos termos do art. 883 da CLT.

[763] Los distintos gobiernos que se han sucedido desde 1981, año del primer acceso al poder de fuerzas políticas de izquierdas desde 1958 y el nacimiento de la Vª República, adoptaron una o varias leyes que modificaron de forma importante el Código del Trabajo. Incluso después de su "recodificación de derecho constante", cuya entrada en vigor el 1º de mayo de 2008 iba a garantizar, según algunos, más estabilidad a este texto denso y fuertemente sensible a los cambios políticos o a las políticas tanto económicas como sociales. Más aún, este movimiento de modificaciones-agregaciones prosiguió a partir de agosto de 2008. Bajo la presidencia de François Hollande (2012-2017), varias leyes (sin mencionar los innumerables decretos) modificaron el Código del Trabajo, entre ellas, tres en particular: la ley de 14 de junio de 2013 *relative à la sécurisation de l'emploi*, la ley de 17 de agosto de 2015 *relative au dialogue social et à l'emploi* y la ley de 8 de agosto de 2016, *relative au travail, à la modernisation du dialogue social et à la sécurisation des parcours professionnels* (conocida como "loi El Khomri", nombre de la entonces Ministra de Trabajo). JEAMMAUD, Antoine. La "reforma macron" del código del trabajo francés. Disponível em: <https://www.anamatra.org.br/artigos/26018-la-reforma-macron-del-codigo-del-trabajo-frances>. Acesso em: 29 dez. 2017.

[764] De acuerdo con las exigencias de la jurisprudencia del Consejo constitucional, la ley de habilitación del 15 de septiembre precisa las orientaciones sustanciales de las Ordenanzas por venir: "reconocer y atribuir un papel central a la negociación colectiva de empresa" a través de numerosos medios por precisar; "instaurar una nueva organización del diálogo social en la empresa y [...] favorecer las condiciones de implementación sindical y de ejercicio de las libertades sindicales", según modalidades por precisar; "reforzar la previsibilidad y, así [...] proporcionar seguridad jurídica a la relación laboral o los efectos de la ruptura para los empleadores y para los trabajadores", etc. La mayoría de las nuevas disposiciones del Código del Trabajo entran en vigor el 1º de enero de 2018; algunas, sin embargo, ya se aplican desde el 24 de septiembre o el 1º de octubre. (*Ibidem*)

[765] 2.2.2.1.1. En las empresas de al menos 50 trabajadores: El CSE tiene como misión, según la formula introducida en 1982 para el comité de empresa, "garantizar una expresión colectiva de los trabajadores que permita tomar en cuenta de forma permanente sus intereses en las decisiones relativas a la gestión y a la evolución económica y financiera de la empresa, a la organización del trabajo, a la formación profesional y a las técnicas de producción". Salvo excepción, sus atribuciones son meramente consultivas y dan lugar a consultas y emisión de sugerencias. El CSE ha de ser informado y consultado sobre los mismos puntos, cuestiones y proyectos que lo era el comité de empresa y el nuevo

norma de proteção dos empregadores e não dos trabalhadores, trazendo entre os seus critérios para a determinação do *quantum* a antiguidade do trabalhador na função, o que tem sido claramente criticado por inconstitucional[766].

A pessoa humana em geral, e o trabalhador em particular, merecem o mais amplo resguardo e proteção do ordenamento, por serem o centro finalístico de todo o sistema. A reparação adequada parece ser o método necessário para efetivar essa proteção nos aspectos que a individualizam. Em suma, a responsabilidade civil atual tem como foco recompor a violência sofrida em sua dignidade através da reparação integral (aqui tomada como adequada) do dano.

A doutrina, em geral, jamais aprovou a ideia de tarifação engessada. Fátima Zanetti[767], em sua obra sobre o tema:

> **A reparação do dano moral está cercada por tantas variáveis que constituiria uma temeridade a tarifação.** Com efeito, a dor moral tem sua intensidade variável na mesma medida da individualidade de cada ser humano.
>
> [...]
>
> **Por isso que se pode afirmar que, no ramo do Direito do Trabalho, em razão das peculiaridades da relação jurídica envolvida, da situação de desigualdade em que as partes se encontram, a análise do dano moral requer um olhar e uma interpretação ainda mais diferenciados.**

A ideia de tarifação do dano moral, estampada nos projetos de lei em andamento no Parlamento Brasileiro, teria alguma serventia para fixação de valor mínimo, o que seria razoável para afastar a possibilidade de banalização do instituto, pela percepção equivocada do valor intrínseco e superior que se deve proteger.

Nos litígios em que se discute compensação por dano moral, o que o indivíduo busca é o reconhecimento da plenitude de seu ser que foi atingida, fato que, via oblíqua, atinge a toda sociedade, revelando um desequilíbrio no mais relevante valor universal da humanidade, isto é, a dignidade humana.

Privilegiar o enriquecimento sem causa e valores irrisórios, quando se trata de reparação do dano moral, traduz ideia de que aquilo que não se pode calcular não vale nada. Observa-se aí, como diz *Supiot*, a prevalência da ideologia econômica, na crença de que o ser racional é um puro ser de cálculo e que seu próprio comportamento pode, portanto, ser calculado e programado. [...]

Nem sempre há possibilidade de se avaliar o quanto uma pessoa sofreu com sujeição ao trabalho escravo, posto que muitos humanos sofrem em silêncio e, alguma vez, com serenidade.

O estabelecimento de teto máximo para indenização viola a dignidade da pessoa humana por si só. É dizer, revela-se completamente inconstitucional a tarifação dos danos extrapatrimoniais, posto que o art. 5º, inciso V[768],

---

texto precisa, retomando las palabras del anterior, que "las decisiones del empleador han de contar con la consulta previa del CSE". Se regula con minuciosidad las consultas e informaciones, "recurrentes" o "puntuales", precisando lo que corresponde al ámbito del orden público, al ámbito de la negociación empresarial (o de grupo) que puede definir las modalidades de los intercambios con la dirección de la empresa (por ejemplo, los datos económicos y sociales que contiene el conjunto de las informaciones necesarias y debidas que el empleador ha de poner a disposición del CSE), y enunciando disposiciones supletorias en caso de ausencia de acuerdo colectivo. (*Ibidem*)

(766) 2.3.3. *Cambios en el régimen del despido por motivo económico:* La Ordenanza n. 2017-1387 afecta a varios puntos del capítulo, complejo y varias veces modificado, del Código del Trabajo relativo a esta clase de despido (obligación por el empleador de recolocación de los trabajadores, criterios de designación de los trabajadores despedidos, trasmisión de entidades autónomas de una empresa para salvaguardar el empleo). Estos cambios no significan una reducción espectacular de las obligaciones empresariales. El aspecto que más polémicas y debates ha suscitado se refiere a la apreciación del motivo económico alegado por la empresa para justificar el despido. Sin duda, el alcance de la reforma tiene una dimensión y una inspiración pro-empresarial. En el mismo sentido, con el propósito de ofrecer más flexibilidad a las direcciones de empresas, se admite y reglamenta una nueva *ruptura convencional colectiva* que permite poner en jaque la aplicación del régimen legal relativo al despido. JEAMMAUD, Antoine. *La "reforma macron" del código del trabajo francés*. Disponível em: <https://www.anamatra.org.br/artigos/26018-la-reforma-macron-del-codigo-del-trabajo-frances>. Acesso em: 29 dez. 2017.

(767) ZANETTI, Fatima. *A problemática da fixação do valor da reparação por dano moral*: um estudo sobre os requisitos adotados pela doutrina e jurisprudência tendo em vista a natureza e a função pedagógica-punitiva do instituto. São Paulo, LTr: 2009. p. 84-85 e p. 87-88.

(768) BRASIL. Constituição Federal, art. 5º. Todos são iguais perante a lei, sem distinção de qualquer natureza, garantindo-se aos brasileiros e aos estrangeiros residentes no País a inviolabilidade do direito à vida, à liberdade, à igualdade, à segurança e à propriedade, nos termos seguintes: V – é assegurado o direito de resposta, proporcional ao agravo, além da indenização por dano material, moral ou à imagem;

da Constituição Federal estabelece o direito à indenização proporcional a lesão, sendo impossível o estabelecimento de limites máximos para indenização dos danos extrapatrimoniais. (grifos da autora)

6.4.2. Os critérios legais de parametrização para a tarifação dos danos extrapatrimoniais trabalhistas

Os elementos constantes do cardápio de ingredientes eleitos pelo legislador para enquadramento de um dano como de natureza leve média, grave ou gravíssima, a subsumir os valores tarifados são os seguintes: (i) natureza do bem jurídico tutelado; (ii) a intensidade do sofrimento ou da humilhação; (iii) a possibilidade de superação física ou psicológica; (iv) os reflexos pessoais e sociais da ação ou da omissão; (v) a extensão e a duração dos efeitos da ofensa; (vi) as condições em que ocorreu a ofensa ou o prejuízo moral; (vii) o grau de dolo ou culpa; (viii) a ocorrência de retratação espontânea; (ix) o esforço efetivo para minimizar a ofensa; (x) o perdão, tácito ou expresso; (xi) a situação social e econômica das partes envolvidas; e, finalmente, (xii) o grau de publicidade da ofensa.

Alguns merecem reflexão.

A natureza do bem jurídico tutelado parece um tanto quanto óbvia. Se o dano é extrapatrimonial, estar-se-á a tratar de direitos personalíssimos. Para a sistematização enunciada serão quatro modalidades de bens jurídicos a serem tutelados: (i) direito à constituição de valores humanos: nome, honra, imagem, autodeterminação e privacidade; (ii) direito ao mínimo existencial: condições básicas de subsistência e pausas no tempo de trabalho para conquista de uma vida boa; (iii) direto à integridade física e psíquica com devida promoção da correção dos riscos ambientais e (iv) direto a um tratamento probo e igualitário. Em abstrato, serão igualmente valorados, não se negando eventual hipótese de maior relevância ou implicação prática de um ou outro.

A intensidade do sofrimento ou da humilhação é uma incógnita. Como medi-la? Para Sebastião Geraldo de Oliveira, se houvesse necessidade comprovação do grau ou volume da dor ou do sofrimento, "aquele mais sensível e emotivo seria indenizado e o mais resignado teria o pedido indeferido"[769]. Enfim, como a intensidade do sofrimento pode impactar na tutela se a jurisprudência já se cansou de reconhecer que impossível a comprovação da dor? Aliás, provar um dano extrapatrimonial é tarefa quase impossível, pois, sendo baseado em sofrimento, dor e angústia, ou seja, sendo lesões a direitos da personalidade, cada pessoa sente de uma maneira diferente da outra. Por isso, inclusive, os tribunais começaram a aplicar o conceito de dano moral *in re ipsa*, ou seja, que decorre diretamente do fato, não dependendo de prova[770]. O inciso II do art. 223-G da CLT parece absolutamente inócuo.

A possibilidade de superação física ou psicológica depende da vítima e do tipo de dano. Ambos os fatores deverão ser considerados? Parece que sim. O referido inciso também é examinado com estranheza por outros estudiosos:

> O inciso é obscuro e suscita questões. Quis a lei dizer recuperação da integridade corporal, ao falar em possibilidade de superação física? [...]
>
> Admitindo-se que ao dizer "superação" quis a lei tratar das hipóteses nas quais haja a possibilidade de recuperação completa ou parcial da integridade física do ofendido, quando o dano extrapatrimonial decorrer de acidente ou doença ocupacional, é preciso fazer distinção entre a mera possibilidade terapêutica e efetiva recuperação comprovada nos autos. Se ao julgar o caso o juiz se convencer pela prova técnica de que houve efetiva e completa recuperação da capacidade laboral, esse fato, certamente, terá importante impacto no arbitramento da compensação pelo dano extrapatrimonial decorrente. Mas, a possibilidade terapêutica de recuperação não é um dado objetivo capaz de servir de atenuante da responsabilidade patronal, justamente por se tratar de uma mera possibilidade, variável segundo os meios terapêuticos disponíveis e de acordo com a reação de cada organismo atingido, por isso, como regra o juiz deve considerar o estado de saúde do ofendido ao tempo da sentença[771].

---

(769) OLIVEIRA, Sebastião Geraldo de. *Indenização por acidente do trabalho ou doença ocupacional*. 8. ed., rev., ampl. e atual. São Paulo: LTr, 2014. p. 257 *apud* RODRIGUES, Deusmar José (Coord. e coautor). *Lei da reforma trabalhista*: comentada artigo por artigo. Leme (SP): JH Mizuno, 2017. p. 127.

(770) TEPEDINO, Gustavo; BARBOZA, Heloísa Helena; MORAES, Maria Celina Bodin. *Código Civil interpretado conforme a Constituição da República*. Rio de Janeiro: Renovar, 2004. v. I. p. 336.

(771) RODRIGUES, Deusmar José (Coord. e coautor). *Lei da reforma trabalhista*: comentada artigo por artigo. Leme (SP): JH Mizuno, 2017. p. 129.

No rol de incisos, encontra-se ainda, a observância da "situação social e econômica de ambas as partes envolvidas", trazendo um aspecto absolutamente infeliz e grosseiro, na medida em que preconceituoso ao levar-se em consideração a condição mais ou menos humilde da vítima.

O grau de dolo ou culpa, conforme já sustentamos, não significa dizer que sempre tenha de haver um ou outro, nem mesmo que a responsabilidade por dano extrapatrimonial na seara trabalhista deva ser subjetiva. De forma alguma. O grau de dolo ou culpa está exatamente no rol de elementos a serem considerados e não na configuração do dever de indenizar (art. 223-E da CLT).

A responsabilidade por dano extrapatrimonial na seara trabalhista é objetiva pelo risco inerente à tomada de mão de obra humana. Havendo culpa ou dolo, o arbitramento de indenização deverá ser mais severo.

Vários outros indicadores relevantes poderiam ter sido elencados, principalmente (i) o eventual proveito obtido com a conduta ilícita do ofensor; (ii) o nível de reprovabilidade dos indivíduos pela conduta do agente; (iii) as condições psicossociais das partes envolvidas.

6.4.3. Uma proposta de releitura e interpretação do art. 223-G da CLT

Violados os deveres contratuais de reconhecimento e respeito ao indivíduo trabalhador (i) ontologicamente considerado ou (ii) no meio ambiente de trabalho em que inserido, surge o dever de reparar o dano extrapatrimonial. No plano individual, poderão ser configurados danos de diferentes espécies, quais sejam, (i) dano moral; (ii) dano estético; (iii) dano existencial e (iv) dano socioambiental. Tais espécies são independentes, sem prejuízo de poderem derivar de única conduta lesiva.

A tutela ao trabalhador deverá considerar expressamente os elementos objetivos e subjetivos envolvidos na lesão, no nexo causal e na conduta lesiva perpetrada. Identificados os limites da responsabilidade objetiva de forma clara na decisão judicial, o dano deverá ser classificado como leve, médio, grave ou gravíssimo. A partir da classificação, o julgador poderá partir da tarifação sugerida pelo legislador, sem estar aprisionado a ela, sempre enfrentando ônus de argumentação para ultrapassá-la, sem gerar desconforto para a concepção de tratamento isonômico.

Será após a qualificação do dano que os incisos do art. 223-G, a título meramente exemplificativo, poderão ser considerados para fixação de valor, em princípio, dentro do intervalo sugerido e, em casos que apresentem um maior número de agravantes, eventualmente, para além do teto estabelecido.

A qualificação do dano e dos limites da responsabilidade deve levar em consideração (i) a duração da lesão, (ii) a amplitude da lesão, (iii) a conduta lesiva e (iv) a relação de causa e efeito entre a ação ou omissão do empregador e o próprio dano, elementos preferencialmente constatáveis por prova técnica, no que se concorda com Amaury Rodrigues Pinto Júnior.[772]

O tabelamento arbitrado pelo art. 223-G da CLT, em sua redação original ou na que coincidiu com a vigência da MP n. 808/2017, ao que se sabe, não se baseou em qualquer estatística, nem mesmo em valores médios arbitrados pelos tribunais para cada um dos prejuízos extrapatrimoniais, consideradas determinadas circunstâncias fáticas de casos concretos. Trata-se de "chute", como se diria popularmente[773].

O próprio STJ indicou valores incoerentes[774] como cabíveis em hipóteses praticamente idênticas valendo-se de jurisprudência pacífica no sentido de que "o valor da indenização por dano moral sujeita-se ao controle do Superior Tribunal de Justiça, quando a quantia arbitrada se mostra ínfima, de um lado, ou visivelmente exagerada, de outro[775]".

---

(772) PINTO JÚNIOR, Amaury Rodrigues. *A quantificação do dano*: acidente de trabalho e doenças ocupacionais. São Paulo. LTr, 2016. p. 164-165.

(773) A crítica da falta de informações e estatísticas sérias é daqui e de acolá: "Entretanto, um dos problemas para estudar os efeitos da legislação trabalhista está relacionado com a impressão e/ou insuficiência da informação disponível, particularmente no que diz respeito aos níveis reais de cumprimento/não cumprimento das regulamentações, questões que costumam variar substancialmente entre os diferentes países por razões históricas, culturais e institucionais. BENSUSÁN, Graciela et al. *Instituições trabalhistas na América-Latina*. Desenho legal e desempenho real. Rio de Janeiro: Revan, 2006. p. 21.

(774) BRASIL. Superior Tribunal de Justiça, Súmula n. 420. Incabível, em embargos de divergência, discutir o valor de indenização por danos morais.

(775) BRASIL. Superior Tribunal de Justiça, REsp n. 613.367/RJ, da 4ª Turma, julgado em 4 de maio de 2004. INDENIZAÇÃO POR DANOS MORAIS. TRANSPORTE AÉREO. SITUAÇÃO DE CONSTRANGIMENTO A QUE FOI SUBMETIDO O PASSAGEIRO. VALOR REPUTADO EXCESSIVO. "O valor

O TST não fica atrás. Apenas a título de exemplo, destacam-se dois julgados da Sexta Turma do TST: AIRR – 503-25.2011.5.02.0076[776] e AIRR – 1001240-25.2015.5.02.0608[777]. Ambos foram julgados no primeiro trimestre de 2017 e versam sobre tratamento discriminatório, consubstanciado em ofensas proferidas por superior hierárquico, relacionadas à orientação sexual do reclamante. Em um caso, a indenização foi fixada em R$ 7.000,00 (sete mil reais). No outro, o valor foi de R$ 50.000,00 (cinquenta mil reais)[778].

É uma pena que os valores eleitos pelo legislador não tenham referência (pelo menos disponíveis ao cidadão) em qualquer fonte minimamente digna de credibilidade.

A redação original vigente consegue ser bem pior do que o texto trazido pela MP n. 808/2017. O tabelamento persuasivo deveria ter ponto de partida único, tal qual se dava na MP n. 808/2017, sendo, ainda, flexível, resultante de audiências públicas, atualizável e gerenciável pelo Tribunal Superior do Trabalho, amparado por grupos de estudo e pesquisa[779], ou seja, sem limitação de valor máximo.

---

da indenização por dano moral sujeita-se ao controle do Superior Tribunal de Justiça, quando a quantia arbitrada se mostra ínfima, de um lado, ou visivelmente exagerada, de outro. Hipótese de fixação excessiva, a gerar enriquecimento indevido do ofendido" (REsp n. 439.956-TO, por mim relatado). Recurso especial conhecido e parcialmente provido.

(776) BRASIL. Tribunal Superior do Trabalho, Agravo de Instrumento em Recurso de Revista n. 503-25.2011.5.02.0076, 6ª Turma, relatora: Ministra Maria Helena Mallmann, Brasília, DF, 27 de abril de 2017. Disponível em: <http://aplicacao4.tst.jus.br/consultaProcessual/consultaTstNumUnica.do?consulta=Consultar&conscsjt=&numeroTst=503&digitoTst=25&anoTst=2011&orgaoTst=5&tribunalTst=02&varaTst=0076&submit=Consultar>. Acesso em: 8 jan. 2018. INDENIZAÇÃO POR DANOS MORAIS. VALOR DA CONDENAÇÃO. RAZOABILIDADE E PROPORCIONALIDADE. A jurisprudência do TST é no sentido de que a mudança do valor da condenação a título de danos morais somente é possível quando o montante fixado na origem se mostra fora dos padrões da proporcionalidade e da razoabilidade. Tal circunstância não se verifica na hipótese os autos, em que o TRT, expressamente considerando o capital social da reclamada e a gravidade do dano, arbitrou o valor da indenização em R$ 50.000,00 (cinquenta mil reais). Assim, a decisão regional considerou o grau de culpa do empregador ante a sua omissão assim como a capacidade econômica das partes, pelo que incólume o art. 944 do Código Civil. *Agravo de instrumento a que se nega provimento*. (grifos acrescentados)

(777) BRASIL. Tribunal Superior do Trabalho, Agravo de Instrumento em Recurso de Revista n. 1001240-25.2015.5.02.0608, 6ª Turma, Relator: Ministro José Roberto Freire Pimenta, Brasília, DF, 17 de fevereiro de 2017. Disponível em: <http://aplicacao4.tst.jus.br/consultaProcessual/consultaTstNumUnica.do?consulta=Consultar&conscsjt=&numeroTst=1001240&digitoTst=25&anoTst=2015&orgaoTst=5&tribunalTst=02&varaTst=0608&submit=Consultar>. Acesso em: 08 jan. 2018. INDENIZAÇÃO POR DANO MORAL. ASSÉDIO MORAL CONFIGURADO. EMPREGADO VÍTIMA DE OFENSAS E CONSTRANGIMENTOS EM RAZÃO DA SUA ORIENTAÇÃO SEXUAL. CONDUTA ABUSIVA E DISCRIMINATÓRIA DO SUPERIOR HIERÁQUICO. Trata-se de controvérsia a respeito da configuração do assédio moral no ambiente de trabalho, consubstanciado na imputada conduta abusiva e discriminatória do superior hierárquico. No caso, o Regional reformou a sentença para condenar a reclamada ao pagamento de indenização por dano moral, por entender que ficou demonstrado que o gerente tratava o reclamante de forma humilhante e desrespeitosa, em razão da sua opção sexual (homossexual). Ficou consignado, no acórdão recorrido, que o autor foi alvo de ofensas, por parte do subgerente da empresa, relacionadas à sua orientação sexual, uma vez que a prova testemunhal declarou que "presenciou Tiago desrespeitando o reclamante por sua opção sexual (homossexual); quando o reclamante foi contratado Tiago entregou uniformes femininos; a empresa tinha uniformes masculinos para entregar", bem como que "Tiago tratava o reclamante como se fosse mulher, por exemplo, quando cumprimentava falava ao reclamante "boa tarde linda". Nesse contexto, a Corte a quo entendeu que ficou comprovado o tratamento discriminatório sofrido pelo empregado, na medida em que "a testemunha do reclamante foi clara ao afirmar que presenciou as atitudes vexatórias praticadas pelo preposto da reclamada, enquanto a testemunha da empresa somente afirmou que não presenciou tais atos". De acordo com as premissas fáticas descritas pelo Regional, não há dúvidas de que o reclamante sofreu humilhações e constrangimentos efetivos em razão de sua orientação sexual, provocando desconforto capaz de gerar um dano moral passível de ressarcimento. Desse modo, considerando o tratamento discriminatório dispensado ao autor por seu superior hierárquico, evidente o dever de indenizar, pois caracterizados o abalo moral suportado em razão do constrangimento sofrido no ambiente de trabalho bem como a conduta ilícita da reclamada em permitir que seu empregado fosse humilhado na frente dos colegas. Agravo de instrumento desprovido. QUANTUM INDENIZATÓRIO. DANOS MORAIS. R$ 7.000,00 (SETE MIL REAIS). Na espécie, levando-se em consideração a gravidade da conduta ilícita praticada pelo superior hierárquico, a culpabilidade da reclamada, o dano à dignidade do ofendido, bem como o caráter pedagógico da indenização em tela, observa-se que o valor arbitrado à reparação por dano moral (R$ 7.000,00) não se mostra desprovido de razoabilidade ou proporcionalidade, mas, sim, apresenta-se adequado à situação fática delineada nos autos e apto a amenizar a dor e as dificuldades cotidianas sofridas pelo empregado. Diante do exposto, verifica-se que a Corte *a quo* primou pela razoabilidade e proporcionalidade, não havendo falar em excesso na fixação do *quantum* indenizatório. Agravo de instrumento desprovido.

(778) Ainda tomando os dois julgados como exemplo e a lógica do § 1º do art. 223-G da CLT, a indenização de sete mil reais estaria dentro do parâmetro de lesão leve enquanto a outra no parâmetro de lesão grave. Nesse caso, o mesmo órgão julgador proferiu decisões em dois casos muito semelhantes que estariam em patamares completamente diferentes de acordo com o padrão adotado pelo § 1º do art. 223-G, da CLT.

(779) PINTO JÚNIOR, Amaury Rodrigues. *A quantificação do dano*: acidente de trabalho e doenças ocupacionais. LTr: São Paulo, 2016. p. 186.

Os incisos do § 1º são inconstitucionais, ferindo a isonomia e precificando a dignidade das pessoas pelo precário critério de seus respectivos salários.

A vedação ao acúmulo de indenização igualmente não tem salvação[780]. É absolutamente inconstitucional, sob qualquer ângulo, que, com parcimônia, se imprima esforço em se absolver. A Constituição é clara e cristalina ao assegurar a tutela contra quaisquer danos, sendo possível, e, até, de certa forma comum, que os danos moral, estético, existencial e socioambiental se apresentem a partir de mesmo fato gerador, merecendo, cada um deles, a devida tutela jurisdicional.

Finalmente, a composição da tutela sobre o dano deverá ter componente (i) compensatório; (ii) punitivo; e (iii) preventivo, estipulado em obrigações pecuniárias ou de quaisquer outras naturezas.

6.4.4. O devido lugar da culpa como critério de quantificação de indenização por danos extrapatrimoniais

O grau de dolo ou culpa é elemento a ser considerado pelo juiz para apreciar o pedido de indenização por danos extrapatrimoniais (art. 223-G da CLT). Para clareza cristalina: não é requisito de configuração da responsabilidade, mas mero dado a ser considerado. Os requisitos serão: o dano, a conduta lesiva e o nexo causal, extraídos da redação do art. 223-E da CLT.

Este foi um ponto altamente positivo, como já defendemos, da reforma. Responsabilidade sem culpa.

Todavia, o elemento culpa não deve ser indiferente. Se ilícita a conduta causadora do dano, deve ganhar lugar a punição, de maneira que, quanto maior o grau de culpa, ou mais forte a intensidade do dolo, maior deverá ser a sanção correspondente. Deve ser da própria essência da reparação do dano moral essa flexibilidade[781].

No campo civil, a mesma interpretação pode ser extraída do art. 944, do Código Civil, o qual parece trazer a mesma regra no parágrafo único do dispositivo[782]. Para Marcelo Junqueira Calixto, a culpa como elemento de ponderação no *quantum debeatur* da indenização por danos extrapatrimoniais institui solução de compromisso "entre as forças de tradição e as forças de renovação", o que resultou em uma solução legislativa inovadora, inclusive presente em alguns congêneres diplomas europeus que vivenciam os influxos das tendências de objetivação da responsabilidade[783].

O Código Civil Português, por exemplo, em seu art. 494, dispõe que, no instante em que "a responsabilidade se fundar na mera culpa, poderá a indemnização ser fixada, equitativamente, em montante inferior ao que corresponderia aos danos causados, desde que o grau de culpabilidade do agente, a situação económica deste e do lesado e as demais circunstâncias do caso o justifiquem"[784].

Por sua vez, o Código Civil Espanhol dispõe no art. 1.103 que a responsabilidade derivada de negligência do empregador (leia-se "culpa") é indenizável como outra obrigação qualquer. Cita-se: "*La responsabilidad que proceda de negligencia es igualmente exigible en el cumplimiento de toda clase de obligaciones; pero podrá moderarse por los Tribunales según los casos*"[785].

Silvio Venosa[786] e Regina Beatriz Tavares da Silva[787] são favoráveis não só à aplicação da redução do valor como também ao aumento da reparação em casos de culpa, em especial do dano extrapatrimonial, de forma que este apresente

---

(780) BRASIL. Superior Tribunal de Justiça, Súmula n. 387. É lícita a cumulação das indenizações de dano estético e dano moral.
Súmula n. 37. São cumuláveis as indenizações por dano material e dano moral oriundos do mesmo fato.
(781) MONTEIRO FILHO, Carlos Edison do Rêgo. *Elementos de responsabilidade civil por dano moral*. Rio de Janeiro: Renovar, 2000. p. 153; *apud* CALIXTO, Marcelo Junqueira. *A culpa na responsabilidade civil — estrutura e função*. Rio de Janeiro: Renovar, 2008. p. 303.
(782) BRASIL. Código Civil, art. 944. A indenização mede-se pela extensão do dano.
Parágrafo único. Se houver excessiva desproporção entre a gravidade da culpa e o dano, poderá o juiz reduzir, equitativamente, a indenização.
(783) CALIXTO, Marcelo Junqueira. *A culpa na responsabilidade civil — estrutura e função*. Rio de Janeiro: Renovar, 2008. p. 303-304.
(784) PORTUGAL. *Código Civil Português*. Disponível em: <http://www.stj.pt/ficheiros/fpstjptlp/portugal_codigocivil.pdf>. Acesso em 8 jan. 2018.
(785) ESPANHA. *Código Civil Espanhol*. Disponível em: <http://www.boe.es/buscar/pdf/1889/BOE-A-1889-4763-consolidado.pdf>. Acesso em: 8 jan. 2018.
(786) VENOSA, Sílvio de Salvo. *Direito civil*. 3. ed. São Paulo: Atlas. 2003. vol. IV, p. 24-25.
(787) SILVA, Regina Beatriz Tavares da. *Novo Código civil Comentado*. Ricardo Fiúza (Coord.). São Paulo: Saraiva, 2002. p. 842.

caráter punitivo ou pedagógico. Essa possibilidade de aumento do valor da reparação também foi referendada na IV Jornada de Direito Civil, organizada pelo Centro de Estudos Judiciários do Conselho de Justiça Federal, nos dias 26 e 27 de outubro de 2006, por meio do Enunciado 379[788]. Igualmente, a dicção da Súmula n. 51[789] da Jornada de Direito Material e Processual do Trabalho, promovida em novembro de 2007 pela Associação Nacional dos Magistrados da Justiça do Trabalho (Anamatra), com apoio do TST, sugere caráter punitivo na quantificação, ou seja, mais vinculado ao elemento da culpa.

Marcelo Calixto também mostrava-se favorável à ideia, desde que mediante previsão legislativa, tal qual ocorreu no art. 223-G, VII da CLT:

> Por outro lado, admissível será o aumento do valor da reparação, como forma de desestímulo ao ofensor, desde que haja previsão legal específica — o que não se verifica no vigente Código Civil — e desde que o valor apurado não se destine ao ofendido e sim a um fundo de reparação pelos danos causados[790].

Em suma, em boa hora a culpa foi para seu devido lugar: critério de dimensionamento do *quantum debeatur* cujo montante, pela natureza punitiva que apresenta, preferencialmente, deveria ser direcionado a patrimônio diverso do da vítima.

6.4.5. O limite humanitário da fixação

Antes de encerrar o tópico, uma advertência pontual: deve ser admitido o chamado "limite humanitário" na quantificação da reparação. É dizer, a reparação do dano, por força de norma constitucional, não pode privar o ofensor do patrimônio indispensável à sua subsistência digna[791]. A empresa detém função social e não se recomenda quebrá-la para que consiga pagar única indenização. Será preciso equidade para a consideração do contexto social externo ao drama.

Nem mesmo a regra de reparação integral do dano (para nós, da "reparação adequada") terá o condão de afastar a incidência dos princípios constitucionais. Portanto, o valor da indenização mede-se pela extensão do dano, mas se limita ao montante de que pode dispor o ofensor sem prejuízo da sua vida digna[792], ou, no caso das empresas, de sua continuidade.

Calixto, sobre o tema, recorda documento intitulado "Princípios de Direito Europeu da Responsabilidade Civil"[793], onde se lê no art. 10, *verbis*:

> Art. 10: 401. Limitação da indenização. Excepcionalmente, se face à situação econômica das partes a reparação integral constituir um encargo opressivo para o réu, a indenização pode ser reduzida. Para tomar esta decisão, deve ter-se em consideração, especialmente, o fundamento da responsabilidade (art. 1:101), a extensão da proteção do interesse (ar. 2:102) e a dimensão do dano[794].

6.4.6. Questões processuais pertinentes à quantificação dos danos extrapatrimoniais trabalhistas

6.4.6.1. A liquidação do pedido de indenização por danos extrapatrimoniais na inicial

Em razão do princípio da inércia da jurisdição, o Poder Judiciário só atua quando provocado e nos limites objetivos e subjetivos da lide. Portanto, é dever do Reclamante apresentar petição inicial que descreva claramente sua pretensão quando objetiva a reparação pelos danos extrapatrimoniais sofridos.

---

(788) BRASIL. IV Jornada de Direito Civil, Enunciado *n.* 379. O art. 944, *caput*, do Código Civil não afasta a possibilidade de se reconhecer a função punitiva ou pedagógica da responsabilidade civil.

(789) BRASIL. Jornada de Direito Material e Processual do Trabalho, Súmula n. 51. O valor da condenação por danos morais decorrentes da relação de trabalho será arbitrado pelo juiz de maneira equitativa, a fim de atender ao seu caráter compensatório, pedagógico e preventivo.

(790) CALIXTO, Marcelo Junqueira. *A culpa na responsabilidade civil* — estrutura e função. Rio de Janeiro: Renovar, 2008. p. 310-311.

(791) *Ibidem*. p. 325.

(792) *Ibidem*, p. 326.

(793) O Grupo Europeu de Responsabilidade Civil, em 2005, desenvolveu estudo sobre esses princípios. Disponível em: <http://www.civil.udg.edu/php/biblioteca/items/295/PETLPortuguese.doc>. Acesso em: 13 mar. 2018.

(794) CALIXTO, Marcelo Junqueira. *A culpa na responsabilidade civil* — estrutura e função. Rio de Janeiro: Renovar, 2008. p. 326.

Diz-se, assim, que a petição inicial é o instrumento da demanda, vez que é através dela que o jurisdicionado ingressará em juízo e declinará todos os aspectos pelos quais o faz. Desse modo, além de indicar o pedido e os sujeitos componentes da relação processual, o reclamante deve expor os fatos que ensejaram a violação do bem jurídico.

Na seara trabalhista, o art. 840 da CLT reformado exige como requisitos da petição inicial a designação do juízo, a qualificação das partes, a breve exposição dos fatos de que resulte o dissídio, o pedido, que deverá ser certo, determinado, com a indicação de seu valor, a data e a assinatura do reclamante ou de seu representante.

O § 3º do art. 840 da CLT, também incluído pela Lei n. 13.467/2017, estabeleceu, ainda, severa pena de extinção do processo sem resolução do mérito, quando não cumprido algum dos requisitos obrigatórios da inicial. Tal dispositivo desrespeita o princípio da primazia da decisão de mérito, informador do processo civil, aplicável ao processo do trabalho e contido no art. 4º, do CPC.[795] Esse princípio busca assegurar às partes o direito à solução de mérito na demanda, em detrimento de julgamentos meramente formalistas, podendo ser ilustrado por inúmeros dispositivos do Código de Processo Civil, por exemplo: (i) dever do juiz de determinar o saneamento dos vícios processuais (previsão do art. 139, IX do CPC); (ii) determinação de emenda da inicial nos casos de não cumprimento de seus requisitos (art. 321 do CPC); (iii) possibilidade de o relator do recurso determinar o saneamento do vício ou complementação da documentação exigível (art. 932, parágrafo único do CPC). Além destes, há ainda a previsão genérica constante do art. 317 do CPC que determina que o juiz deverá conceder à parte oportunidade para, se possível, corrigir o vício antes de proferir decisão sem resolução de mérito.

Dada a gravidade de se extinguir o processo[796] liminarmente, o art. 321 do CPC[797] determina que o juiz, ao verificar que o defeito de que padece a inicial consiste em vício sanável, abra prazo para que o autor emende sua peça. Para a jurisprudência, inclusive, diante do mandamento legal, a concessão de prazo para a emenda não está sujeita ao juízo discricionário do magistrado, pois, ao revés, consiste em direito subjetivo da parte[798].

Quanto ao ponto, novidade trazida em boa hora pelo CPC de 2015 foi a exigência de que o juiz, ao determinar que o autor proceda à emenda de sua inicial, esclareça o que deve ser corrigido ou completado. Essa inovação, como bem observa Mauro Schiavi, tem as vantagens de conferir maior eficiência ao processo, evitar dilações desnecessárias e implementar um diálogo mais efetivo entre os três polos da relação processual, ou seja, juiz, autor e réu.

Voltando à questão de interesse, grande inovação da reforma quanto aos requisitos da petição inicial foi incluir como obrigatória a indicação da certeza e a determinação do pedido, não previstas como tal anteriormente. Mesmo antes da reforma trabalhista, Mauro Schiavi já defendia interpretação conjugada dos arts. 840, § 1º, da CLT e 319, IV, do CPC de 2015, a fim de se entender que a petição inicial trabalhista também deveria conter o pedido de forma detalhada, ainda que a legislação específica não fizesse tal exigência de pormenorização[799]. Contudo, o mesmo autor também reconhecia a possibilidade de formulação de pedido genérico quando não fosse possível determinar desde logo o montante de eventual indenização, dando como exemplo, justamente, as ações para indenização por danos extrapatrimoniais.[800]

---

(795) BRASIL. Código de Processo Civil, art. 4. As partes têm o direito de obter em prazo razoável a solução integral do mérito, incluída a atividade satisfativa.

(796) Quanto ao tema do indeferimento da petição inicial, cabe destacar o ensinamento de Humberto Theodoro Júnior, segundo o qual o indeferimento pode ser total ou parcial, caso, respectivamente, a decisão negativa se relacione apenas com alguns dos pedidos formulados pelo autor, na hipótese de cumulação de pedidos, ou obste o prosseguimento do processo na origem, impedindo o desenrolar da relação jurídica processual. THEODORO JR., Humberto. *Curso de direito processual civil* — Teoria geral do direito processual civil, processo de conhecimento e procedimento comum. vol. I. 57. ed., rev., atual. e ampl. Rio de Janeiro. Forense, 2016. p. 774.

(797) BRASIL. Código de Processo Civil, art. 321. O juiz, ao verificar que a petição inicial não preenche os requisitos dos arts. 319 e 320 ou que apresenta defeitos e irregularidades capazes de dificultar o julgamento de mérito, determinará que o autor, no prazo de 15 (quinze) dias, a emende ou a complete, indicando com precisão o que deve ser corrigido ou completado.
Parágrafo único. Se o autor não cumprir a diligência, o juiz indeferirá a petição inicial.

(798) SCHIAVI, Mauro. *Ações de reparação por danos morais decorrentes da relação de trabalho*. 4. ed. São Paulo: LTr, 2011. p. 543.

(799) *Ibidem*, p. 534.

(800) *Ibidem*, p. 535.

O Código de Processo Civil de 2015[801] admite o pedido genérico: (i) nas ações universais, se o autor não puder individualizar os bens demandados; (ii) quando não for possível determinar, desde logo, as consequências do ato ou do fato; (iii) quando a determinação do objeto ou do valor da condenação depender de ato que deva ser praticado pelo réu.

Embora não conste do texto da CLT, é inevitável a aplicação das exceções contidas no art. 324, § 1º, do CPC. Em casos de acidente de trabalho, por exemplo, em que se verifica a ocorrência de um dano estético, há situações em que o empregado realiza várias cirurgias plásticas, ainda durante o trâmite processual. O pedido de indenização por danos extrapatrimoniais, nestes casos, por óbvio, deve ser genérico, pois as consequências do fato lesivo ainda não estão, quando do protocolo da exordial, totalmente exauridas nem tampouco conhecidas. Apenas quando as cirurgias se encerrarem será possível verificar efetivamente o dano causado à imagem e integridade física de forma definitiva.

Percebe-se que, em casos como esses, é materialmente impossível ao reclamante liquidar os pedidos, considerando as particularidades da causa de pedir. Tal fato já comprova, por si só, que a aplicabilidade do art. 840, § 1º, da CLT, não é absoluta, mesmo que o enunciado normativo não indique a existência de situações excepcionais. Em verdade, o dispositivo é inexato, ao não mencionar as exceções contidas no art. 324, § 1º, do CPC.

A complexidade, apta a justificar a formulação de pedido ilíquido, estará presente quando a apuração do *quantum* depender de cálculos que exijam nível de conhecimentos contábeis e matemáticos superior aos titularizados pelo homem médio. Se a elaboração do cálculo depender de conhecimento e técnica especializados, e não puder ser feita pelo profissional do direito mediano, não há necessidade de a petição inicial, no rito ordinário, liquidar o valor dos pedidos. Se o cálculo só puder ser feito precisamente por profissional especializado como contador ou calculista, a petição ilíquida deve ser aceita.

A interpretação proposta tem adeptos na doutrina:

> Ao tratar da petição inicial, os parágrafos do art. 840 da CLT, com a redação dada pela Reforma Trabalhista, preveem que o pedido deverá ser certo, determinado e com indicação de seu valor (§ 1º), sob pena de serem julgados extintos sem resolução do mérito (§ 3º).
>
> Esta regra deve ser entendida com bom senso e razoabilidade. Caso o pedido contenha algum vício sanável, deverá o juiz intimar o autor da ação para que corrija a falha, nos termos preconizados na Súmula n. 263 do TST, em observância ao princípio da preponderância do julgamento de mérito. O indeferimento liminar deverá ser feito, caso o juiz entenda que o vício é insanável ou que a retificação da inicial trará prejuízos ainda maiores[802].

Tal solução se impõe à luz do princípio constitucional do acesso à justiça, já que exigir a liquidação nessas hipóteses criaria obstáculo prático e intransponível ao ajuizamento da ação, sobretudo quando o autor for beneficiário da justiça gratuita. Ora, se o cidadão não tem condições de pagar as despesas do processo, inevitavelmente não terá recursos para contratar um contador particular antes do ajuizamento da ação.

Se a sentença pode ser ilíquida em virtude da dificuldade dos cálculos, não se vislumbra o motivo pelo qual a mesma flexibilização não deva se admitir no que tange à elaboração da petição inicial.

6.4.6.2. O princípio da congruência e o grau de limitação do julgador na apreciação do pedido de indenização por danos extrapatrimoniais

A legislação trabalhista não prevê em nenhum dispositivo o princípio da congruência ou adstrição, tal como fazem os arts. 141 e 492 do Código de Processo Civil[803], que devem ser, portanto, aplicados ao processo do trabalho.

---

(801) BRASIL. Código de Processo Civil, art. 324. O pedido deve ser determinado.
 § 1º É lícito, porém, formular pedido genérico:
 I – nas ações universais, se o autor não puder individuar os bens demandados;
 II – quando não for possível determinar, desde logo, as consequências do ato ou do fato;
 III – quando a determinação do objeto ou do valor da condenação depender de ato que deva ser praticado pelo réu.

(802) NAHAS, Thereza; Miziara, Raphael. *Impactos da reforma trabalhista na jurisprudência do TST*. São Paulo: Editora Revista dos Tribunais, 2017. p. 184.

(803) BRASIL. Código de Processo Civil, art. 141. O juiz decidirá o mérito nos limites propostos pelas partes, sendo-lhe vedado conhecer de questões não suscitadas a cujo respeito a lei exige iniciativa da parte.

Os referidos dispositivos evidenciam a obrigação do juiz de decidir conforme o pedido da parte autora e, sobretudo, limitado a este. Portanto, para que a sentença seja válida, deve ser congruente[804], limitando-se ao disposto pela parte reclamante, em sua inicial.

O mérito, ou seja, aquilo que será efetivamente analisado e decidido pelo magistrado, é composto justamente pelos pedidos das partes, vedado ao julgador deixar de apreciar algum deles, sob pena de ser considerada *citra petita* a decisão. Também não se pode conferir direito além ou diverso daquele pleiteado, sob pena de nulidade da sentença por ser esta *ultra petita* ou *extra petita*, respectivamente.

O princípio da congruência é corolário do princípio do contraditório, pois as partes apenas têm o direito de manifestarem sobre aquilo que está posto nos autos.[805]

No tocante ao pedido de reparação dos danos extrapatrimoniais, o julgador deve limitar-se ao que foi pedido pelo autor, atentando-se aos parâmetros trazidos pelo art. 223-G da CLT.

Tendo sua atuação limitada ao que foi pedido, o juiz que se depare com caso de grave violação a direito da personalidade, por exemplo, tendo o autor o classificado como "leve", não poderá conceder indenização com base nos parâmetros legais trazidos para os danos de natureza grave, sob pena de se configurar decisão *ultra petita*.

O contrário, todavia, não causaria qualquer estranheza, visto que muito comum: o reclamante ajuíza ação pleiteando reparação que entende ser de natureza grave, mas o magistrado concede indenização tendo por base um dano de natureza média, por assim entendê-lo. Não estaria o magistrado incorrendo em qualquer vício, dada a máxima de que quem pode o mais, pode o menos.

Apesar de o legislador denominar as classificações do art. 223-G entre os termos leve, médio, grave ou gravíssimo como "natureza dos danos", em verdade o termo nada tem a ver propriamente com a natureza jurídica, mas apenas com a amplitude do dano. Apesar de coincidirem os vocábulos, o termo "natureza" do art. 492 do CPC diverge de sentido em relação ao que se usa por má técnica legislativa no art. 223-G da CLT. No dispositivo celetista, o que se estabelece são as gradações dos danos extrapatrimoniais, todos ostentando, por óbvio, a mesma identidade de dano extrapatrimonial. Daí, eventual julgamento do magistrado em grau acima do classificado pelo próprio autor configurará julgamento *ultra petita* e não *extra petita*.

6.4.6.3. O dever de fundamentação do julgador quanto aos componentes e critérios considerados no valor arbitrado a título de indenização por danos extrapatrimoniais

O art. 93, IX, da Constituição Federal[806], impõe ao julgador o dever de fundamentação de suas decisões. Aliado ao dever constitucional, o CPC determina em seu art. 489[807] os elementos essenciais de uma sentença, com destaque ao § 1º do referido artigo que aprofunda o dever constitucional.

Art. 492. É vedado ao juiz proferir decisão de natureza diversa da pedida, bem como condenar a parte em quantidade superior ou em objeto diverso do que lhe foi demandado.

Parágrafo único. A decisão deve ser certa, ainda que resolva relação jurídica condicional.

(804) DIDIER JR., Fredie; OLIVEIRA, Rafael Alexandria de; BRAGA, Paula Sarno. *Comentários ao Novo Código de Processo Civil*. 2. ed. In: CABRAL, Antônio do Passo; CRAMER, Ronaldo (Orgs.). Rio de Janeiro: Forense, 2016. p. 726.

(805) BRASIL. Constituição Federal, Art. 5º. Todos são iguais perante a lei, sem distinção de qualquer natureza, garantindo-se aos brasileiros e aos estrangeiros residentes no País a inviolabilidade do direito à vida, à liberdade, à igualdade, à segurança e à propriedade, nos termos seguintes: LV – aos litigantes, em processo judicial ou administrativo, e aos acusados em geral são assegurados o contraditório e ampla defesa, com os meios e recursos a ela inerentes;

(806) BRASIL. Constituição Federal, art. 93. Lei complementar, de iniciativa do Supremo Tribunal Federal, disporá sobre o Estatuto da Magistratura, observados os seguintes princípios:
IX- todos os julgamentos dos órgãos do Poder Judiciário serão públicos, e fundamentadas todas as decisões, sob pena de nulidade, podendo a lei limitar a presença, em determinados atos, às próprias partes e a seus advogados, ou somente a estes, em casos nos quais a preservação do direito à intimidade do interessado no sigilo não prejudique o interesse público à informação;

(807) BRASIL. Código de Processo Civil, art. 489. São elementos essenciais da sentença:
I – o relatório, que conterá os nomes das partes, a identificação do caso, com a suma do pedido e da contestação, e o registro das principais ocorrências havidas no andamento do processo;

Ainda mais importante é a previsão dos §§ 1º e 2 do art. 489, do CPC, que inauguraram o estágio da fundamentação adequada, próprio ao modelo constitucional garantístico de processo, ao que proporciona maior controle racional às decisões judiciais, tendendo a maior alcance de grau de coerência sistêmica e integridade do direito.

A exigência de motivação das decisões judiciais conta com um duplo aspecto: função endoprocessual e função exoprocessual/extraprocessual. Enquanto a primeira informa-nos que a fundamentação possibilita às partes verificarem se foi feita análise apurada da causa – já que conhecem das razões do convencimento do julgador, controlando a decisão por meio dos recursos cabíveis, bem como para que os magistrados de hierarquia superior possam reformar ou manter a decisão, a última determina que a fundamentação viabiliza o controle da decisão pela via difusa da democracia participativa.

Segundo o art. 93, IX, CRFB/1988, as decisões sem motivação são eivadas de invalidade, sanção que não ocorre apenas quando a decisão não tem a fundamentação em si, mas também quando a fundamentação aposta é insuficiente, incapaz de justificá-la de forma racional, conforme previsão do § 1º do art. 489, do CPC.

No tocante ao dever de fundamentação de decisões que condena uma parte a reparar dano extrapatrimonial pela outra sofrido, deve-se destacar ainda mais a importância de tal dever, já que a delimitação do *quantum* pode conter alta carga de subjetividade.

Fábio Luís Pereira de Souza[808] conclui que todas as decisões devem ser devidamente fundamentadas e, para isso, devem ser analisadas as peculiaridades de cada caso, referindo-se à norma aplicável, certo que normas jurídicas abertas normalmente exigem maior esforço argumentativo do magistrado em razão dos conceitos jurídicos indeterminados.

Em suma, a fundamentação da sentença que verse sobre direito extrapatrimonial trabalhista deverá cumprir as seguintes etapas:

(i) Primeiro, identificar o dano-evento com o respectivo direito violado: direito à constituição de valores humanos: nome, honra, imagem, autodeterminação e privacidade; direito ao mínimo existencial: condições básicas de subsistência e pausas no tempo de trabalho para conquista de uma vida boa; direto à integridade física e psíquica com devida promoção da correção dos riscos ambientais e direto a um tratamento probo e igualitário.

(ii) Segundo, identificar o(s) dano-prejuízo(s): se moral, existencial, estético e/ou socioambiental, classificando-o(s) como de leve a gravíssimo, com a devida justificativa objetiva e delimitação de prejuízos temporários ou permanentes.

(iii) Terceiro, após classificação, o julgador poderá partir para tarifação sugerida pelo legislador, modelando-a a partir de critérios exemplificativos constantes dos incisos do art. 223-G, sem estar aprisionado aos tetos, enfrentando ônus de argumentação caso necessário ultrapassá-los, preservando-se a isonomia.

(iv) Finalmente, se a conclusão da operação chegar a valor acima do pedido, o arbitramento será regredido ao pleito.

6.4.6.4. A tutela não pecuniária dos danos extrapatrimoniais

O legislador processual, ao estabelecer o inciso IV, do art. 139, do Código de Processo Civil, inovou ao legitimar a possibilidade de o magistrado determinar medidas indutivas, coercitivas, mandamentais ou sub-rogatórias voltadas a

---

II – os fundamentos, em que o juiz analisará as questões de fato e de direito;

III – o dispositivo, em que o juiz resolverá as questões principais que as partes lhe submeterem.

§ 1º Não se considera fundamentada qualquer decisão judicial, seja ela interlocutória, sentença ou acórdão, que:

I – se limitar à indicação, à reprodução ou à paráfrase de ato normativo, sem explicar sua relação com a causa ou a questão decidida;

II – empregar conceitos jurídicos indeterminados, sem explicar o motivo concreto de sua incidência no caso;

III – invocar motivos que se prestariam a justificar qualquer outra decisão;

IV – não enfrentar todos os argumentos deduzidos no processo capazes de, em tese, infirmar a conclusão adotada pelo julgador;

V – se limitar a invocar precedente ou enunciado de súmula, sem identificar seus fundamentos determinantes nem demonstrar que o caso sob julgamento se ajusta àqueles fundamentos;

VI – deixar de seguir enunciado de súmula, jurisprudência ou precedente invocado pela parte, sem demonstrar a existência de distinção no caso em julgamento ou a superação do entendimento.

(808) SOUZA, Fábio Luís Pereira de. A fundamentação das decisões judiciais e o novo código de processo civil: uma mudança profunda. In: MACÊDO Lucas Buril de; PEIXOTO, Ravi; FREIRE, Alexandre (Orgs.). *Novo CPC doutrina selecionada*. Salvador: JusPodivm, 2016. p. 477 e ss.

assegurar que a ordem judicial seja efetivamente cumprida, inclusive nas ações que envolvam pagamento em dinheiro. Nessa ótica, é como "se o legislador dissesse que ações condenatórias e ações executivas *lato sensu* passariam a receber o mesmo tratamento"[809].

Assim, de acordo com o texto do referido inciso e, segundo os princípios que lhe são subjacentes, o juiz poderá utilizar as medidas de apoio ou de execução indireta tratadas nos arts. 536 e seguintes do mesmo código. Parece que o legislador processual quis dar mais poderes ao magistrado e o entendimento doutrinário é que caberá à doutrina e à jurisprudência desenhar estes limites à luz da Constituição Federal.

Neste contexto, nada impede que o magistrado se utilize do poder conferido pelo inciso tratado em tela para acrescentar à indenização tutela mais condizente com a natureza do dano extrapatrimonial. Com o inciso, o juiz pode determinar prestações *in natura* que auxiliem a reparação adequada do dano. Exemplifica-se. Não cumprida no prazo legal a obrigação de indenizar, o juiz pode determinar ao réu a publicação de uma nota em jornal de grande circulação, com um pedido público de desculpa em caso de assédio.[810]

Em suma, defende-se a utilização do art. 139, IV como um canal a serviço do magistrado para se conferir maior efetividade às decisões acerca de danos extrapatrimoniais, máxime em razão da relevância dos direitos tutelados.

6.4.6.5. O *quantum* arbitrado e os honorários advocatícios nas demandas referentes a danos extrapatrimoniais

No ordenamento jurídico nacional, salvo exceção legal, o *jus postulandi*, ou seja, a capacidade postulatória, é conferida exclusivamente aos advogados, conforme previsão do art. 103, do Código de Processo Civil.[811] Assim, nos termos deste dispositivo, apenas o advogado legalmente habilitado[812] poderá praticar atos processuais que lhe são privativos.

Todavia, no processo do trabalho a situação é outra. O art. 791, da CLT[813], estabelece que tanto empregado como empregador podem defender seus interesses pessoalmente perante a Justiça do Trabalho. Aparentemente, o conteúdo do referido dispositivo seria decorrência da intentada simplicidade da postulação na seara laboral e de uma bem-intencionada busca pelo mais amplo acesso à justiça.

Em abril de 2010, o Superior Tribunal do Trabalho editou o Enunciado n. 425 de jurisprudência sumulada consolidando que "o *jus postulandi* das partes, estabelecido no art. 791 da CLT, limita-se às Varas do Trabalho e aos Tribunais Regionais do Trabalho, não alcançando a ação rescisória, a ação cautelar, o mandado de segurança e os recursos de competência do Tribunal Superior do Trabalho."

De todo modo, o art. 791, mantido pela reforma trabalhista, acarretava consequências em toda a sistemática do processo laboral. A saber: não havendo a necessidade de contratação de serviços advocatícios, também não haveria obrigatoriedade na condenação ao pagamento de seus honorários.

A reforma trabalhista inovou, muito positivamente, ao trazer a possibilidade de condenação em honorários de sucumbência no processo do trabalho, mesmo quando inexistente assistência de advogado de sindicato ou benefício da justiça gratuita, como já era permitido. Apesar da manutenção do *jus postulandi*, o art. 791-A da CLT estabeleceu o dever de pagamento de honorários em mínimo de 5 e máximo de 15% sobre o valor liquidado na condenação, ou, se inestimável, sobre o valor da causa.

---

(809) WAMBIER, Teresa Arruda Alvim; DE MELLO, Rogério Licastro Torres; RIBEIRO, Leonardo Ferres da Silva. *Primeiros comentários ao novo Código de Processo Civil artigo por artigo*. 2. ed. São Paulo: RT, 2016. p. 263.

(810) Nesse sentido: "Danos extrapatrimoniais, como ocorre, por exemplo, na violação da integridade moral de alguém, que é reparada através de uma retratação pública do ofensor na presença do ofendido." (EHRHARDT JR., Marcos. Em busca de uma teoria geral da responsabilidade civil. In: EHRHARDT JR., Marcos (Coord.). *Os 10 anos do Código Civil: evolução e perspectivas*. Belo Horizonte: Fórum, 2012. p. 328.)

(811) BRASIL. Código de Processo Civil, art. 103. A parte será representada em juízo por advogado regularmente inscrito na Ordem dos Advogados do Brasil.
Parágrafo único. É lícito à parte postular em causa própria quando tiver habilitação legal.

(812) Entendendo-se como legalmente habilitado o bacharel em Direito, devidamente inscrito na Ordem dos Advogados do Brasil — OAB, que não esteja impedido de exercer suas atividades profissionais.

(813) BRASIL. Consolidação das Leis Trabalhistas, art. 791. Os empregados e os empregadores poderão reclamar pessoalmente perante a Justiça do Trabalho e acompanhar as suas reclamações até o final.

Alguns autores defendem que os honorários sucumbenciais importados da seara cível afastariam o processo do trabalho do princípio da gratuidade e da facilitação do acesso à justiça[814].

Outros já aplaudem a inovação a beneficiar a advocacia trabalhista, "que vivia fora do sistema de compensação remuneratória pela qualidade e êxito dos serviços prestados em uma demanda judicial"[815].

Um ponto, entretanto, não suscitará divergência, qual seja, a injustificável inconsistência apresentada em relação ao art. 85, do CPC, § 2º[816], que prevê, em espera cível, a condenação em honorários com mínimo de 10 e máximo de 20%.

De todo modo, quanto à aplicação da polêmica inovação aos processos já em curso, em 6 de dezembro de 2017, a 6ª Turma do TST decidiu, em sede de Recurso de Revista, que a Lei n. 13.467/2017 teria aplicação imediata no que concerne às regras de natureza processual. Todavia, especificamente em relação ao princípio da sucumbência, foi decidido que só será aplicável aos processos novos, diga-se, aos iniciados após o advento da referida lei.

A questão do cabimento de honorários advocatícios inverte a lógica da litigância no processo do trabalho, aumentando a responsabilidade das partes e advogados em relação aos pedidos e incitando análise criteriosa de riscos acerca de eventual insucesso da demanda.

Toda essa digressão para se refletir sobre a questão que se segue.

A procedência parcial do pedido ocorre quando o Reclamante, nas ações trabalhistas, não sai vitorioso em todos os seus pleitos, mas em apenas alguns deles. Nos casos de procedência parcial haverá honorários de sucumbência recíproca, tendo o art. 791-A, § 3º, da CLT, a seguir o disposto no § 14 do art. 85 do CPC[817], vedado a compensação entre os honorários, nessas hipóteses.

A sucumbência recíproca, entretanto, deve ser lida em conjunto com outra determinação do legislador trabalhista: a exigência de liquidação de todos os pedidos.

Em suma, o autor que pleiteia danos extrapatrimoniais deve indicar o valor pretendido a esse título. Se indica valor contido no intervalo para dano grave e o juiz defere indenização em valor contido no intervalo para dano grave, a circunstância ilustra sucumbência recíproca? É dizer, deve o autor pagar ao réu honorários referentes à diferença do valor pedido e não deferido? A resposta é não.

O Superior Tribunal de Justiça editou enunciado de Súmula n. 326[818] a respeito. Caso a vítima ajuíze reclamatória com pedido de reparação de dano extrapatrimonial grave e o juiz entenda que, na realidade, a natureza é de dano leve, o reclamante não será parcialmente sucumbente. Quando há o deferimento, ainda que parcial, do pedido de danos extrapatrimoniais, a parte é considerada vencedora na postulação.

Dada a multiplicidade de hipóteses em que cabível a indenização por dano extrapatrimonial, aliada à dificuldade na mensuração do valor do ressarcimento, tem-se que a postulação contida na exordial se faz em caráter meramente estimativo, não podendo ser tomada como pedido certo para efeito de fixação de sucumbência recíproca, na hipótese de a ação vir a ser julgada procedente em montante inferior ao assinalado na peça inicial.

---

(814) SILVA, Homero Batista Mateus da. *Comentários à reforma trabalhista*. 1. ed. São Paulo: Revista dos Tribunais, 2017. p. 140.

(815) RODRIGUES, Deusmar José e outros. *Lei da reforma trabalhista*: comentada artigo por artigo. 1. ed. São Paulo: JH Mizuno, 2017. p. 259.

(816) BRASIL. Código de Processo Civil, art. 85. A sentença condenará o vencido a pagar honorários ao advogado do vencedor.

§ 2º Os honorários serão fixados entre o mínimo de dez e o máximo de vinte por cento sobre o valor da condenação, do proveito econômico obtido ou, não sendo possível mensurá-lo, sobre o valor atualizado da causa, atendidos:

I – o grau de zelo do profissional;

II – o lugar de prestação do serviço;

III – a natureza e a importância da causa;

IV – o trabalho realizado pelo advogado e o tempo exigido para o seu serviço.

(817) BRASIL. Código de Processo Civil, art. 85. A sentença condenará o vencido a pagar honorários ao advogado do vencedor.

§ 14. Os honorários constituem direito do advogado e têm natureza alimentar, com os mesmos privilégios dos créditos oriundos da legislação do trabalho, sendo vedada a compensação em caso de sucumbência parcial.

(818) BRASIL. Superior Tribunal de Justiça, Súmula n. 326. Na ação de indenização por dano moral, a condenação em montante inferior ao postulado na inicial não implica sucumbência recíproca.

Conclusões

No ambiente de trabalho, o estado de sujeição é manifesto, na medida em que o espaço e o tempo do trabalhador estão subordinados à organização empresarial. Se o dano extrapatrimonial ocorre no trabalho, durante o trabalho ou em razão do trabalho a responsabilidade do empregador deve ser reconhecida. Em não assim se considerando, estar-se-á em conivência com práticas remissivas ao trabalho indigno, repugnadas internacionalmente e incabíveis em um Estado que tenha a dignidade humana como valor fundante.

A Constituição propõe o diálogo entre a "valorização do trabalho humano", a "livre concorrência" e a "existência digna". A contenção dos desmandos que ultrapassem os limites do regular exercício do poder econômico pode ser feita pela via da responsabilidade civil, com base na proposta de reconhecimento da responsabilidade contratual do empregador.

Elaborada crítica ao princípio da proteção como elemento corrosivo dos filtros da responsabilidade arriscou-se a enumerar tal mecanismo protetivo associado ao ativismo judicial como um dos elementos motivadores do movimento de reação das classes dominantes reconhecido como reforma trabalhista. Todavia, como critério de correção de exageros e recuperação da identidade social do direito do trabalho, para a solução de conflitos derivados de danos extrapatrimoniais, foi apresentado o princípio da solidariedade como derivação da vontade constitucional.

A transformação do trabalhador em mero componente de engrenagem produtiva irrefletida, máxime no contexto dos programas contratuais de massa, deve ser neutralizada pelas exigências de boa-fé objetiva e da função social do contrato como respostas destinadas a resgatar a prevalência dos interesses não patrimoniais envolvidos nas relações contratuais.

Assim, o respeito e o reconhecimento dos valores humanos do empregado enquadram-se na "teoria dos deveres anexos" desenvolvida no campo contratual civilista a partir da constitucionalização do direito civil. Tais deveres, na esfera trabalhista, pela proteção internacional de que gozam, bem como pela incidência prática do princípio da solidariedade, ganham *status* de deveres intrínsecos ou inerentes ao contrato de trabalho. Em outras palavras, o cumprimento desses deveres realiza o desiderato de trabalho digno e decente tal como concebido na visão da Organização Internacional do Trabalho.

Em contrapartida, o inadimplemento dos deveres inerentes ao contrato de trabalho não poderá ser reparado como simples violação de uma cláusula contratual, ou seja, simplesmente tentando ressarcir a parte pelo prejuízo econômico e ponto final. Não. E a razão da negativa contundente é muito simples, qual seja, por trás de eventual prejuízo econômico causado pela violação dos deveres de (i) reconhecimento e respeito ao indivíduo trabalhador ontologicamente considerado, que comporta os direitos à constituição de valores humanos como nome, honra, imagem, autodeterminação e privacidade; e ao mínimo existencial composto das condições básicas de subsistência e pausas no tempo de trabalho para conquista de uma vida boa e (ii) reconhecimento e respeito ao indivíduo trabalhador no meio ambiente de trabalho em que inserido, que comporta os direitos à integridade física e psíquica com devida promoção da correção dos riscos ambientais; e a um tratamento probo e igualitário, sucumbe a frustração da concepção de trabalho humano como valor dignificante. Portanto, a transgressão aos valores inerentes ao contrato de trabalho caracteriza danos extrapatrimoniais.

Nesse contexto, propôs-se sistematização dos danos extrapatrimoniais trabalhistas derivados da violação dos deveres inerentes e classificados em cinco grupos não autoexcludentes: (i) danos morais (ii) danos existenciais, (iii) danos estéticos (iv) danos socioambientais e (v) danos morais coletivos.

Reconhecendo-se as funções preventiva, punitiva e compensatória da tutela voltada à reparação dos danos extrapatrimoniais, foi erigida interpretação conforme do art. 223-G da CLT.

Parece interessante sintetizar algumas proposições deste trabalho:

Conclusões Específicas — Parte I

1. O sistema de responsabilidade civil consagrado por codificações positivistas originariamente apresentava características individualistas, liberais, patrimonialistas e com incidência *a posteriori*. A disciplina classicamente erigiu-se sobre três grandes alicerces: dano, nexo causal e culpa. Com a constitucionalização do Direito Civil, os últimos dois elementos foram relativizados.

2. O ativismo judicial na justiça do trabalho, somado ao princípio protetor, significou desgaste ainda mais relevante dos filtros da responsabilidade no campo trabalhista. A reforma trabalhista representa uma contrarreação agressiva das classes dominantes à vivência prática do princípio protetor.

3. Com o arrefecimento do princípio protetor, entra em crise a identidade do direito do trabalho que parte em busca de referenciais que lhe permitam a conservação de seu pendor social. No campo da responsabilidade civil, em ambiente de tentativa de resgate da personalidade e autonomia do direito do trabalho, insurge a vocação pelo princípio da solidariedade.

4. A substituição do protecionismo pela solidariedade resgata o compromisso social que deve conduzir a disciplina, de forma equilibrada e realizadora de garantias constitucionais sociais fundamentais.

5. Assim, a compreensão do dano, do nexo causal e da conduta lesiva deve ser pautada pelo princípio da solidariedade, tomando-se o solidarismo como filtro conducente à interpretação e aplicação dos direitos e deveres das partes nas relações laborais como antecedente lógico da imputação de responsabilidade.

6. A imputação da responsabilidade volta-se para a realização dos direitos personalíssimos dos empregados, sem perder de vista o papel social do agente capitalista, assim como suas limitações, buscando verdadeira concordância prática entre os valores constitucionais voltados ao trabalho humano e à preservação da livre iniciativa.

7. A solução de conflitos dar-se-á cooperativamente, mediante compreensão recíproca dos dramas das partes envolvidas. É dizer: nem parcialidade nem esterilidade. Daí a solidariedade, como postulado, coloca-se como antídoto contra o desmantelamento do direito do trabalho prenhe dos valores sociais que o identificam.

8. No meio ambiente de trabalho, a responsabilidade civil terá natureza contratual, diagnosticada a partir do vínculo que permeia a dinâmica dos agentes. Sendo contratual, em relação aos danos sofridos por empregados, a responsabilidade decorrerá da simples violação de deveres obrigacionais, independentemente de configuração de ato ilícito e do elemento culpa.

9. A responsabilidade subjetiva volta-se mais para a sanção do causador do dano, enquanto que a objetiva, com cláusula geral prevista no parágrafo único do art. 927, do Código Civil, tem foco direcionado precipuamente ao ressarcimento da vítima.

10. Nos casos de acidentes de trabalho (art. 7º, XXVIII, CF), para apuração da responsabilidade, doutrina e jurisprudência clássicas, erroneamente, se comprazem em verificar se a atividade empresarial oferece ou não risco a que determinado tipo de dano se verifique em relação ao que normalmente se observa. Todavia, a questão é muito mais profunda. A exploração de mão de obra pelo capital guarda riscos para os direitos do trabalhador, pelo que deve a responsabilidade independer de culpa.

11. O fundamento da responsabilidade contratual do empregador tem principal base no dever anexo de cuidado, fruto da incidência do princípio da boa-fé no campo das obrigações, em contexto de exploração de mão de obra pelo capital.

12. O fundamento da responsabilidade contratual do empregador encontra, outrossim, alicerce no princípio da solidariedade e nos deveres erigidos pelas convenções internacionais voltadas para a sedimentação do trabalho digno e ratificadas pelo Brasil, que tem a dignidade da pessoa humana como um dos fundamentos do Estado de direito.

13. Configura dano extrapatrimonial ao trabalhador toda moléstia a direitos personalíssimos ou a valores fundamentais da personalidade do empregado, considerado em perspectivas ontológica e social.

14. No presente trabalho, o dano extrapatrimonial perpetrado contra o trabalhador foi concebido como gênero, conglomerando espécies diversas, quais sejam: (i) dano moral; (ii) dano estético; (iii) dano existencial, (iv) dano socioambiental e (v) dano moral coletivo.

15. Enquadram-se como danos morais aqueles que violem valores humanos da personalidade do trabalhador, tais como nome, honra, imagem, autodeterminação e privacidade.

16. Classificou-se como dano estético a lesão a aspecto da imagem, com comprometimento da aparência física e ofensa à integridade física ou corporal.

17. O dano existencial é aquele que importa lesão ao mínimo existencial reservado ao trabalhador por força do contrato de trabalho, ou seja, que afete (i) condições básicas para sua subsistência, ou (ii) direito a pausa reparadora com desconexão do ambiente de trabalho. O dano caracteriza-se pela imposição de mudança de rotina ou projeto de vida do empregado.

18. Os danos socioambientais serão observados em casos de lesões a direitos personalíssimos do empregado por conta de deturpações sistêmicas do ambiente de trabalho.

19. Os danos morais coletivos consubstanciam lesões que atingem um agrupamento de pessoas ou mesmo toda a coletividade, em decorrência de ato ilícito do empregador ou ainda do descumprimento de normas de ordem pública, que ultrapassem a pessoa do trabalhador para atingir a consciência de toda a coletividade, o que, aliás, fundamenta a obrigação de indenizar o dano, *ipso facto*.

20. O nexo causal identifica-se como a relação de causa e efeito entre a ação ou omissão e o próprio dano. Na responsabilidade objetiva, o nexo será formado tão somente pela conduta do agente cumulada com a previsão legal de responsabilização sem culpa.

21. A teoria do risco de empresa significa que o empresário deve arcar com o ônus gerado pela sua atividade por eventualmente beneficiar-se do lucro derivado do empreendimento causador dos danos.

22. A concausa define-se justamente como a causa secundária que se junta à principal e concorre para o resultado do dano. A teoria da equivalência das condições ou do histórico dos antecedentes (*sine qua non*) considera que todos os fatos relativos ao evento danoso devem ser avaliados para a imputação da responsabilidade, razão que parece ter sido adotada pelo art. 223-E da CLT, o qual anuncia que devem ser responsáveis todos que tenham colaborado para a ofensa.

23. O nexo de causalidade poderá ser interrompido em casos de intervenção relevante de fatores estranhos à cadeia causal e aptos a romperem com o liame de causalidade. As excludentes do nexo causal são (i) culpa exclusiva da vítima, (ii) fato de terceiro e (iii) caso fortuito e força maior.

Conclusões Específicas — Parte II

1. A reforma trabalhista entabulada pela Lei n. 13.467/2017 acresceu, dentre outros, os arts. 223-A a 223-G em título específico, o qual se denominou "Do Dano Extrapatrimonial". Sem prejuízo das críticas doutrinárias, a Associação Nacional dos Magistrados da Justiça do Trabalho ajuizou a Ação Direta de Inconstitucionalidade n. 5.870, alegando violação do inciso XXVIII do art. 7º e dos arts. 170 e 225 da Constituição Federal, pelos incisos I, II, III e IV, do § 1º, do art. 223-G, da CLT.

2. O Título II-A da CLT deve ser submetido à interpretação constitucional: (i) não se pode impermeabilizar a responsabilidade pelo dano extracontratual trabalhista dos influxos das diversas fontes de direito; (ii) a etnia, a idade, a nacionalidade, a honra, a imagem, a intimidade, a liberdade de ação, a autoestima, o gênero, a orientação sexual, a saúde, o lazer e a integridade física são apenas exemplos de bens juridicamente tutelados inerentes à pessoa natural; (iii) o grau de dolo ou culpa é somente um dos elementos que podem ser levados em consideração para se qualificar o dano e se atribuir valor à indenização; (iv) todos os tomadores de serviço, diretos ou indiretos,

deverão responder subsidiária ou solidariamente (a depender de previsão legal) pelos danos extrapatrimoniais causados ao trabalhador, (v) a reparação de todas e quaisquer espécies de danos extrapatrimoniais poderá ser pedida cumulativamente com a indenização pelos danos materiais decorrentes do mesmo ato lesivo e o juiz deverá indicar a tutela referente a cada lesão ocorrida, não ficando limitado à determinação de apenas uma indenização referente ao dano de maior gravidade; (vi) os elementos considerados para a tutela dos danos extrapatrimoniais não são taxativos ou exaustivos, mas devem restar expressos na decisão, sendo orientados pelo princípio do convencimento motivado; (vii) a tarifação pretendida pelo legislador é flexível, bastando que o julgador indique o motivo pelo qual tenha exorbitado o teto indicado pelo legislador, preservando-se a isonomia, a segurança jurídica, bem como a previsibilidade das decisões judiciais. A tarifação que tem ponto de partida no salário do empregado é inconstitucional *in totum*.

3. O contrato de trabalho deve ser interpretado tendo-se como parâmetro o princípio da autonomia da vontade, o princípio da função social, o princípio da obrigatoriedade da convenção, o princípio da relatividade das convenções e o princípio da boa-fé objetiva.

4. Tem o empregador a obrigação de respeitar direitos personalíssimos do trabalhador, principalmente, em decorrência do estágio evolutivo civilizatório da incidência do princípio da dignidade humana nas relações privadas, pela concepção de trabalho digno como valor e em razão do princípio geral de execução de boa-fé do contrato, base da disciplina jurídica contratual.

5. Documentos internacionais ratificados pelo Brasil atestam obrigações inerentes ao contrato de trabalho em prol da vivência do conceito atual de trabalho digno.

6. A responsabilidade contratual é informada principalmente pelo art. 389, do Código Civil, segundo o qual, acaso não cumprida a obrigação, responderá o devedor por perdas e danos, mais juros e atualização monetária segundo índices oficiais regularmente estabelecidos, e honorários de advogado. O inadimplemento contratual trabalhista, em virtude do valor social frustrado, gera danos extrapatrimoniais.

7. A responsabilidade por danos de qualquer natureza, inclusive extrapatrimoniais, havidos em razão da relação de trabalho será contratual, ressalvada a questão de o art. 7º, XXVIII, da CF, excepcionalmente, exigir culpa para, além do direito do empregado de obter o benefício do INSS, o empregador também ter reconhecida a obrigação de indenizar.

8. Os deveres contratuais do empregador vinculados aos direitos personalíssimos passam a ser divididos em dois grandes grupos: (i) direitos que consideram o indivíduo trabalhador ontologicamente e (ii) direitos que consideram o indivíduo trabalhador enquanto parte interativa de seu ambiente de trabalho.

9. A irradiação do princípio da dignidade humana nos contratos de trabalho implica o reconhecimento de direitos personalíssimos do trabalhador, cuja não observância pelo empregador revelará descumprimento contratual e responsabilidade pela reparação dos danos extrapatrimoniais daí advindos.

10. São exemplos de violação ao direito à constituição de valores humanos: nome, honra, imagem, autodeterminação e privacidade do trabalhador: (i) a inclusão do nome do empregado em listas negras; (ii) anotações desabonadoras na CTPS; (iii) violação da esfera mais íntima do empregado: revistas íntimas, revistas realizadas em sacolas ou bolsas do trabalhador, uso de polígrafos; (iv) o monitoramento de e-mails e outros dados pessoais do trabalhador; (v) a exploração da imagem via uso de uniformes com logotipos sem o consentimento do empregado; (vi) a violação da honra e da imagem do empregado por conta de aplicação de justa causa abusiva; e (vii) a limitação de uso de sanitários ou a precarização de condições de higiene.

11. O direito ao mínimo existencial coincide com o dever do empregador de viabilizar condições materiais básicas para sua subsistência do empregado, bem como de promover, ao que lhe compete, a efetividade de seus direitos fundamentais sociais, principalmente os encartados no art. 6º da Carta Magna. Assim, o "mínimo existencial de ordem trabalhista" comporta: (i) contraprestação pelo labor que permita sustento digno com acesso a bens e condições básicas da vida; e (ii) descanso que permita recomposição física e mental.

12. São exemplos de violação ao mínimo existencial (i) a impontualidade contumaz no pagamento ou a retenção de salários; (ii) o cancelamento indevido de plano de saúde do trabalhador; (iii) o não repasse de contribuições

previdenciárias aos órgãos competentes; (iv) o inadimplemento de verbas rescisórias; (v) a denegação do direito ao descanso do empregado: submissão do trabalhador a jornadas extenuantes, restrição de intervalos e não cumprimento do direito a férias.

13. O meio ambiente do trabalho possui compreensão holística do homem-trabalhador, englobando a dimensão psicológica.

14. Em termos contratuais, o empregador obriga-se a adotar medidas de segurança e a responder pelas normas que não venham a ser cumpridas, de acordo com diversas convenções internacionais e, no direito interno, com o art. 157 da CLT e o § 1º, do art. 19, da Lei n. 8.213/1991.

15. É obrigação do poluidor-causador (art. 14, § 1º, da Lei n. 6.938/1981) a reparação do dano, ainda que de natureza extrapatrimonial.

16. A proteção à saúde física e mental do trabalhador ilustra aplicação direita e imediata do princípio da dignidade humana.

17. O ambiente laboral interage em uma relação simbiótica com um sistema social mais amplo o qual integra, do qual recebe e sobre o qual exerce influências. Danos físicos ou psicológicos, ou melhor, danos chamados "socioambientais", poderão decorrer do desequilíbrio desse sistema.

18. O trabalhador tem direito a um ambiente de trabalho com os riscos neutralizados em máxima medida possível, bem como à ciência e à informação a respeito dos riscos à integridade física e psíquica suportados. Sem essas garantias, sente-se impotente e abandonado à própria sorte em contexto de trabalho indigno, é dizer: sofre dano socioambiental.

19. Os danos extrapatrimoniais normalmente verificáveis em decorrência da violação ao dever de promoção da correção dos riscos ambientais em respeito à integridade física e psíquica dos empregados são ilustrados por doenças ocupacionais e acidentes de trabalho com perda da capacidade laborativa, perda estética, perda de membro e até com advento de morte.

20. O princípio isonômico deve ser vivenciado no contrato de trabalho: (i) no que tange à dimensão da igualdade formal, o empregador deve cuidar de ofertar vagas e regulamentar o modo de produção sem discriminações infundadas; (ii) no plano da igualdade material, deve promover iniciativas de neutralização de desigualdades e (iii) no que diga respeito à igualdade como reconhecimento, deve cuidar para que idosos, mulheres, homossexuais, portadores de deficiência etc. tenham acesso às mesmas oportunidades, convivendo em harmonia com os demais trabalhadores.

21. Um ambiente promotor do valor igualdade é um ambiente onde impera a tolerância, ou seja, a capacidade de aceitação recíproca entre seres humanos e trabalhadores. Em resumo, o trabalhador tem direito a um tratamento probo e igualitário que lhe insira em um ambiente fraterno e solidário.

22. O meio ambiente de trabalho, nessa perspectiva e como um microssistema inserido em um ambiente maior, passa a caixa de ressonância para o ambiente democrático que lhe seja externo. Assim, episódios de discriminação, assédio e outros males do gênero decorrem do descumprimento da obrigação do empregador que, assumindo os riscos da gestão e exploração do trabalho humano como engrenagem central de seu meio de produção, deve manter vigília quanto à presença diuturna de valores inerentes a um trabalho recompensador do ponto de vista das interações sociais. Tais episódios nocivos, sem prejuízo de causar danos extrapatrimoniais de subespécies moral e existencial, acarretarão, de qualquer modo, o que ora se tem referido como dano socioambiental, a exemplo de: (i) práticas de assédio sexual; (ii) práticas de assédio moral; (iii) práticas discriminatórias e (iv) rebaixamentos funcionais injustificados.

Conclusões Específicas — Parte III

1. É pacífica na jurisprudência tese igualmente vencida por corrente doutrinária majoritária, qual seja, a que reconhece a admissibilidade da reparação no dano extrapatrimonial.

2. Para reparação no dano extrapatrimonial, deixando-se de lado o conceito de "reparação integral", há que se perseguir "reparação adequada", capaz de (i) recompensar a vítima, (ii) reprimir o ofensor e (iii) ofertar resposta social.

3. A reparação adequada de danos extrapatrimoniais deve abarcar viés compensatório, punitivo e preventivo, apresentando-se *in natura* ou *in pecunia*.

4. O conceito de compensação é diverso do de ressarcimento. A reparação adequada compensatória, representada por obrigação de fazer, de pagar, ou mesmo por ambas cumuladas, deve conceder à vítima crédito obrigacional que lhe traga conforto positivo em ordem de grandeza equivalente ao impacto negativo recebido.

5. Reparações compensatórias *in natura* consistem em tutelas diferenciadas, que podem se mostrar mais apropriadas à verdadeira compensação do dano.

6. A própria tutela jurisdicional, quando adequada, tempestiva e eficaz, cumpre função compensatória, contribuindo para aplacar o sentimento negativo da vítima.

7. A tutela punitivo-preventiva, voltada à prevenção de danos morais, existenciais, socioambientais e coletivos é cabível como elemento de ressarcimento dos danos extrapatrimoniais trabalhistas, não se realizando nos moldes dos *punitive damages*, podendo ser concebida por multas, suspensões de atividades, obrigação de realização de cursos com o condão de capacitar o agente em técnicas que impliquem não reincidência em causar o dano etc.

8. O elemento punitivo-preventivo do ressarcimento não deve representar ganho econômico para a vítima, mas, *de lege ferenda*, se consubstanciado em obrigação de pagar, ser direcionado à prevenção de danos de mesma natureza do ocorrido.

9. O arbitramento do elemento punitivo-preventivo deve ser amplamente transparente e fundamentado, levando-se em consideração critérios como: (i) o nexo entre o dano e o prejuízo experimentado; (ii) a eventual prática anterior de condutas semelhantes; (iii) o lucro obtido com a prática ofensiva; (iv) a situação econômica do ofensor; (v) a consideração das sanções penais que eventualmente já tenham sido aplicadas; (vi) o grau de culpabilidade etc.

10. Com inspiração nos direitos francês e italiano, para quantificar danos extrapatrimoniais derivados de acidente de trabalho e doenças ocupacionais, Amaury Rodrigues Pinto distingue as etapas (i) objetiva, considerando-se a relevância do bem jurídico lesado e dos prejuízos sofridos e (ii) subjetiva, levando-se em conta peculiaridades do caso que possam ter influência na gravidade da lesão. O autor defende arbitramento minuciosamente fundamentado, com discriminação do dano-evento e do dano-prejuízo, o qual pode ser composto por prejuízos temporários ou permanentes.

11. O § 1º, do art. 223-G, revela-se inconstitucional, uma vez que o art. 5º, inciso V, da Constituição Federal, garante o direito a indenização proporcional a lesão, sendo inválida a precificação conforme salário e impossível o estabelecimento de limites máximos para ressarcimento de danos extrapatrimoniais.

12. A intensidade do sofrimento ou da humilhação não pode ser tomada como critério de aferição de valor de indenização, uma vez ser incomensurável e inviável como objeto de prova.

13. Os incisos do § 1º do art. 223-G, da CLT, não descartam a isonomia e nem a ampla liberdade do magistrado de avançar sobre os tetos sugeridos em lei, devidamente cumprido o ônus de argumentação e dever de fundamentação.

14. A vedação à acumulação de danos taxada no art. 223-G, da CLT, é inconstitucional, na medida em que a Carta assegura a tutela contra quaisquer danos, sendo possível que os danos moral, estético, existencial e socioambiental se apresentem a partir de mesmo fato gerador, merecendo, cada um deles, a devida tutela jurisdicional.

15. A composição da tutela sobre o dano deve ter componente compensatório, punitivo e preventivo, estipulado em obrigações pecuniárias ou de quaisquer outras naturezas.

16. O grau de dolo ou culpa é elemento a ser considerado pelo juiz para apreciar o pedido de indenização por danos extrapatrimoniais.

17. Deve ser admitido o chamado "limite humanitário" na quantificação da reparação. A empresa detém função social e convém equidade para a consideração do contexto social externo ao drama.

18. O juiz deve intimar a parte reclamante, com fulcro na aplicação supletiva dos arts. 317 e 321, do CPC, para emendar sua inicial, apresentando a liquidação de seus pedidos (e cumprindo assim a exigência do art. 840, § 1º, da CLT), antes de simplesmente prolatar uma sentença de extinção do feito.

19. Eventual julgamento em grau acima do classificado pelo autor configurará julgamento *ultra petita*.

20. Para fundamentação adequada do pedido de danos extrapatrimoniais trabalhistas, o magistrado deverá (i) identificar a conduta lesiva, o nexo causal e a amplitude do dano-evento com o respectivo direito violado; (ii) identificar o dano-prejuízo: se moral, existencial, estético e/ou socioambiental, classificando-o como de leve a gravíssimo, com a devida justificativa objetiva e delimitação de prejuízos temporários ou permanentes; (iii) valer--se da tarifação sugerida pelo legislador, modelando-a a partir de critérios exemplificativos constantes dos incisos do art. 223-G, sem estar aprisionado aos tetos, enfrentando ônus de argumentação caso necessário ultrapassá-los, preservando-se a isonomia; (iv) reduzir o *quantum*, caso ao final da operação encontre valor maior que o pedido, ou caso o valor represente ameaça à existência da empresa.

21. O art. 139, IV, do CPC, aplica-se ao processo trabalhista como um canal a serviço do magistrado para se conferir maior efetividade às decisões acerca de danos extrapatrimoniais, máxime em razão da relevância dos direitos tutelados.

22. Na ação de indenização por dano moral, a condenação em montante inferior ao postulado na inicial não implica sucumbência recíproca.

Referências Bibliográficas

ABRAMO, Lais. *Uma década de promoção do trabalho decente no país, uma estratégia de ação baseada no diálogo.* OIT, 2015. Disponível em: <http://www.ilo.org/wcmsp5/groups/public/---americas/---ro-lima/---ilo-brasilia/documents/publication/wcms_467352.pdf>. Acesso em: 3 jan. 2018.

ABRANTES, José João. *Direitos fundamentais da pessoa humana no trabalho:* em especial, a reserva da intimidade da vida privada (algumas questões). 2. ed. Portugal: Almedina, 2014.

ABUD, Cláudia José. Dano moral decorrente de acidente do trabalho — Moral damages due to work accident. *Revista de Direito do Trabalho: RDT*, São Paulo, v. 41, n. 163, maio/jun., 2015. Disponível em: <http://bdjur.stj.jus.br/dspace/handle/2011/93387>. Acesso em: 21 dez. 2017.

ADASCALITEI, Dragos; MORANO, Clemente Pignatti. Drivers and effects of labour market reforms: evidence from a novel policy compendium. *IZA J Labor Policy*, 2016. Disponível em: <https://doi.org/10.1186/s40173-016-0071-z.> Acesso em: 9 jan. 2018.

AIDAR, Letícia; RENZETTI, Rogério e outros (Orgs.). *Reforma trabalhista e reflexos no direito e processo do trabalho.* São Paulo: LTr, 2017.

ALENCAR, Eduardo Fornazari. *A prescrição do dano moral decorrente de acidente do Trabalho.* São Paulo: LTr, 2004.

ALEXY, Robert. *Teoria de los derechos fundamentales.* Trad. Ernesto Garzon Valdés. Madrid: Centro de Estudios Constitucionales, 1997.

ALMEIDA, Lucilde D'Ajuda Lyra de. Indenização por dano moral decorrente de acidente de trabalho: a questão da regra de transição a que se refere o art. 2.028 do novo Código Civil. *Revista LTr: Legislação do Trabalho*, São Paulo, v. 70, n. 2, 2006.

ALMEIDA NETO, Amaro Alves de. *Dano existencial — A tutela da dignidade da pessoa humana.* Disponível em: <www.mp.sp.gov.br/portal/page>. Acesso em: 4 jan. 2018.

ALVARENGA, Rúbia Zanotelli de; BOUCINHAS FILHO, Jorge Cavalcanti. O dano existencial e o direito do trabalho. *Juris Plenum*, v. 9, n. 50, mar. 2013.

ALVES, Ricardo Luiz. Algumas reflexões sobre o art. 140 do Código Penal e a alínea "e" do art. 483 da CLT. *Jornal Trabalhista Consulex*, Brasília, v. 23, n. 1.151, dez. 2006.

ANDRADE, Amanda Martins Rosa; MUNIZ, Mirella Karen de C. Bifano. O controle da utilização de banheiro no ambiente de trabalho e a ocorrência de danos morais indenizáveis ao empregado. *Revista LTr: Legislação do Trabalho*, v. 79, n. 4, abr. 2015.

ANDRADE, André Gustavo Corrêa de. *Dano moral e indenização punitiva: os punitive damages na experiência do common law e na perspectiva do direito brasileiro.* 2. ed. Rio de Janeiro: Lumen Juris, 2009.

_____. Indenização punitiva. *Revista da ABPI*, n. 85, nov./dez. 2006; *Revista da Emerj*, v. 9, n. 36, 2006.

ANTUNES, Júlia Catuby de Azevedo. A previsibilidade nas condenações por danos morais: uma reflexão a partir das decisões do STJ sobre relações de consumo bancárias — The predicability of moral damages lawsuits results: a reflection based upon STJ decision in bank consumer relations. *Revista direito GV*, v. 5, n. 1, jan./jun. 2009.

ANTUNES, Paulo de Bessa. *Direito ambiental.* Rio de Janeiro: Lumen Juris, 1996.

ARAÚJO, Adriane Reis de. Assédio moral coletivo: comentários a acórdão do TRT da 21ª Região – RN. *Revista de Direito Público da Economia*, v. 5, n. 17, jan. 2007, Belo Horizonte. Disponível em: <http://bdjur.stj.jus.br/dspace/handle/2011/41982>. Acesso em: 21 dez. 2017.

ARAÚJO, Cristiane da Costa Casagrande. A evolução do dano moral trabalhista e de sua responsabilização à luz da Emenda constitucional n. 45 e do Código civil de 2002. *Revista do Tribunal Regional do Trabalho da 1ª Região*, v. 25, n. 55, jan./jun. 2014.

ARAÚJO FILHO, Raul. *Punitive damages e sua aplicabilidade no Brasil. Superior Tribunal de Justiça:* doutrina: edição comemorativa, 25 anos. Brasília: Superior Tribunal de Justiça, 2014. Disponível em: <http://bdjur.stj.jus.br/dspace/handle/2011/75669>. Acesso em: 21 dez. 2017.

ARAÚJO JÚNIOR, Francisco Milton. A fixação da responsabilidade civil do empregador e do Estado a partir do reconhecimento do acidente do trabalho decorrente da insegurança pública. *Revista LTr*, v. 14, n. 10, 2010.

ASSOCIAÇÃO NACIONAL DOS PROCURADORES DO TRABALHO (Coords.). *Meio ambiente de trabalho*. São Paulo: LTr, 2002.

_____. *Revista do Ministério Público do Trabalho*, ano XVII, n. 33, LTr, 2007.

ATHOS, Damiani; FEREZ, Mariana; STERN, Rafael; TRECENTI, Julio. O valor da causa e o valor concedido por danos morais nos JEC. *Revista de Direito Bancário e do Mercado de Capitais: RDB*, Revista dos Tribunais, v. 17, n. 66, out./dez. 2014. Disponível em: <http://bdjur.stj.jus.br/dspace/handle/2011/85172>. Acesso em: 21 dez. 2017.

ÁVILA, Humberto. *Teoria dos princípios – Da definição à aplicação dos princípios jurídicos*. 17. ed. São Paulo: Malheiros, 2016.

BAGGENSTOSS, Grazielly Alessandra; CAMINHA, Artur Tassinari. A responsabilização por danos morais em processos trabalhistas: um exame dos critérios de ponderação. *Revista de Direito do Trabalho: RDT*, Revista dos Tribunais, v. 39, n. 154, nov./dez. 2013. Disponível em: <http://bdjur.stj.jus.br/dspace/handle/2011/78203>. Acesso em: 21 dez. 2017.

BALDUÍNO JUNIOR, Edson. Dano moral, um problema cada vez mais comum nas empresas. *Jornal Trabalhista Consulex*, Brasília, v. 26, n. 1295, out. 2009.

BALESTRIERI, Mauro; GIANTI, Davide; MONATERI, Pier Giuseppe. *Causazione e giustificazione del danno*. Colleción Trattato Sulla Responsabilità Civile. Torino: G. Giappichelli Editore, 2016.

BARASSI, Ludovico. *Il diritto del lavoro*. v. I, Milão: Dott. A. Giuffrè, 1957.

BARBOSA, Fernanda Pereira. O dano moral coletivo no direito do trabalho. *Revista da Faculdade de Direito da Universidade Federal de Uberlândia*, Uberlândia, v. 39, n. 2, jul./dez. 2011.

BARCELLOS, Ana Paula de. *A eficácia jurídica dos princípios constitucionais:* o princípio da dignidade da pessoa humana. Rio de Janeiro: Renovar, 2008.

_____. *O princípio da dignidade da pessoa humana e o mínimo existencial*. 2. ed. Rio de Janeiro: Renovar, 2008.

BARROS JUNIOR, José Otávio de Almeida. O dano moral no acidente do trabalho e a responsabilidade civil objetiva do empregador. *Revista do Tribunal Regional do Trabalho da 15ª Região*, São Paulo, n. 34, jan./jun. 2009.

BARROSO, Luís Roberto. A dignidade da pessoa humana no direito constitucional contemporâneo: natureza jurídica, conteúdos mínimos e critérios de aplicação. In: *LuisRobertoBarroso.com.br*. Disponível em: <http://luisrobertobarroso.com.br/wp-content/uploads/2016/06/Dignidade_texto-base_11dez2010.pdf>. Acesso em: 26 dez. 2017.

_____; OSÓRIO, Aline. Sabe com quem está falando? Notas sobre o princípio da igualdade no Brasil contemporâneo. *Revista Direito & Práxis*, Rio de Janeiro, vol. 07, n. 13, 2016.

_____. *Curso de direito constitucional contemporâneo:* os conceitos fundamentais e a construção do novo modelo. 3. ed. São Paulo: Saraiva, 2011.

_____. *Interpretação e aplicação da Constituição:* fundamentos de uma dogmática constitucional transformadora. 5. ed., rev., atual. e ampl. São Paulo: Saraiva, 2003

_____; BARCELLOS, Ana Paula de. Começo da história. A nova interpretação constitucional e o papel dos princípios no direito brasileiro. *Revista de Direito Administrativo*, Rio de Janeiro, 2003.

BASTOS, Guilherme Augusto Caputo. Danos morais: o conceito, a banalização e a indenização. *Revista do Tribunal Superior do Trabalho*, v. 73, n. 2, abr./jun. 2007.

BELMONTE, Alexandre Agra. *Tutela da composição dos danos morais nas relações de trabalho:* identificação das ofensas morais e critérios objetivos para quantificação. São Paulo: LTr, 2014.

_____. A responsabilidade civil e trabalhista do empregador e a indenização por danos materiais e morais, individuais e coletivos. In: MARTINS FILHO, Ives Gandra; MANNRICH, Nelson; PRADO, Ney (Coords.). *Os pilares do direito trabalho*. Porto Alegre: Lex Magister. 2013.

_____. Dosimetria do dano moral. *Revista do Tribunal Superior do Trabalho*, v. 79, n. 2, p. 17-41, abr./jun. 2013.

_____. *Curso de responsabilidade trabalhista:* danos morais e patrimoniais nas relações de trabalho. 2. ed. São Paulo: LTr, 2009.

_____. Responsabilidade por danos morais nas relações de trabalho. *Revista do Tribunal Superior do Trabalho*, Porto Alegre, v. 73, n. 2, abr./jun. 2007.

_____. Danos morais decorrentes da relação de trabalho. *Revista LTr: Legislação do Trabalho*, São Paulo, v. 70, n. 2, fev. 2006.

_____. Dano moral: tudo tem seu preço. *Revista LTr: Legislação do Trabalho*, São Paulo, v. 69, n. 2, fev. 2005.

_____. *Instituições civis no direito do trabalho*. 3. ed. Rio de Janeiro: Renovar, 2004.

_____. *Danos morais na justiça trabalhista*. 2. ed. São Paulo: Renovar, 2002.

BELLONI, Márcio. O dano moral no direito do trabalho. *Justiça do Trabalho: Revista de Jurisprudência Trabalhista*, Porto Alegre, v. 26, n. 308, ago. 2009.

BELTRAN, Ari Possidonio. *Direito do trabalho e direitos fundamentais*. São Paulo: LTr, 2002.

BENASSE, Paulo Roberto. *A personalidade, os danos morais e sua liquidação de forma múltipla*. Rio de Janeiro: Forense, 2003.

BENJAMIN, Antônio Herman; MARQUES, Claudia Lima; BESSA, Leonardo Roscoe. *Manual de direito do consumidor*. 7. ed. rev., atual. e ampl. São Paulo: Revista dos Tribunais, 2016.

BENSUSÁN, Graciela, (et al). *Instituições trabalhistas na América-Latina, desenho legal e desempenho real*. 1. ed. Rio de Janeiro: Revan, 2006.

BESSA, Leonardo Roscoe. Dano moral coletivo. *Conteúdo Juridico*, Brasília-DF, nov. 2008. Disponível em: <http://www.conteudojuridico.com.br/?artigos&ver=2.21683&seo=1>. Acesso em: 3 jan. 2018.

BEZERRA LEITE, Carlos Henrique (Org.). *Novo CPC – Repercussões no processo do trabalho*. São Paulo: Saraiva, 2016.

_____. *Curso de direito processual do trabalho*. 14. ed. São Paulo: Saraiva, 2016.

BIERWAGEN, Mônica Yoshizato. *Princípios e regras de interpretação dos contratos no novo Código Civil*. 3. ed. São Paulo: Saraiva, 2007.

BITTAR, Carlos Alberto. Reparação civil por danos morais: a questão da fixação do valor. *Revista de Doutrina do Jornal Tribuna da Magistratura*, 1996.

_____. *Reparação civil por danos morais*. São Paulo: Revista dos Tribunais, 1993.

BOBBIO, Norberto. *A era dos direitos*. 18. ed. Rio de Janeiro: Campus, 1992.

BORGES, Luciana Mara Cardoso. A disciplina jurídica da reparação dos danos morais nos acidentes de trabalho. *Revista da Academia Nacional de Direito do Trabalho*, v. 16, n. 16, 2008.

BONA et al. *Accertare il* mobbing: profili giuridici, psichiatrici e medico legali, 2007.

BONATTO, Fernanda Muraro. A quantificação da indenização por dano extrapatrimonial: análise dos critérios jurisprudenciais na determinação do *quantum debeatur*. *Direito & justiça*, v. 37, n. 2, jul./dez. 2011.

BRANDÃO, Cláudio; MALLET, Estêvão. *Processo do trabalho*. Coleção Repercussões do novo CPC. v. 4; DIDIER JR, Fredie. Salvador: JusPodivm, 2015.

BRITO JÚNIOR, William de Almeida. A competência para processar e julgar ação de danos morais e materiais decorrentes de acidente de trabalho em face do empregador. *Jornal Trabalhista Consulex*, Brasília, v. 22, n. 1.083, ago. 2005.

BUCCI, Eduardo Sadalla. Dano moral coletivo: a justiça do trabalho à frente da justiça comum. *Jornal Trabalhista Consulex*, Brasília, v. 27, n. 1.334, p. 12, jul. 2010.

BEVILÁCQUA, Clóvis. *Teoria geral do direito civil*. 4. ed. Rio de Janeiro: Francisco Alves, 1954.

CABRAL, Antônio do Passo; CRAMER, Ronaldo. *Comentários ao novo Código de Processo Civil*. 2. ed. Rio de Janeiro: Forense, 2016.

_____. *Coisa julgada e preclusões dinâmicas*. 2. ed. Salvador: JusPodivm, 2014.

_____. O valor mínimo da indenização cível fixado na sentença condenatória penal: notas sobre o novo art. 387, inc. IV, do CPP — *The minimum value of civil compensation fixed in convictions: notes on the new article 387*, item IV, of the code of civil procedure (CPP). *Revista da EMERJ*, v. 13, n. 49, 2010.

CAHALI, Yussef Said. *Dano moral*. 2. ed. São Paulo: Malheiros, 1996.

CALAÇA, Bianca Tenório. O dano moral individual decorrente de acidente do trabalho sob a ótica da constitucionalização da responsabilidade civil. *Revista Fórum de Direito Civil*, v. 4, n. 8, jan./abr. 2015.

CALAMANDREI, Piero. *Eles, os juízes, vistos por um advogado*. São Paulo: Martins Fontes, 1995.

CALIXTO, Marcelo Junqueira. *A culpa na responsabilidade civil — estrutura e função*. Rio de Janeiro: Renovar, 2008.

CAPPELLETTI, Mauro. *Proceso, ideologias y sociedad*. Tradução: Santiago Sentís Melendo y Tomás A. Banzhaf. Buenos Aires: Ediciones Europa-America, 1984.

CARMO, Júlio Bernardo do. A prescrição em face da reparação de danos morais e materiais decorrente do acidente do trabalho ou doença profissional ao mesmo equiparada. *Revista do Tribunal Regional do Trabalho da 3ª Região*, Belo Horizonte, v. 1, n. 72, jul./dez. 2005.

CARNEIRO, Athos Gusmão. Sentença mal fundamentada e sentença não fundamentada. *Revista de Processo – REPRO*, Revista dos Tribunais, ano 21, n. 81, jan./mar. 1996, 1. ed, 1996.

CARNEIRO, Maria Francisca. *Un procedimiento para colaborar con la valuación del daño moral (o modos, relaciones y espesura del lenguaje en la valuación del daño moral*. Dano moral e direitos fundamentais: uma abordagem multidisciplinas. Curitiba: Juruá, 2013.

CASSAR, Vólia Bomfim; BORGES, Leonardo Dias. *Comentários à reforma trabalhista*. 1. ed. Rio de Janeiro: Forense; São Paulo: Método, 2017

_____. *CLT comparada e atualizada*: com a reforma trabalhista. Rio de Janeiro: Forense; São Paulo: Método, 2017.

_____. *Direito do trabalho*. 6. ed. Niterói: Impetus, 2012.

CASTRO, Flávia de Almeida Viveiros de. O princípio da reparabilidade dos danos morais: análise de direito comparado em um corte horizontal e vertical no estudo dos ordenamentos jurídicos. *Revista de Direito Privado: RDPriv*, São Paulo, v. 4, n. 15, jul./set. 2003. Disponível em: <http://bdjur.stj.jus.br/jspui/handle/2011/94089>. Acesso em: 21 dez. 2017.

CAVALCANTE, Jouberto de Quadros Pessoa; JORGE NETO, Francisco Ferreira; MOTA, Letícia Costa. O dano moral indireto e a legitimidade processual em caso de morte do trabalhador decorrente de acidente de trabalho. *Revista do Direito Trabalhista*, Brasília, v. 18, n. 9, set. 2012.

CAVALIERI FILHO, Sergio. *Programa de Responsabilidade Civil*. 6. ed., rev., aum. e atual. de acordo com o novo Código Civil. São Paulo: Malheiros, 2005.

_____. *Programa de responsabilidade civil*. 10. ed. São Paulo: Atlas, 2012.

_____. *Programa de responsabilidade civil*. 5. ed. São Paulo: Malheiros, 2003.

CEMBRANEL, João Carlos. Dano moral e vingança: um ensaio jurídico. *Revista Magister: Direito Civil e Processual Civil*, Porto Alegre, v. 3, n. 17, mar./abr. 2007.

CERQUEIRA, Vinicius da Silva. *Assédio moral organizacional nos bancos*. São Paulo: LTr, 2015.

CHAVES, Soraya Hoffmann. Dano moral na justiça do trabalho. *Revista Nacional de Direito do Trabalho*, Ribeirão Preto, v. 10, n. 110, jun. 2007.

CIANCI, Mirna. Ação rescisória de decisão que fixou exorbitantes danos morais. *Revista de Processo*, v. 34, n. 170, abr. 2009.

COELHO, Fábio Ulhoa. *Curso de direito civil 3*: contratos. 5. ed. São Paulo: Saraiva, 2012.

CONTRERAS, Sérgio Gamonal. El daño moral por término del contrato de trabajo em el derecho del trabajo chileno. *Revista do Tribunal Superior do Trabalho*, Porto Alegre, v. 73, n. 2, abr./jun. 2007.

COSTA, Judith Martins. Usos e abusos da função punitiva: (*punitive damages* e o direito brasileiro). *Revista CEJ*, v. 9, n. 28, jan./mar. 2005.

COSTA, Marcelo Freire Sampaio. *Dano moral coletivo nas relações laborais*: de acordo com o novo Código de Processo Civil. São Paulo: LTr, 2016.

_____. *Dano moral (extrapatrimonial) coletivo*: leitura constitucional, civil e trabalhista: estudo Jurisprudencial. São Paulo: LTr, 2009.

COSTA, Walmir Oliveira da. *Dano moral nas relações laborais*. 2. ed. 6. impr. Curitiba: Juruá, 2013.

_____. Dano moral nas relações de trabalho: questões controvertidas após a emenda controvertidas após a emenda constitucional n. 45. *Revista do Tribunal Superior do Trabalho*, Porto Alegre, v. 73, n. 2, abr./jun. 2007.

COUTO, Igor Costa; SALGADO, Isaura. *Pesquisa Jurisprudencial*: Os critérios quantitativos do dano moral segundo a jurisprudência do STJ. Rio de Janeiro, a. 2, n. 1, jan.-mar./2013. Disponível em: <http://civilistica.com/criterios-stj/>. Acesso em: 21 dez. 2017.

COUTINHO, Juliana Fehrenbach. *Dano moral*: do reconhecimento à problemática da quantificação. Tese de doutorado apresentada à Universidade de Granada, Espanha, 2012.

CREMONEZE, Paulo Henrique. Dano moral: quantificação da indenização segundo a doutrina do *punitive damage*. *Informativo Jurídico Consulex*, v. 25, n. 15, abr. 2011.

CUNHA FILHO, Walter Xavier da. O dano moral decorrente do descumprimento das obrigações trabalhistas. *Revista do Direito Trabalhista*, Brasília, v. 18, n. 9, set. 2012.

CUNHA, Eurípedes Brito. Acidente de trabalho: dano moral, competência. *Repertório IOB de Jurisprudência: trabalhista e previdenciário*, São Paulo, n. 16, ago. 2004.

CUNHA, Regina Coeli Matos. O empregador como vítima de dano moral. *Jornal Trabalhista Consulex*, Brasília, v. 21, n. 1044, nov. 2004.

D'ALESSANDRO, Elena. Pronunce americane di condanna al pagamento di punitive damages e problemi di riconoscimento in Italia. *Rivista di Diritto Civile*, v. 53, n. 3, mag./giu. 2007.

DALAZEN, João Oreste. Aspectos controvertidos do dano moral trabalhista. In: SANTOS, Jerônimo Jesus dos (Org.). *Temas aplicados de direito do trabalho & estudos de direito público*. São Paulo: LTr, 2012.

_____. Aspectos do dano moral trabalhista. *Revista do TST*, Brasília, vol. 65, n. 1, out./dez. 1999.

DALLEGRAVE NETO, José Affonso. *Responsabilidade civil no direito do trabalho*. 3. ed. São Paulo: LTr, 2008.

_____. *Responsabilidade civil no direito do trabalho*: dano moral e material, acidente e doença do trabalho, dano pré e pós-contratual, responsabilidade subjetiva e objetiva, dano causado pelo empregado, assédio moral e sexual. São Paulo: LTr, 2005.

_____; GOULART, Rodrigo Fortunato. *Novo CPC e o processo do trabalho*. 2. ed. São Paulo: LTr, 2016.

_____. *Responsabilidade civil no direito do trabalho*. 3. ed. São Paulo: LTr, 2008.

_____. Controvérsias sobre o dano moral trabalhista. *Revista do Tribunal Superior do Trabalho*, Porto Alegre, v. 73, n. 2, abr./jun. 2007.

DARCANCHY, Mara Vidigal (Coord.). *Responsabilidade social nas relações laborais*: homenagem ao Professor Amauri Mascaro Nascimento. São Paulo: LTr, 2007.

DA SILVEIRA, Rodrigo Conceição; OLIVEIRA, Ilzver de Matos. Critérios de quantificação do dano moral. *Ideias & Inovação*, Aracaju, v. 1, n.3, nov. 2013.

DE LA CUEVA, Mario. *El nuevo derecho mexicano del trabajo*. 1. ed. México: Porrúa, 1985.

DE MASI, Domenico. *O Ócio Criativo*. São Paulo: Sextante, 1997.

DELGADO, Gabriela Neves; DELGADO, Mauricio Godinho. *A reforma trabalhista no Brasil*: com os comentários à Lei n. 13.467/2017. São Paulo: LTr, 2017.

DELGADO, Mauricio Godinho. *Curso de direito do trabalho*. 16. ed., ver. e ampl. São Paulo: LTr, 2017.

_____. *Jornada de trabalho e descansos trabalhistas*. 3. ed. São Paulo: LTr, 2003.

DEJOURS, Christophe; DESSORS, Dominique; DESRIAUX, François. Por um trabalho, fator de equilíbrio. *Revista de Administração de Empresas*, São Paulo, v. 33, n. 3, maio/jun. 1993.

DIAS, Eduardo Rocha; FORTES, Gabriel Barroso. Responsabilidade civil, danos extrapatrimoniais e enriquecimento ilícito nas relações de consumo: uma análise crítica da jurisprudência do STJ — A critical analysis of Brazilian Superior Court of Justice's decisions concerning moral damages and unjust enrichment in consumer relations. *Revista de Direito do Consumidor: RDC*, São Paulo, v. 25, n. 104, mar./abr. 2016. Disponível em: <http://bdjur.stj.jus.br/jspui/handle/2011/100972>. Acesso em: 21 dez. 2017.

DIDIER JR., Fredie. *Curso de direito processual civil*: introdução ao direito processual civil, parte geral e processo de conhecimento. 18. ed. Salvador: JusPodivm, 2016.

_____; MACÊDO, Lucas Buril de; PEIXOTO, Ravi; FREIRE, Alexandre. *Coleção Novo CPC - Doutrina Selecionada*, Vol. 1, 2, 3, 4, 5 e 6. 2. ed. Salvador: JusPodivm, 2016.

_____; MALLET, Estevão; BRANDÃO, Cláudio (Coord.). *Processo do trabalho — Coleção repercussões do novo CPC*. Salvador: Juspodivm, 2016.

_____; NUNES, Dierle; FREIRE, Alexandre. *Coleção grandes temas do novo CPC — Normas fundamentais*. 1. ed. Salvador: JusPodivm, 2016.

_____; OLIVEIRA, Rafael Alexandria de; BRAGA, Paula Sarno. *Comentários ao novo Código de Processo Civil*. 2. ed. CABRAL, Antônio do Passo; CRAMER, Ronaldo (org). Rio de Janeiro: Forense, 2016.

_____; MOUTA, José Henrique (Coord.). *Tutela jurisdicional coletiva*. Salvador: JusPodivm, 2009.

DIETZOLD, Victor Tainah F. A tarifação dos danos extrapatrimoniais e a segurança jurídica. In: TUPINAMBÁ, Carolina; GOMES, Fábio Rodrigues (Coords.). *A reforma trabalhista*: o impacto nas relações de trabalho. Belo Horizonte: Fórum, 2018.

DINIZ, Maria Helena. *Curso de direito civil brasileiro*, volume 3: teoria das obrigações contratuais e extracontratuais. 32. ed. São Paulo: Saraiva, 2016.

_____. *Curso de direito civil brasileiro*. vol. 7. 19. ed. São Paulo: Saraiva, 2005.

_____. A responsabilidade civil por danos morais. *Revista Literária de Direito*, jan.\fev. 1996

DONNE, Clarice Delle. *L'attuazione dele misure autelari*. Roma: Giuridica Editrice, 2012.

DRUMOND, Valéria Abritta Teixeira; GUERRA, Miriane Loures. Danos morais decorrentes de acidentes do trabalho com óbito. *Ciência jurídica do trabalho*, v. 12, n.77, set./out. 2009.

DUARTE, Juliana Bracks; TUPINAMBÁ, Carolina. Direito à intimidade do empregado X direito de propriedade e poder diretivo do empregador. *Revista de Direito do Trabalho*, São Paulo, v. 28, n. 105, jan./mar. 2002.

DWORKIN, Ronald. *Levando os direitos a sério*. Trad. Nelson Boeira. São Paulo: Martins Fontes, 2002.

EDELMAN, Bernard. *A legalização da classe operária*. 1. ed. São Paulo: Boitempo, 2016.

EHRHARDT JR., Marcos (Coord.). *Os 10 anos do Código Civil:* evolução e perspectivas. Belo Horizonte: Fórum, 2012.

FAIRGRIEVE, Duncan. *State liability in tort:* a comparative law study. Oxford: Oxford University Press, 2003.

FELICIANO, Guilherme Guimarães, TREVISO, Marco Aurélio Marsiglia e outro (Orgs.). *Reforma trabalhista visão compreensão e crítica*. São Paulo: LTr, 2017.

_____. URIAS, João. In: *Direito ambiental do trabalho – apontamentos para uma teoria geral*. vol. I. São Paulo: LTr, 2013.

_____. Dano moral: tudo tem seu preço. *Revista LTr*, São Paulo, vol. 1, 2005.

_____. Meio ambiente do trabalho e responsabilidade civil por danos causados ao trabalhador: dupla face ontológica. *Plenária do XIII CONAMAT*, 2005, Maceió.

FELKER, Reginald Delmar Hintz. O dano moral nas relações de trabalho e sua quantificação. *Justiça do Trabalho*, v. 25, n. 298, out. 2008.

_____. *O dano moral, o assédio moral e o assédio sexual nas relações do trabalho:* doutrina, jurisprudência e legislação. 3. ed. rev. São Paulo: LTr, 2010.

FEREZ, Mariana; STERN, Rafael; TRECENTI, Julio; Athos, Damiani. O valor da causa e o valor concedido por danos morais nos JEC. *Revista de Direito Bancário e do Mercado de Capitais: RDB*, Revista dos Tribunais, v. 17, n. 66, out./dez. 2014.

FERRARI, Irany; MARTINS, Melchíades Rodrigues. *Dano moral:* múltiplos aspectos nas relações de trabalho. 4. ed. São Paulo: LTr, 2011.

_____. *Dano moral — Múltiplos aspectos nas relações de trabalho*. São Paulo: LTr, 2005.

_____. Emenda constitucional n. 45/2004: competência: dano moral decorrente de acidente do trabalho ou a ele equiparado, justiça comum ou justiça do trabalho. *Revista LTr: Legislação do Trabalho*, São Paulo, v. 69, n. 2, fev. 2005.

FERREIRA, William Rosa. Responsabilidade civil e quantificação do dano moral. *Consulex: revista jurídica*, Brasília, v. 12, n. 273, maio, 2008.

FLORINDO, Valdir. *Dano moral e o direito do trabalho*. 4. ed. São Paulo: LTr, 2002.

FLUMIGNAN, Silvano José Gomes. Uma nova proposta para a diferenciação entre o dano moral, o dano social e os *punitive damages* – A new proposal for the differentiation between the moral damage, the social damage and the punitive damages. *Revista dos Tribunais: RT*, São Paulo, v. 104, n. 958, agosto. 2015. Disponível em: <http://bdjur.stj.jus.br/jspui/handle/2011/93955>. Acesso em: 21 dez. 2017.

FONSECA, Rodrigo Dias da. Danos morais e materiais na justiça do trabalho: prazo prescricional. *Revista LTr: Legislação do Trabalho*, São Paulo, v. 70, n. 4, abr. 2006.

FORTUCE, Cintia Mara Guilherme. O dano moral decorrente de acidente de trabalho e a competência material. *Revista de Direito Trabalhista*, Brasília, v. 10, n. 9, set. 2004.

FRAGA, Ricardo Carvalho. Dano moral: inúmeras mas não excessivas ações. *Revista Nacional de Direito do Trabalho*, Ribeirão Preto, v. 9, n. 102, out. 2006.

FRANCO FILHO, Georgenor de Sousa. A prescrição do dano moral trabalhista. *Genesis: Revista de Direito do Trabalho*, Curitiba, v. 25, n. 146, mar./abr. 2005.

FREDIANI, Yone. O dano moral e seus desdobramentos. *Revista Nacional de Direito do Trabalho*, Ribeirão Preto, v. 8, n. 84, abr. 2005.

FREIXINHO, Oswaldo Henrique. O dano moral em segunda instância. *Revista da EMERJ*, Rio de Janeiro, v. 11, n. 41, 2008.

FURMANN, Ivan; PEREIRA, Gabriel Bittencourt. Mensurando o preço da dor: fundamentos e valores dos danos morais decorrentes de morte arbitradas pelo TJPR em 2012. *Revista de Direito Privado: RDPri*, v. 15, n. 58, abr./jun. 2014.

FURRIER, Fábio Luis. A atuação do STJ no exame do justo valor compensatório dos danos morais: como adicionar objetividade a partir de duas propostas de método. *Revista de Processo: RePro*, v. 37, n. 206, abr. 2012. Disponível em: <http://bdjur.stj.jus.br/dspace/handle/2011/80226>. Acesso em: 21 dez. 2017.

_____. A fixação da compensação por danos morais decorrentes de acidente de trabalho após a EC n. 45/2004: dicotomias do passado e seus reflexos no presente. *Revista do Tribunal Superior do Trabalho*, v. 78, n. 4, out./dez. 2012.

GAGLIANO, Pablo Stolze; PAMPLONA FILHO, Rodolfo. *Novo curso de direito civil*: parte geral. 5. ed. São Paulo: Saraiva, 2004.

GAMONA, Sérgio e UGARTE, Luis. Sexual and moral harassmen in the workplace. *XX World congreso of labour and social security law*. ORLD CONGRESS OF LABOUR AND SOCIAL SECURITY LAW. Santiago de Chile, September 2012. Disponível em: <http://islssl.org/wp-content/uploads/2013/01/SexualandMoralHarassment-GamonelandUgarte.pdf>. Acesso em: 9 jan. 2018.

GARCIA, Bárbara Schonhofen; TRIERWEILER, Gustavo Friedrich. Alguns elementos de orientação na fixação da condenação das ações envolvendo pedidos de indenização por danos materiais, morais e estéticos. *Revista Síntese: Trabalhista e Previdenciária*, São Paulo, v. 24, n. 297, mar. 2014. Disponível em: <http://bdjur.stj.jus.br/dspace/handle/2011/90625>. Acesso em: 21 dez. 2017.

GARCIA, Gustavo Filipe Barbosa. *O novo CPC e o processo do trabalho* – Conforme Instruções Normativas ns. 39 e 40 de 2016 do TST. 1. ed. Salvador: JusPodivm, 2016.

_____. Prazo prescricional da indenização por danos morais e materiais acidentários. *Repertório IOB de Jurisprudência: trabalhista e previdenciário*, São Paulo, n. 7, abr. 2008.

GATTAZ, Luciana de Godoy Penteado. Punitive damages no direito brasileiro — Punitive damages under the Brazilian law. *Revista dos Tribunais: RT*, São Paulo, v. 105, n. 964, fev. 2016. Disponível em: <http://bdjur.stj.jus.br/jspui/handle/2011/99144>. Acesso em: 21 dez. 2017.

GIDI, Antonio. The recognition of U.S. Class action judgments abroad: the case of Latin American. *Brooklyn Journal of International Law*, vol. 37, 2012.

GIMÉNEZ, Daniel Toscani; SORIANO, Héctor Clark. *Accidentes de trabajo concepto, determinación y responsabilidades*. Valladolid: Thomson Reuters, 2016.

GOLDSCHMIDT, Rodrigo. Saúde mental do trabalhador: direito fundamental social, reparação civil e ações afirmativas da dignidade humana como forma de promoção. In: BAEZ, Narciso Leandro Xavier; LEAL, Rogério Gesta; MEZZAROBA, Orides. (Coords.). *Dimensões materiais e eficácias dos direitos fundamentais*. São Paulo: Conceito Editorial, 2010; apud *Revista Eletrônica Setembro 2013*, Tribunal Regional do Trabalho do Paraná. Dano Existencial.

GOMES, Fábio Rodrigues. *O direito fundamental ao trabalho*: perspectivas histórica, filosófica e dogmático-analítica. Rio de Janeiro: Lumen Juris, 2008.

_____. *O direito fundamental ao trabalho*: uma miragem discursiva ou uma norma efetiva. Rio de Janeiro: FRG, 2017.

_____. *Trabalho e dignidade humana*: encontros e desencontros ao longo da história do mundo ocidental. Rio de Janeiro: FRG, 2017.

GOMES, Orlando; GOTTSCHALK, Elson. *Curso de direito do trabalho*. 16. ed. Rio de Janeiro: Forense, 2004.

_____. *Introdução ao direito civil*. 7. ed. Rio de Janeiro: Forense, 1983.

GONZÁLES, Carlos Antonio Agurto; MAMANI, Sonia Lidia Quequejana. In: Flaviana Rampazzo Soares. (Orgs.). *Danos extrapatrimoniais nas relações de trabalho*. 1. ed. São Paulo: LTr, 2017,

GONZÁLEZ, Matilde Zavala de. *Los daños morales colectivos y su resarcimiento dinerario*. Buenos Aires: LL Buenos Aires, 1997.

GORCZEVSKI, Lina. A quantificação do dano moral na justiça do trabalho. *Justiça do Trabalho*, v. 18, n. 209, maio 2001.

GOTTI, Alessandra. *Direitos Sociais*: fundamentos, regime jurídico, implementação e aferição de resultados. São Paulo: Saraiva, 2012.

GOUVÊA, José Roberto Ferreira; SILVA, Vanderlei Arcanjo da. A quantificação dos danos morais pelo Superior Tribunal de Justiça. Ciência jurídica. *Revista Jurídica*, São Paulo, set. 2004.

GUNTHER, Luiz Eduardo (Coord.). Dano existencial. *Revista Eletrônica: Tribunal Regional do Trabalho do Paraná*, 22. ed., 2013 p. 21. Disponível em: <https://juslaboris.tst.jus.br/bitstream/handle/1939/87249/2013_rev_trt09_v02_n022.pdf?sequence=1>. Acesso em: 4 jan. 2018.

_____; CARNEIRO, Maria Francisca (Coord.). *Dano moral e direitos fundamentais*: uma abordagem multidisciplinar. Curitiba: Juruá, 2013.

HENSLER, Deborah R.; PACE, Nicholas M. [et. al]. *Class action dilemmas*: pursuing public goals for private gain. Santa Monica, RAND: 2000.

HIRIGOYEN, Marie-France. *Mal-estar no trabalho*: redefinindo o assédio moral. Rio de Janeiro: Bertrand Brasil, 2002.

HOFFMANN, Fernando. *O princípio da proteção ao trabalhador e a atualidade brasileira*. São Paulo: LTr, 2003.

IBIAPINA, Márcio Antonio Pontes. Aspectos relevantes do dano moral em ricochete decorrente da relação empregatícia. *Revista de direito social*, Procuradoria Regional do Trabalho da 7ª Região, v. 2, n. 4, fev. 2010.

IRANY, Ferrari; MARTINS, Melchíades Rodrigues. *Dano moral*: múltiplos aspectos nas relações de trabalho. 4. ed. São Paulo: LTr, 2011.

JEAMMAUD, Antoine. *La "reforma macron" del código del trabajo francês*. Disponível em: <https://www.anamatra.org.br/artigos/26018-la-reforma-macron-del-codigo-del-trabajo-frances>. Acesso em: 29 dez. 2017.

KANT, Immanuel. *Fundamentação da metafísica dos costumes*. Trad. Leopoldo Holzbach. São Paulo: Martin Claret, 2004.

KLAFKE, Daniela V. O prazo prescricional da pretensão à compensação do dano moral da relação de trabalho. *Justiça do Trabalho*, Porto Alegre, v. 25, n. 290, fev. 2008.

KLONOFF, Robert H et al. *Class actions and other multi-party litigation*. 4. ed. St. Paul: Thomson West, 2006.

_____. *Class actions and other multi-party litigation in a nutshell*. 4. ed. St Paul: Thomson Reuters, 2012.

KOBAYASHI, Cláudio Roberto dos Santos. A fixação do valor da indenização por danos morais nas relações de consumo: um estudo das sentenças do Tribunal de Justiça de Goiás de 2009 a 2010. *Revista de Direito Privado: RDPriv*, v. 13, n. 49, jan./mar. 2012. Disponível em: <http://bdjur.stj.jus.br/dspace/handle/2011/79775>. Acesso em: 21 dez. 2017.

LAZZARIN, Sonilde Kugel. Os critérios para a fixação do quantum indenizatório e as finalidades da reparação civil por dano moral. *Justiça do Trabalho*, Porto Alegre, v. 27, n. 313, jan. 2010.

LEVADA, Cláudio Antônio Soares. *Liquidação de danos morais*. 2. ed. Campinhas: Copola Livros, 1997.

LIMA, Alvino. *Culpa e risco*. 2. ed. São Paulo: Revista dos Tribunais, 1999.

LIMA, Francisco Meton Marques de; LIMA, Francisco Péricles Rodrigues Marques. *Reforma trabalhista*: entenda ponto por ponto. São Paulo: LTr, 2017.

_____. Embargos de divergência para revisão do valor da indenização por danos morais. *Revista de processo*, v. 37, n. 206, abr. 2012.

LIMA, Patrícia Carla de Deus; WAMBIER, Luiz Rodrigues. Embargos de divergência para revisão do valor da indenização por danos morais. *Revista de Processo*, v. 37, n. 206, abr. 2012.

LIMA, Zulmira Pires de. Algumas considerações sobre a responsabilidade civil por danos morais. *Boletim da Faculdade de Direito*, 15:221 e ss. Coimbra, 2. Suplemento, 1940.

LIPPMANN, Ernesto. Assédio sexual: relações trabalhistas: danos morais e materiais. *Síntese Trabalhista*, v. 13, n. 146, ago. 2001. Disponível em: <http://bdjur.stj.jus.br/dspace/handle/2011/38103>. Acesso em: 21 dez. 2017.

_____. O que não é dano moral no direito do trabalho. *Revista LTr: Legislação do Trabalho*, São Paulo, v. 71, n. 9, set. 2007.

LOBREGAT, Marcus Vinícius. *Dano moral nas relações individuais do trabalho*. 2. ed. São Paulo: LTr, 2001

LOPES, Gabriel Grubba. Incompatibilidade dos punitive damages com o atual sistema de responsabilidade civil brasileiro. *Revista de Direito Privado: RDPriv*, v. 15, n. 59, jul./set. 2014. Disponível em: <http://bdjur.stj.jus.br/dspace/handle/2011/77267>. Acesso em: 21 jan. 2017.

LOPES, Zélia de Sousa. A função punitiva do dano moral decorrente do acidente de trabalho. *Revista do Tribunal Regional do Trabalho da 18ª Região*, Goiânia, v. 14, 2011.

LOPES JÚNIOR, Ney. Justiça e dano moral. *Consulex: Revista Jurídica*, Brasília, v. 12, n. 281, set. 2008.

LOTUFO, Renan; NANNI, Giovanni Ettore. *Teoria geral dos contratos*. São Paulo: Atlas, 2011.

LUDWIG, Frederico Antônio Azevedo. Questões relevantes da indenização por danos morais nos juizados especiais cíveis. *Revista dos juizados especiais: doutrina, jurisprudência*, Tribunal de Justiça do Estado do Rio Grande do Sul, v. 19/20, n. 57/58/59, p. 24-26, dez./abr./ago. 2009.

MACÊDO Lucas Buril de; PEIXOTO, Ravi; FREIRE, Alexandre (organizadores). *Novo CPC doutrina selecionada*. Salvador: JusPodivm, 2016.

MACIEL, José Alberto Couto. O dano moral na Justiça do Trabalho e o poder de comando do empregador: previsões legais de indenização. *Revista do Direito Trabalhista*, Brasília, v. 13, n. 2, fev. 2007.

MAIOR, Nívea Maria Santos Souto. A indústria do dano moral na relação de trabalho. *Revista do Tribunal Regional do Trabalho da 13ª Região*, João Pessoa. v. 15, n. 1, 2007.

MANZI, José Ernesto. Da anotação da carteira de trabalho e previdência social em virtude de condenação judicial e o dano moral. *ADV Advocacia Dinâmica: boletim informativo semanal*, Rio de Janeiro, v. 28, n. 19, maio, 2008.

MARANHÃO, Délio. *Instituições de direito do trabalho*. 21. ed. São Paulo: LTr, 2003.

MARANHÃO, Ney; TUPINAMBÁ, Pedro Tourinho (Coords.). *O mundo do trabalho no contexto das reformas*: análise crítica: homenagem aos 40 anos da AMATRA 8. São Paulo: LTr, 2017.

MARQUES, Claudia Lima; BENJAMIN, Antônio Herman V.; MIRAGEM, Bruno. *Comentários ao Código de Defesa do Consumidor*. 2. ed., rev., atual. e ampl. São Paulo: Revista dos Tribunais, 2006.

MARTINS, Ives Gandra. *Consultas e pareceres (cível)*. São Paulo: Revista dos Tribunais, 1995

MARTINS, Sérgio Pinto. *Dano moral decorrente do contrato de trabalho*. 3. ed. São Paulo: Atlas, 2012.

MARTINS, Thais Macedo. Monitoramento de e-mails e consultas a sites pelo empregador: indenização por danos morais. *Jornal Trabalhista Consulex*, Brasília, v. 23, n. 1.123, jun. 2006.

MATHIAS, Jane Regina. Compensação do dano moral in natura no processo do trabalho. *Justiça do Trabalho*, Porto Alegre, v. 23, n. 270, jun. 2006.

MAUAD FILHO, José Humberto; MONTEIRO, Ana Paula. Dano moral decorrente da relação de emprego. *Revista Magister de Direito Trabalhista e Previdenciário*, n. 19, jul./ago. 2007.

MEDEIROS NETO, Xisto Tiago de. *Dano moral coletivo*. 4. ed., ampl., atual. e rev. São Paulo: LTr, 2014.

MELEK, Marlos Augusto. *Trabalhista! O que mudou?* – Reforma Trabalhista 2017. Curitiba: Estudo Imediato Editora, 2017.

MELO, Diogo Leonardo Machado de. Ainda sobre a função punitiva da reparação dos danos morais (e a destinação de parte da indenização para entidades de fins sociais – art. 883, parágrafo único, do Código Civil). *Revista de Direito Privado: RDPriv*, v. 7, n. 26, abr./jun. 2006. Disponível em: <http://bdjur.stj.jus.br/dspace/handle/2011/87236>. Acesso em: 21 dez. 2017.

MELO, Nehemias Domingos de. Por uma nova teoria da reparação por danos morais. *Revista do Instituto dos Advogados de São Paulo: RIASP*, v. 8, n. 15, jan./jun. 2005. Disponível em: <http://bdjur.stj.jus.br/dspace/handle/2011/89345>. Acesso em: 21 dez. 2017.

_____. *Dano moral trabalhista*: doutrina e jurisprudência. 3. ed. São Paulo: Atlas, 2015.

_____. Dano moral: por uma teoria renovada para quantificação do valor — teoria da exemplaridade — *Pain and suffering: for a renewed theory of quantification of the value — theory of example*. Ciência Jurídica, v. 26, n. 166, jul./ago. 2012.

_____. Fundamentos da reparação por dano moral trabalhista e uma nova teoria para sua quantificação. *Revista Magister de Direito do Trabalho*, v. 10, n. 57, nov./dez. 2013.

MELO, Raimundo Simão de. *Direito ambiental do trabalho e a saúde do trabalhador*: responsabilidades legais, dano material, dano moral, dano estético, indenização pela perda de uma chance, prescrição. 4. ed. São Paulo: LTr, 2010.

MENDES, Gilmar Ferreira; MARTINS FILHO, Ives Gandra da Silva (Coords.). *1º Caderno de Pesquisas Trabalhistas*. Porto Alegre: Magister, 2017.

MENEGUIN, Fernando B. As indenizações por danos morais nas relações de consumo sob a ótica da análise econômica do Direito. *Revista da Faculdade de Direito da Universidade Federal de Minas Gerais*, n. 61, jul./dez. 2012.

MENEZES, Mauro de Azevedo. *Danos extrapatrimoniais da Lei n. 13.467/2017*: o mesquinho cerceio da dignidade. 1. ed. São Paulo: Expressão Popular, 2017.

MIESSA, Elisson *et al* (Orgs.). *CLT comparada*. Salvador: JusPodivm, 2017.

_____. *Impactos do novo CPC nas súmulas e orientações jurisprudenciais do TST*. 1. ed. Salvador: JusPodivm, 2016.

_____. *O novo Código De Processo Civil e seus reflexos no processo do trabalho*. 2. ed. Salvador: Juspodivm, 2016.

MINOZZI, A. *Studio sul danno patrimoniale*. Milão: Societá Editore Librarie, 1917.

MOLINA, André Araújo. Dano moral à identidade pessoal do trabalhador. In: Flaviana Rampazzo Soares. (Org.). *Danos extrapatrimoniais nas relações de trabalho*. 1. ed. São Paulo: LTr, 2017.

MORAES, Lívia; TIMM, Luciano Benetti. Danos punitivos (*punitive damages*): uma análise econômica. *Revista de Direito Empresarial*, n. 10, jul./dez. 2008.

MORAES, Maria Celina Bodin de. Dano moral: conceito, função, valoração — *Damages for non-pecuniary losses: definition, function and assessed*. Revista Forense, v. 107, n. 413, jan./jun. 2011.

_____. *Danos à pessoa humana*: uma leitura civil-constitucional dos danos morais. Rio de Janeiro: Renovar, 2003.

MOREIRA, Adriano Januzzi. *Responsabilidade civil do empregador:* técnicas de gestão preventiva em perspectiva jurídica. São Paulo: Lex Magister, 2012.

_____. *A responsabilidade civil do empregador por atos ilícitos dos seus empregados*. São Paulo: IOB, 2007.

MUÇOUÇAH, Renato de Almeida Oliveira. *Assédio moral coletivo nas relações de trabalho*: uma análise sob a perspectiva dos direitos humanos fundamentais dos trabalhadores. 2009. Dissertação (Mestrado) — Faculdade de Direito, Universidade de São Paulo, São Paulo, 2009.

NAHAS, Thereza; MIZIARA, Raphael. *Impactos da reforma trabalhista na jurisprudência do TST*. São Paulo: Revista dos Tribunais, 2017.

NASCIMENTO, Amauri Mascaro. O problema da responsabilidade da contratante por dano moral coletivo da terceirizada. MARTINS, Sérgio Pinto; MESSA, Ana Flávia (Coords.). *Empresa e trabalho*: estudos em homenagem a Amador Paes de Almeida. São Paulo: Saraiva, 2010.

_____. *A transição do direito do trabalho no Brasil — estudos em homenagem a Eduardo Gabriel Saad*. São Paulo: LTr, 1999.

NASCIMENTO, Sônia Mascaro. *Assédio moral e dano moral no trabalho*. 3. ed. São Paulo: LTr, 2015.

NAVARRO, Antonio V. Sempere; MAZZUCCONI, Carolina San Martín. *La indemnización por daños y perjuicios en el contrato de trabajo*. 2. ed. Pamplona: Editorial Aranzadi, 2011.

_____. O dano moral coletivo e sua reparação nas relações de trabalho. *Revista da ESMAT 13*, Escola Superior da Magistratura Trabalhista da Paraíba, v. 2, n. 2, nov. 2009.

NORONHA, E. Magalhães. *Direito penal*. vol. II. 24. ed. São Paulo: Saraiva, 1990.

NORRIS, Roberto. Critério para quantificação do dano moral no direito do trabalho: algumas considerações. *Revista Forense*, Rio de Janeiro, v. 103, n. 392, jul./ago. 2007.

NUNES, Simone Lahorgue. *Assédio moral no trabalho*: caracterização e consequências. São Paulo: LTr, 2013.

_____. Processo do trabalho em evolução: delineamento e limites do dano moral aplicado às relações de trabalho. *Revista Magister de Direito Trabalhista e Previdenciário*, Porto Alegre, v. 4, n. 23, mar./abr. 2008.

OLIVEIRA, Paulo Eduardo V. *O dano pessoal no direito do trabalho*. 2. ed. São Paulo: LTr, 2010.

OLIVEIRA, Sebastião Geraldo de. O dano extrapatrimonial trabalhista após a Lei n. 13.467/2017, modificada pela MP n. 808, de 14 novembro de 2017. *Revista do Tribunal Regional do Trabalho da 3ª Região*, Belo Horizonte, edição especial, nov. 2017.

_____. Atualidades sobre a indenização por dano moral decorrente do acidente do trabalho. *Revista do Tribunal Superior do Trabalho*, Porto Alegre, v. 23, n. 2, abr./jun. 2007.

_____. *Proteção jurídica à saúde do trabalhador*. 5. ed., rev. e ampl. São Paulo: LTr, 2010.

OLIVEIRA, Valdir Francisco de. O dano moral e sua reparação. *Gênesis: Revista de Direito do Trabalho*, Curitiba, v. 23, n.137, maio 2004.

PAIVA, Rodrigo Cambará Arantes Garcia de; GUSMÃO, Xerxes. *A reparação do dano moral nas relações de trabalho*. São Paulo: LTr, 2008.

PAIVA, Vivian Paula. A efetividade da indenização por danos morais em direito previdenciário: um estudo de caso. *Revista do direito trabalhista*, v. 18, n. 5, maio 2012.

PALMA, Adriana Casale da; PALMA, João Augusto da. *Como contratar trabalho(s) com (e sem) força de lei nas empresas, nos sindicatos e na Justiça*. São Paulo: LTr, 2017.

PAROSKI, Mauro Vasni. *Dano moral*: e sua reparação no direito do trabalho: atualizado de acordo com a EC n. 45/2004. 2. ed., rev. e atual. Curitiba: Juruá, 2009.

PATTI, Salvatore. *Annnuario di diritto tedesco 2005-2006*. Milano: Giuffrè, 2008.

PEDREIRA, Pinho. A responsabilidade por dano moral no direito do trabalho. *Revista de Informação Legislativa*, Brasília, ano 33, n. 130, abr./jun. 1996.

PEDUZZI, Maria Cristina Irogoyen. Ação de indenização por dano moral ou patrimonial decorrente de acidente de trabalho: questões de direito material e processual. *Revista do Tribunal Superior do Trabalho*, Porto Alegre, v. 72, n. 2, maio/ago. 2006.

PEIXOTO, Ulisses Vieira Moreira. *Reforma trabalhista comentada — com análise da Lei n. 13.467, de 13 de julho de 2017*. Leme (SP): JH Mizuno, 2017.

PIAZERA JÚNIOR, Romeo. A "indústria" do dano moral nas relações de trabalho e o enriquecimento ilícito. *Jornal Trabalhista Consulex*, Brasília, v. 27, n. 1.345, out. 2010.

PINTO JUNIOR, Amaury Rodrigues. *A quantificação do dano: acidente do trabalho e doenças ocupacionais*. São Paulo: LTr, 2016.

PIZARRO, Ramón Daniel. *Daño moral — prevención, reparación, punición*. Buenos Aires: Hammurabi, 1996.

PEREIRA, Adilson Bassalho. *O fim do "jus postulandi" das partes, na justiça do trabalho*. A importância do advogado para o direito, a justiça e a sociedade. Rio de Janeiro: Forense, 2000.

POSNER, Richard A. *How judges think*. Massachusetts: Harvard University Press, 2008.

PRADO, Ney. Relações trabalhistas no Brasil. In: PRADO, Ney (Coords.). *Reforma trabalhista*: direito do trabalho ou direito ao trabalho? São Paulo: LTr, 2001.

PRATA, Marcelo Rodrigues. *Assédio moral no trabalho sob novo enfoque: cyberbullying, "indústria do dano moral"*. Curitiba: Juruá, 2014.

_____. *Anatomia do assédio moral no trabalho*: uma abordagem transdisciplinar. 1. ed. São Paulo: LTr, 2008.

PRITSCH, Cesar Zucatti. Responsabilidade civil decorrente de acidente de trabalho ou doença ocupacional. *Revista do Tribunal Regional do Trabalho da 4ª Região, Revista LTr*, v. 40, n. 39, 2011.

PRUNK, Gislene Pucci. *O dano moral no direito do trabalho*. 2005. 37 f. Especialização (Direito e Processo do Trabalho) – Universidade Presbiteriana Mackenzie, Brasília, 2005.

PRIEUR, Michel. *Droit de l'environnement*. 3. ed. Paris: Dalloz, 1996.

PÜSCHELL, Flavia Portella. A função punitiva da responsabilidade civil no direito brasileiro: uma proposta de investigação empírica — *Punitive damages in Brazilian law: proposal for an empirical investigation*. *Revista Direito GV*, v. 3, n. 2, jul./dez. 2007.

QUINTELLA, Felipe; DONIZETTI, Elpídio. *Curso didático de direito civil*. São Paulo: Atlas, 2012.

RAMOS, Augusto César. Dano moral na justiça do trabalho. *Jornal Trabalhista Consulex*, Brasília, v. 22, n. 1.053, jan. 2005.

RAMOS, Cristiane Lourenço. *Dano moral no ambiente de trabalho*. Especialização (Direito Civil) – Faculdades Integradas UPIS, Brasília, 2005.

REDINHA, Marinha Regina Gomes. *Assédio moral ou mobbing no trabalho*. Coimbra: Coimbra Editora, 2003. Disponível em: <https://repositorio-aberto.up.pt/handle/10216/24358?locale=pt> Acesso em: 9 jan. 2018.

REIS, Clayton. O dano moral nas relações sociais e de trabalho. *Consulex: Revista Jurídica*, Brasília, v. 10, n. 238, dez. 2006.

_____. *Os novos rumos da indenização do dano moral*. Rio de Janeiro: Forense, 2003.

REIS, João Pena dos (Coord.). *O assédio no trabalho*. Coleção Formação Inicial publica materiais trabalhados e desenvolvidos pelos Docentes do Centro de Estudos Judiciários na preparação das sessões com os Auditores de Justiça do 1º ciclo de Formação dos Cursos de Acesso à Magistratura Judicial e à do Ministério Público. Portugal, setembro de 2014. Disponível em: <https://repositorio.ucp.pt/bitstream/10400.14/23380/1/o%20ressarcimento%20dos%20danos%20decorrentes...pdf>. Acesso em: 9 jan. 2018.

REALE, Miguel. *O dano moral no direito brasileiro*. apud SEVERO, Sérgio. *Os danos extrapatrimoniais*. Temas de direito positivo. São Paulo: Saraiva, 1996.

REQUIÃO, Rubens. *Curso de direito comercial*. 20. ed. São Paulo: Saraiva, 1991.

Revista Eletrônica: Tribunal Regional do Trabalho do Paraná, 22. ed., 2013. Disponível em: <https://juslaboris.tst.jus.br/bitstream/handle/1939/87249/2013_rev_trt09_v02_n022.pdf?sequence=1>. Acesso em: 4 jan. 2018.

RIPERT, Georges. *A regra moral nas obrigações civis*. Campinas: Bookseller, 2000.

ROBORTELLA, Luis Carlos Amorim. O assédio sexual no trabalho — Repressão penal e reparação civil. In: ZAINAGHI, Domingos Sávio; FREDIANI Yone (Coords.). *Novos rumos do direito do trabalho na América Latina*. São Paulo: LTR, 2003.

_____; PERES, Antonio Galvão. Danos morais e materiais decorrentes da relação de trabalho. In: MARTINS, Sérgio Pinto; MESSA, Ana Flávia (Coords.). *Empresa e trabalho*: estudos em homenagem a Amador Paes de Almeida. São Paulo: Saraiva, 2010.

RODRIGUES, Deusmar José (Coord. e coautor). *Lei da reforma trabalhista*: comentada artigo por artigo. Leme (SP): JH Mizuno, 2017.

RODRIGUES, Francisco César Pinheiro. Danos morais e punitivos. *Revista do Instituto dos Advogados de São Paulo: RIASP*, v. 8, n. 15, jan./jun. 2005. Disponível em: <http://bdjur.stj.jus.br/dspace/handle/2011/89344>. Acesso em: 21 dez. 2017.

_____. O problema da quantificação indenizatória. *ADV Advocacia Dinâmica: Informativo*, v. 27, n. 16, p. 356, 22 abr. 2007.

ROMA, Celso Braga Golçalvez. *O "jus postulandi" da parte e o advogado na justiça do trabalho*. 1. ed. Rio de Janeiro: Forense, 2000.

ROMANO, Sylvia. Dano moral praticado pelo empregado. *Revista do Direito Trabalhista*, Brasília, v. 15, n. 8, ago. 2009.

ROMITA, Arion Sayão. *Direitos fundamentais nas relações de trabalho*. São Paulo: LTr, 2005.

_____. Os princípios do direito do trabalho ante a realidade. *Revista LTr*, 74-09/1038. Vol. 74, n. 09, set. 2010.

ROSENVALD, Nelson. MILAGRES, Marcelo. (Coords.). *Responsabilidade civil novas tendências*: volume único. 1. ed. São Paulo: Foco, 2017.

RUBIN, Fernando. Dano moral e material: processo judicial de reparação em acidente de trabalho: indenizatória acidentária. *Revista Magister de Direito do Trabalho*, Porto Alegre, v. 8, n. 48, maio/jun. 2012.

SAAD, Teresinha Lorena Pohlmann. Acidentes do trabalho: breves reflexões sobre a tutela jurídica do trabalhador e a quantificação da indenização do dano moral. *Revista LTr: Legislação do Trabalho*, v. 76, n. 6, jun. 2012.

SAKO, Emília Simeão Albino. Julgamento histórico do Supremo Tribunal Federal: fixação da competência material da Justiça do Trabalho para as ações de indenização por danos morais e materiais decorrentes de acidente de trabalho; aplicação do princípio da unidade de convicção. *Revista de Direito do Trabalho*, São Paulo, v. 32, n. 124, out./dez. 2006.

SALOMÃO, Luís Felipe. Alguns aspectos da reparação do dano moral no Direito brasileiro — *Aspects on moral damages in brazilian law*. *Revista de Direito Civil Contemporâneo: RDCC*, v. 1, n. 1, out./dez. 2014.

SANTANA, Héctor Valverde. A fixação do valor da indenização por dano moral. *Revista de Informação Legislativa*, Brasília, ano 44, n. 175, jul./set. 2007.

SANTOS, Antônio Jeová. *Dano moral indenizável*. 6. ed., rev., atual. e ampl. Salvador: JusPodivm, 2016.

SANTOS, Antônio Silveira R. dos. *Meio ambiente do trabalho*: considerações. Disponível em: <http://www1.jus.com.br/doutrina/texto.aps?id=1202>. Acesso em: 7 dez. 2017.

SANTOS, Douglas Henrique Marin dos. O dano da morte em uma perspectiva legal e jurisprudencial luso-brasileira. *Revista Magister de Direito Civil e Processual Civil*, v. 12, n. 69, nov./dez. 2015.

SANTOS, Enoque Ribeiro dos. *O dano extrapatrimonial na Lei n. 13.467/2017 (reforma trabalhista) após o advento da MP n. 808/2017*. Disponível em: <http://genjuridico.com.br/2017/11/23/dano-extrapatrimonial-lei-13-467-2017-reforma-trabalhista--apos-mp-808-2017/>. Acesso em: 21 dez. 2017.

_____. *O Dano moral na dispensa do empregado*. 6. ed. (totalmente revista com as alterações da Lei n. 13.467/2017). São Paulo: LTr, 2017.

_____. Contribuição à quantificação objetiva do dano moral coletivo. *Repertório IOB de jurisprudência: trabalhista e previdenciário*, n. 13, jul. 2015; *Revista Síntese: trabalhista e previdenciária*, v. 25, n. 307, jan. 2015; Direito constitucional do trabalho. São Paulo: LTr, 2015.

_____. *O dano moral na dispensa do empregado*. 5. ed. totalmente rev. e ampl. com distinções entre o dano moral individual e dano moral coletivo. São Paulo: LTr, 2015.

_____. *O microssistema de tutela coletiva*: parceirização trabalhista. 3. ed. rev. e atual. São Paulo: LTr, 2015.

_____. A natureza objetiva do dano moral coletivo no direito do trabalho. *Revista Síntese: trabalhista e previdenciária*, São Paulo, v. 23, n. 272, fev. 2012.

_____. Contribuições à fixação da indenização do dano moral trabalhista: a tese da aplicação dos *exemplary* ou *punitive damages*. *Revista de Direito do Trabalho: RDT*, v. 30, n. 114, abr./jun. 2004. Disponível em: <http://bdjur.stj.jus.br/dspace/handle/2011/89770>. Acesso em: 21 dez. 2017.

_____. *A função social do contrato, a solidariedade e o pilar da modernidade nas relações de trabalho*: de acordo com o novo Código Civil brasileiro. São Paulo: LTr, 2003.

SANTOS, Ronaldo Lima dos. Danos morais nas relações de trabalho. In: SOARES, Flaviana Rampazzo (Org.). *Danos extrapatrimoniais nas relações de trabalho.* 1. ed. São Paulo: LTr, 2017.

_____. Danos morais nas relações de trabalho. *Revista Jurídica da Associação dos Magistrados da Justiça do Trabalho da 2ª Região*, v. 1, 2016.

_____. *Sindicato e ações coletivas:* acesso à justiça, jurisdição coletiva e tutela dos interesses difusos, coletivos e individuais homogêneos. 4. ed., rev. e ampl. São Paulo: LTr, 2014.

SANTOS JÚNIOR, Adalmo Oliveira dos. A indenização punitiva em danos patrimoniais: a viabilidade jurídica da aplicação dos punitive damages norte-americano no direito brasileiro. *Revista de Direito Privado*, v. 8, n. 30, abr./jun. 2007.

SARAIVA, Renato. *Curso de direito processual do trabalho*. 8. ed. São Paulo: LTr, 2011.

SARMENTO, Daniel. *A ponderação de interesses na Constituição Federal.* Rio de Janeiro: Lumen Juris, 2003.

SCHERMERS, Henry G.; WAELBROECK, Denis F. *Judicial protection in the European Union*. 6. ed. The Netherlands: Kluwer Law Internacional, 2001.

SCHIAVI, Mauro. *Manual de direito processual do trabalho — De acordo com o novo CPC.* 10. ed. São Paulo: LTr, 2016.

_____. *Manual de direito processual do trabalho — De acordo com o novo CPC.* 9. ed. São Paulo: LTr, 2015.

_____. *Ações de reparação por danos morais decorrentes da relação de trabalho.* 4. ed., rev. e ampl. São Paulo: LTr, 2011.

_____. *Ações de reparação por danos morais decorrentes da relação de trabalho:* os novos desafios da justiça do trabalho após o Código Civil de 2002 e a Emenda Constitucional n. 45/2004. São Paulo: LTr, 2007.

_____. Aspectos polêmicos da prova do dano moral no processo do trabalho. *Revista LTr: Legislação do Trabalho*, São Paulo, v. 70, n. 10, out. 2006.

SCHNEIDER, Vanderlei. A evolução histórica e os critérios de quantificação do dano moral trabalhista. *Justiça do Trabalho*, v. 28, n. 326, fev. 2011.

SCHOLLER, Heinrich. O princípio da proporcionalidade no direito constitucional e administrativo da Alemanha. Trad. Ingo Wolfgang Sarlet. *Revista Interesse Público*, n. 2, 1999.

SCHREIBER, Anderson. *Novos paradigmas da responsabilidade civil:* da erosão dos filtros da reparação à diluição dos danos. 5. ed. São Paulo: Atlas, 2013.

_____. *Novos paradigmas da responsabilidade civil:* da erosão dos filtros da reparação à diluição dos danos. São Paulo: Atlas, 2007.

SCRAMIM, Umberto Cassiano Garcia. O dano moral e sua problemática: quantificação, função punitiva e os *punitive damages*. *Revista de Direito Privado: RDPriv*, v. 15, n. 60, out./dez. 2014. Disponível em: <http://bdjur.stj.jus.br/dspace/handle/2011/83403>. Acesso em: 21 dez. 2017.

SESSAREGO, Carlos Fernández. In: SOARES, Flaviana Rampazzo (Org.). *Danos extrapatrimoniais nas relações de trabalho.* 1. ed. São Paulo: LTr, 2017.

SEVERO, Sérgio. *Os danos extrapatrimoniais.* Temas de direito positivo. 1. ed. São Paulo: Saraiva, 1996.

SEVERO, Valdete Souto. A hermenêutica trabalhista e o princípio do Direito do Trabalho. In: SOUTO MAIOR, Jorge Luiz; SEVERO, Valdete Souto (Coords.). *Resistência:* aportes teóricos contra o retrocesso trabalhista. 1. ed. São Paulo: Expressão Popular, 2017.

_____. SEVERO, Valdete Souto. Análise da Lei n. 13.467/2017: a "reforma" trabalhista. In: MARANHÃO, Ney; TUPINAMBÁ, Pedro Tourinho (Coords.). *O mundo do trabalho no contexto das reformas:* análise crítica: homenagem aos 40 anos da AMATRA 8. São Paulo: LTr, 2017.

SILVA, Bruno Freire. *O novo CPC e o processo do trabalho — Parte geral.* São Paulo: LTr, 2016.

SILVA, Eduardo da Costa. Dano moral: seu critério de fixação no direito do trabalho contemporâneo. *Jornal Trabalhista Consulex*, Brasília, v. 22, n. 1.094, nov. 2005.

_____ (Coord.). *Comentários ao novo CPC e sua aplicação ao processo do trabalho.* São Paulo: LTr, 2016.

SILVA, Homero Batista Mateus da. *Comentários à reforma trabalhista:* análise da Lei n. 13.467/2017 — artigo por artigo. 1. ed. São Paulo: Revista dos Tribunais, 2017.

_____. *E agora Tarsila?* Dilemas da reforma trabalhista e as contradições do mundo do trabalho. São Paulo: Revista dos Tribunais, 2017.

SILVA, José Afonso da. *Direito ambiental constitucional.* 2. ed. São Paulo: Malheiros, 1995.

SILVA, João Nuno Calvão. *Segurança e saúde no trabalho*. Responsabilidade civil do empregador por actos próprios em caso de acidente de trabalho. Curso de Mestrado de Ciências Jurídico-Comunitárias da Faculdade de Direito da universidade de Coimbra, Portugal, 2005. Disponível em: <https://portal.oa.pt/comunicacao/publicacoes/revista/ano-2008/ano-68-vol-i/doutrina/joao-nuno--calvao-da-silva-seguranca-e-saude-no-trabalho/>. Acesso em: 9 jan. 2018.

SILVA, Leda Maria Messias da. Dano moral: direitos da personalidade e o poder diretivo do empregador. *Revista LTr: Legislação do Trabalho*, São Paulo, v. 69, n. 4, abr. 2005.

SILVA, Luiz de Pinho Pedreira da. *A reparação do dano moral no direito do trabalho*. São Paulo: LTr, 2004.

SILVA, Luís Virgílio Afonso da. O proporcional e o razoável. Revista dos Tribunais, v. 798, abr. 2002.

SILVA, Regina Beatriz Tavares da. *Novo Código Civil comentado* (coordenado por Ricardo Fiúza). São Paulo, 2002.

SILVA, Roberto. Dano moral decorrente da relação de emprego: limitação. *Revista Nacional de Direito do Trabalho*, São Paulo, v. 7, n. 74, jun. 2004.

SILVA, Wilson Melo da. *O dano moral e sua reparação*. 3. ed., rev. e ampl. Rio de Janeiro: Forense, 1983.

SOUSA, Alice Ribeiro de. Arbitramento de reparação de danos morais e condições econômicas das partes. *Revista Magister de Direito Civil e Processual Civil*, Porto Alegre, v. 10, n. 60, maio/jun. 2014. Disponível em: <http://bdjur.stj.jus.br/jspui/handle/2011/100627>. Acesso em: 21 dez. 2017.

SOUTO MAIOR, Jorge Luiz; SEVERO, Valdete Souto (Coords.). *Resistência aportes teóricos contra o retrocesso trabalhista*. São Paulo: Expressão Popular, 2017.

_____. O dano moral e sua reparação. São Paulo: *Revista LTr*, v. 71, 2007.

_____. O dano social e a sua reparação. In: *Revista LTr*, São Paulo, v. 71, n. 11, nov. 2007.

_____. A prescrição do direito de ação para pleitear indenização por dano moral e material decorrente de acidente do trabalho. *Revista do Tribunal Regional do Trabalho da 15ª Região*, São Paulo, n. 28, jan./jun. 2006.

_____. Dano moral e material: prescrição do direito de ação de pleitear indenização decorrente de acidente de trabalho. *Revista do Direito Trabalhista*, Brasília, v. 12, n. 6, p. 7-16, jun. 2006.

SOUTO MAIOR, Nívea Maria Santos. A indústria do dano moral na relação de trabalho. *Revista do Tribunal Regional do Trabalho da 13ª Região*, João Pessoa, v. 15, n. 1, 2007.

SOUZA, Bruno Stigert. *O constitucionalismo solidário*: responsabilidade, democracia e inclusão. Dissertação apresentada como requisito para obtenção do título de Mestre, ao Programa de Pós-Graduação em Direito, da Universidade do Estado do Rio de Janeiro, 2010.

SOUZA, Roberta de Oliveira. Reforma trabalhista e trabalho intermitente: limites conforme o direito comparado (Brasil e Itália). In TUPINAMBÁ, Carolina; GOMES, Fábio Rodrigues (Coords.). *A reforma trabalhista*: o impacto nas relações de trabalho. Belo Horizonte: Fórum, 2018.

STOCO, Rui. Tratado de Responsabilidade Civil. 6. ed. São Paulo: Revista dos Tribunais, 2004, p. 1683.

SÜSSEKIND, Arnaldo. *Curso de direito do trabalho*. São Paulo: Renovar, 2002.

_____. Dano moral ou patrimonial, inclusive decorrente de acidente de trabalho. *Revista LTr: Legislação do Trabalho*, São Paulo, v. 69, n. 5, maio 2005.

_____. *Instituições de direito do trabalho*. 18. ed. São Paulo: LTr,1999.

_____; MARANHÃO, Délio; VIANNA, Segadas e TEXEIRA FILHO, João Lima. *Instituições de direito do trabalho*. vol. I. 21. ed. atual. por Arnaldo Süssekind e João de Lima Teixeira Filho. São Paulo: LTr, 2003.

TALAMINI, Eduardo. *Tutela relativa aos deveres de fazer e de não fazer*: CPC, art. 461; CDC art. 84. São Paulo: Revista dos Tribunais, 2001.

TARTUCE, Fernanda. Quantificação da indenização por danos morais. *Arte jurídica*, n. 3, 2006.

TARTUCE, Flávio. *Manual de direito civil*: volume único, 2. ed. São Paulo: Método, 2012.

TEXEIRA FILHO, João de Lima. *Instituições de direito do trabalho*. 21. ed. São Paulo: LTr, 2003.

TEPEDINO, Gustavo et al (Coords.). *Diálogos entre o direito do trabalho e o direito civil*. São Paulo: Revista dos Tribunais, 2013.

_____; FACHIN, Luiz Edson (Orgs.). *Diálogos sobre direito civil* – vol. II, Rio de Janeiro: Renovar, 2008.

_____. *Código Civil interpretado conforme a Constituição Federal*. Rio de Janeiro: Renovar, 2006.

_____. *Código Civil interpretado conforme a Constituição da República*. vol. I, Rio de Janeiro: Renovar, 2004.

_____. *Código Civil interpretado conforme a Constituição da República*. vol. II, Rio de Janeiro: Renovar, 2004.

_____; BARBOZA, Heloisa Helena; MORAES, Maria Celina Bodin de et al. *Código Civil interpretado conforme a Constituição da República*. vol. I. Rio de Janeiro: Renovar, 2004.

THEODORO JR., HUMBERTO. *Curso de direito processual civil* – Teoria geral do direito processual civil, processo de conhecimento e procedimento comum. vol. I. 57. ed., rev., atual. e ampl. Rio de Janeiro. Forense, 2016.

THOME, Candy Florêncio. O assédio moral nas relações de emprego. *Repertório IOB de jurisprudência: trabalhista e previdenciário*, n. 10, 2. quinz. maio 2009; *Revista do Tribunal Regional do Trabalho da 15ª Região*, n. 31, jul./dez. 2007; *Revista do Direito Trabalhista*, v. 14, n. 6, jun. 2008; *Jornal Trabalhista Consulex*, v. 26, n. 1266, mar. 2009; *Justiça do Trabalho*, v. 25, n. 293, maio 2008; *Revista IOB: trabalhista e previdenciária*, v. 20, n. 230, ago. 2008.

THROCKMORTON, Archibald H. Damages for fright. *Harvard Law Review*, n. 34, p. 260-281, nov./jun. 1920/1921.

TORRES, Ricardo Lobo. *Direitos humanos e a tributação*: imunidades e isonomia. Rio de Janeiro: Renovar, 1995.

TRAPUZZANO, Cesare. *Le misure coercitive indirette*: come indurre il debitore ad adempiere. Italia: CEDAM, 2012.

TRINDADE, Rodrigo. Reforma trabalhista — 10 (novos) princípios do direito empresarial do trabalho. In: MARANHÃO, Ney; TUPINAMBÁ, Pedro Tourinho (Coords.). *O mundo do trabalho no contexto das reformas*: análise crítica: homenagem aos 40 anos da AMATRA 8. São Paulo: LTr, 2017.

TUPINAMBÁ, Carolina. GOMES, Fábio Rodrigues (Coords.). *A reforma trabalhista*: o impacto nas relações de trabalho. Belo Horizonte: Fórum, 2018.

_____. *As garantias do processo do trabalho*. São Paulo: LTr, 2014.

VENOSA, Sílvio de Salvo. *Código Civil interpretado*. São Paulo: Atlas, 2010.

_____. *Direito civil*: responsabilidade civil. 10. ed. São Paulo: Atlas, 2010.

VIANA, Rui Geraldo Camargo. *Aulas proferidas no curso de especialização em direito privado "Dom Agnello Rossi" na PU VENOSA, Sílvio de Salvo C*. Campinas, no 2º Semestre. 1998.

VIANA, Marcio Tulio. O direito do trabalho no brasil de hoje: do pesadelo ao sonho. In: MARANHÃO, Ney; TUPINAMBÁ, Pedro Tourinho (Coords.). *O mundo do trabalho no contexto das reformas*: análise crítica: homenagem aos 40 anos da AMATRA 8. São Paulo: LTr, 2017.

VIEIRA, Leandro. As ações de danos morais trabalhistas em trâmite na justiça civil e os efeitos da reforma do judiciário: implicações do novo art. 114, inciso VI, da CRFB/88. *Revista Nacional de Direito do Trabalho*, Ribeirão Preto, v. 8, n. 85, maio 2005.

VIEIRA, Nei Messias. Prescrição da pretensão de indenização por danos materiais e morais decorrentes de acidente de trabalho: quebrando os dogmas prescricionais da Justiça do Trabalho. *Revista do Ministério Público do Trabalho*, São Paulo, v. 17, n. 34, set. 2007.

VIEIRA, Renata Coelho. Reparação por acidente de trabalho, indenização por danos morais e materiais em contrato nulo: possibilidade e implicações. *Revista do Ministério Público do Trabalho*, v. 22, n. 44, set. 2012.

VILLELA, Fábio Goulart. *Os danos morais e estéticos nas ações indenizatórias acidentárias*. O trabalho: doutrina em fascículos mensais, n. 170, abr. 2011.

WAMBIER, Teresa Arruda Alvim; DE MELLO, Rogério Licastro Torres; RIBEIRO, Leonardo Ferres da Silva. *Primeiros comentários ao novo Código de Processo Civil artigo por artigo*. 2. ed. São Paulo: Revista dos Tribunais, 2016.

WOLFART, Gabriel Klein. A temática do dano moral coletivo relacionada ao ambiente de trabalho. *Jornal Trabalhista Consulex*, Brasília, v. 29, n. 1.419, mar. 2012.

YEAZELL, Stephen C. *From medieval group litigation to the modern class action*. Dexter: Yale University, 1987.

ZAINAGHI, Domingos Sávio; FREDIANI Yone (Coords.). *Novos rumos do direito do trabalho na América-Latina*. São Paulo: LTr, 2003.

ZANETTI, Fatima. *A problemática da fixação do valor da reparação por dano moral*: um estudo sobre os requisitos adotados pela doutrina e jurisprudência tendo em vista a natureza e a função pedagógica-punitiva do instituto. 1. ed. São Paulo: LTr, 2009.